DISSERTATION

SUR

L'ACCROISSEMENT

EN DROIT ROMAIN.

TYPOGRAPHIE HENNUYER, RUE DU BOULEVARD, 7. BATIGNOLLES.
Boulevard extérieur de Paris.

DISSERTATION

SUR

L'ACCROISSEMENT

ENTRE

LES HÉRITIERS TESTAMENTAIRES

ET LES COLÉGATAIRES

AUX DIVERSES ÉPOQUES DU DROIT ROMAIN

ÉTUDE

SUR LES LOIS JULIA ET PAPIA POPPÆA

EN CE QUI CONCERNE LA CADUCITÉ,

PAR

M. E. MACHELARD,

Professeur de droit romain à la Faculté de Paris.

PARIS

AUGUSTE DURAND, LIBRAIRE, RUE DES GRÈS, 7.

—

1858

AVERTISSEMENT.

Nous offrons au public, réunis en une première livraison, les articles que nous avons fournis depuis un an à la *Revue historique*, sous ce titre : ***Dissertation sur l'accroissement entre les héritiers testamentaires et les colégataires aux diverses époques du droit romain.*** Bien que l'ouvrage que nous avons entrepris soit loin d'être terminé, nous pensons que la série des articles qui ont déjà paru présente un ensemble suffisant pour faire comprendre au lecteur les idées principales qui, suivant nous, forment la théorie des lois dites *caducaires*.

Les points que nous avons traités jusqu'à présent ont été l'objet de la conférence de doctorat que nous avons dirigée à la Faculté de Paris pendant les mois d'avril, mai et juin. Nous désirons que nos auditeurs, en retrouvant dans cette publication la substance des doctrines que nous avons essayé d'établir, puissent en même temps apprécier les divers témoignages des anciens auteurs sur lesquels s'appuie notre

système. La nature des séances de la conférence, qui ont
dû être consacrées à la discussion de textes juridiques, ne
nous permettait pas de mettre en relief ce que nous appellerons la partie *justificative*, c'est-à-dire les preuves que nous
empruntons pour nos explications aux historiens ou aux
poëtes romains.

Nous regrettons que l'approche de la fin de l'année sco-
laire ne nous ait pas permis de pousser plus loin l'étude
en commun de la matière que nous avions choisie. Nous
continuerons à soumettre aux lecteurs de la *Revue* la suite
de nos recherches, qui ne sont guère en ce moment qu'à
moitié faites ; et nous réunirons dans une deuxième livraison les divers articles qu'il nous reste à faire paraître.

Quand nous avons commencé la tâche que nous nous
sommes donnée, nous ne supposions pas que son accomplissement exigerait le développement qu'elle a pris. Nous
reconnaissons aujourd'hui que le plan par nous adopté
laisse à désirer, et qu'en multipliant les divisions, nous
aurions répandu plus de clarté sur le sujet. C'est un défaut
inhérent à la forme du travail que nous avons entrepris ;
si nous eussions mené notre œuvre à bout avant de la
communiquer au public, nous lui aurions donné une autre
disposition. Nous croyons cependant que cette dissertation,
faite au jour le jour, est propre à diminuer les incertitudes
qui règnent sur beaucoup de points de cette partie de la
législation romaine. Nous aurons toujours la conscience

d'avoir rassemblé des matériaux qui pourront être utilisés par ceux qui ne dédaignent pas de s'occuper des antiquités du droit, et qui sont persuadés sans doute que notre littérature juridique est peu riche en ce qui concerne l'étude si intéressante des lois Julia et Papia Poppæa.

Paris, 25 juin 1858.

E. MACHELARD,

DISSERTATION

SUR L'ACCROISSEMENT

ENTRE LES HÉRITIERS TESTAMENTAIRES ET LES COLÉGATAIRES

AUX DIVERSES ÉPOQUES DU DROIT ROMAIN.

INTRODUCTION.

La théorie du droit romain, en ce qui concerne l'accroissement entre les cohéritiers testamentaires, et surtout entre les colégataires, est une des matières sur lesquelles ont jeté le plus de jour les découvertes faites par notre siècle des textes originaux d'anciens jurisconsultes romains, notamment celle des commentaires de Gaïus. Cependant, bien que les erreurs longtemps accréditées à cet égard soient généralement abandonnées, et que l'influence exercée sur ce point par les lois Julia et Papia ne soit plus méconnue aujourd'hui, il nous semble que la science moderne attend encore, du moins en France, une exposition méthodique et complète des innovations apportées dans cette portion du droit par les lois dites *caducaires*.

Pothier, dont la vaste érudition nous surprend toujours quand nous feuilletons ses Pandectes, avait résumé dans cet ouvrage tout ce que l'ancienne jurisprudence avait pu entrevoir dans le problème en question, privée qu'elle était des documents nouveaux, qui sont venus dissiper en partie l'obscurité régnant sur ce sujet. Le commentaire d'Heineccius sur les lois Julia et Papia était, on peut le dire, le dernier mot de cette ancienne jurisprudence ; et notre Pothier avait analysé ce grand travail avec son habileté et sa sagacité ordinaires, mais en même temps avec indépendance, sans s'astreindre à reproduire servilement le système d'Heineccius [1].

Depuis l'époque où des ressources jusqu'alors inconnues ont révélé aux savants modernes les dispositions les plus importan-

---

[1] Pandectæ Justinianeæ, *De legatis et fideicommissis*, quinta pars.

tes des lois Julia et Papia sur les *caduca*, et ont rendu insuffi-
sante l'œuvre d'Heineccius, l'honneur d'avoir initié le public
français à la véritable doctrine des lois caducaires revient à un
jurisconsulte belge, au talent duquel nous nous plaisons à rendre hommage, à M. Holtius, qui a doté la *Thémis* de quelques
articles fort ingénieux sur la théorie de l'accroissement envisagée tant en droit romain qu'en droit français[1]. Mais si M. Holtius a renversé les vieilles erreurs, s'il a parfaitement établi
comment les anciens auteurs avaient fait fausse route dans l'interprétation de la fameuse loi 89, *De legat.* 3º, il ne s'est point
occupé (tel n'était pas son but) d'édifier dans son ensemble le
système formulé sur ce point par les lois d'Auguste. L'élabora-
tion d'un exposé complet a été plus tard tentée chez nous par
un jurisconsulte dont la science a eu à regretter la mort pré-
maturée, par M. d'Hautuille, décédé en 1841, professeur à la
Faculté de droit d'Aix. Nous tenons en grande estime ce travail,
qui accuse chez son auteur une connaissance déjà profonde du
droit romain. Mais M. d'Hautuille, qui était encore étudiant,
quand il a composé cet ouvrage[2], s'est laissé trop influencer par
l'autorité d'Heineccius, dont il a reproduit certaines idées qui ne
nous semblent plus devoir trouver grâce en présence des documents que nous possédons aujourd'hui.

A part ces deux travaux, nous ne trouvons dans les commentaires modernes des Instituts de Justinien, qui sont entre les
mains de tous nos étudiants, et qui appartiennent à des auteurs si
justement recommandables, que des indications succinctes, telles que le comportait seulement le plan que se sont proposé ces
auteurs.

Cet état de choses nous a paru regrettable. Il y a là une lacune
que nous essayerons de remplir, en réunissant les opinions qui
ont le plus de cours aujourd'hui sur les dispositions des lois Julia et Papia relativement aux *caduca*. Nous nous aiderons autant qu'il nous sera permis de le faire, eu égard à la connaissance fort incomplète que nous avons pu en acquérir, des
discussions soulevées à cet égard par les jurisconsultes alle-

---

[1] Voyez *Thémis*, t. IX, p. 235 et 534; et t. X, p. 321.
[2] *Essai sur le droit d'accroissement*, tribut académique offert à la Faculté
de droit d'Aix, pour obtenir le grade de docteur, par Alban d'Hautuille,
avocat, 1834.

mands, qui sont loin d'être d'accord sur les points les plus importants de cette partie de la législation. On verra qu'il s'en faut de beaucoup que toutes les difficultés de cette matière soient aplanies. Nous nous estimerons heureux si nous pouvons esquisser les traits principaux de cette théorie, et appeler sur les questions encore controversées l'examen et la critique de juges plus éclairés.

Notre point de départ consistera à fixer les règles de l'ancien droit romain antérieurement aux lois *caducaires*. Ces règles sont nécessaires à connaître, pour bien saisir la portée des modifications introduites par la législation nouvelle. D'ailleurs elles n'ont pas cessé de subsister complétement après la réforme opérée. L'accroissement fut maintenu en effet exceptionnellement en faveur de quelques personnes, qui avaient, disait-on, le *jus antiquum in caducis* ; il le fut aussi d'une manière générale à l'égard de certaines dispositions sur le nombre desquelles il y a controverse.

CHAPITRE Ier.

ANCIEN DROIT ROMAIN.

§ 1. — Idée de l'accroissement.

L'idée d'accroissement, appliquée aux dispositions testamentaires, suppose que deux ou plusieurs personnes ont été appelées par le défunt à recueillir la même chose, chacune pour le tout. Si les divers gratifiés profitent de leur vocation, ces droits identiques devront forcément se restreindre mutuellement, de manière à nécessiter un partage et à ne laisser à chacun qu'une fraction déterminée par le nombre des ayants droit. Quand, au contraire, l'un ou plusieurs des intéressés ne veulent ou ne peuvent tirer parti de leur vocation, les droits rivaux se trouvent débarrassés des entraves qui les menaçaient d'une réduction. Ils se développeront plus largement suivant que les causes de restriction s'effaceront davantage. Il se pourra même que le droit de l'un des appelés acquière en réalité toute l'extension dont il est susceptible, si le champ lui reste libre en entier, grâce à l'absence absolue de toute prétention parallèle. Aussi est-ce avec raison que Schneider [1] fait dominer toute la théorie de l'ancien droit romain par cette proposition empruntée au jurisconsulte Celse, qui l'énonce dans la loi 80, *De legat.* 3° : « *Totam hereditatem et tota legata singulis data esse, partes autem concursu fieri.* » — L'exactitude de ces bases fondamentales du droit d'accroissement est confirmée par les expressions dont se servent les jurisconsultes romains, pour déterminer les conditions de l'accroissement entre légataires, quand il s'agit d'un usufruit, matière sur laquelle, comme nous le verrons, les lois caducaires avaient laissé subsister sans réserve la possibilité de l'accroissement ; de sorte qu'en généralisant les décisions que nous trouvons aux Pandectes, dans le titre *De usuf. adcresc.* (7-2), nous pouvons arriver à reconstruire avec sûreté l'ancienne théorie, appliquée autrefois sans distinction de la nature de ce qui avait été légué. Or, Ulpien pose très-nettement, en ces termes empruntés par lui au jurisconsulte Celse, les règles de l'accroissement entre colégataires d'un usufruit, quand il nous dit, l. 3, pr., *De usuf. adcresc.* : « *Totiens jus adcrescendi esse quotiens in duobus, qui in solidum habuerunt, concursu divisus est.* » Il faut donc qu'il y ait attribution de la totalité à chacun, et que ce soit seulement le concours effectif des divers prétendants qui amène une division.

Cette force d'élasticité, si je puis parler ainsi, qui permet au droit de chaque gratifié, quand il n'est pas comprimé par l'exercice d'un droit semblable, d'arriver à tout son développement, est appelé par les jurisconsultes romains, pour désigner le profit qui en résulte alors qu'il est mis en jeu, *jus adcrescendi*. Quelques personnes pensent qu'il serait plus conforme à la nature des choses de se servir des expressions *jus non decrescendi*, parce que celui qui invoque un pareil droit est plutôt débarrassé d'une chance de perte qu'il ne réalise une acquisition nouvelle. Cette critique peut être rigoureusement exacte. Le *jus non decrescendi* est, nous l'avouons, plus en harmonie avec le point de vue auquel se plaçaient les Romains pour expliquer les effets de l'accroissement, quand ils disaient qu'il fallait considérer le gratifié

[1] *Das altcivile und Justinianeische Anwachsungs Recht...*, p. 5.

comme ayant eu *ab initio* le droit entier, qui ne lui compétait d'une manière certaine que grâce au bénéfice réalisé de l'accroissement : « *Quia retro accrevisse dominium ei videretur,* » l. 35, *Ad leg. Aquil.* (9-2). Mais comme l'idée d'une augmentation des droits du gratifié, qui recueille plus complétement par suite de la défaillance de celui qui pouvait le restreindre, est aussi très-satisfaisante et très-acceptable ; comme c'est là l'idée qui avait prévalu dans le langage des jurisconsultes romains, qui emploient constamment l'expression *jus adcrescendi,* nous ne faisons aucune difficulté d'admettre cette locution. Ce que nous repoussons, c'est l'emploi alternatif de cette double formule, *jus adcrescendi, jus non decrescendi,* pour appliquer uniquement la première au cas où l'attribution de la même chose *in solidum* est faite à plusieurs dans une même phrase (*conjunctim*), en réservant la seconde à l'hypothèse où le testateur se serait servi de phrases différentes (*disjunctim* ou *separatim*). C'est là une distinction imaginée par Justinien, qui n'est propre qu'à embrouiller la matière, comme le prouvent malheureusement les articles 1044 et 1045 du Code Napoléon, distinction à laquelle n'avaient pas songé les jurisconsultes romains, qui donnaient toujours les mêmes effets à la vocation *in solidum* de chaque gratifié, sans s'occuper de savoir si son rival était immédiatement juxtaposé, *conjunctus verbis* en même temps que *re*, ou s'il y avait entre eux une séparation quant aux dispositions qui les concernaient, s'ils étaient *disjuncti verbis*, et seulement *re conjuncti.*

Si l'exercice du droit d'accroissement exige, comme nous l'avons dit, qu'il y ait vocation de plusieurs personnes à une même chose, et vocation pour le tout, *in solidum*, en faveur de chacune, il semble que nous devrons exclure toute idée d'accroissement, soit quand divers individus gratifiés quant à un objet unique ne reçoivent que des *parts* distinctes assignées à l'avance, soit quand, étant appelés à recueillir un droit identique, ils ne doivent jamais être réduits à des *parts*, et qu'ils sont fondés à obtenir chacun en totalité ce qui lui a été laissé. Examinons si ces deux conséquences, qui découlent de l'idée du *jus adcrescendi*, pourront recevoir entièrement leur application dans les dispositions testamentaires, soit qu'il s'agisse d'institutions d'héritier, soit qu'il s'agisse de legs.

§ 2. — Accroissement entre cohéritiers.

Plusieurs héritiers ont été institués dans le même testament, et des *parts* leur ont été assignées par le testateur. Si l'un des institués vient à manquer, faire profiter de cette part vacante les autres institués au *prorata* de leur institution, ce n'est pas simplement leur attribuer la totalité de ce qui leur a été laissé, faute de concurrents qui restreignent leurs droits ; c'est en réalité leur donner au-delà de ce qu'ils ont reçu, et permettre un institué pour telle fraction d'envahir un domaine en deh●●●● celui où il avait été circonscrit par le défunt. Cependant c'était là ce qui arrivait nécessairement en droit romain, par suite de cette règle qu'il ne pouvait y avoir concours entre les héritiers testamentaires et les héritiers légitimes, et que nul, s'il n'était militaire, ne pouvait mourir partie testat, partie intestat. Il n'y avait dès lors autre chose à faire qu'à réunir la part vacante, dont les héritiers du sang étaient exclus, à la part de ceux qui profitaient de leur institution. Mais c'était là un *jus adcrescendi* d'une nature toute particulière, fondé uniquement sur une nécessité de droit, et non sur la vocation émanant du défunt, qui sert de base à l'accroissement proprement dit, puisque cet effet devait se produire même contre la volonté formellement exprimée du disposant, volonté dont on ne tenait pas compte toutes les fois qu'il n'avait pas testé *jure militari*, l. 37, *De testam. mil.* (29-1).

D'un autre côté, en vain le testateur aurait-il voulu que l'hérédité appartînt tout entière à chacun de ceux qu'il instituait, sans que le concours des ayants droit leur nuisît réciproquement. Une pareille volonté, à la différence de ce que nous verrons en matière de legs, n'aurait pu être exécutée, par la raison toute simple qu'il n'y a pour un défunt qu'une seule hérédité, et que deux personnes ne sauraient être à la fois héritières pour le tout du même individu. « *Uni duo pro solido heredes esse non possunt*, » l. 141, § 1, *De reg. jur.* (50-17). Il y avait donc ici, par la force des choses, malgré l'intention du testateur qui ne pouvait être réalisée, application de la doctrine de l'accroissement, de même que dans la précédente hypothèse l'accroissement était admis contre le gré du testateur, en vertu d'un principe supérieur à la volonté du défunt.

Enfin il est une troisième hypothèse, dans laquelle il ne sera plus nécessaire, pour déterminer les droits des héritiers testamentaires, de faire prévaloir sur la pensée du testateur une règle qui nous paraît aujourd'hui fort arbitraire, mais que les Romains considéraient comme étant de l'essence du testament ; une hypothèse dans laquelle on ne devra pas également ramener aux limites de ce qui est possible des dispositions dont l'exécution entière ne serait pas praticable. Nous voulons parler du cas où le testateur, ayant décomposé son hérédité en diverses fractions, a fait de telle ou telle fraction une unité à laquelle plusieurs personnes sont appelées de façon que chacune d'elles ait droit à l'intégralité de cette fraction, si ses rivaux font défaut, et qu'elle ne doive être réduite que tout autant que ceux-ci viendront concourir.

Ainsi le testateur a dit : *Primus heres esto ex parte dimidia : Secundus et Tertius heredes sunto ex parte dimidia.* Nous trouvons dans cette dernière disposition tous les caractères que comporte le véritable domaine du droit d'accroissement. La *pars dimidia* assignée à Secundus et à Tertius forme un entier, duquel nous pourrons dire qu'il est attribué *in solidum* à chacun d'eux, sous la condition que l'autre ne viendra point, mais qui, au cas de concours, devra être partagé. Ici s'appliquent les règles fondamentales de l'accroissement. *Solidum singulis datur ; concursu partes fiunt.* Si Secundus manque, Tertius recueillera seul les droits de Secundus à l'exclusion de Primus ; et il en sera de même pour Secundus en cas de défaillance de Tertius. Secundus et Tertius ne forment qu'une seule personne. Il en sera comme chez nous, quand une succession se partage par souches. Si la même souche a produit plusieurs rejetons, il y aura division entre eux, tandis que si une souche ne fournit qu'une seule tête, la part afférente à cette souche restera entière à son représentant unique.

La vocation de plusieurs institués à une même quote de l'hérédité établira entre eux une *conjunctio re*, et leur donnera la qualité de *conjuncti*, d'où dérivera à leur égard une solidarité. La conséquence de cette position est que cette quote appartiendra tout entière au *conjunctus*, par l'effet de l'accroissement proprement dit, qui fera obstacle au droit général d'accroissement compétant à tout cohéritier, en vertu de la règle : « *Nemo partim testatus decedere potest.* » Ce dernier accroissement n'aura qu'un caractère subsidiaire, et ne recevra son application que si tous les institués compris dans la *conjunctio* font défaut.

La préférence pour le droit d'accroissement qu'assure la *conjunctio* est clairement indiquée par le jurisconsulte Celse, dans la loi 59, § 3, *De her. inst.* (28-5) : « *Cum quis ex institutis, qui non cum aliquo conjunctim institutus sit, heres non est, pars ejus omnibus pro portionibus hereditariis adcrescit.* » Il n'y a accroissement au profit de la masse des héritiers qu'autant que le défaillant n'avait pas de *conjunctus*.

La même doctrine ressort encore de la loi 63, *eod. tit.* On sait que quand le testateur n'a assigné de parts qu'à certains héritiers, et que d'autres sont en même temps institués sans détermination de parts, ces derniers ont droit à ce qui reste libre, déduction faite de l'ensemble des parts exprimées. Or, Javolenus nous dit qu'il est intéressant de savoir si ces héritiers *sine parte*, dont le droit se concentre sur le reliquat, ont été institués *conjunctim* ou *separatim* [1]. L'intérêt est celui-ci. Les héritiers *sine parte* ont-ils été *conjunctim scripti*, si l'un d'eux manque, sa part profitera exclusivement aux autres héritiers *sine parte* grâce à la *conjunctio*. Est-ce au contraire *separatim* qu'ont été institués les héritiers *sine parte*, l'un d'eux faisant défaut, la part vacante accroîtra indistinctement à tous les héritiers.

« *Heredes sine partibus utrum conjunctim on separatim scribantur, hoc interest : quod, si quis ex conjunctis decessit, hoc non ad omnes, sed ad reliquos, qui conjuncti erant, pertinet : sin autem ex separatis, ad omnes, qui testamento eodem scripti sunt heredes, portio ejus pertinet.* »

Mais à quel signe devra-t-on reconnaître la *conjunctio* entre les héritiers ? La base de l'accroissement, avons-nous dit, réside dans la vocation solidaire à la même chose, qui rend *conjuncti* les co-appelés. Or, cette qualité de *conjuncti* ne peut être dou-

---

[1] Nous ferons observer, en anticipant sur les détails que nous allons donner sur la manière dont il faut entendre la *conjunctio*, qu'à nos yeux le testateur aura institué *conjunctim* les héritiers *sine partibus*, quand il se sera exprimé de la sorte : *Primus ex semisse heres esto*; *Secundus ex quadrante heres esto*; *Tertius et Quartus heredes sunto*. Il aura, au contraire, fait une institution *separatim* à l'égard de Tertius et de Quartus, si, après avoir assigné, comme nous venons de le dire, des parts à Primus et à Secundus, il a ajouté : *Tertius heres esto*; *Quartus heres esto*.

teuse quant à ceux qui sont institués pour la' même fraction
héréditaire, en vertu d'une seule disposition du testament, et
sans assignation de parts entre eux. C'est la *conjunctio* par
excellence, celle dite *re et verbis*, dont la puissance n'a jamais
été contestée. Aussi Paul, dans la loi 142, *De verb. sign.* (50-16),
après avoir énoncé trois modes de conjonction possibles (*triplici modo conjunctio intelligitur : aut enim re per se conjunctio
contingit, aut re et verbis, aut verbis tantum*), admet-il sans
difficulté l'idée de *conjunctio* véritable, c'est-à-dire de vocation
au même tout, toutes les fois que la *conjunctio* existe *re et verbis*. Voici comment il s'exprime : « *Nec dubium est quin conjuncti
sint, quos et nominum, et rei complexus jungit : veluti Titius et
Mœvius ex parte dimidia heredes sunto : vel Titius cum Mœvio
ex parte dimidia heredes sunto : vel ita, Titius Mœviusque heredes sunto.* » Peu importe, ajoute le jurisconsulte, qu'on trouve
ou non dans le testament quelque expression copulative joi-
gnant l'un à l'autre les héritiers institués pour la même part
dans une même phrase. « *Videamus autem, ne, etiamsi hos ar-
ticulos detrahas,* ET, QUE, CUM, *interdum tamen conjunctos ac-
cipi oporteat : veluti Lucius Titius, Publius Mœvius ex parte
dimidia heredes sunto : vel ita, Publius Mœvius, Lucius Titius
heredes sunto* '; *Sempronius ex parte dimidia heres esto : ut Titius et Mœvius veniant in partem dimidiam, et re et verbis conjuncti videantur.* »

D'un autre côté, la vocation à la même quote d'hérédité est
possible au moyen de phrases séparées. Par exemple, le testateur a dit : que Primus soit mon héritier pour moitié ; que Secundus soit mon héritier pour la part à raison de laquelle j'ai
institué Primus ; que Tertius soit mon héritier par moitié. Ici le
testateur s'est servi de formules distinctes pour instituer Primus

---

' Dans cette formule, Paul nous fournit un exemple de plusieurs héritiers institués *sine partibus*, et qui, ayant droit ensemble à ce dont le testateur n'a pas disposé au profit des autres héritiers, sont *conjuncti re et verbis*,
parce que ce reliquat leur a été attribué *in solidum*, et par une seule et
même phrase. Voyez la note précédente. On trouve la même interprétation
dans la loi 59, § 2, *De her. inst.* : « *Titius heres esto; Seius et Mœvius heredes sunto. Verum est quod Proculo placet, duos semisses esse, quorum alter
CONJUNCTIM duobus datur.* » Il n'y a pas contradiction entre ce texte et la
loi 17, § 1, *De her. inst.*, si l'on suppose qu'Ulpien dans ce dernier fragment entend parler d'héritiers institués *sine partibus*, mais *separatim*.

et Secundus, Il les a séparés quant aux *verba ;* mais il les a
réunis en faisant porter leur droit sur la même chose. C'est là
ce qui est essentiel au fond pour constituer la solidarité de vocation, la *conjunctio re,* qui seule est décisive. Dès lors, Primus
et Secundus ne formeront à eux deux qu'une part, à la condition
de partager s'ils concourent. Telle est, en effet, la solution de
Paul, qui atteste cependant qu'elle n'avait pas été admise sans
difficulté. « *Lucius Titius ex parte dimidia heres esto. Seius ex
parte qua Lucium Titium heredem institui, heres esto. Sempronius ex parte dimidia heres esto. Julianus dubitari posse, tres semisses facti sint, an Titius in eumdem semissem cum Gaio Seio
institutus sit. Sed eo quod Sempronius quoque ex parte dimidia
scriptus sit, verisimilius esse in eumdem semissem duos coactos, et
conjunctim heredes scriptos esse.* » L. 142, *De verb. sign.* [1]. En définitive, malgré la *disjunctio* quant aux *verba,* la *conjunctio re,* celle
qui fonde l'accroissement privilégié, est reconnue exister. Ulpien,
dans la loi 15, pr., *De her. inst.* (28-5), donne la même décision
dans une hypothèse identique, tout en mentionnant le doute manifesté par Julien. « *Julianus quoque libro XXX refert, si quis ita
heredem scripserit : Titius ex parte dimidia heres esto, Seius ex
parte dimidia. Ex qua parte Seium institui, ex eadem parte Sempronius heres esto : dubitari posse utrum in tres semisses dividere
voluit hereditatem, an vero in unum semissem Seium et Sempro-
nium conjungere. Quod est verius : et ideo conjunctim eos videri
institutos. Sic fiet ut Titius semissem, hi duo quadrantes ferant.* »

Il n'y aura point au contraire vocation à la même chose, par
conséquent *conjunctio* véritable pouvant donner lieu à l'accroissement privilégié entre cohéritiers, si le testateur, en réunissant
plusieurs personnes pour les instituer par une même phrase,
leur a en même temps assigné des *parts.* Qu'importe, en effet,

---

[1] Il peut y avoir quelque difficulté sur la véritable portée de la loi 142.
Comme elle appartient à un commentaire de Paul sur les lois Julia et Papia,
est-il permis de la rapporter au *jus adcrescendi* supprimé en général par
ces lois, et ne doit-on pas l'appliquer plutôt à la *caducorum vindicatio ?* Nous
reviendrons sur ce fragment, en exposant la théorie des lois caducaires.
Nous pouvons le laisser de côté pour fixer l'ancienne doctrine de l'accroissement entre cohéritiers. Les autres textes mentionnés s'expriment positivement sur le *jus adcrescendi,* et le lient à la *conjunctio,* qui pour les
héritiers n'existe jamais qu'autant qu'ils sont appelés à la même part héréditaire.

l'unité de phrase dans l'institution, lorsque chacun étant assignataire d'une portion de cette institution, il a reçu en réalité une fraction autre que celle de l'héritier qui lui est accolé verbalement ? Ce n'est là de la part du testateur qu'une économie de temps, une manière plus prompte de s'exprimer. Quand je dis que j'institue pour la moitié de mon hérédité Primus et Secundus, en ajoutant : *œquis ex partibus*, c'est comme si je disais par deux propositions distinctes : j'institue Primus pour un quart ; j'institue Secundus pour un quart. La *conjunctio* n'existe pas dans le sens propre du mot, parce qu'il n'y a pas attribution de la même chose. Telle est la doctrine très-nettement énoncée par Pomponius, dans la loi 66, *De her. inst.* : « *Si ita quis heredes instituerit : Titius heres esto : Gaius et Mævius œquis ex partibus heredes sunto : quamvis* ET *syllaba conjunctionem faciat : si quis tamen ex his decedat, non alteri soli pars adcrescit, sed omnibus coheredibus pro hereditariis portionibus : quia non tam conjunxisse quam celerius dixisse videatur.* »

La théorie du droit de préférence pour l'accroissement entre cohéritiers se réduit donc à cette idée fort simple. C'est la *conjunctio re* qui détermine seule ce droit de préférence. Il n'est pas nécessaire qu'elle existe en même temps *verbis*. Quant à la *conjunctio verbis tantum*, elle est indifférente. Il y aura toutefois un ordre à suivre entre les divers *conjuncti*. Si l'héritier qui vient à manquer avait à la fois un *conjunctus re et verbis* et un *conjunctus re tantum*, le premier devrait exclure l'autre. Les *conjuncti re et verbis* ne formant à eux tous qu'une personne (*unius personæ potestate funguntur*, l. 34, pr., *De legat.* 1°), cette personne ne fait pas défaut tant qu'il reste un des membres qui la composent. Ce n'est qu'en cas de défaillance de tout *conjunctus re et verbis* que le *conjunctus re tantum* pourra prétendre à l'accroissement. — Enfin, s'il n'y a aucun *conjunctus* de cette dernière catégorie, l'accroissement se fera au profit de tous les héritiers indistinctement, en vertu de la règle : *nemo partim testatus...*, sans que les *conjuncti verbis tantum* soient privilégiés par rapport à ceux qui ne peuvent invoquer d'autre *conjunctio* que celle résultant de la règle que nous venons de rappeler [1].

[1] Tous ces points, notamment l'exclusion d'un droit de préférence pour les *conjuncti verbis*, sont loin d'être universellement admis. Les commenta-

Il n'est pas douteux que l'accroissement entre cohéritiers était nécessaire et indépendant de la volonté de l'héritier. Dès qu'il avait fait adition de la part à laquelle il eût été réduit en cas de concours, il acquérait forcément les parts qui accroissaient par la suite. En effet, comme il était appelé au tout en vertu de la disposition testamentaire, il n'y avait pas de division possible. C'eût été vouloir accepter une partie de l'institution et répudier l'autre, ce qui n'était pas plus admis pour les héritiers que pour les légataires. Aussi Paul les place-t-il à cet égard sur la même ligne : « *Ejus rei quæ legata est, exemplo heredis, partem adquirere, partem repudiare legatarius non potest.* » (*Sent.*, lib. III, tit. VI, § 12). Gaius, dans la loi 57, § 1, *De adq. vel omitt. hered.* (29-2), exprime en ces termes cette nécessité de l'accroissement : « *Qui semel aliqua ex parte heres exstiterit, deficientium partes etiam invitus excipit, id est tacite ei deficientium partes etiam invito adcrescunt.* » — C'est aussi parce que l'accroissement a lieu *ipso jure* et forcément qu'il s'opère une rétroactivité, d'après laquelle l'héritier est considéré comme ayant acquis *ab initio* les deux parts. Peu importe dès lors que la défaillance donnant lieu à l'accroissement ne se produise qu'après le décès de l'institué qui a fait adition. Ses héritiers recueilleront le bénéfice ou la charge de l'accroissement. C'est en ce sens que l'on dit : *Portio portioni adcrescit.* L. 26, § 1, *De cond. et dem.* (35-1) [1].

teurs anciens et modernes ont discuté et discutent encore sur la triple sorte de *conjunctio*, et sur les avantages qui en découlent. Il serait fastidieux de passer en revue les différentes opinions émises à cet égard. Nous nous bornons à exposer le système qui a le plus de cours, et qui nous paraît le seul exact. L'appréciation des autres systèmes nous mènerait trop loin, et nous détournerait de notre but, qui est surtout l'examen des lois caducaires. Nous aurons d'ailleurs à revenir sur ce sujet, à l'occasion du dernier état du droit romain consacré par la loi *unic. Cod., De cad. toll.* (6-51).

[1] Le principe de l'accroissement forcé souffrait deux exceptions : 1° dans le cas d'abstention d'un héritier nécessaire, l. 55, *De adq. vel omitt. hered.*; 2° dans le cas de restitution en entier obtenue après une acceptation onéreuse par un mineur de vingt-cinq ans, l. 61, *eod. tit.* Les bénéfices d'abstention et de restitution, concédés par le droit prétorien, ne doivent pas empirer la position du cohéritier qui, abstraction faite de ces bénéfices, n'aurait eu à supporter qu'une part des charges de l'hérédité. On conçoit néanmoins que l'héritier n'est fondé à repousser le fardeau de l'accroissement, qu'autant qu'il a fait adition ou qu'il s'est immiscé antérieurement à la volonté de s'abstenir manifestée par son cohéritier. S'il n'a pris, au

Nous terminerons ce qui concerne les règles de l'ancien droit sur l'accroissement entre cohéritiers testamentaires, en examinant ce qui devait être décidé par rapport aux charges (legs ou fidéicommis) imposées à l'héritier défaillant. Ces charges étaient-elles transmises ou non à celui qui profitait de la défaillance ? L'accroissement s'opérait-il *cum onere* ou *sine onere* ? Il semble qu'en partant de cette idée que l'héritier qui bénéficie de l'accroissement ne fait que recueillir son propre droit d'une manière plus complète, et qu'il ne vient pas se substituer au droit d'un

contraire, l'hérédité que postérieurement à cette résolution, de lui connue, ou qu'il devait connaître, il s'est soumis alors à toutes les charges, comme le fait observer Ulpien, dans la loi 38, *eod. tit.* ; et bien que le jurisconsulte ne raisonne positivement qu'en vue d'une abstention, il y a même motif pour étendre cette solution au cas d'une restitution. — Dans l'hypothèse d'une restitution, Macer, loi 61, décide, en invoquant un rescrit de l'empereur Sévère, que l'accroissement étant écarté, la part du restitué, qui reste ainsi vacante, profitera aux créanciers qui seront envoyés en possession de cette part, ce qui satisfait complétement les divers intérêts qui sont en jeu. Quand il y a abstention d'un héritier nécessaire, suivant Marcien, auteur de la loi 55, *eod. tit.*, l'héritier qui reste seul doit en principe avoir le choix de prendre toute l'hérédité ou de la répudier en entier, de manière à obtenir, grâce à son cohéritier, la faculté de s'abstenir, qui ne lui compéterait pas sans cette circonstance ; néanmoins, continue le jurisconsulte, ce choix n'appartient à l'héritier qu'autant que les créanciers veulent bien le souffrir. S'ils déclarent ne pas prétendre lui imposer la charge de l'accroissement, mais se contenter de le traiter comme héritier pour partie, de façon que sa position ne se trouve pas empirée, celui-ci conservera sa qualité d'héritier. Jusque-là, il n'y a rien de choquant dans le texte en question. Mais Marcien ajoute qu'en pareil cas, les créanciers ne pourront pas toucher à la part de l'héritier exonéré par l'abstention. Cette part profitera à l'héritier restant, au moins pour l'actif qui en dépend ; c'est lui qui pourra exercer les actions attachées à cette part (*ut ejus actiones ei qui convenitur dentur*). En définitive, l'héritier que les créanciers retiennent malgré lui recueillera l'émolument de la part libre, sans avoir à en subir les charges. Il nous paraît impossible de comprendre le texte, en ce sens que la part de celui qui s'est abstenu sera attribuée aux créanciers, par analogie de ce qui se passe en cas de restitution, bien que plus d'un commentateur l'ait entendu ainsi. La seule interprétation conforme au texte est à nos yeux celle que nous avons donnée. Quant à rendre compte de ce résultat bizarre, nous ne l'essayerons point, et nous nous contenterons de dire avec Mühlenbruch, dans sa continuation de Glück, § 1489, t. XLII, p. 366, que nous n'en voyons aucune explication satisfaisante. On peut consulter à cet égard Favre, *De error. pragm.*, dec. 50, *err.* 8 et 9, qui est très-prolixe suivant son habitude, mais dans lequel nous avons vainement cherché la solution de la difficulté.

autre, on doive dire généralement qu'il n'aura pas à subir les
charges dont était grevé celui qui fait défaut. Mais d'un autre
côté, en adoptant cette règle absolue, on s'exposait à méconnaître la volonté du défunt, qui, quoi qu'on en ait dit, joue le plus
grand rôle dans la doctrine de l'accroissement. Le legs, en effet,
comme le dit un jurisconsulte romain (Florentinus, l. 116,
pr., *De legat.* 1°), n'est qu'une délibation de l'hérédité, une distraction à faire sur la masse des biens dévolue aux héritiers.
Dès lors la charge du legs se répartit régulièrement entre les
héritiers *pro parte hereditaria.* Si chacun doit en payer une
portion, c'est précisément parce qu'il ne prend qu'une portion
du patrimoine auquel les héritiers n'ont droit que sous cette
défalcation. Mais quand la masse, au lieu de se diviser, reste
entière dans les mains d'un seul, pourquoi ne supporterait-il
pas en totalité les déductions que subirait la masse par fractions,
si elle se distribuait entre plusieurs? Toutefois le testateur peut
s'être écarté de ce point de vue. Il lui est permis de concentrer
un legs sur la tête d'un seul héritier, en dispensant les autres d'y
contribuer. Dans ce cas, le legs imposé spécialement à tel
héritier ne prend plus le caractère d'une délibation à faire sur
la masse. Il s'attache à l'héritier désigné comme une charge
qui ne doit peser que sur lui, et qui dès lors s'évanouira s'il
n'est pas héritier. C'est au moyen de cette distinction que les
jurisconsultes romains décidaient la question de savoir si le
bénéfice de l'accroissement avait lieu *sine onere.* Quand le testateur avait légué *nominatim ab eo qui deficiebat*, l'accroissement
se faisait *sine onere*, tandis qu'il en était autrement, s'il avait entendu laisser le legs d'une manière générale à la charge de
l'hérédité : *quisquis mihi heres erit*, comme dit la loi 1 § 13,
Ad leg. Falcid. (35-2). Cette doctrine ressort clairement de la loi
29, §§ 1 et 2, *De legat.* 2°. « *Quod alicujus heredis nominatim
fidei committitur potest videri ita demum dari voluisse, si ille exstitisset heres. — Si filio heredi pars ejus, à quo nominatim legatum
est, adcrescit, non præstabit legatum quod jure antiquo capit.* » Le
jurisconsulte Celse suppose pour l'application de sa doctrine un
héritier institué par son père, parce que depuis les lois caducaires, comme nous le verrons, les anciennes règles de l'accroissement avaient été conservées par privilége à l'égard des descendants, tandis qu'en général elles avaient été supprimées

pour faire place au *jus caduca vindicandi*, qui suivait d'autres principes, et à l'égard duquel avait été établie cette maxime : *Caduca cum sub onere fiunt* [1].

§ 3. — Accroissement entre légataires.

Si nous passons à l'accroissement entre colégataires, les règles de l'ancien droit romain, qui nous ont été conservées dans les fragments d'Ulpien et dans les commentaires de Gaïus, nécessitent quelques distinctions. Nous nous occuperons d'abord des deux formes de legs connues sous le nom de *legatum per vindicationem* et *legatum per damnationem*, à l'égard desquelles l'uniformité de doctrine ne paraît pas avoir été contestée, tandis qu'il y avait divergence d'opinions relativement aux deux autres formes de legs, *sinendi modo* et *per præceptionem*.

Ici encore le principe dominant pour l'application de l'accroissement se tire de cette considération : *Singulis solidum datum, concursu partes fieri*. Cette vocation à la totalité en faveur de chaque légataire était admise dans le legs *per vindicationem*, soit que le testateur eût réuni les gratifiés dans une même phrase, en disant : *Primo et Secundo fundum do lego*, sans assignation de parts, sans ajouter : *æquis partibus*; soit qu'il eût employé deux phrases séparées en s'exprimant de la sorte : *Primo fundum do lego; Secundo eumdem fundum do lego*. Dans le premier cas, on disait qu'il y avait legs fait *conjunctim*, dans le second, legs fait *disjunctim* [2]. Quelle que fût la formule préférée par le testateur, qu'il eût disposé *conjunctim* ou *disjunctim*, il y avait toujours accroissement dans le legs *per vindicationem*. Le partage ne s'opérait qu'en cas de concours; mais si l'un des légataires faisait défaut, l'autre recueillait la part vacante. C'est ce que nous apprend Gaïus, Comment. 2, § 199. « *Illud constat si duobus pluribusve per vindicationem eadem res legata sit sive conjunctim sive disjunctim, si omnes veniant ad legatum, partes ad singulos pertinere et*

[1] On peut encore argumenter, pour confirmer la distinction que nous avons exposée, des lois 16, § 1, et 142, § 1, De legat. 1o.

[2] Il est à remarquer qu'en matière de legs la *conjunctio* paraît être attachée à la forme du langage, et qu'on ne disait pas, de deux légataires appelés à la même chose par des phrases distinctes, qu'ils étaient *conjuncti* comme on le faisait à l'égard des héritiers institués pour une même quote, fût-ce séparément.

deficientis portionem collegatario adcrescere. Conjunctim autem ita legatur : Titio et Seio hominem Stichum do lego ; disjunctim ita : Lucio Titio hominem Stichum do lego. Seio eumdem hominem do lego. » La même doctrine se trouve énoncée par Ulpien dans ses *Regulæ*, tit. XXIV, § 12. « *Si duobus eadem res per vindicationem legata sit (sive disjunctim velut : Titio hominem Stichum do lego ; Seio eumdem hominem do lego)* [1], *sive conjunctim, velut : Titio et Seio hominem Stichum do lego, jure civili concursu partes fiebant; non concurrente altero pars ejus alteri adcrescebat.* »

Quand il y avait au contraire legs *per damnationem* de la même chose au profit de plusieurs personnes, l'accroissement était toujours exclu. En effet, si le legs avait été fait *conjunctim*, par une seule phrase, il n'en résultait, disait-on, pour chacun, qu'un droit de créance de la moitié de la chose léguée. A défaut de l'un des légataires l'autre ne gagnait point la part vacante ; elle restait à l'héritier dispensé ainsi de payer pour moitié. — Le legs était-il fait *disjunctim*, par dispositions séparées, on admettait encore qu'il y avait deux créances distinctes; seulement, au lieu de porter chacune sur la *moitié*, elles portaient l'une et l'autre sur la *totalité* de l'objet légué. L'héritier était obligé de payer deux fois, si les deux légataires recueillaient, à l'un en nature, à l'autre en lui fournissant l'estimation de la chose. La défaillance de l'un des légataires était encore un profit pour l'héritier; et cet événement restait indifférent pour l'autre légataire. En définitive, il n'y avait jamais accroissement. Cet état de choses est assez clairement [2] énoncé par Gaïus, au paragraphe 205 de son deuxième commentaire. « *Est et alia differentia inter legatum per vindicationem et per damnationem : nam si eadem res duobus pluribusve per damnationem legata sit, si quidem conjunctim, plane singulis partes debentur, sive omnes veniant ad legatum, sive non; si vero disjunctim, singulis solida res debetur, ut scilicet heres alteri rem, alteri æstimationem ejus præstare debeat. Et in conjunctis, deficientis portio non ad collegatarium pertinet, sed in heredi-*

---

[1] Les mots compris dans la parenthèse manquent au manuscrit des *Regulæ* d'Ulpien ; mais il est facile de suppléer à cette lacune. Nous suivons le texte donné par M. Pellat dans son *Manuale juris synopticum*.

[2] Malgré quelques lacunes existant dans le texte de Gaïus, la doctrine qu'il exprime ne peut être révoquée en doute. Nous suivons la version adoptée par M. Pellat.

tate remanet. » D'ailleurs le texte d'Ulpien sur ce point, dans ses *Regulæ*, tit. XXIV, § 13, nous est parvenu complet, et ne laisse place à aucune équivoque : « *Si per damnationem eadem res duobus legata sit, si quidem conjunctim, singulis partes debentur, et non capientis pars jure civili in hereditate remanebat, nunc autem caduca fit ; quod si disjunctim, singulis solidum debetur* [1]. »

Si nous recherchons le motif d'une différence aussi tranchée entre le legs *per vindicationem* et le legs *per damnationem*, il est évident que nous devons le demander à la nature différente de ce qui est légué par l'une ou l'autre forme, dont la première nous présente un droit de propriété, la seconde un droit de créance constitué au profit du légataire. En nous plaçant à ce point de vue, nous nous rendrons compte assez-facilement de ce qui était décidé pour le legs fait *disjunctim*. L'explication sera loin d'être aussi simple pour ce qui concerne le legs fait *conjunctim*.

Lorsque le testateur a disposé à diverses reprises de la propriété d'une même chose, en indiquant chaque fois que tel ou tel légataire devrait avoir toute la chose, il n'a pu multiplier de la même manière le droit de propriété, qui est unique. S'il ne peut y avoir, comme nous l'avons dit plus haut, plusieurs héritiers *in solidum* d'une personne (l. 141, § 1, *De reg. jur.*), de même la propriété est impossible pour plusieurs *in solidum*. *Unius rei dominium plurium in solidum esse non potest*. La force des choses amène ce résultat que les droits des divers intéressés, bien que créés isolément, se concentrent sur la même chose, c'est-à-dire sur la propriété de l'objet légué, dont ils n'auront chacun qu'une fraction, s'ils concourent, de sorte que l'absence seule de tout autre prétendant peut procurer à l'un la totalité du droit. Il en est tout différemment en matière de créances. La circonstance que telle chose est déjà due à Secundus par Primus ne l'empêche pas de se constituer débiteur de la même chose envers Tertius. Un premier legs produit une obligation entière ; un second legs quant au même objet ne fait qu'ajouter une obligation pareille quant à l'objet dû, mais qui ne se confond pas avec la précédente. C'est comme si, après avoir promis à quelqu'un, je promettais à un autre qui

---

[1] Faisons observer encore ici qu'il y a disposition faite *conjunctim* au profit de légataires *per damnationem* unis dans la même phrase, ce qui doit s'entendre évidemment d'une *conjunctio verbis*, puisqu'il y avait pour chaque légataire une créance distincte.

stipulerait de moi la même chose. « *Alia atque alia erit obligatio*, » disent les Institutes, pr., *De duob. re.*, liv. III, tit. xvi. Il est bien permis de comparer le débiteur en vertu d'un legs au débiteur en vertu d'une stipulation, puisque dans les deux cas c'est la même action qui est donnée. Cette indépendance de diverses obligations, quoique portant sur la même chose, à la charge d'une seule personne envers différents individus, était tellement reconnue par le droit romain qu'elle ne s'évanouissait pas, lorsque par voie de succession les créances distinctes se réunissaient sur la tête d'un seul. Voyez l. 10, pr., *De act. emt.* (19-1), l. 18, *De oblig. et act.* (44-7) [1].

La difficulté, avons-nous dit, devient plus sérieuse, quand il s'agit d'expliquer, relativement au legs fait *conjunctim*, l'admission du droit d'accroissement pour le cas où la disposition se produit dans la forme *per vindicationem*, et son exclusion dans l'hypothèse du legs *per damnationem*. Pourquoi, lorsque le testateur a dit : *Primo et Secundo fundum do lego*, entend-on par là

[1] Si la multiplicité des obligations se comprend en théorie, à la différence de la multiplicité du droit de propriété, on peut bien se demander si, en fait, cette conséquence rigoureusement concevable est bien conforme à la pensée du testateur. Peut-être, en donnant à deux personnes la faculté d'exiger la même chose, a-t-il voulu seulement que chacune d'elles ne l'eût en entier qu'à défaut de l'autre, et que le droit se divisât entre elles au cas de concours. Celui qui lègue diverses fois la même chose *per damnationem* doit bien savoir que l'héritier ne peut la fournir qu'à un seul, et que pour l'autre le legs se réduira à une estimation. N'était-il pas plus simple de laisser au second cette estimation, si son legs doit être indépendant du précédent ; et quand le défunt a répété le droit à la même obligation, une pensée d'association en cas de concours ne peut-elle pas se supposer ? Aussi de bons esprits ont-ils critiqué l'interprétation des anciens jurisconsultes, et approuvé Justinien d'avoir imposé, dans tous les cas, aux légataires *disjuncti* l'obligation de subir un partage. Du reste, comme la constitution de Justinien réserve au testateur la faculté de créer des obligations indépendantes, en indiquant formellement sa volonté à cet égard, il sera toujours libre au disposant de procurer aux divers légataires l'avantage qui résultait autrefois de la forme employée dans le testament. — Les compilateurs des Pandectes ont laissé passer dans ce recueil quelques fragments où l'on trouve la trace de l'ancienne doctrine en vigueur à l'égard des legs *per damnationem disjunctim*, par exemple, les lois 82, § 5, *De legat.* 1°, 13 pr., et § 1, *De legat.* 2° : quelquefois aussi ils ont interpolé les textes des jurisconsultes, pour les mettre en harmonie avec le droit nouveau, comme on peut le voir dans les lois 20, *De legat.* 3°, 14, *De usu et usuf. leg.* (33-2).

que le fonds tout entier a été légué à un seul, s'il reste sans rival, tandis que s'il avait dit : *Heres meus fundum Primo et Secundo dare damnas esto*, cela signifie que chacun n'a jamais droit qu'à une créance de moitié, et que même se présentant seul il ne devra pas être créancier du tout? La raison donnée ordinairement, indiquée par M. Holtius, et développée par M. d'Hautuille, ne nous paraît nullement satisfaisante. La propriété, suivant ces auteurs, ne se conçoit partagée qu'au moyen d'une division réelle effectuée; sinon elle existe tout entière. C'est là une erreur justement relevée par Schneider, p. 14 [1]. La propriété est un droit parfaitement divisible, et qui peut reposer à la fois sur plusieurs têtes; seulement il n'y a en pareil cas qu'une division intellectuelle. Quand une tradition est faite à deux personnes, elles deviennent propriétaires par indivis; il en sera de même à la suite d'une mancipation ou d'une *in jure cessio*, dans laquelle auront figuré plusieurs acquéreurs, ce qui nous paraît très-possible. Si la propriété est susceptible de se transférer pour des parts divises, si cette division est admise quand le mode de translation s'adresse à différents individus, le legs doit, ce semble, avoir la même vertu; et il opère en effet de cette sorte quand les divers légataires profitent de leur vocation. Toute la question se réduit à savoir pourquoi celui qui n'acquiert que divisément,

---

[1] Nous devons avouer que l'erreur reprochée par Schneider à M. Holtius ne peut pas être imputée à ce jurisconsulte, qui reconnaît parfaitement, p. 539, une division intellectuelle de la propriété, indépendante de toute division physique. M. d'Hautuille, au contraire, a transformé la proposition de M. Holtius, et entendu la chose comme Schneider accuse M. Holtius de l'avoir fait. « De là il résulte, dit M. d'Hautuille, p. 49, qu'on ne « peut concevoir de division d'un droit réel, d'un droit de propriété, par « exemple, que par la division de la chose qui en est l'objet, par une assi- « gnation de parts, par le cantonnement du droit de chacun des copro- « priétaires sur une portion. » Mais du moment que M. Holtius admet la communauté en matière de propriété, nous ne saisissons pas la portée de son argument tiré de ce que, la division entre les copropriétaires n'étant qu'intellectuelle, elle nécessite un partage matériel pour faire cesser l'indi- vision. Si le testateur, en effet, a pu transférer au légataire une propriété indivise, pourquoi l'autre légataire, qui dans la pensée du défunt devait recueillir l'autre partie de la propriété, sera-t-il remplacé, s'il défaille, par le colégataire et non par l'héritier? Où trouve-t-on cette règle que la dis- parition de l'un des associés pour une chose commune doit profiter à l'autre communiste et étendre ses droits?

lorsqu'il a un colégataire, acquiert en totalité dans le cas où ce colégataire fait défaut.

Pour nous rendre compte de ce résultat, remarquons que la translation de propriété projetée par le testateur, qui dispose au moyen d'un legs *per vindicationem*, ne s'effectue nullement à l'instant même où il fait cette disposition. Il est clair, en effet, que tant qu'il survivra il restera propriétaire, et que jusque-là une acquisition de propriété ne peut être imaginée en faveur des légataires. Alors même que le décès du disposant est arrivé, en supposant le legs pur et simple, il n'y aura pas encore ordinairement translation de propriété. Elle n'aura lieu au plus tôt qu'au moment de l'adition d'hérédité[1], ainsi que nous l'apprend Gaïus (2-195). Les Proculéiens voulaient même qu'on attendît l'acceptation de la part du légataire, sauf qu'ils faisaient rétroagir l'acquisition de propriété jusqu'au moment de l'adition, quand une fois le legs avait été accepté. Or, si à l'instant où un légataire acquiert il ne rencontre aucun rival, on conçoit bien qu'il ne soit pas tenu compte d'une attribution de propriété qui ne s'est jamais réalisée en faveur de son cointéressé. C'est comme si ce legs parallèle n'avait jamais été fait; il faut retrancher du testament la mention de ce légataire qui ne se présente pas. Peu importe qu'il n'ait répudié son legs que postérieurement à l'acquisition réalisée par l'autre légataire. Au moyen de la répudiation, il est censé n'avoir jamais été légataire. Celui qui recueille seul est considéré comme ayant eu *ab initio* la propriété entière de la chose léguée. « *Retro accrevisse videtur dominium*, » disent les lois 17, § 1, et 35, *Ad leg. Aquil.*, proposition dont on trouve dans la loi 31, *De test. mil.* (29-1) une application remarquable, répétée au paragraphe 84 des *Vatic. fragm.* D'autres textes (voyez les lois 36, pr., *Ad leg. Aquil.*, 38, § 1, *De legat.*, 1°) viennent confirmer cette idée que le point de vue des jurisconsultes romains était que la défaillance du légataire *per vindicationem* faisait regarder la disposition comme non avenue. Dès lors, en effaçant le legs que son titulaire n'a pu ou voulu prendre, on rencontre dans le testament une disposition unique et sans réserve au profit d'un seul qui ne se trouvera gêné par aucun autre. Cette suppression du legs en dé-

---

[1] Si l'héritier institué était *nécessaire*, la translation de propriété aurait lieu immédiatement.

faillance n'a rien que de raisonnable et de conforme à la pensée du testateur, qui a séparé la chose léguée de l'ensemble du patrimoine dévolu aux héritiers. S'il a voulu transférer à ceux-ci la masse de ses biens, il a aussi, en opérant une délibation au moyen d'un legs *per vindicationem*, voulu effectuer au profit des légataires une transmission distincte, pour laquelle ils ne sont pas en rapport avec les héritiers, mais seulement les uns avec les autres. Il est donc fort naturel de supposer qu'en faisant cette attribution séparée, bien détachée de l'hérédité, qui constitue un acte à part, le défunt n'a entendu limiter les droits de chaque légataire que par le concours des autres [1].

Quand il s'agit d'un legs fait *conjunctim per damnationem* à deux personnes, les auteurs, pour justifier la réduction de chaque légataire à une moitié de créance, invoquent habituellement le principe de la divisibilité des obligations, principe qui remonte, dit-on, jusqu'à la loi des Douze Tables. Sans doute les créances sont plus divisibles que la propriété, en ce sens que la division a lieu *ipso jure*, et qu'un partage effectif est inutile; mais nous ne comprenons bien la division d'une créance que s'il y a plusieurs ayants droit. Alors, en général, il y aura autant de créances distinctes que d'intéressés, et en raison de leur part d'intérêt, ce qui arrive, par exemple, à l'égard des héritiers pour les créances du défunt. Nous admettons comme règle cette division, là où diverses personnes apparaissent comme fondées dans une créance qui se forme à leur profit commun. Ainsi deux individus achèteront ou prêteront ensemble; chacun d'eux aura le droit d'exiger la livraison de la moitié de ce qui a été vendu, ou la restitution de la moitié de la somme prêtée. Une condamnation intervient en faveur de plusieurs demandeurs; chacun d'eux n'acquiert une

[1] On a souvent critiqué le fondement de l'accroissement pris dans l'intention du testateur, pour le rattacher uniquement à l'emploi de telle ou telle forme, parce qu'on a méconnu cette idée essentiellement vraie que les jurisconsultes, en liant certaines conséquences à l'usage d'une formule plutôt que d'une autre, ne faisaient qu'interpréter la volonté manifestée par la formule. Sans doute, en matière de testament, comme ailleurs dans la législation romaine, l'expression efficace d'une volonté est subordonnée à l'observation de formes déterminées; mais pourvu que l'emploi des formes sacramentelles n'ait pas été négligé, c'est, à notre avis, dans la pensée du testateur, comme l'ont pensé Cujas et tant d'autres, qu'il faut chercher le motif du droit d'accroissement.

créance que pour une part virile, à moins que la sentence n'exprime formellement le contraire (voyez l. 43, *De re judic.* (42-1), l. 10, § 3, *De appell.* (49-1), l. 1 C, *Si plures* (7-55).—Mais quand un legs de créance est fait pour la même chose au profit de plusieurs, on ne peut dire que dès l'instant du testament chacun d'eux devienne créancier. Il ne le sera en effet qu'à l'époque de l'adition. Or, si l'un des légataires se trouve seul survivant ou capable à ce moment, ou si l'autre ne veut accepter la libéralité qui lui est adressée, pourquoi le premier ne sera-t-il pas considéré comme créancier du tout ? Pourquoi n'effacera-t-on pas la mention du nom de son rival, qui répudie ce rôle ou qui ne peut le prendre ? Un esclave commun aura stipulé, et l'un de ses maîtres ne peut acquérir ; la créance est réservée tout entière à celui des maîtres qui est seul capable. Quelqu'un a stipulé à la fois pour lui-même et pour un tiers ; les Sabiniens du moins, contrairement à l'avis des Proculéiens, ainsi que nous l'apprend Gaïus (3.103), disaient que la stipulation serait valable pour le tout à l'égard du stipulant, et qu'on ne devait pas tenir compte de l'adjonction d'un tiers : « *Nostri præceptores putant in universum valere, et proinde ei soli qui stipulatus sit solidum deberi, atque si extranei nomen non adjecisset* [1]. » De même le legs *per damnationem*, fait au profit d'un capable et d'un incapable, ne devrait-il pas être censé fait exclusivement en faveur du capable ?

Les jurisconsultes romains n'avaient pas admis ce système. Suivant eux, la division de la créance s'opérait *ab initio*, même dans le cas où l'un des appelés se trouvait déjà décédé lors de la confection du testament, et où par conséquent la disposition qui le concernait était tenue *pro non scripta*. C'est ce que nous

---

[1] Justinien a fait prévaloir dans ses Institutes, § 4, *De inut. stip.*, l'opinion des Proculéiens, que l'on trouve également dans un fragment des Pandectes, l. 110, pr., *De verb. oblig.* (45,1). Néanmoins les traces de la divergence d'opinions qui régnait sur ce point entre les deux écoles n'ont pas été effacées par les compilateurs, qui ont admis dans le titre *De contr. emt.* (18-1), l. 64, une décision opposée émanant de Javolenus, jurisconsulte Sabinien. C'est à tort, suivant nous, que l'on a voulu mettre d'accord ces différents textes en distinguant les contrats de bonne foi d'avec les contrats de droit strict. Cette conciliation, donnée par Pothier, et adoptée par M. d'Hautuille, p. 52, échoue en présence du texte de Gaïus, d'après lequel nous savons qu'un Sabinien n'aurait pas hésité à interpréter une stipulation de la même manière qu'une vente.

dit Pomponius, dans la loi 16, pr., *De legat.* 1°, dont la décision évidemment n'a trait qu'à un legs *per damnationem* : « *Si duobus res conjunctim legata sit, quamvis alter in rerum natura non fuerit, alteri solam partem deberi puto verum esse.* » Ulpien, dans la loi 34, § 9, *eod. tit.*, énonce la même doctrine à l'occasion d'un legs, qui sans aucun doute était fait *per damnationem*, et à l'égard duquel il suppose que pour l'un des gratifiés le legs *non constitit* : « *Si conjunctim res legetur, constat partes ab initio fieri. Nec solum hi partem faciunt in quorum persona constitit legatum, verum hi quoque in quorum persona non constitit legatum : ut puta, si Titio, et servo proprio sine libertate.* » Ainsi, dans aucun cas, même dans les circonstances qui semblaient les plus favorables pour admettre un droit sans partage, quand dès l'origine tout rival avait été impossible, le légataire conjoint ne pouvait prétendre à la totalité de la créance léguée. C'est ce que l'on exprimait, en disant : *Damnatio partes facit,* § 85, *Vat. fragm.* [1]

Pour saisir le sens de cet adage, il faut se rappeler comment

---

[1] On aurait pu, ce semble, songer à un autre système, et, tout en admettant une créance unique, en faire profiter exclusivement l'un ou l'autre des légataires, celui qui aurait agi le premier, comme on le décidait à l'égard des *correi stipulandi*. Mais une même créance ne pouvait appartenir *in solidum* à plusieurs qu'autant qu'il y avait d'une manière formelle attribution à chacun de la créance pour le tout. C'est ce qui résultait de la forme de la stipulation, quand il était constant que chaque stipulant s'était fait promettre la totalité. Aussi Papinien décide-t-il, l. 11, §§ 1 et 2, *De duob. re.*, que si un écrit ne mentionne pas que la stipulation de la part des interrogeants ou la promesse de la part des répondants ont été faites *in solidum, ita ut duo rei essent*, l'obligation activement ou passivement ne s'est formée que pour parts viriles. — Le testateur était libre, du reste, de donner aux colégataires *per damnationem* la position de deux *correi*, en assignant à chacun la créance d'une façon alternative, en disant : *Illi* AUT *illi dare damnas esto*, comme on peut le voir dans la loi 16, *De legat.* 2°, où le jurisconsulte Paul assimile, en pareil cas, les colégataires *per damnationem* à des *correi stipulandi*. Si le testateur s'était servi de cette phrase : *Illi* ET *illi dare damnas esto*, la division était inévitable. Chose singulière, il y avait des formules usitées pour laisser à chaque légataire une créance entière et irréductible, ou pour ne conférer à chacun qu'une créance pour partie ; on ne voit pas qu'il y en eût pour attribuer à chacun la totalité d'une créance, s'il venait seul, sauf partage en cas de concours. Il aurait fallu que le testateur entrât dans un développement pour exposer sa pensée, qu'il fît différents legs conditionnels, en disant par exemple : *Primo et Secundo fundum dare damnas esto, si ambo veniant ad legatum ; si alteruter non venerit ad legatum, ei qui venerit fundum dare damnas esto.*

les Romains entendaient, primitivement du moins, l'obligation de l'héritier envers les légataires *per damnationem*. Nous avons vu plus haut que les legs *per vindicationem* restaient étrangers à l'héritier. Dans cette hypothèse les légataires recevaient directement du testateur ce que celui-ci avait séparé de la masse héréditaire. « *Recta via dominium, quod hereditatis fuit, ad legatarium transit, nunquam factum heredis,* » dit Papinien, l. 80, *De legat.* 2°. Dès lors l'attribution de propriété distincte, opérée par le défunt à l'arrière des héritiers, se concentrait dans le cercle des personnes appelées à profiter de cette attribution, toutes les fois que le disposant n'avait pas réduit expressément chacune d'elles à n'avoir qu'une part. Il en est tout autrement, quand il s'agit d'un legs *per damnationem*. Ici les légataires sont mis en rapport avec l'héritier ; ils doivent s'adresser à lui par suite d'un droit qui leur a été conféré par le défunt. Or, ce droit prend naissance dans le testament, qui n'était dans l'origine, on le sait, qu'une sorte de contrat entre le testateur et son héritier, et qui consistait dans la *mancipatio familiæ*. Cette vente solennelle s'accompagnait de charges imposées à l'*emptor* ; c'était la *lex mancipii*. Aussi l'engagement de l'héritier envers les légataires était-il regardé comme entraînant une *damnatio*, et produisant une obligation *per æs et libram*, qui, du temps de Gaïus encore, comme il nous l'apprend, *Comment.* 3, § 175, pouvait se dissoudre au moyen de *l'imaginaria solutio per æs et libram*. Le contrat intervenu entre le *mancipans* et l'*emptor* liait ce dernier au profit de créanciers, éventuels il est vrai, qui pouvaient faire défaut ; mais il n'y en avait pas moins engagement pris, actuellement à la charge de l'*emptor*. Cette dette, formée immédiatement comme *lex mancipii*, avait paru devoir être appréciée d'après le principe qui divise dès l'origine les obligations dans lesquelles plusieurs personnes figurent activement comme parties intéressées. C'était en vertu de cette règle qu'une condamnation obtenue par divers demandeurs ne donnait, ainsi que nous l'avons vu précédemment, p. 181, à chacun d'eux l'action *judicati* que pour une part virile. Cette interprétation bienveillante de la portée d'une condamnation est positivement invoquée par Paul, dans la loi 7, *De legat.* 2°, pour expliquer comment l'héritier n'aura à payer que la moitié du legs, si l'un des légataires est incapable. « *Si Titio. et ei qui capere non potest, decem legata sunt,* QUIA DUO-

BUS HERES DARE DAMNATUR, *et unus capere non potest, quinque
sola Titio dantur.* » En résumé, l'*emptor familiæ*, s'engageant à
une prestation envers plusieurs, s'engageait d'une manière divisée. C'est là, suivant nous, le sens de la règle : *Damnatio partes
facit.* L'obligation de l'*emptor* était réglée, dès l'origine, de la
même manière que si une condamnation eût été prononcée
contre lui ; cette obligation naissait divisée comme une dépendance de la mancipation. Tant mieux pour l'obligé, si une partie de ses obligations ne pouvait s'exécuter. Nous ajouterons
enfin que le principe d'équité, d'après lequel, en cas de doute,
l'obligation doit s'interpréter en faveur du débiteur, peut avoir
exercé de l'influence sur la décision des jurisconsultes romains [1].

Quant aux deux autres formes de legs *sinendi modo* et *per
præceptionem*, on ne trouve pas, pour régler le sort des colégataires, une doctrine aussi nettement arrêtée qu'à l'égard du legs
per vindicationem et *per damnationem*. Cependant, le legs *sinendi
modo* avait beaucoup d'analogie avec le legs *per damnationem*.
La formule était à peu près la même dans les deux cas · *Heres
meus damnas esto*, s'appliquant tantôt à un *dare* (Gaïus, 2-201),
tantôt à un *sinere sumere* (Gaïus, 2-209). Il n'est pas douteux
que, s'il y avait plusieurs légataires au profit desquels un legs *sinendi modo* eût été fait *conjunctim*, on n'écartât l'accroissement
en appliquant la règle : *Damnatio partes facit.* Si Gaïus ne
s'explique pas sur ce point, il laisse bien sous-entendre qu'on
doit se régir par les principes du legs *per damnationem*. Nous
trouvons d'ailleurs une décision positive dans le paragraphe 85
des *Vat. frag.*, dont l'auteur, après avoir énoncé cette doctrine
que, pour le legs d'usufruit fait *per damnationem*, *jus adcres-*

[1] L'explication que nous avons adoptée se rapproche beaucoup du système développé par Schneider; et nous avouons qu'elle nous a été suggérée
par la lecture de cet auteur, qui, à notre avis, est celui qui est entré le
plus avant dans les difficultés de cette matière, et qui a fait le plus d'efforts
pour les dénouer. Mais, qu'à l'époque de Justinien, où l'origine du testament était depuis longtemps perdue de vue, on ne se soit plus préoccupé de
cette distinction, et qu'en réalité on se soit mieux conformé à la pensée du
testateur, en décidant que le légataire *conjunctus* profiterait dans tous les
cas de la défaillance de son conjoint, sans s'arrêter à cette circonstance
que le legs était fait *per damnationem*, c'est ce que nous admettons sans
peine.

cendi cessat, ajoute qu'il en est de même dans le cas où il s'agirait d'un legs *sinendi modo*. « *Idemque, et si sinendi modo legatus fuerit ususfructus* [1]. » La difficulté ne portait, comme nous l'apprend Gaïus, 2-215, que sur la question de savoir si les légataires *disjuncti sinendi modo* pouvaient prétendre chacun *in solidum* au bénéfice du legs, de manière à ce que l'héritier, comme dans l'hypothèse d'un legs semblable *per damnationem*, fût tenu de payer plusieurs fois tantôt la chose, tantôt son estimation, ou si au contraire il n'y avait pas un droit unique au profit du premier occupant, ce qui arrivait dans l'espèce d'une créance léguée alternativement à deux personnes, espèce prévue par la loi 16, *De legat.* 2°, qui assimile les légataires à des *correi stipulandi*. Le débat était vif, paraît-il : « *Major dissensio*, » dit Gaïus. L'héritier, suivant certains jurisconsultes, était fondé à soutenir que du moment où il avait laissé prendre la chose à l'un des légataires, il se trouvait entièrement libéré, puisque le testateur n'avait exigé de sa part qu'une simple *patientia*. C'était en partant de la même idée qu'ils dispensaient l'héritier de faire soit une mancipation, soit une *in jure cessio*, soit même une tradition (Gaïus, 2-214). Ces deux opinions se liaient intimement ; et ceux qui admettaient, comme le fait Gaïus, 2-213, que l'héritier était tenu à un *dare* vis-à-vis des légataires *sinendi modo*, devaient accorder à chacun d'eux une action *in solidum*. Tel était aussi l'avis de Celse, énoncé dans la loi 14, *De usu et usuf.* La solution est justifiée par cette interprétation, donnée au legs *sinendi modo*, qu'il engendre à la charge de l'héritier une obligation de fournir la chose léguée : « *Nam ipsius onus est ut solidum singulis legatum præstaret* [2]. »

Enfin, pour ce qui concerne le legs *per præceptionem*, nous savons par Gaïus, 2-217 et suiv., qu'il y avait divergence entre les deux écoles, dont l'une ne regardait l'emploi de cette formule comme valable qu'à l'égard des héritiers, tandis que l'autre pensait qu'elle pouvait s'appliquer même à des étrangers. Suivant

---

[1] Nous laissons de côté l'influence que peut avoir au point de vue de l'accroissement l'application à un pareil legs du sénatusconsulte néronien, circonstance relevée dans le paragraphe 85, parce que les dispositions de ce sénatusconsulte n'appartiennent pas à l'époque dont nous nous occupons.

[2] Le texte de Celse porte une trace évidente d'interpolation dans ces termes : « *Si testator utrumque solidum habere voluit.* »

l'opinion des Proculéiens, qu'aurait fait triompher, dit Gaïus, une constitution d'Hadrien, le legs fait *per præceptionem* à d'autres qu'à des héritiers aurait été validé, en le considérant comme fait *per vindicationem*, au moyen du retranchement de la syllabe *præ*. En partant de ce point de vue, il faut dire que s'il y a plusieurs *extranei* légataires de la même chose, soit *conjunctim*, soit *disjunctim*, on doit appliquer les règles du legs *per vindicationem*, et admettre l'accroissement. Cette décision n'est pas contrariée par le paragraphe 223 du Commentaire de Gaïus, où nous lisons : « ... *Sive... extraneis secundum illorum opinionem, duobus pluribusve eadem res conjunctim aut disjunctim legata fuerit, singuli partes habere debent.* » Le jurisconsulte suppose le concours des divers légataires, qui a précisément pour objet de faire des parts. Il veut opposer ce qui aura lieu dans ce cas à ce qui se passait dans le legs *sinendi modo,* pour lequel beaucoup d'esprits admettaient (et c'est l'avis qui paraît avoir prévalu) que chacun des légataires *disjuncti* devait obtenir la totalité. À défaut de concours, en effet, on ne voit pas pourquoi, le legs étant regardé comme fait *per vindicationem,* le *jus adcrescendi* aurait pu être écarté.

Quand le legs *per præceptionem* s'adresse aux héritiers, ce qui est son domaine véritable, il se produit un phénomène remarquable, qui exercera son influence sur l'accroissement. Léguer à un héritier par prélèvement un objet de l'hérédité, c'est, dans une certaine mesure, et jusqu'à concurrence de sa part héréditaire, le charger de se payer un legs à lui-même, ce qui est impossible. Aussi le legs est-il nul à cet égard, d'après cette règle « *Heredi a semetipso inutiliter legatur ,* » ainsi que le décident des textes nombreux [1]. Si l'héritier prélégataire n'a point de colégataire, il ne faut pas croire que la nullité dont est frappée une portion du legs restera sans effet, parce que le légataire prendrait en qualité d'héritier ce qu'il ne peut pas avoir *jure legati.* Cette acquisition *jure hereditario* aura des conséquences notables, parce qu'on devra imputer cette partie sur la quarte falcidie (Voy. l. 74 et 91, *Ad leg. Falcid.*), parce qu'elle devra être comprise dans la restitution de sa part héré-

---

[1] Voir l. 18, l. 34, § 11; l. 116, § 1, *De legat.* 1°, l. 18, § 2, *De his quæ ut indign.*

ditaire qui lui serait imposée par fidéicommis (Voy. 1. 18, § 3, *Ad senatus-consult. Trebell.*), parce qu'il faudra enfin la compter pour savoir jusqu'à quel point il est tenu des dettes de l'hérédité.

La nullité qui atteint le legs pour partie exercera, avons-nous dit, une influence considérable sur l'accroissement, dans le cas où l'héritier prélégataire aurait des colégataires auxquels la même chose aurait été léguée *in solidum*, soit *per præceptionem*, soit *per vindicationem*, de manière à ce qu'ils se trouvassent placés dans les conditions générales du droit d'accroissement. Ici, en effet, d'après la règle qui fait profiter *jure adcrescendi* chaque légataire de la défaillance du colégataire, il faudra décider que la portion du legs que l'héritier prélégataire devait se payer à lui-même ne lui restera pas *jure hereditario*, mais qu'elle sera acquise à son colégataire. « *Si duobus res sit legata, quorum alter heres institutus est, à semet ipso ei legatum inutiliter videtur, ideoque quod ei a se legatum est ad collegatarium pertinebit* (1. 34, § 11, *De legat.* 1°).

En prenant ce point de départ, nous arrivons à des conséquences différentes, suivant la qualité des colégataires. Il peut se faire que le colégataire soit lui-même héritier, et qu'il n'y ait pas d'autre institué que les deux prélégataires. Ainsi Primus et Secundus sont seuls héritiers, et le testateur leur a laissé par préciput le fonds A ; mais en même temps ces deux héritiers n'ont pas été institués pour des parts égales : l'un, Primus, n'est héritier que pour un douzième, *ex uncia*; l'autre, Secundus, est héritier pour onze douzièmes, *ex undecim unciis*. Nous ne faisons que reproduire une hypothèse qui nous est fournie par un jurisconsulte romain. Nous nous trouvons en présence de deux legs, dont chacun est frappé de nullité pour partie, mais dans une mesure fort inégale. Primus, n'étant héritier que pour un douzième, est valablement légataire jusqu'à concurrence de onze douzièmes. Ces onze douzièmes, il pourra les demander à son cohéritier Secundus, qui, ayant les onze douzièmes de l'hérédité, est tenu de supporter les legs dans la même proportion; et il n'aura pas à craindre la rivalité de Secundus, son colégataire, parce que ce dernier, étant héritier *ex undecim unciis*, ne peut se prévaloir de son titre de légataire jusqu'à la limite de sa part héréditaire. La nullité du legs dans cette portée profite par droit

d'accroissement à Primus, qui obtiendra ainsi les onze douzièmes
de la chose léguée. Quant à Secundus, héritier *ex undecim unciis*, son legs n'est valable que pour un douzième, c'est-à-dire
que pour la part *quæ a coherede relicta est.* Quand il demandera
ce douzième à Primus, celui-ci ne pourra à son tour lui opposer
sa qualité de légataire, qui est nulle quant à la part pour laquelle il a été institué, nullité dont Secundus doit recueillir le
bénéfice par droit d'accroissement. Secundus aura donc comme
légataire le douzième du fonds A ; de telle sorte que le legs
per præceptionem, fait aux deux héritiers seuls institués, devra se
répartir entre eux dans une proportion justement inverse à celle
suivant laquelle se répartit l'hérédité. Telle est précisément la
décision donnée par Ulpien, dans la loi 34, § 12, *De legat.* 1° :
« *Inde dicitur : si duo sint heredes, unus ex uncia, alter ex
undecim unciis, et eis fundus legatus sit, unciarium* [1] *heredem
undecim partes in fundo habiturum, coheredem unciam.* »

Si, à côté des héritiers prélégataires, il y a d'autres héritiers qui
restent étrangers au bénéfice du legs, il faudra, pour régler le
sort de ce legs, distinguer les parts qui sont à la charge des héritiers non prélégataires et celles qui grèvent les parts des héritiers prélégataires. Sur le premier point, il n'y a pas de difficulté pour valider le legs, parce qu'il est admis qu'un héritier
peut être gratifié d'un legs, en tant qu'il doit être supporté par
ses cohéritiers. Les héritiers privilégiés joueront à cet égard le
simple rôle de légataires. Seulement, comme ils ont des droits
égaux et qu'ils se nuisent réciproquement, ils devront partager
par tête, et prendre des parts viriles, sans s'occuper de savoir si,
quant à l'institution, ils ont été traités également ou non. Ce n'est
pas, en effet, à titre d'héritiers, mais de légataires, qu'ils se présentent. Aussi, Papinien, dans la loi 2, pr., *De instr. vel inst.*, à
l'occasion d'un testament où le père, ayant institué ses enfants,

---

[1] C'est à tort que la Vulgate écrit : *unciarum*, ce qui ne donne aucun
sens. Il faut lire évidemment avec la Florentine : *unciarium*, ainsi que le
fait Cujas, dans son commentaire sur la loi 17, *De legat.* 1°. Il est à remarquer toutefois que les auteurs des Basiliques ont mal compris la pensée
d'Ulpien, et qu'ils attribuent à chaque héritier une portion égale soit dans
le legs, soit dans l'hérédité. Ceux qui admettent ce résultat contrarié par
les principes de la matière répètent le mot *undecim*, et lisent ainsi : *unciarum heredem undecim, undecim partes habiturum*, etc.

avait légué par préciput à deux d'entre eux les biens provenant de leur aïeule, répond-il que le bénéfice de ce legs se partagera pour portions viriles quant à la contribution au legs qui doit être fournie par les héritiers non légataires : « *Cum pater, pluribus filiis heredibus scriptis, duobus præceptionem bonorum aviæ præter partes hereditarias dedisset,* PRO PARTIBUS COHEREDUM *viriles habituros legatarios placuit.* » Mais remarquons que cette égalité n'est admise par Papinien que *pro partibus coheredum*. Relativement à leurs propres parts héréditaires, c'est-à-dire en tant que le legs est à la charge de ces parts, les deux prélégataires seront traités comme ils le sont pour le tout, quand il n'y a pas d'autres héritiers. Ici, il faudra tenir compte de l'importance de l'institution de chacun, et ce sera en raison inverse de leur portion héréditaire qu'ils profiteront du legs. Supposons quatre enfants institués : Primus, Secundus, Tertius et Quartus ; les deux premiers chacun pour un quart, le troisième pour trois huitièmes, le dernier pour un huitième. Tertius et Quartus sont prélégataires des biens de l'aïeule. Ils recevront chacun un huitième de Primus et de Secundus, mais Tertius à ses deux huitièmes ne joindra qu'un huitième, qu'il pourra exiger de Quartus, tandis que ce dernier obtiendra de Tertius trois huitièmes, et aura ainsi en définitive cinq huitièmes du legs.

Enfin, l'héritier prélégataire peut avoir pour colégataires des *extranei*[1]. Dans ce cas, le legs fait à l'héritier ne sera nul que pour la part qui est à sa charge comme héritier, et cette nullité profitera aux légataires *extranei*. Quant à la portion du legs qui grève la part des cohéritiers, l'héritier prélégataire prend la qualité d'un *extraneus*, et dans cette mesure ses droits seront les mêmes que ceux de ses colégataires. Florentinus, dans la loi 116, § 1, *De legat.* 1°, prévoit une hypothèse où se présente l'application de cette annulation partielle du legs profitant à des colégataires, qui, de leur côté, n'ont à subir aucune réduction, parce qu'ils sont simplement légataires ; et il s'occupe de

[1] C'est ce qui pouvait arriver dans le système des Sabiniens, comme dans celui des Proculéiens. Le testateur a pu, en effet, se borner à user, quant à l'héritier, de la formule : *præcipito*, et faire au profit de chacun des *extranei* un legs séparé *per vindicationem*. Or, nous savons que l'accroissement était admis, soit que le legs eût été fait *conjunctim*, soit qu'il l'eût été *disjunctim*.

régler en conséquence la répartition du legs, en supposant le concours de tous les appelés : « *Heredi a semetipso legatum dari*
non potest, a coherede potest. Itaque si fundus legatus est ei, qui
ex parte dimidia heres institutus est, et duobus extraneis, ad
heredem cui legatus est, sexta pars fundi pertinet, quia a se
vindicare non potest, a coherede vero semissario, duobus extra-
neis concurrentibus, non amplius tertia parte; extranei autem
et ab ipso herede, cui legatum est, semissem, et ab alio herede
trientem vindicabunt. » Le jurisconsulte, après avoir posé la
règle que le prélegs est nul jusqu'à concurrence de la part héréditaire de l'héritier prélégataire, et qu'il vaut, au contraire,
pour le surplus, en tire cette conséquence que le prélégataire
ne pouvant se prévaloir de son legs que pour ce qui grève la
part de son cohéritier, institué dans l'espèce pour moitié, il ne
pourra exiger son legs que pour moitié, et se trouvera ainsi réduit
à un tiers de la moitié, c'est-à-dire à un sixième, par suite du
concours des deux autres colégataires. Quant à ces derniers,
leur legs est valable sans restriction. Ils pourront donc agir
pour moitié contre l'héritier prélégataire, dont ils n'auront pas
à subir la concurrence comme colégataire, et qui devra, par
conséquent, livrer à chacun d'eux les trois douzièmes de la chose
léguée. Mais quand ils s'adresseront pour l'autre moitié à l'héritier non légataire, ils rencontreront un rival dans la personne de
l'héritier prélégataire, et n'obtiendront dès lors sur cette moitié
de l'hérédité chacun que deux douzièmes. En dernière analyse,
l'héritier prélégataire n'aura que deux douzièmes du fonds légué ;
les dix autres douzièmes se partageront entre ses deux colégataires.

Si nous voulons maintenant résumer les règles générales du
droit d'accroissement entre colégataires, nous les trouverons en
parfaite harmonie avec celles que nous avons établies précédemment quant au droit d'accroissement privilégié entre les cohéritiers institués.

I. — Comme c'est la vocation solidaire qui sert de base à l'accroissement entre légataires, suivant le principe posé dans la
loi 80, *De legat.* 3°, soit pour les institutions, soit pour les legs
(*totum singulis datum*), nous dirons que ce droit n'appartient
qu'aux légataires *conjuncti re*, à ceux au profit desquels il a été
disposé *in solidum* de la même chose, sans nous arrêter à savoir

s'ils sont en même temps *conjuncti verbis* ou non ; et que si le testateur, en attribuant à plusieurs le même objet, n'a laissé à chacun qu'une part, l'accroissement doit être exclu, bien que les gratifiés soient *conjuncti verbis* [1].

Cette privation du droit d'accroissement pour les légataires *verbis conjuncti* a été longtemps contestée. Bien que la doctrine qui les fait participer au *jus adcrescendi* ait été généralement abandonnée, depuis que la découverte des commentaires de Gaïus nous a révélé le véritable sens de la loi 89, *De legat.* 3°, qui était son principal appui, cependant elle a encore aujourd'hui conservé des partisans. En faisant abstraction de cette loi, qui sera expliquée dans l'exposition de la théorie des lois caducaires, et qui est complétement étrangère au *jus adcrescendi*, nous nous convaincrons facilement que les arguments invoqués par les adversaires ne sauraient prévaloir sur les documents très-positifs que nous fournissent les *Regulæ* d'Ulpien et les Commentaires de Gaïus, à l'égard des anciennes règles de l'accroissement, règles qui sont d'ailleurs conformes à cette idée fort raisonnable que le légataire, qui n'a été gratifié que d'une part déterminée, ne peut avoir le droit de réclamer quelque chose en dehors de ce qui lui a été assigné par le testateur.

Le seul texte qui présente quelque difficulté est celui de la

---

[1] Si le *jus adcrescendi* peut être exercé tout aussi bien par les légataires *conjuncti re* que par les légataires *conjuncti re et verbis*, il faut cependant établir un ordre entre ces divers ayants droit, pour le cas où il y en aurait à la fois de chaque espèce. Rappelons-nous que les *conjuncti re et verbis* ne forment qu'une seule personne, par opposition à chacun des *re conjuncti*. Dès lors, on devra faire autant de parts qu'il y aura de dispositions séparées ; et les diverses têtes comprises dans une disposition qui réunit plusieurs appelés n'auront droit à elles toutes qu'à une seule part. « *At si conjuncti disjunctive commixti sunt, conjuncti unius personæ potestate funguntur,* » dit la loi 34, pr., *De legat.* 1°. Mais, d'un autre côté, la défaillance de l'un des membres qui constituent l'unité de personne n'aura d'effet, quant à l'accroissement, que dans le cercle de ceux qui concourent à former cette unité. Il y aura entre eux un droit d'accroissement privilégié, qui fera obstacle au *jus adcrescendi* des *conjuncti re*, tant qu'il restera quelqu'un pour représenter cette personne. Ces deux idées se trouvent réunies dans la loi 26, § 1, *De usu et usuf.* (33-2) : « *Si fundus duobus, alii ususfructus legatus sit, non trientes in usufructu, sed semisses constituantur. Idemque est ex contrario, si duo sint fructuarii, et alii proprietas legata est, et inter eos tantum adcrescendi jus est.* »

loi 41, pr., *De legat.* 2°, ainsi conçu : « *Mævio fundi partem
dimidiam, Seio partem dimidiam lego, eumdem fundum Titio
lego. Si Seius decesserit, pars ejus utrique adcrescit : quia cum separatim et partes fundi, et totus legatus sit, necesse est ut ea pars,
quæ cessat, pro portione legati, cuique eorum, quibus fundus separatim legatus est, adcrescat.* »

Dans cette espèce, il y a trois dispositions distinctes portant
sur le même fonds : la première au profit de Mævius pour une
moitié, la seconde au profit de Seius pour une moitié, la dernière au profit de Titius pour le tout. Suivant l'interprétation
qui s'offre le plus naturellement [1], Mævius et Seius sont légataires de deux moitiés différentes ; ils sont par conséquent *disjuncti re*, comme ils le sont *verbis* [2]. Quant à Titius, il est *disjunctus verbis*, par rapport à Mævius et à Seius ; mais il est en
même temps leur *conjunctus re*, puisque le fonds qui lui est
donné en totalité s'identifie avec les deux moitiés attribuées séparément aux deux autres légataires. Il semble donc qu'en appliquant notre règle, on devrait dire que si Seius fait défaut, c'est
exclusivement au profit de Titius, seul conjoint *re*, que se fera
l'accroissement, et que Mævius ne peut en profiter. Cependant la
décision de Javolenus est contraire ; il admet Mævius aussi bien
que Titius à bénéficier de la part vacante, *pro portione legati*.

Pour expliquer ce résultat, les commentateurs anciens, qui
repoussent l'accroissement à l'égard des *disjuncti re*, Cujas, par
exemple, Favre, etc., de même que les auteurs modernes qui
partagent cette doctrine, font une exception pour le cas où les
légataires appelés à des parts distinctes se trouveraient réduits
dans leur prétention à la totalité de cette part, au moyen de l'addition d'un *conjunctus re*. Ici, Mævius et Seius, légataires chacun
d'une moitié, n'auront plus qu'une part, par suite du legs de

---

[1] Schneider, p. 60, entend les choses en ce sens que le testateur a disposé de la *même* moitié au profit de Mævius et de Seius. Il arrive ainsi à
établir entre eux une *conjunctio re*, qui ne laisse plus aucun doute pour
l'application de l'accroissement. Mais si telle eût été la pensée du défunt,
il aurait dû dire : *eamdem partem*, ou quelque chose d'analogue, comme le
prouve la loi 142, *De verb. sign.*, invoquée néanmoins par Schneider à l'appui de son système.

[2] Nous ne nous attachons pas à discuter si Mævius et Seius sont *conjuncti
verbis*, parce que le même verbe, *lego*, s'applique à tous les deux. Ce point
est indifférent pour nous qui ne donnons aucune importance à la *conjunctio
verbis*, quand elle s'accompagne d'une *disjunctio re*, que nous admettons ici.

Titius. Leurs droits, qui, sans cette circonstance, pouvaient s'é-
tendre jusqu'au tout, étant désormais restreints à une moitié, il
est certain qu'en définitive ils seront obligés de ne prendre
qu'une part de ce qui leur a été laissé, si l'on suppose que tous
les légataires répondent à l'appel du testateur. Dans cette position, il avait paru juste aux jurisconsultes romains de permettre
que les droits de ces légataires se développassent par l'effet de
l'accroissement, si quelque intéressé venait à manquer.

En le décidant ainsi, ils n'ont fait, à nos yeux, qu'interpréter
sainement la volonté du disposant. L'intention de celui-ci était
évidemment de gratifier Titius au double de Mævius et de Seius ;
mais en même temps il voulait que chacun de ces derniers eût
la moitié de ce qu'aurait Titius. C'est ce qu'il a exprimé par la
manière dont il a réglé son legs. Il semble que le plus simple eût
été de dire : *Je lègue un quart à Mævius, un quart à Seius, la
moitié à Titius*. Mais ce n'est pas sans dessein que le testateur a
donné une moitié aux deux premiers, la totalité au dernier. Cela
signifie que si quelque appelé fait défaut, il veut que Mævius ou
Seius puisse avoir une moitié (c'est là le *maximum* de sa libéralité pour l'un ou l'autre) ; tandis que Titius devra avoir la totalité,
si la chose est possible. Supposez que le défunt eût pu prévoir la
défaillance de Seius, il l'aurait passée sous silence ; et, répartis-
sant son legs de manière à donner à Titius un témoignage d'affection double de celui qu'il laisse à Mævius, il aurait légué une
moitié à Mævius et la totalité à Titius, ce qui, par l'effet de la
réduction proportionnelle à subir par les deux légataires, aurait
procuré un tiers à Mævius et deux tiers à Titius. Or, l'admission
de l'accroissement, qui doit se faire *pro modo legati*, amènera
précisément un résultat conforme à la disposition qu'aurait faite
le testateur. Le quart de Seius ou ses trois douzièmes se parta-
geant entre les deux légataires au *prorata* de leur legs, Mævius
obtiendra quatre douzièmes ou un tiers, et Titius huit douzièmes
ou deux tiers. La décision de Javolenus doit donc être acceptée
comme étant parfaitement en harmonie avec l'intention du défunt, qui, comme nous l'avons dit, est la règle dirigeante en matière d'accroissement. Elle n'a rien qui contrarie l'exclusion que
nous imposons aux légataires *disjuncti re*, exclusion qui signifie
seulement que le légataire restreint à une part ne peut jamais la
dépasser pour empiéter sur la part d'un autre, ce qui n'a pas lieu

ici, puisque Mævius restera encore au-dessous de la moitié qui lui a été léguée. Mais admettez que Seius et Titius manquent à la fois, Mævius ne pourra jamais avoir au delà d'une moitié du fonds [1].

C'est encore par une interprétation fort raisonnable de la volonté du testateur que les jurisconsultes romains s'accordaient à repousser toute division du legs dès l'origine, malgré la règle : *Damnatio partes facit*, quand un legs *per damnationem* ou un fidéicommis, à l'égard duquel on appliquait les principes du legs *per damnationem* [2], avait été laissé en faveur d'un individu déjà né et des posthumes qui surviendraient. Telle est la doctrine contenue dans les lois 15, § 1, 16, § 2, *De legat.*, 1° 5, §§ 1, 6, 7, pr., *De reb. dub.*, invoquées par Baumeister, pour soutenir que le droit d'accroissement appartenait aux *verbis conjuncti*. Ces décisions uniformes, qui émanent de divers jurisconsultes, Gaïus, Pomponius, Paul, s'expliquent facilement par cette considération que le testateur n'a point songé à des parts *ab initio*, mais seulement d'une manière conditionnelle, c'est-à-dire en cas de survenance de posthumes. En vain des parts viriles auraient-elles été expressément indiquées par le disposant, comme le prévoit Pomponius dans la loi 16, § 2 ; ces parts sont subordonnées à l'existence incertaine dans l'avenir de posthumes à naître. A défaut de tout posthume, il est impossible de concevoir une division, ainsi que le fait observer M. d'Hautuille, p. 60, parce qu'il n'y a pas de division sans diviseur. Aussi Gaïus, qui, nous le savons, admet des parts *ab initio* dans le legs *per damnationem*, nous dit-il, dans la loi 7, pr., *De reb. dub.*, à l'occasion d'un legs et d'un fidéicommis où des posthumes figurent comme copartageants, que tout partage doit être écarté, s'il ne survient aucun posthume. « *Ego commodius dici puto, si quidem natus non est, minime eum partem facere, sed totum ad te pertinere, quasi ab initio tibi solido relicto.* »

Une preuve convaincante de la dénégation du droit d'accroissement à l'égard des légataires, qui au fond ne sont pas appelés

---

[1] Notre solution est conforme à celle que donne Rosshirt, t. I, p. 618, § 25, *Die Lehre von Vermachtnissen*.

[2] Cette exclusion du droit d'accroissement entre les fidéicommissaires que Pothier, Pandectes, n° 415, admettait justement, parce qu'ils ne sont en effet que des créanciers de même que les légataires *per damnationem*, se trouve confirmée aujourd'hui par le paragraphe 85 des *Vat. fragm* : « *In fideicommisso autem id sequimur quod in damnatione.* »

à la même chose, parce qu'ils n'ont reçu que des parts distinctes, se trouve dans la controverse élevée entre les jurisconsultes romains sur la manière de traiter le legs fait à un esclave commun. Les maîtres n'acquérant le legs que *pro portione dominii*, à raison de leur propriété qui était divisée, chacun ne pouvait immédiatement prétendre qu'à une fraction. La division du *dominium* opérait ici une division du legs même, de telle sorte que chaque maître était légataire non *in solidum*, mais seulement *pro parte*. Beaucoup de jurisconsultes restèrent fidèles à ce point de vue, et ne voulurent pas admettre au profit de l'un des maîtres la faculté de recueillir la part laissée vacante par la répudiation de l'autre maître. Telle est la doctrine énoncée par Celse, dans la loi 20, *De legat. 2°*, comme étant celle enseignée par Proculus, et qui avait été transmise à l'auteur par son père : « *Et Proculo placebat, et a patre sic accepi, quod servo communi legatum sit, si alter dominorum omitteret, alteri non adcrescere ; non enim conjunctim, sed partes legatas ; nam ambo si vindicarent, eam quemque legati partem habiturum, quam in servo haberet.* » Cependant l'opinion contraire, soutenue par Julien, et approuvée par Ulpien, a été insérée dans la loi 1re, § 1, *De usuf. adcresc.*, à l'occasion du legs d'usufruit. Mais aujourd'hui les pièces du débat nous sont connues d'une manière complète, grâce aux *Vatic. fragm.*, § 75, qui nous attestent que les compilateurs des Pandectes ne se sont pas fait scrupule de tronquer l'exposé de cette question, emprunté aux œuvres d'Ulpien. Nous voyons dans ce paragraphe 75 que si Ulpien se prononce en faveur de l'avis de Julien, qui avait rencontré de nombreux contradicteurs, ce n'est pas en appliquant les règles du *jus adcrescendi*, qui faisaient défaut dans l'espèce, chacun des maîtres n'étant pas appelé directement à la totalité. Mais, en l'absence d'une vocation solidaire immédiate, le maître qui acceptait le legs trouvait un autre motif pour s'emparer de la portion défaillante. Ce motif était tiré de cette considération que le legs étant attaché à la personne de l'esclave, tant que celui-ci existe, le legs doit se maintenir entier, sauf à ne profiter qu'au maître qui accepte la libéralité. « *Ego autem Juliani sententiam non ratione adcrescendi probandam puto sed eo, quod quamdiu servus est, cujus persona in legato spectatur, non debet perire portio.* » Ajoutons enfin que divers fragments du titre *De usuf. adcresc.*, aux Pandectes, matière sur laquelle les lois caducaires avaient laissé fonctionner le *jus ad-crescendi*, disent très-nettement que ce droit n'appartenait pas aux légataires, toutes les fois que la disposition faite à leur profit ne portait que sur une part. C'est ce qui ressort de la loi 3, § 4, et des lois 11 et 12. Ces derniers textes sont si clairs qu'ils auraient dû rendre toute controverse impossible sur les conditions du *jus adcrescendi*.

« *Cum singulis, ab heredibus singulis, ejusdem rei fructus legatur, fructuarii separati videntur, non minus quam si æquis portionibus duobus ejusdem rei fructus legatus fuisset. Unde fit ut inter eos jus adcrescendi non sit.* » L. 11.

« *Cum alius ab alio herede usumfructum vindicat.* » L. 12.

Nous terminerons ce qui est relatif à notre première règle, en faisant observer que divers légataires appelés à la même chose par des testaments émanant de différents testateurs ne peuvent pas être considérés comme étant *conjuncti*, et qu'il ne saurait y avoir place en pareil cas au droit d'accroissement, ainsi que le dit Ulpien, dans la loi 16, *Quib. mod. ususf.* (7-4). « ... *Quia ex diversis testamentis jus conjunctionis non contingit.* » Si les deux testaments avaient le même auteur, le second, d'après le droit commun [1], romprait le précédent, à moins qu'il ne s'agît de deux *tabulæ* cachetées en même temps, et qui ne constitueraient qu'un seul testament, bien que contenant institution d'héritiers différents, suivant la loi 1, § 6, *De bon. poss. sec. tab.* (37-11). En supposant toutefois que le père eût légué quelque chose dans son propre testament, et qu'il eût répété le même legs au profit d'une autre personne dans le testament qu'il aurait fait pour son fils impubère, comme on ne voyait dans les deux actes qu'un testament unique, § 2, Instit., *De pupill. subst.*, la *conjunctio* était admise, et par suite le droit d'accroissement, comme le décide Ulpien, dans la loi 34, § 10, *De legat.* 1° : « *Sed si in pupillari testamento alii eamdem rem legaverit, quam mihi in suo testamento legavit, Julianus scribit concursu partes nos habere : interim igitur partem habebit is, cui in suo testamento legavit* [2]. »

[1] Un militaire peut laisser plusieurs testaments, qui devront être simultanément exécutés, si telle est sa volonté. Comme tout dépend ici de l'intention du disposant, il n'y a d'autre règle à poser que la recherche de cette intention, pour savoir si le testateur a entendu établir un concours entre les deux légataires, ou révoquer le premier legs par le second.

[2] Ces expressions : *interim... partem habebit* ont semblé suspectes à Cu-

II. — Si nous avons vu l'accroissement, à l'égard des héritiers institués, s'opérer même contre leur gré, indépendamment de toute nouvelle adition, nous devons étendre la même règle aux colégataires, qui se trouvent dans les conditions du *jus adcrescendi*. Il y a, en effet, pour le décider, identité de motifs. Le légataire, qui recueille la part défaillante, ne fait que profiter de son propre droit, en vertu duquel il était appelé à prendre le tout. Une répudiation de l'accroissement ne serait en réalité qu'une division du legs même, qui ne serait accepté que pour partie. Or, nous avons constaté que cette division était repoussée par les Romains, soit quant à l'institution, soit quant au legs, ainsi que le dit Paul, *Sent.*, liv. III, tit. VI, § 3, ce qui est d'ailleurs confirmé par divers fragments des Pandectes (Voyez l. 38, pr., *De legat.* 1º, l. 4, l. 58, *De legat.* 2º). Tous ces textes, il est vrai, pourraient absolument être entendus comme ne s'appliquant qu'au cas d'un legs unique. Quand, au contraire, il y a deux dispositions qui, à raison de la défaillance de l'une d'elles, viennent se réunir sur la même tête, ne pourrait-on pas autoriser le légataire qui a déjà acquis, en vertu de son propre droit, à repousser les conséquences de l'accroissement? Y aurait-il alors acquisition nouvelle à titre de legs, acquisition qui, comme celles faites de

---

jas, qui, dans ses notes sur les *Regulæ* d'Ulpien, tit. XXIV, § 13, se range à l'opinion d'Azon et d'Hugolinus, d'après lesquels il faudrait lire : *interim totum*. Il semble en effet que le légataire gratifié par le testament du père doit, en attendant, avoir la totalité, puisque telle est la portée de son legs, et qu'il ne doit subir de réduction que par un concours qui n'est pas encore possible. Cujas aurait pu invoquer par analogie les lois 6, § 2, *De usuf. adcresc.* (7-2) et 1, § 19, *Ut legat.* (36-3), dans lesquelles Ulpien admet que si un usufruit a été légué purement à quelqu'un et conditionnellement à un autre, le légataire pur et simple aura droit à l'usufruit tout entier jusqu'à l'arrivée de la condition. Le président Favre a critiqué l'opinion de Cujas, et prétendu (*Decad.* 49, *err.* 9), en invoquant notamment la loi 99, *De legat.* 1º, que le légataire pur et simple ne pouvait en attendant se comporter que comme propriétaire pour partie. Ses arguments ne nous ont pas convaincu. Il nous semble plus raisonnable d'attribuer par *interim* à ce légataire, non-seulement la jouissance de la chose entière, mais encore les autres émoluments de la propriété, par exemple le bénéfice des legs faits à l'esclave qui aurait été légué de la sorte. Seulement cette propriété restera précaire pour moitié jusqu'à l'époque où la condition du second legs viendra à se réaliser ou à défaillir. Tout ce que veut dire Ulpien, c'est que dans l'intervalle il n'y aura propriété absolue et irrévocable que pour moitié. Aussi ne pensons-nous pas qu'il y ait lieu de rien changer dans le texte de la loi 34.

la sorte, dépendrait de la volonté de l'intéressé? S'il en était ainsi, on ne concevrait pas que l'héritier d'un légataire pur et simple, quand son auteur est décédé après avoir accepté, profitât de la défaillance d'un colégataire gratifié conditionnellement. Puisquec ette défaillance ouvrirait un droit nouveau en faveur du légataire pur et simple, celui-ci, qui n'aurait pas survécu à la délation de cette seconde partie de son legs, n'aurait pu transmettre à son héritier le droit de la prendre. Nous voyons néanmoins que dans cette hypothèse les héritiers du légataire sont assimilés aux héritiers de l'institué, comme le porte la loi 26, § 1, *De cond. et dem.* (35, 1). Sans doute, Justinien, suivant l'opinion commune[1], a distingué dans la loi *unic. C., De cad. toll.*, entre les dispositions faites *conjunctim* ou *disjunctim,* pour rendre l'accroissement tantôt volontaire, tantôt forcé. Mais le point de vue adopté par Justinien, exclusivement pour les dispositions faites *disjunctim*, était le point de vue général auquel se plaçaient les jurisconsultes romains, qui disaient que le legs devait s'adresser *in solidum* à chacun, pour qu'il y eût accroissement, sans attacher de l'importance à la pluralité ou à l'unité de dispositions. D'après cette manière d'envisager les choses, il est clair qu'on doit dire du colégataire, qui ne trouve pas de concurrent, qu'il est légataire unique, et que, dès lors, il faut lui appliquer la règle d'après laquelle un legs ne saurait être accepté pour une partie et répudié pour l'autre[2].

Comme nous admettons que l'accroissement se produit, non en vertu d'un droit nouveau, mais comme une simple dépendance, une extension de la disposition principale, nous en con-

---

[1] Schneider n'admet point que dans aucun cas, même sous le droit de Justinien, l'accroissement puisse dépendre de la volonté du légataire.

[2] On pourrait nous objecter certaines décisions, d'après lesquelles il y aurait eu controverse sur la question de savoir si, quand une personne a le droit d'invoquer une double disposition testamentaire, d'abord de son chef, puis comme héritière d'un colégataire, ou comme propriétaire d'un esclave légataire du même objet, elle peut, nonobstant la répudiation effectuée en vertu de l'un de ses titres, prendre la totalité, en se prévalant de son autre titre. Gaïus, dans la loi 55, pr., *De legat.* 1°, et Terentius Clemens, dans la loi 59, *eod. tit.*, paraissent opposés sur cette question. Mais, comme ces jurisconsultes s'occupaient sans doute d'apprécier la portée des lois caducaires, comme l'indiquent les titres des ouvrages dont ces fragments sont extraits, nous les négligerons quant à présent, sauf à y revenir dans la suite de notre travail.

clurons que, cet accroissement une fois opéré, il s'opérera une rétroactivité qui fera considérer le légataire comme ayant acquis *ab initio* les deux parts. Nous avons indiqué plus haut les conséquences de cette rétroactivité quant à la validité des actes qui auraient été faits dans l'intervalle par le légataire, conséquences dont la loi 31, *De test. mil.* (29, 1), nous fournit une application. Par la même raison, la manière dont le colégataire fait défaut ou l'époque de cette défaillance seront indifférentes pour le droit d'accroissement, qui s'effectuera même après le décès du légataire en faveur de ses héritiers.

III. — La dispense, pour celui qui profite de l'accroissement, de supporter les charges imposées par le testateur au colégataire défaillant[1] nous apparaît encore comme un corollaire de cette règle que le légataire se borne à prendre ce qui lui a été laissé personnellement (*singulis solidum datum*) et recueille, en vertu de sa propre vocation, la part demeurée vacante. Telle est aussi la décision de Julien dans la loi 30, *De cond. et dem.* (35-1) : « *Si separatim mihi totus fundus pure, tibi sub conditione legatus fuerit, et tu decesseris, antequam conditio exstiterit : non habebo necessitatem implere conditionem, ut pote cum etiamsi conditio defecerit, pars, quam vindicaturus eras, mihi adcrescat.* » Il faut supposer que le colégataire qui décède devait accomplir une condition dont l'exécution eût été dispendieuse pour lui. Si toutefois le testateur n'avait pas entendu grever spécialement le légataire qui fait défaut, mais qu'il s'agit d'une charge pesant généralement sur le legs, il faudrait dire, par imitation de ce que nous avons vu quant à l'accroissement entre cohéritiers, que cette charge devrait être supportée en totalité par le légataire qui recueillerait en entier. C'est ce que nous apprend la loi 54, § 1, *eod. tit. :* « *Duobus eadem res, si heredi centum dedissent, legata est : si alter ex his quinquaginta dederit, partem legati consequetur ; et pars ejus, qui non dederit, alteri cum sua conditione adcrescit.* »

[1] Un légataire ne pouvait être grevé d'un legs, suivant la maxime : *A legatario legari non potest*; mais il était permis de le charger d'un fidéicommis. Le legs pouvait aussi être subordonné à une condition dont l'accomplissement serait onéreux pour le légataire, par exemple, *si monumentum fecerit, si heredi centum dedisset.*

CHAPITRE II.

OBSERVATIONS PRÉLIMINAIRES.

Le système que nous avons exposé comme étant celui de l'ancien droit romain, système qui était une œuvre savante et logique, due aux efforts de la doctrine et aux raisonnements des jurisconsultes, fut considérablement altéré, dès les premiers temps de l'époque impériale, par l'intervention du législateur, qui, faisant prévaloir l'intérêt public sur la volonté du défunt, s'empara des dispositions testamentaires, et s'en servit comme d'un moyen d'atteindre le but qu'il poursuivait. Il s'agissait de repeupler l'État, en excitant les citoyens à la procréation d'enfants légitimes, et de trouver de nouvelles ressources pour alimenter le Trésor. Tel était, suivant Tacite (*Ann.*, III, 25), le double objet que se proposait Auguste, en faisant porter les lois Julia et Papia Poppæa : *Incitandis cœlibum pœnis, augendo œrario*. Pour arriver à ce résultat, les lois nouvelles frappèrent d'une incapacité plus ou moins étendue, au point de vue des institutions d'héritier et des legs, ceux qui se montraient rebelles à la condition du mariage, ou dont l'union conjugale n'avait pas été féconde. D'un autre côté, les avantages dont ceux-là étaient dépouillés furent attribués à titre de récompense à ceux qui, ayant la prérogative d'une paternité légitime, se trouvaient gratifiés dans le même testament que les individus atteints par les déchéances que nous avons signalées. On ne s'en tint pas là. Le bénéfice de la défaillance des dispositions testamentaires, bien que cette défaillance ne se rattachât point aux prescriptions des lois Julia et Papia, fut en général transporté aux *patres*, qui furent appelés à recueillir cet émolument, au détriment de ceux que l'ancien droit en faisait profiter. Enfin, à défaut de *patres* aptes à invoquer les faveurs de la nouvelle législation, ce fut le Trésor public, l'*œrarium*, qui dut s'enrichir de cette aubaine « *ut si a privilegiis parentum cessaretur, velut parens omnium populus vacantia teneret* », dit Tacite, *Ann.*, III, 28.

Un pareil état de choses était, on le conçoit, exclusif du droit d'accroissement, fondé sur des considérations toutes différentes,

4

et pour lequel la condition de paternité n'était d'aucune importance. Aussi, s'il était vrai que le nouveau privilége, connu ordinairement sous le nom de *jus caduca vindicandi*, eût dû s'exercer contre tous, sans acception de personnes; s'il s'était étendu indistinctement à toutes les dispositions testamentaires qui ne sortaient pas à effet, il faudrait admettre, comme l'ont écrit quelques auteurs, que depuis les lois Julia et Papia le *jus adcrescendi* disparut complétement. Mais nous aurons à voir, en exposant la théorie de ces lois, qu'il y avait des personnes en faveur desquelles avait été consacré le maintien des anciennes règles, le *jus antiquum*, et qu'il y avait également certaines dispositions, qui, échappant aux nouvelles prescriptions, continuèrent à rester sous l'empire du vieux droit d'accroissement.

Il n'est pas sans difficulté de préciser exactement l'époque à laquelle commença d'être en vigueur la législation dont nous nous occupons. Ce qu'il y a de certain, c'est que le système nouveau ne fut pas créé d'un seul jet, et que ce ne fut que dans les derniers temps du règne d'Auguste que la loi Papia Poppæa vint compléter ce qui avait été inauguré par la loi Julia[1]. Tacite nous dit (*Ann.*, III, 25), à propos de la loi Papia : « *Quam senior Augustus post Julias rogationes... sanxerat.* » Nous savons aussi que différents sénatus-consultes, dont quelques-uns sont mentionnés par Ulpien, *Reg.*, tit. XVI, et dont l'existence est attestée par Justinien, L. 1, § 1, C., *De cad. toll.*, apportèrent dans la suite des modifications, des adoucissements ou des rigueurs, aux dispositions primitives. On est d'accord pour fixer à l'an 762 de la fondation de Rome l'émission de la loi Papia Poppæa, qui dut son nom à M. Papius Mutilus et à Q. Poppæus Secundus, qui étaient alors *consules suffecti*[2]. Il y a au contraire divergence pour ce

[1] Cette loi *Julia*, pour la distinguer des nombreuses lois *Juliæ* de la même époque, est ordinairement désignée sous le nom de *lex Julia de maritandis ordinibus*, à raison de la matière dont s'occupait le premier chapitre. Faut-il voir dans la loi *Julia Miscella*, abrogée par Justinien, Cod., liv. VI, tit. XL, seulement un chapitre particulier de notre loi Julia, comme le pense Heineccius, liv. II, ch. XVI, ou bien une loi distincte, de date incertaine, qui aurait été proposée par un certain Miscellus, personnage resté inconnu, c'est une question qu'il est impossible de résoudre, faute de documents.

[2] On appelait *consules suffecti* ceux auxquels l'empereur déférait le consulat, en les substituant aux personnes désignées au commencement de

qui concerne la loi Julia. Les historiens de cette époque nous ont
conservé le témoignage des difficultés qu'Auguste éprouva pour
faire passer cette loi, qui contrariait vivement les habitudes des
citoyens romains. Elle rencontra surtout de l'opposition parmi
les Chevaliers, qui parvinrent à l'écarter une première fois. Afin
de triompher de cette résistance, Auguste fut obligé de se relâ-
cher de la sévérité de ses propositions, et d'accorder aux Romains
une dispense de trois années, qui fut suivie d'une nouvelle *vacatio* de deux ans. D'après Heineccius, liv. I, ch. III, c'est en 736
seulement qu'aurait eu lieu la première tentative demeurée in-
fructueuse; et ce n'est que plus de vingt ans après, en 757,
qu'Auguste aurait réussi, grâce aux concessions qu'il avait faites.
Ce système est partagé par Puchta [1]. Mais suivant Zimmern [2], qui
reproduit le résultat des recherches faites à cet égard par Wenck,
l'échec subi par Auguste remonterait à l'an 726, et dix ans plus
tard, en 736, il serait parvenu à faire adopter la loi Julia. Cette
opinion, qui nous paraît la plus probable, est celle de Walter [3] et
de Schneider (p. 93.)

La plupart des commentateurs (Heineccius n'est pas exempt
de ce reproche, voy. liv. I, ch. III, nº 4) sont portés à considérer
la loi Papia Poppæa comme ayant absorbé la loi Julia, et l'ayant
rendue inutile. C'est une erreur qui ressort avec évidence de
divers fragments des jurisconsultes romains, où la loi Julia est
mentionnée exclusivement au sujet de certaines prescriptions
auxquelles il est fait allusion, tandis que d'autres se réfèrent
uniquement à la loi Papia. Ainsi Gaïus, quand il compare l'incapacité des *cœlibes* à celle des *orbi*, cite toujours comme source
de la première la loi Julia, et rapporte au contraire la seconde à
la loi Papia (*Comm.*, II, §§ 111, 144, et surtout 286). De même
le paragraphe 216 des *Vatic. fragm.* fait dériver de la loi Julia

chaque année par les comices ou par le sénat, et qui déposaient leur charge
au bout de quelques mois. Nous savons par Pomponius, l. 2, § 47, *De
orig. jur.*, que Labéon refusa le consulat, qui lui était offert de la sorte par
Auguste : *Labeo noluit, cum offerretur ei ab Augusto consulatus, quo* SUFFEC-
TUS *fieret, honorem suscipere.* Dion Cassius, liv. LVI, ch. x, nous apprend que
des deux auteurs de la *rogatio*, ni l'un ni l'autre n'était marié et n'avait
des enfants. Il ajoute que cela prouve à quel point la loi était nécessaire.
[1] *Cursus der Instit.*, t. I, § 107.
[2] *Rechts-Gesch.*, t. I, § 33.
[3] *Gesch. des Röm. Rechts*, t. I, § 327.

l'exception dont jouissaient les *cognati*, et le paragraphe 218 attribue à la loi Papia l'exemption en faveur des *adfines*. Nous ferons encore observer que Gaïus et Ulpien sont d'accord pour invoquer la loi Julia à l'occasion du tuteur qui pouvait être donné à une femme *dotis constituendæ causa* (Gaï., I, 178; Ulp., *Reg.*, tit. XI, § 20) ; et que, quant au *jus caduca vindicandi* au profit des *patres*, c'est toujours la loi Papia, dont le nom se trouve sous la plume de ces jurisconsultes (Gai., II, 206 à 208; Ulp., tit. I, § 21; tit. XIX, § 17; tit. XXIV, § 12)[1]. La loi Papia est pareillement seule indiquée par Gaïus, quand il développe les droits nouveaux conférés aux patrons (III, §§ 42 à 54), ce qui est conforme à la manière dont s'exprime Ulpien, tit. XXIX. D'un autre côté, quelquefois les deux lois sont désignées ensemble, par exemple, pour la libération de la tutelle à l'égard des femmes, Gai., I, 145 ; pour ce qui concerne les prohibitions au mariage, Ulp., tit. XVI, § 2]: « *Si contra legem Juliam, Papiamque Poppæam contraxerint matrimonium.* »

De tout cela il faut conclure que la loi Papia n'abrogea point la loi Julia, sauf les points sur lesquels elle vint la modifier. C'est ainsi que, suivant le témoignage d'Ulpien, titre XIV, la loi Papia prolongea la durée de la *vacatio* accordée à la femme par la loi Julia après la dissolution d'un précédent mariage. Mais, à part les dispositions qui furent amendées par loi Papia, la loi Julia continua à subsister. Aussi est-elle souvent mentionnée isolément, comme une loi en vigueur, par les jurisconsultes des Pandectes, notamment dans le titre : *De ritu nuptiarum.* Cependant il est certain que ces deux lois avaient des tendances analogues, qu'elles se référaient à un ensemble de vues, à un système commun. C'est pourquoi les divers commentaires, dont nous trouvons des extraits au Digeste, portent toujours ce titre : *Ad legem Juliam et Papiam.* Les deux lois étaient dans la doctrine traitées à la fois, comme formant une même matière; et le plus souvent les jurisconsultes ne prenaient pas la peine d'indiquer si la disposition à laquelle ils faisaient allusion appartenait à l'une de ces

---

[1] Il est vrai qu'Ulpien, tit. XXVIII, § 7, parle de la *lex Julia caducaria*, comme déférant la succession au *populus*, à défaut de toute personne qui réclame *ab intestat* la *bonorum possessio*. Mais ici Ulpien applique l'expression *caduca* à des biens vacants proprement dits, comme le fait Gaïus, II 150, et III, 62.

lois plutôt qu'à l'autre. Ce serait donc un travail très-ardu, qui n'aboutirait qu'à des conjectures dénuées de toute certitude, et qui d'ailleurs ne présenterait aucune utilité sérieuse, que de vouloir préciser, à l'égard de chacune des dispositions que nous aurons à passer en revue, si elle dérivait de la loi Julia ou de la loi Papia. A l'exemple des jurisconsultes romains, nous prendrons ces deux lois comme ne formant qu'un seul tout, sans nous attacher à restituer à chacune d'elles ce qui lui appartient en propre, à moins que les sources ne contiennent à ce sujet des indications positives.

Nous n'essayerons pas davantage de rétablir le texte original des lois Julia et Papia, ce qui a été tenté plusieurs fois, notamment par J. Godefroy[1], par Ramos del Manzano[2], et enfin par Heineccius, dont le travail est celui qui a conquis le plus d'autorité. Nous n'avons pas l'intention de donner un commentaire complet de ces lois, qui s'étendaient à des objets fort divers, et qui se divisaient en un grand nombre de chapitres. Il est certain, par exemple, que la loi Julia en renfermait au moins trente-cinq, voy. l. 19, *De ritu nupt.* Notre plan se borne à rechercher la théorie imaginée par cette législation pour régler le sort des dispositions de dernière volonté. C'est sous ce point de vue que ces lois sont appelées ordinairement lois *caducaires.* Nous nous en tiendrons à la *pars caducaria* des lois d'Auguste ; et nous ne dirons un mot des dispositions qui n'avaient pas directement ce but qu'autant qu'elles y auront quelque rapport, et qu'elles pourront influer sur la capacité de recueillir organisée par la nouvelle législation.

Au surplus, quelque respectables que soient les efforts de ceux qui s'appliquent à recomposer le texte des anciennes lois romaines, nous avouons que ce genre d'exercice nous séduit médiocrement. De pareils essais peuvent offrir un grand intérêt, en ce qu'ils fournissent à l'auteur l'occasion de scruter à fond un sujet et d'en explorer les difficultés ; mais, à part cette sorte de mérite, et si l'on n'envisage que le but final, abstraction faite des moyens employés pour l'atteindre, le travail ne serait pas digne de la peine qu'y déploient des esprits distingués. Sans doute, quand des documents authentiques, dispersés dans des sources

[1] *Fontes quatuor.*
[2] *Th. Meerm.,* t. V.

diverses, nous ont conservé les fragments d'une même loi, il est utile et curieux de rapprocher ces membres épars et de tâcher de donner par là un corps à l'ensemble. Ainsi il est plusieurs chapitres de la loi Julia qui ont passé textuellement, selon toute probabilité, dans les ouvrages des jurisconsultes romains ; et, pour ceux-là, Heineccius n'a eu qu'à transcrire des extraits des Pandectes. Mais quand ces ressources lui font défaut, il est obligé de se contenter d'indications peu précises, de renseignements plus ou moins vraisemblables ; et on conçoit qu'avec de pareilles données il est fort hasardeux de prétendre à reproduire les termes mêmes dont s'est servi le législateur et à indiquer la place exacte que devait occuper chaque disposition dans l'œuvre originale. Aussi voyons-nous que les divers auteurs qui sont entrés dans cette voie sont arrivés à des résultats bien divergents, comme le prouve la comparaison des trois textes proposés par Godefroy, Ramos et Heineccius [1]. Plus les travaux de cette espèce se multiplieraient, et plus la confusion augmenterait sans doute. Il serait facile, avec les documents que nous possédons aujourd'hui, de renverser plus d'un chapitre édifié par Heineccius. Mais sur les points même à l'égard desquels on peut convaincre Heineccius d'erreur, il serait bien téméraire de ne pas se contenter d'affirmer la portée des dispositions véritables de la loi, et de vouloir aller jusqu'à retracer les expressions mêmes employées par ses auteurs. Heureusement cette suprême perfection d'exactitude n'a rien d'indispensable. Il serait assurément très-désirable, pour s'éclairer sur les réformes opérées par les lois Julia et Papia, d'en posséder le texte sincère. Mais comme les ressources à cet égard nous font défaut, il faut savoir se résoudre à ignorer ce qu'il est impossible de pénétrer.

Nous diviserons notre deuxième chapitre en trois paragraphes. Dans un premier paragraphe, nous établirons les incapacités ou

[1] Un jurisconsulte hollandais, Van Hall, dans une dissertation couronnée par l'Académie de Leyde, qui avait proposé pour sujet de concours, en 1828, l'examen du travail d'Heineccius sur la loi Julia Papia, a présenté p. 33 et suiv., un tableau comparatif des essais de restitution tentés par Godefroy, Ramos et Heineccius. Il est facile de voir qu'Heineccius s'est inspiré en général du plan dont la conception appartient à Godefroy, tandis que le jurisconsulte espagnol s'est fait de l'ordonnance des lois Julia et Papia une idée toute différente.

les priviléges créés par les lois Julia et Papia, en nous plaçant pour cet examen à l'époque des jurisconsultes dits classiques, c'est-à-dire des auteurs dont les ouvrages ont servi à la compilation des Pandectes. Dans un second paragraphe, nous exposerons comment était réglé le sort des dispositions de dernière volonté, et quel était le résultat produit par la combinaison des incapacités et des priviléges dus à la législation particulière qui fait l'objet de notre étude. Nous aurons à voir en même temps quelle place avait été laissée à l'ancien *jus adcrescendi.* Enfin, dans un dernier paragraphe, nous suivrons l'histoire des modifications éprouvées par les lois d'Auguste depuis le temps des jurisconsultes jusqu'au moment où elles furent complétement abrogées par Justinien.

§ 1. — Incapacités et priviléges créés par les lois Julia et Papia.

Le moyen imaginé par Auguste pour repeupler l'État considérablement appauvri de sujets à la suite des guerres civiles, en même temps que pour combattre l'aversion extrême que les Romains témoignaient pour le mariage, consista, avons-nous dit, d'une part, à frapper de peines le célibat et l'*orbitas,* c'est-à-dire le défaut d'enfants; de l'autre, à récompenser la paternité par la concession de priviléges importants accordés à la condition de *pater.* Les célibataires furent déclarés absolument incapables de recueillir les hérédités pour lesquelles ils étaient institués et les legs qui leur étaient faits, ce qui aurait été introduit par la loi Julia. Gaïus nous dit, *Comm.* II, § 286 : « *Cœlibes..., qui per legem Juliam hereditates legataque capere prohibentur.* » Quant aux *orbi,* une position moins dure leur fut faite par la loi Papia, paraît-il. Leur incapacité ne fut que partielle ; on se borna à les priver de la moitié de ce qui leur avait été laissé. Gaïus ajoute, *loc. cit. :* « *Item orbi, qui per legem Papiam, ob id quod liberos non habent, dimidias partes hereditatum legatorumque perdunt.* »

Cœlibes. L'état de célibat, proscrit par la loi Julia, ne doit pas s'entendre dans le sens que nos habitudes attachent à cette expression, que nous appliquons seulement aux personnes qui ont toujours été libres du lien du mariage. Pour les Romains, celui-là était également *cœlebs,* qui, veuf ou divorcé, n'avait pas contracté une nouvelle union. C'est un point qui n'est pas contesté, et qu'Heineccius, liv. II, chap. III, n° 2, à la suite de Schulting, établit par des autorités convaincantes. C'est ce qui ressort d'ailleurs avec évidence du soin qu'avait pris le législateur d'accorder aux femmes un certain temps de *vacatio*, pendant lequel elles étaient exemptes des peines du célibat. Ce temps variait, suivant qu'il s'agissait d'une femme veuve ou d'une femme divorcée. Nous savons par Ulpien, *Reg.*, tit. XIV, *De pœna legis Juliæ*, qu'à cet égard la loi Papia se montra plus indulgente que ne l'avait été la loi Julia. « *Feminis lex Julia a morte viri anni tribuit vacationem, a divortio sex menses; lex autem Papia a morte viri biennium, a repudio annum et sex menses*[1]. » D'un autre côté, tout mariage, même reconnu valable d'après les règles de l'ancien droit, ne suffisait pas pour échapper à l'incapacité prononcée par la loi Julia. Il fallait que l'union conjugale n'eût pas été contractée en contravention aux prohibitions consacrées par la nouvelle législation. Ces prohibitions, résumées par Ulpien, tit. XIII, et dont la portée se trouve développée dans divers fragments du titre *De ritu nupt.* (D. 23-2), notamment dans les lois 43 et 44, défendaient à tout ingénu le mariage avec une femme de condition honteuse, et seulement aux sénateurs et à leurs descendants le mariage avec une affranchie.[2] Aussi Ulpien enseigne-t-il,

---

[1] Il n'est pas douteux que les peines du célibat atteignaient le citoyen romain veuf ou divorcé sans enfants. Quant à celui qui aurait eu des enfants d'un mariage dissous, la question de savoir si le *jus patrum* qu'il avait acquis le mettait à l'abri des peines du célibat sera examinée plus loin.

[2] C'est la loi Julia qui paraît avoir introduit le *connubium* entre ingénus et affranchis. Ulpien, tit. XIII, rapporte à cette loi les dispositions qui, tout en défendant aux sénateurs et à leurs enfants d'épouser des affranchies, n'interdisaient aux *cæteri ingenui* le mariage qu'avec les femmes atteintes d'infamie. C'est également en 736, date que nous avons assignée à la loi Julia, qu'au rapport de Dion Cassius les mariages entre ingénus et affranchis auraient été autorisés. Il faut croire néanmoins que cette autorisation fut renouvelée par la loi Papia, puisque Celse nous dit, l. 23, *De rit. nupt.* : « *Lege* PAPIA *cavetur omnibus ingenuis, præter senatores eorumque liberos, libertinam uxorem ducere licere.*» Quant au motif donné par Dion, tiré de ce que le nombre des ingénus mâles dépassait celui des femmes ingénues, il est difficile à comprendre, puisque les guerres civiles n'avaient dû exercer de ravages que parmi la population virile. Voici le passage de Dion, liv. LIV, ch. XVI, suivant la traduction de Reimar : « *Ac quoniam plures erant mares ingenui quam feminæ, liberum fecit, ut qui vellent (modo ne senatores essent) libertinas etiam ducere possent, eorumque liberos legitimos esse jussit.* »

titre XVI, § 2, qu'un mariage contraire aux lois Julia et Papia ne conférerait pas aux époux la faculté de disposer indéfiniment l'un au profit de l'autre. « *Aliquando nihil inter se capiunt, id est, si contra legem Juliam Papiamque Poppœam contraxerint matrimonium, verbi gratia, si famosam quis uxorem duxerit, aut libertinam senator.* » Il ajoute, dans le paragraphe suivant, à l'occasion d'un mariage prohibé par le sénatus-consulte Calvitien, l'un des sénatus-consultes qui vinrent développer la législation Papienne : « *Impar matrimonium appellatur, et senatus-consulto Calvitiano jubetur non proficere ad capiendas hereditates et legata et dotes.* »

Orbi. En ce qui concerne l'*orbitas* ou le défaut d'enfants, on devait, pour éviter l'incapacité créée sur ce point par la loi Papia, avoir des enfants légitimes, qui se rattachassent à la famille civile, ou qui du moins, d'après le droit prétorien, fussent censés en faire partie. C'est ainsi que les petits-enfants issus de la fille ne procuraient pas à leur aïeul maternel les priviléges de la paternité, suivant le paragraphe 195 des *Vat. fragm.* De même que le mariage contracté au mépris des lois Julia et Papia ne servait point, comme nous l'avons dit, à exempter des peines du célibat, de même les enfants issus d'une pareille union n'empêchaient pas le mari d'être considéré comme *orbus*. S'il y avait doute sur la qualité que devaient avoir les *liberi* pour fournir au père une excuse en matière de tutelle, ainsi que le prouve le paragraphe 168 des *Vat. fragm.*, on ne peut admettre que ces difficultés existassent, quand il s'agissait d'apprécier les incapacités où les priviléges introduits par les lois *caducaires*. L'absence des conditions exigées pour conférer le *jus patrum*, le *jus caduca vindicandi*, devait assurément entraîner l'état d'*orbus*. C'est un point sur lequel nous aurons à revenir en examinant les prérogatives de la paternité. Nous nous contenterons d'ajouter ici que les enfants adoptifs paraissent d'abord avoir été pris en considération, ce qui fut réformé par un sénatus-consulte rendu sous Néron en 815, et dont Tacite fait mention, *Ann.*, liv. XV, ch. XIX.

Il est important de remarquer avec quelle modération furent traitées les incapacités introduites par les lois Julia et Papia à l'égard des *cœlibes* et des *orbi*. Si l'on s'en était tenu aux vieilles

règles du droit romain, d'après lesquelles l'aptitude à être institué héritier ou gratifié d'un legs, ce que l'on appelait la *testamenti factio*, devait exister dès l'époque de la confection du testament, il aurait fallu appliquer les peines du célibat ou de
l'*orbitas* à ceux même qui, n'étant point mariés ou se trouvant
sans enfants au moment où le défunt avait réglé ses dernières
volontés, auraient été cependant mariés ou *patres* à la mort du
disposant. C'est en effet une règle bien constante que la *testamenti factio*, dans le sens où nous prenons ici cette expression [1],
c'est-à-dire comme aptitude à être le sujet d'une institution, était
requise chez celui auquel s'adressait cette institution à l'instant

[1] L'expression *testamenti factio* est appliquée, dans la langue de la jurisprudence romaine, tant à la faculté de faire une institution d'héritier qu'à
celle d'être institué, comme le fait observer le paragraphe 4, Instit., *De her.
qual.*; d'où les commentateurs ont tiré la distinction de la *testamenti factio
active* et *passive*. Il est difficile, au premier abord, de concevoir qu'on attribue
une *testamenti factio* à celui qui est simplement désigné dans les tablettes
comme devant être héritier, puisqu'il reste étranger à l'affaire et n'y joue
aucun rôle. Mais, si l'on remonte aux anciens usages des Romains en matière de testaments, si l'on se rappelle que pendant longtemps le testament
ne fut autre chose qu'une *mancipatio familiæ*, on comprendra sans peine
que primitivement l'héritier n'étant en réalité qu'un *emptor*, il intervenait
aussi activement que le défunt dans l'opération nécessaire pour effectuer
la transmission du patrimoine. Faire un testament, c'était, quant à la forme,
faire une mancipation, c'est-à-dire une *venditio per æs et libram*, contrat solennel, dans lequel l'acheteur devait accomplir les formalités et prononcer les paroles nécessaires pour cette sorte d'acquisition. En se plaçant
à ce point de vue, on se rend compte aisément de cette exigence de la *testamenti factio* chez l'héritier dès la confection du testament. Comme il ne
s'agissait pas d'un simple projet, qui ne dût avoir d'effet que pour l'avenir,
mais d'une opération actuelle et immédiate, il fallait bien que l'héritier,
déguisé sous l'apparence d'un *emptor*, eût dès lors le *jus commercii*, l'aptitude à figurer dans une mancipation. Quand plus tard cette mancipation ne fut plus qu'une forme, dont le préteur ne tenait aucun compte, la
nécessité de la *testamenti factio* dès l'origine se conserva néanmoins, comme
beaucoup d'idées subsistent traditionnellement, bien qu'elles aient perdu
leur raison d'être. La même règle fut appliquée aux légataires, qui sans
doute n'apparaissent jamais comme figurant dans la *mancipatio familiæ*.
Mais le testateur, en vendant sa *familia*, devait indiquer les personnes au
profit desquelles il entendait faire des legs; et par suite, il ne pouvait désigner que celles qui étaient dès lors capables d'être le sujet de ces dispositions. Aussi disait-on qu'il n'était permis de léguer qu'à ceux qui jouissaient de la *testamenti factio*. « *Legari autem illis solis potest, cum quibus
testamenti factio est.* » Instit., *De legat.*, § 24.

où la volonté de le choisir pour héritier était manifestée de la part du testateur ; sinon, le testament aurait été sans valeur dès l'origine. Les rédacteurs des Institutes expriment nettement cette règle au paragraphe 4 ; *De hered. qual.*, quand, à propos de cette *testamenti factio*, ils nous disent : « *Et id duobus temporibus inspicitur, testamenti quidem facti, ut constiterit institutio.* » Ainsi, chez les Romains, le *peregrinus* a toujours manqué de la *testamenti factio*. Par conséquent, il ne pouvait être institué héritier, comme nous le dit Ulpien, *Reg.*, tit. XXII, § 2. Peu importait qu'il fût devenu citoyen romain à la mort du testateur, si cette qualité faisait défaut lors de la confection du testament, proposition qui est mise hors de doute par les lois 6, § 2, et 59, § 4, *De her. instit.* (28.5). L'auteur des lois Julia et Papia procéda autrement vis-à-vis de ceux qu'il voulait atteindre. La *testamenti factio* fut conservée au *cœlebs* de même qu'à l'*orbus*. Il était vrai de dire à leur égard : *heredes institui possunt.* Seulement ils ne pouvaient profiter, soit pour aucune partie, soit au delà de moitié, des dispositions testamentaires faites en leur faveur, et qui *ab initio constiterant*, si, à l'époque où s'ouvraient ces dispositions, ils se trouvaient encore en état de célibat ou d'*orbitas*. Il y avait pour eux impossibilité de recueillir, ce qui était indiqué par ces expressions : *capere non possunt*. On allait plus loin : un délai de grâce de cent jours leur était accordé, pour se mettre en mesure de satisfaire à la loi. C'est du moins ce qui est incontestable à l'égard du *cœlebs*, qui pouvait acquérir ce qui lui était laissé, pourvu que dans les cent jours il eût renoncé au célibat, ainsi que l'atteste Ulpien, *Reg.*, tit. XVII, § 1 : « *Nec intra dies centum vel cœlebs legi paruerit.* » En était-il de même pour l'*orbus*, auquel un enfant serait né dans l'intervalle de cent jours ? C'est un point sur lequel tout témoignage manque, suivant l'observation de Pothier (*De legatis*, n° 383, note *n*), et qu'il serait dès lors hasardeux de résoudre affirmativement, quelles que soient les raisons d'analogie [1]. Il semble également difficile d'admettre,

[1] Heineccius, liv. II, ch. xxi, n° 3, n'hésite pas à suivre l'opinion de Schulting, d'après lequel la naissance d'un enfant dans les cent jours avait pour effet de relever l'*orbus* de son incapacité. Mühlenbruch, suite de Glück, t. XXXIX, § 1437, note 5, p. 168, incline à admettre cet avis, parce qu'il est disposé à croire que les dispenses, les *vacationes* établies par la loi

malgré la manière générale dont s'exprime Ulpien, qu'au moyen d'un mariage le célibataire pût purger entièrement l'incapacité dont il était frappé, et devenir apte à prendre la totalité (*solidum capere*), puisqu'il restait néanmoins dans la condition d'*orbus*, qui entraînait une réduction de moitié. Aussi Pothier, *loc. cit.*, pense-t-il que la soumission à la loi Julia ne procurait à celui qui s'était marié qu'une partie de ce qui lui était laissé. Ce sentiment est partagé par Schneider, p. 122.

Telle est l'origine [1] de la distinction devenue vulgaire aujourd'hui entre la *testamenti factio* proprement dite et le *jus capiendi*, distinction qui se réduit à ce point que la *testamenti factio* était nécessaire dès l'époque du testament, tandis qu'il suffisait que le *jus capiendi* fût acquis au moment de la délation soit de l'hérédité, soit du legs, ou au moins dans les cent jours subséquents. L'intérêt de cette distinction est facile à saisir ; mais si elle avait surtout pour but de ménager les intérêts des nouveaux incapa-

Julia en faveur des *cœlibes* ont dû être étendues aux *orbi*, quand une fois la loi Papia vint punir l'*orbitas*.

[1] Ceux qui pensent que la loi Junia Norbana est de l'an 671 de Rome, par conséquent bien plus ancienne que les lois Julia et Papia, et non de l'an 772, c'est-à-dire un peu postérieure aux lois caducaires, doivent faire remonter la distinction dont nous nous occupons jusqu'à l'apparition de la Latinité Junienne, en 671. Le Latin Junien, en effet, se présente, au point de vue de la capacité de recueillir les dispositions testamentaires, sous les mêmes traits que le *cœlebs* ; et ce sont les mêmes règles qui frappent de caducité ce qui est laissé à l'un ou à l'autre. Aussi Ulpien les rapproche-t-il habituellement, voyez *Reg.*, tit. XVII, § 1 ; tit. XXII, § 3. Quant à nous, nous partageons, bien qu'elle soit repoussée chez nous par des auteurs fort recommandables, l'opinion aujourd'hui commune en Allemagne, d'après laquelle la loi Junia Norbana doit être fixée à l'an 772, et a suivi dès lors les lois Julia et Papia. Nous n'avons pas l'intention de discuter ici les raisons apportées de part et d'autre. Nous renvoyons sur ce point au traité de M. de Vangerow : *Ueber die Latini Juniani*, § 2. Nous ferons seulement observer qu'il est plus facile de croire que le type du *capere posse* est dû à la loi Julia, loi fondamentale et longuement élaborée, que de supposer qu'à l'occasion d'une loi beaucoup moins importante les Romains eussent dérogé, près d'un siècle avant la fin de la République, aux anciennes règles de la *testamenti factio*. On ne peut dire que c'est après coup que le système créé par la loi Julia aurait été transporté aux Latins Juniens. Gaïus, I, 23, Ulpien, XXII, 3, sont d'accord pour nous apprendre que c'est en vertu des dispositions mêmes de la loi Junia que les Latins Juniens, tout en obtenant la *testamenti factio*, ne pouvaient pas *capere*, tant qu'ils restaient dans cette position.

bles, elle exerçait en même temps une influence considérable sur les droits des tiers. Quand il s'agissait en effet d'une disposition au profit d'un individu privé de la *testamenti factio*, elle était nulle *ab initio*, *non consistebat ;* et dès lors elle était considérée *pro non scripto*, ce qui la faisait échapper aux règles du *jus caduca vindicandi*, et la laissait sous l'empire du *jus antiquum*, maintenu, comme nous le verrons, à l'égard de ce qui était réputé non écrit. Il en était autrement de la portion d'hérédité, ou du legs qui s'adressait à une personne jouissant de la *testamenti factio*, mais dépourvue seulement du *jus capiendi*. Ici on pouvait dire que la disposition *constiterat*, et qu'elle était devenue *caduque ;* d'où il suivait que son sort devait être réglé par les prescriptions relatives à l'attribution des *caduca*.—La distinction était également utile, lorsqu'il fallait décider si un précédent testament avait été rompu par un testament postérieur. On sait que la règle à cet égard, telle qu'elle est posée au paragraphe 2, Instit., *Quib. mod. test.*, est l'existence d'un testament *jure perfectum*, en vertu duquel un héritier fût *possible*, bien qu'en fait cet héritier n'ait pas profité de son institution. Or, il est clair que si le second testament contenait une institution en faveur d'une personne étrangère à la *testamenti factio*, d'un *peregrinus*, il était inefficace pour opérer une rupture, puisqu'il n'y avait jamais eu d'héritier possible en vertu de ce testament. Si, au contraire, l'héritier institué était un *cœlebs*, qui n'arrivât pas en temps opportun au *jus capiendi*, le testament restait, il est vrai, sans profit pour lui ; mais il n'en produisait pas moins un effet important en rompant le précédent testament, parce qu'il y avait eu au moins espérance d'un héritier, bien qu'elle ne se fût pas réalisée. La succession s'ouvrait alors en faveur des héritiers *ab intestat* comme nous l'apprend Gaïus, II, 144 : « … *Aut propter cœlibatum ex lege Julia summotus fuerit ab hereditate…* »

S'il est essentiel de séparer la *capacitas* ou le *jus capiendi* de la *testamenti factio*, et si le plus souvent les jurisconsultes romains emploient chacune de ces locutions dans le sens que nous avons déterminé, cependant ils ne se piquaient pas à cet égard d'une exactitude scrupuleuse ; et il n'est pas sans exemple, suivant l'observation de Schneider, p. 181, répétée par M. de Vangerow et par Mühlenbruch, de rencontrer l'expression *capere posse* là où il est question de la *testamenti factio*. Voyez par exemple Gaïus, II, 110. La même confusion se retrouve au paragraphe 4, Instit., *De her. qual.* Il ne faut donc pas s'étonner que cette distinction ait été en général négligée par les anciens auteurs, auxquels manquaient les documents nouveaux, qui ont jeté du jour sur la portée de cette différence. Mais c'est aller trop loin que de vouloir faire honneur aux modernes de la découverte de cette doctrine, et de la regarder comme absolument ignorée de nos grands jurisconsultes, ce qui eût été étrange, puisqu'elle se trouve énoncée dans les *Regulæ* d'Ulpien. Cependant, si l'on en croit M. de Vangerow, *Lehrbuch*, t. II, § 429, et Mühlenbruch, t. XXXIX, § 1437, p. 178, ce serait en 1827 que Muller, dans son ouvrage sur les donations à cause de mort, aurait révélé cette distinction. On doit se borner à lui reconnaître le mérite de l'avoir mise en lumière ; mais Cujas et Pothier n'étaient pas étrangers à cette théorie, qui seulement de nos jours a reçu plus de développements, et a été mieux appréciée quant à ses conséquences. Ainsi Cujas[1], en interprétant la loi 42, *De legat.*, 2°, caractérise très-bien le genre d'incapacité dont sont atteints les *cœlibes* et les Latins Juniens ; et à part l'impropriété du terme *incapax*, appliqué au *peregrinus*, reproche qui remonterait d'ailleurs aux jurisconsultes romains, il expose parfaitement le fond des choses. Il est même à remarquer que Cujas n'a pas omis de faire ressortir l'importance de cette distinction, sans laquelle, fait-il observer, on ne saurait comprendre une foule de passages : « *Et hanc disciplinam antiquam censeo notandam : quia innumeris locis erit usui, qui sine ea vix intelligi possunt.* » De même, Pothier, dans ses Pandectes, *De legatis*, n° 383, relève positivement cette particularité de l'incapacité attachée au célibat ou à l'*orbitas* de n'être préjudiciable qu'autant que l'on se trouve dans cette position au moment où il s'agit d'acquérir l'hérédité ou le legs ; et il explique très-sainement, à ce point de vue, la loi 52, *De legat.*, 2°, qui a embarrassé plus d'un interprète, comme étant en contradiction avec les règles de la *testamenti factio*, tandis qu'elle devient facile, si on la rapporte, comme on doit le faire, uniquement au *jus capiendi*.

Cette loi 52, dont Pothier avait trouvé le véritable sens, nous

[1] T. vii, c. 1169, édit. de Naples.

fournit la règle qu'il faut suivre pour apprécier le *jus capiendi*. Remarquons que Térentius Clemens, auteur de ce fragment, s'occupait de la manière dont devaient être entendues les prescriptions des lois caducaires. C'est en effet dans le livre III de son commentaire *Ad legem Juliam et Papiam* que le jurisconsulte énonce la proposition suivante : « *Non oportet prius de conditione cujusquam quæri, quam hereditas legatumve ad eum pertineat.* » Ce qu'il appelle *conditio*, c'est la position de l'héritier institué ou du légataire quant aux lois Julia et Papia, c'est-à-dire la condition de célibataire ou d'*orbus*. Peu importe que le gratifié se trouvât non marié ou sans enfants lors de la confection du testament, ou même pendant toute la vie du testateur ; cette circonstance est indifférente tant qu'il n'est pas question d'acquérir l'hérédité ou le legs.

La même idée est encore exprimée dans la loi 5, *De reg. Cat.* (34-7), d'après laquelle, au rapport d'Ulpien, *Regula Catoniana ad novas leges non pertinet*. Les auteurs sont d'accord pour appliquer cette expression : *novæ leges* aux lois *Julia* et *Papia*, auxquelles on peut joindre la loi *Junia Norbana*. La pensée d'Ulpien nous paraît être simplement celle-ci. Suivant la règle Catonienne, le légataire qui n'aurait pu profiter de son legs, dans le cas où le testateur serait mort immédiatement, ne doit pas en recueillir le bénéfice, bien qu'à la mort du disposant le legs fût devenu possible. Or, si l'obstacle à l'efficacité du legs tenait seulement aux exigences de l'une des *novæ leges*, si en un mot il n'y avait pas *jus capiendi* à l'époque du testament, il faut se garder de dire que le légataire, qui n'est devenu *capax* que postérieurement au testament, ne sera pas admis à recueillir le legs, parce qu'il ne lui aurait pas été permis de le prendre, si le testateur fût décédé aussitôt après avoir testé. Cette interprétation, fort satisfaisante, est généralement admise par les commentateurs modernes qui se sont occupés de la règle Catonienne ; et elle nous semble bien préférable à l'ancienne doctrine, défendue par Cujas, Godefroy, Heineccius, Pothier, doctrine qui aboutit à voir dans la loi 5 l'abolition de la règle Catonienne. Comme cette règle en effet devait rester étrangère, ainsi que le dit la loi 3, *h. t.*, à tous les legs *quorum dies non mortis tempore cedit*, et que depuis les lois caducaires, soit en vertu de la loi Papia même, si l'on en croit Ulpien, *Reg.*, lib. XXIV, § 31, soit plutôt en vertu d'un sénatus-consulte postérieur, comme nous l'apprend Justinien, l. un., §1, Cod., *De cad. toll.*, le *dies cedens* ne dut avoir lieu désormais, même pour les legs purs et simples, qu'au jour de l'ouverture des tablettes du testament, les anciens auteurs en avaient conclu que la règle Catonienne avait cessé d'exister, puisqu'il n'y avait plus de legs auxquels elle pût s'appliquer. Mais cette conclusion est inadmissible en présence des textes nombreux, dans lesquels les jurisconsultes de l'époque classique s'occupent des effets de la règle Catonienne, entrent dans les détails de la portée qu'elle doit recevoir, et décident en l'invoquant les questions de validité des legs. En réalité, l'innovation n'eut d'autre résultat que de reculer un peu le *dies cedens* ordinaire, qui ne se plaça plus rigoureusement à la mort du testateur, mais quelques jours après, comme nous le verrons en revenant sur ce point. Le *dies aperturæ·tabularum* fut substitué au *dies mortis*, en empruntant les règles relatives à cet ancien *dies*. Il y eut toujours une distinction entre les legs dont le *dies cedit* était le plus rapide possible, et n'était différé par aucune circonstance, et les legs pour lesquels le *dies cedit* était reculé au delà de la règle habituelle, soit par la volonté du testateur, quand il avait disposé conditionnellement, soit à raison de la particularité du legs, quand il s'agissait d'un usufruit légué, ou de quelques autres sortes de legs. La règle Catonienne continua de s'appliquer à la première catégorie de legs, qui était la plus considérable.

Le délai de cent jours, accordé par la loi Julia au *cœlebs* pour devenir *capax*, devait sans doute à l'origine se compter à partir du décès, lorsqu'il s'agissait d'une institution faite purement et simplement, puisque la succession était alors déférée immédiatement après la mort du testateur. Mais quand la loi Papia vint interdire l'adition avant l'ouverture des tablettes du testament, le point de départ du délai dut être, en conséquence, reculé jusqu'à ce moment. Il n'y avait, en effet, *hereditas delata*, qu'autant que l'institué était libre de l'acquérir, en faisant adition, ainsi que nous le dit Terentius Clemens, dans la loi 151, *De verb. sign.* : « *Delata hereditas intelligitur quam quis possit adeundo consequi.* » Rien de plus naturel que de ne pas se préoccuper du *jus capiendi*, tant qu'il n'est pas possible d'acquérir, suivant l'observation du même jurisconsulte dans la loi 52 déjà expliquée [1]. Si, au lieu d'une institution pure et simple, on suppose une institution conditionnelle, la délation de l'hérédité se trouvera reculée jusqu'à l'événement de la condition, l'adition n'étant pas possible plus tôt. Le défaut du *jus capiendi* pourra donc ici se prolonger impunément, ce qui est d'autant moins douteux que, même pour la *testamenti factio,* à l'égard de laquelle on était plus rigoureux, l'héritier institué conditionnellement pouvait en être privé dans l'intervalle qui s'écoulait depuis la confection du testament jusqu'à l'arrivée de la condition. Le jurisconsulte Paul prévoit l'hypothèse où la même personne réunirait sur sa tête, en vertu du même testament, le bénéfice d'une double institution, l'une pure et simple, l'autre conditionnelle, par exemple quand le testateur substitue pupillairement à son fils celui qu'il institué à la fois pour sa propre hérédité ; et il décide que l'héritier, bien qu'ayant perdu, faute du *capere posse,* la succession du père, reste néanmoins apte à recueillir l'institution conditionnelle quant à la succession du fils, si sa position se trouve changée à la mort de ce dernier. « *Si is, qui heres institutus est, filio substitutus sit; nihil oberit ei in substitutione, si tunc* CAPERE POSSIT *cum filius decessit.* » Le résultat inverse se produirait si, étant *capax* à la mort du père, l'héritier était devenu *incapax* à l'époque où le fils mourrait. Le jurisconsulte ajoute : « *Contra quoque potest pœnas in testamento pupilli pati, licet in patris passus non sit.* » L. 11, *De vulg. et pup. subst.* (28-6).

Ce point de vue, d'après lequel la nécessité du *jus capiendi* peut être différée indéfiniment au moyen d'une condition apposée à l'institution, avait fourni aux jurisconsultes romains un expédient pour laisser toujours possible au gratifié la faculté de profiter d'une institution, quelle que fût l'époque à laquelle arrivât le *jus capiendi.* Il suffisait pour cela de faire dépendre l'in-

---

[1] Schneider, p. 179, qui attribue le même effet au changement opéré par la loi Papia sur l'époque de la délation, fait observer que le délai de cent jours se confond avec le délai habituel de la *cretio,* et que même Ulpien emploie indifféremment ces expressions : *intrà centum dies,* tit. XVII, § 1, *intrà diem cretionis,* tit. XXII, § 3. Il en conclut que, si le testateur avait accordé aux héritiers institués une *cretio vulgaris* et non *continua,* on devrait calculer le délai pour acquérir le *jus capiendi* d'après les règles de la *cretio vulgaris.* Voyez pour la distinction de ces deux sortes de *cretio* Gaïus, II, § 171 et suiv., Ulp., *Reg.,* tit. XXII, § 31.

5

stitution de l'acquisition même du *jus capiendi*, événement incertain de sa nature, et qui, rendant dès lors la disposition
conditionnelle, la soumettait aux règles de ces sortes de disposition. C'est ainsi qu'on doit entendre la loi 62, *De her. inst.*,
ainsi conçue : *In tempus capiendæ hereditatis institui heredem posse
benevolentiæ est : veluti, Lucius Titius, cum capere potuerit, heres
esto.* Cette loi serait en contradiction avec des principes constants
en droit romain, si on la rapportait à la *testamenti factio*, comme
l'ont fait beaucoup de commentateurs; et, ce qui nous étonne,
Schneider lui-même, p. 184, qu'aurait dû garantir contre une pareille erreur l'étude approfondie qu'il avait faite des lois caducaires. En vain dira-t-on avec Janus à Costa, sur le paragraphe 9,
Instit., *De her. inst.*, qu'il ne s'agit que d'une décision de faveur,
pour laquelle il serait besoin de s'adresser à l'empereur, ainsi
que l'estime Favre, *De error. pragm.*, déc. 97, err. 3. Ces suppositions sont inutiles. Déjà Pothier, *De legatis*, n° 383, avait indiqué le vrai sens de cette loi, que les auteurs modernes s'accordent à expliquer comme nous l'avons fait [1]. Il est vrai que
Modestin n'admet que par *benevolentia*, cette solution qui, dans
notre doctrine, n'aurait rien que de conforme aux règles du droit.
Suivant M. de Savigny [2], la difficulté proviendrait de ce que
l'institution, par sa forme, semblerait faite à terme, l'expression
cum s'appliquant ordinairement à la fixation d'un terme et non
à l'adjonction d'une condition. Or, l'institution à terme étant réputée pure et simple, elle n'aurait pu produire d'effet comme
telle en faveur de celui qui se trouvait *incapax* à l'époque de la
mort du testateur. En la considérant au contraire comme conditionnelle, il n'y avait pas de raison pour ne pas réserver le bénéfice de cette institution au *cœlebs*, qui plus tard acquerrait le
jus capiendi. Cette explication ne nous satisfait point. En réalité,
l'institution dont il s'agit est conditionnelle, puisqu'elle est subordonnée à un événement parfaitement incertain, et que les
jurisconsultes romains ne s'en tenaient pas moins au fond des
choses, quand une véritable condition était exprimée au moyen

[1] Voy. de Vangerow, *Ueber die lat. Jun.*, p. 113, et *Lehrbuch der Pana.*,
§ 429 ; Mühlenbruch, continuation de Glück, t. XXXIX, § 1437, p. 145 et
suiv.

[2] *Traité de droit romain*, t. III, § 125, note *f*, p. 217, traduction de
M. Guénoux.

de la formule *cum*, ainsi que l'atteste la loi 22, pr., *Quand. dies
leg.* (36-2). Il n'était donc besoin d'aucune *benevolentia* pour interpréter l'institution en question comme étant conditionnelle.
Ce qui nous paraît plus raisonnable, c'est de dire que, dans une
législation qui impartit à certains incapables un délai de grâce
pour se mettre en règle, on peut douter à bon droit qu'il dépende
du caprice du testateur d'allonger indéfiniment le délai légal,
toutes les fois que la condition qu'il met à ses dispositions de
dernière volonté n'a d'autre but que de procurer à celui qu'il
gratifie le moyen de braver impunément, tant qu'il le voudra,
des prescriptions d'intérêt général. Il est clair que les sanctions
pénales des lois caducaires s'évanouissent, si le défunt peut à
son gré autoriser l'héritier qu'il institue à vivre dans un célibat
prolongé, sans qu'il ait à encourir les déchéances attachées à cet
état. C'était sans doute là l'objection sérieuse à laquelle songeait
Modestin. S'il se prononce en faveur de la validité de l'institution, on peut dire assurément que c'est un parti extrêmement
bienveillant. L'indulgence dont il fait preuve, et qui lui était
commune avec beaucoup d'autres esprits, ne peut s'expliquer
que par le peu de faveur dont jouissaient les lois caducaires. Certes, une pareille opinion n'aurait pas trouvé grâce devant des
jurisconsultes convaincus de l'utilité des lois Julia et Papia.
Aussi, est-ce très-ingénieusement que Pothier a caractérisé cette
décision, en l'appelant *jurisconsultorum adinventio*. Rappelons-
nous le témoignage que nous donne Justinien à cet égard, quand
il dit, *t. un.*, pr., Cod.; *De cad. toll. :* « *Qui et ipsis prudentissimis
viris displicuit, multas invenientibus vias, per quas caducum non
fieret.* »

La même tolérance se retrouve dans les textes des jurisconsultes romains en ce qui concerne les legs. Modestin leur applique l'interprétation bienveillante qu'il admet à l'occasion d'une
institution d'héritier faite *cum capere potuerit*. Il ajoute en effet :
Idem et in legato. Ulpien, dans ses commentaires *ad legem Juliam et Papiam*, reconnaît également la validité des legs faits
pour l'époque où le légataire *capere poterit*; voyez la loi 51, pr.,
De legat., 2°. De là, l'usage de léguer, *in tempus liberorum*, dont
les Pandectes nous fournissent plusieurs applications. Ulpien,
d. l. 51, § 1, nous dit qu'il n'est pas permis de se procurer au
moyen d'une adoption l'aptitude nécessaire pour recueillir un

pareil legs. « *Is, cui in tempus liberorum tertia pars relicta est, utique non poterit adoptando tertiam partem consequi.* » Mais on n'exigeait pas qu'un enfant naquît au légataire de son vivant. S'il mourait laissant sa femme enceinte, le legs était acquis, pourvu que l'enfant vînt à naître. Telle est la décision de Julien et d'Ulpien, dans les lois 18, *Quand. dies legat.* (36-2), et 20, *Ad senat. Trebell.* (36-1).

Solidi capaces. Les deux catégories de personnes dont nous avons parlé jusqu'à présent, les *cœlibes* et les *orbi*, nous présentent une position bien dessinée. Elles sont les unes et les autres frappées de déchéance, seulement tantôt d'une manière radicale, tantôt dans une certaine mesure. Il semblerait qu'en regard de ceux qui subissent les rigueurs des lois caducaires, il n'y aurait qu'à placer ceux qui, au contraire, jouissent des privilèges créés par les mêmes lois. Il n'en est pas ainsi : ce contraste ne nous donnerait pas un tableau complet des diverses conditions qu'il est nécessaire de distinguer. Entre les *cœlibes* et les *orbi*, pour lesquels il y a des peines, et les *patres*, pour lesquels il y a des récompenses, nous devons faire figurer ceux qui, tout en échappant à la sévérité des peines, ne méritaient pas la faveur des récompenses. Elles occupent, par conséquent, une situation intermédiaire, dans laquelle deux degrés sont possibles, suivant qu'elles peuvent invoquer seulement ce que l'on appelle la *solidi capacitas*, ou bien ce qui est connu sous le nom de *jus antiquum*. Nous arrivons de la sorte à compter cinq catégories différentes, et à établir, quant à la capacité de recueillir les dispositions de dernière volonté, une échelle où la progression sera toujours croissante, en partant des *cœlibes* proprement dits, qui sont complétement dépouillés, pour monter jusqu'aux *patres*, qui sont les plus avantageusement traités. Au-dessus des *cœlibes* nous avons placé les *orbi*. Au-dessus des *orbi* nous rencontrons encore, avant d'arriver aux *patres*, seuls dotés de la *caducorum vindicatio*, soit ceux qui étaient dits *solidi capaces*, soit ceux qui jouissaient du *jus antiquum*. De ces deux conditions, la seconde est préférable à l'autre. Nous commencerons donc par ce qui concerne la *solidi capacitas*, à l'égard de laquelle les sources sont bien moins précises que quant au *jus antiquum*, et nous essayerons de déterminer le caractère de cet état particulier, en le distinguant du *jus antiquum*.

La *solidi capacitas* se résume dans cette idée : certaines personnes, bien que *cœlibes* ou *orbi*, sont, pour des raisons différentes,
exemptes de la disgrâce dont la loi frappe l'une ou l'autre de
ces conditions. Mais il y a uniquement pour elles immunité quant
aux peines ; elles ne sauraient prétendre participer aux avantages réservés à la paternité. Leur droit se borne à conserver sans
restriction (*solidum*) ce qui leur a été laissé. Elles auront tout ce
dont elles ont été gratifiées, rien au delà. On pourrait croire
que c'est là précisément, sous une autre qualification, ce que
l'on appelle aussi *jus antiquum*. Nous avons vu, en effet, que
l'ancien droit d'accroissement reposait sur la solidarité de vocation, et qu'il ne constituait en définitive qu'un *jus non decrescendi*.
Or, il est très-positif, d'après les sources, que le *jus antiquum* était
restreint aux ascendants et aux descendants du testateur, tandis
que la *solidi capacitas* s'étendait bien plus loin, et embrassait
plusieurs classes de personnes. Il est donc indispensable de séparer ces deux conditions qui paraissent se confondre. La démarcation qui existe entre elles est d'autant plus difficile à saisir
que Justinien, dans la loi *un.*, pr., Cod., *De cad. toll.*, par la manière dont il caractérise le *jus antiquum*, induit à supposer que
ce droit se réduisait à une exemption des déchéances prononcées
par les lois caducaires, exemption qui appartenait, comme nous
l'avons dit, à ceux qui étaient *solidi capaces*. « *Et cum lex Papia
jus antiquum, quod ante eam in omnibus simpliciter versabatur,
suis machinationibus et angustiis circumcludens, solis parentibus et liberis testatoris usque ad tertium gradum, si scripti fuerant heredes suum imponere jugum erubuit.* »
Mais prenons garde que le joug des lois Julia et Papia, pour
emprunter le langage de Justinien, s'imposait de deux manières
différentes aux héritiers institués ou aux légataires. D'une part,
ils étaient privés en tout ou en partie du bénéfice de l'institution
ou du legs, suivant qu'ils étaient *cœlibes* ou *orbi* ; et c'est sur ce
point que la *solidi capacitas* mettait à l'abri d'une perte. D'une
autre part, les lois Julia et Papia faisaient obstacle à ce que la
vocation du *cœlebs* ou de l'*orbus*, quand il rencontrait à côté de lui
un *pater*, pût produire les effets éventuels que l'ancien droit attachait à cette vocation, en faisant profiter l'appelé de la défaillance de ceux qui pouvaient le restreindre par leur concours.
Cette défaillance n'était plus possible, puisque désormais il n'y

avait plus de part vacante, à raison de la transmission légale qui
en était opérée, par une sorte de substitution, en faveur de ceux
qui, ayant le *jus caduca vindicandi*, se trouvaient remplir la
place inoccupée par le gratifié direct. Or, sous ce rapport, les
solidi capaces restaient dans le droit commun, tandis que les ascendants ou les descendants, qui jouissaient du *jus antiquum*,
non-seulement évitaient les peines de la loi, mais encore étaient
admis à tirer parti de leur vocation, avec toute l'extension dont
elle était susceptible suivant les anciens principes.

Un exemple servira à mettre en relief la portée de cette distinction. Supposons qu'un testateur a institué pour parts égales
Primus, son proche cognat, qui en cette qualité, bien que *cœlebs*,
est *solidi capax*, Secundus, qui est au nombre des *patres*, et enfin Tertius, qui est *cœlebs*, mais qui ne peut invoquer aucun motif pour échapper aux rigueurs des lois Julia et Papia. L'institution de Primus est efficace, grâce à l'exception qui le protége;
celle de Tertius au contraire est frappée de caducité. Primus,
dans l'espèce, restera héritier pour un tiers, et ne pourra *jure
adcrescendi* bénéficier de l'exclusion de Tertius, parce que le *jus
adcrescendi* se trouve écarté au moyen de l'attribution que les lois
caducaires font au *pater* de la part du *cœlebs*. C'est, de par la loi,
comme s'il y avait substitution de Secundus à Tertius, ce qui, en
mettant de côté l'idée d'une vacance pour la part de ce dernier,
laisse sans droit Primus étranger à la faveur de cette substitution
supposée. En conservant la même hypothèse, sauf cette modification qu'au lieu d'un proche cognat, qui n'a que la *solidi capacitas*, le testateur aura institué son propre fils, qui a le *jus antiquum*, celui-ci devra profiter de la défaillance de Tertius, et par
suite du *jus adcrescendi*, qui subsiste exceptionnellement pour
lui, prendre la moitié de la succession qu'il partagera avec Secundus, lequel ne peut invoquer par préférence la substitution
légale dont nous avons parlé, parce que celle-ci s'efface en présence du *jus antiquum*. Il est donc exact, on le voit, de dire que
les lois caducaires étaient absolument impuissantes pour nuire à
ceux qui avaient le *jus antiquum*, tandis qu'elles pesaient jusqu'à un certain point sur ceux qui, bornés à la *solidi capacitas*,
se trouvaient dans une position inférieure. Cette application suffit pour faire comprendre que la *solidi capacitas* et le *jus antiquum* ne sont pas identiques. Nous verrons, en exposant le *jus*

antiquum, quels étaient d'une manière générale les divers avantages qui en découlaient.

Cette *solidi capacitas*, dont le sens a échappé à Heineccius[1] comme à tous les anciens commentateurs, nous fournit la clef des avantages que présentait la substitution réciproque des héritiers entre eux, usitée sous l'empire des lois Julia et Papia pour conjurer la caducité. S'il n'avait existé en général que deux classes de personnes, des incapables et des privilégiés, on ne voit pas comment, des *cœlibes* et des *patres* ayant été institués par le même testament, la précaution de substituer les héritiers les uns aux autres aurait été un moyen de sauver les célibataires de la déchéance qui les atteignait au second degré d'institution tout aussi bien qu'au premier, ni dès lors un moyen de retrancher quelque chose aux prérogatives dont jouissaient les *patres*. L'efficacité de la substitution réciproque apparaît au contraire très-nettement, si on suppose qu'au nombre des institués se trouvent des *solidi capaces*, ce qui devait arriver fréquemment, puisque parmi ceux-là figuraient notamment, comme nous aurons à l'établir, les cognats du défunt jusqu'au sixième degré. Un citoyen romain, par exemple, a institué son neveu ou son cousin qui est *cœlebs*, un *cœlebs extraneus* et un *pater*. Dans ce cas, la substitution réciproque fera que la part de l'*extraneus*, au lieu d'être vacante, et de grossir exclusivement les droits du *pater*, sera gouvernée d'après la volonté exprimée par le testateur pour le cas

---

[1] Cet auteur, liv. II, ch. **xv**, n°s 9 et 10, paraît confondre le *jus solidum capiendi* avec les avantages attachés à la paternité. Un seul enfant aurait suffi à l'homme (c'est ainsi qu'Héineccius entend le *solitarius pater* d'Ulpien dont nous parlerons plus loin) pour pouvoir *solidum capere*, tandis qu'une femme aurait dû mettre au monde trois ou quatre enfants, suivant qu'elle était ingénue ou affranchie, pour jouir de la *solidi capacitas*. Cujas, *Parat.*, C., *De infirm. pœn. cœlib.*, attribue aux cognats le *jus antiquum* que des textes formels restreignent aux *parentes* et aux *liberi*. C'est aussi, ce nous semble, la doctrine de Rosshirt, *Die Lehre von den Vermacht.*, t. I, p. 593. Schneider, p. 226, sépare bien positivement la *solidi capacitas* du *jus antiquum*; mais nous croyons qu'il va trop loin en admettant que le *solidi capax* peut prétendre non-seulement à la part pour laquelle il est institué, mais encore à ce que le droit de concours peut y ajouter. Mühlenbruch, dans sa continuation de Glück, t. **XXXIX**, § 1437, note 2, *in fine*, fait bien observer qu'il faut distinguer de la *solidi capacitas* le *jus antiquum* qui constituait un droit supérieur; mais il n'indique pas en quoi consisterait la différence.

de défaillance de quelque héritier. Le cognat trouvera dans cette
disposition un nouveau titre d'institution pour lequel il pourra
invoquer sa *solidi capacitas* comme pour son institution directe,
de sorte qu'il marchera de pair avec le *pater*, qui n'aura pas plus
de droits que son cohéritier. Le testateur aura ainsi neutralisé chez
l'un les inconvénients du célibat, chez l'autre la prépondérance
de la paternité [1].

Il nous reste à déterminer quelles étaient les personnes au
profit desquelles existait la *solidi capacitas*. Nous avons dit plus
haut que l'exemption des peines pouvait tenir à diverses considérations. Une première cause d'immunité est fournie par cette
circonstance qu'il y a impossibilité d'obéir aux prescriptions de
la loi. C'est sous ce motif d'exception que se rangent d'abord les
individus d'un âge encore trop faible pour pouvoir contracter
mariage ou procréer des enfants, ou au contraire d'un âge trop
avancé pour être encore aptes à la génération.

Nous regardons comme indubitable [2] que l'impuberté devait
mettre à l'abri des rigueurs des lois caducaires. Celles-ci auraient consacré en effet une iniquité révoltante, si elles avaient
dépouillé, à titre de *cœlibes* ou *d'orbi*, de la faculté de recueillir les
hérédités et les legs ceux auxquels le mariage était interdit à raison de leur âge. Nous savons d'ailleurs par le témoignage d'Ulpien, *Reg.*, tit. XVI, § 1, que pendant plusieurs années après la
puberté, les gens mariés n'étaient pas traités comme des *orbi*
dont la capacité dût être limitée, bien qu'ils n'eussent pas encore
d'enfants. La loi Papia, nous dit ce jurisconsulte, avait fixé l'âge
auquel elle commençait à exiger des enfants, de même que celui
passé lequel elle n'en exigeait plus. Le premier de ces âges était
vingt-cinq ans pour l'homme, et vingt ans pour la femme. « *Velut
si uterque vel alteruter eorum nondum ejus œtatis sint a qua lex*

---

[1] Remarquons qu'un semi-incapable, un *orbus*, avait également intérêt à
la substitution réciproque, qui lui permettait de profiter, mais seulement
pour moitié, de la répartition des parts défaillantes, pour lesquelles la substitution organisée par le défunt avait le pas sur la substitution légale particulière aux *patres*, substitution qui fait le fond du *jus caduca vindicandi*.

[2] Cependant Mühlenbruch, § 1437, note 3, pense qu'il est impossible de
prouver qu'il y eût exception générale à l'égard de tous les impubères.
Schneider, p. 223, de Vangerow, *Lehrbuch der Pandekten*, t. II, § 429, partagent la doctrine que nous suivons; mais ils n'entrent dans aucun détail.

*liberos exigit, id est, si vir minor annorum viginti quinque sit,
aut uxor annorum viginti minor.* » Il est vrai qu'Ulpien ne
s'occupe dans le titre XVI que de la faculté de disposer entre
époux. Mais on n'aperçoit aucune bonne raison pour faire de la
remise de la condition d'avoir des enfants un droit particulier
aux dispositions permises entre conjoints. Les termes d'Ulpien
indiquent assez qu'il s'agit d'une règle générale, puisqu'il parle
de l'*ætas a qua lex liberos exigit*. Or, si, longtemps encore après
la puberté, on tenait compte de la faiblesse de l'âge quant à
l'*orbitas*, il est fort naturel d'étendre cette considération à l'im-
puberté, et de laisser également impuni, pendant cette période
de l'existence, le célibat, qui constitue durant cette époque une
condition inévitable et forcée, puisque le mariage est impossible.

Mais au moins la dispense du célibat ne cessait-elle pas dès
que la puberté était atteinte? C'est ce que pense Heineccius, qui
insère la prescription suivante en tête de son troisième chapitre
de la loi Julia Papia : « *Omnes puberes virique potentes matrimonium liberorum quæsundorum caussa inire tenentor.* » Cependant,
si l'on en croit Sozomène, *Hist. eccl.*, liv. I, ch. IX, l'âge de vingt-
cinq ans, dont Ulpien ne parle qu'à l'égard de l'homme, et uniquement au point de vue de la condition d'avoir des enfants, aurait été également l'âge jusqu'auquel le célibat serait resté
inoffensif[1]. Heineccius, liv. II, ch. XV, n° 2, pense que Sozomène a commis une méprise, et que c'est à tort qu'il rapporte
aux *cœlibes* ce qui ne s'appliquait qu'aux *orbi*. Il est certain, en
effet, qu'Ulpien ne parle du chiffre de vingt-cinq ans que comme
de l'âge *a qua lex liberos exigit*. Or, si, dès vingt-cinq ans, on était
inexcusable de n'avoir pas d'enfants, il semble que la condition
du mariage devait être imposée antérieurement à cet âge.

Néanmoins, cet ordre si logique, qui fait de la condition du
mariage un préalable nécessaire à la condition d'avoir des enfants légitimes, aurait été méconnu par le législateur romain,
suivant le reproche que lui adresse Tertullien, *Apolog.*, ch. IV :
« *Nonne vanissimas Papias leges, quæ ante liberos suscipi cogunt,*

---

[1] Nous citerons Sozomène en empruntant la traduction d'Heineccius :
« *Lex vetus erat Romanis, quæ eos, qui intra annum ætatis XXV nondum
inierant matrimonium, inter alia, quidquam ex aliorum testamentis capere
prohibebat, nisi essent cognatione proximi.* »

quam Juliæ matrimonium contrahi, post tantæ auctoritatis senectutem heri Severus, constantissimus principum, exclusit ? »
Cette étrange anomalie aurait subsisté jusqu'à une constitution de l'empereur Sévère. Pour expliquer le passage de Tertullien, Heineccius, liv. II, ch. xv, n° 2, admet une distinction entre les prescriptions des deux lois. D'après lui, il faut supposer que la loi Julia, dont les dispositions à cet égard sont restées inconnues, s'était montrée plus libérale sur les conditions d'âge que ne le fut plus tard la loi Papia. Cette dernière, renchérissant sur les exigences de la loi Julia, aurait d'une part imposé le mariage dès la puberté, et, de l'autre, traité comme *orbi* l'homme dès dix-huit, la femme dès seize ans. C'est à tort qu'Ulpien rapporterait à la loi Papia l'âge de vingt-cinq ou vingt ans, qui n'aurait été fixé que par la constitution de Sévère. Ce système nous semble difficile à adopter. S'il est exact, en effet, toute contradiction législative s'évanouit. Les règles de la loi Julia ont été abrogées par celles de la loi Papia, qui ne mérite plus d'être traitée de *vanissima*. Telle ne paraît pas être l'idée de Tertullien, qui fait honneur à Sévère d'avoir réformé une sorte d'absurdité, sans respect pour son antiquité, *post tantæ auctoritatis senectutem*. Il n'est guère croyable, d'un autre côté, que la loi Papia ait été plus sévère pour proscrire le célibat, que ne l'ayait été la loi Julia, puisque nous savons qu'elle avait considérablement augmenté le temps pendant lequel la femme, veuve ou divorcée, pouvait se dispenser de convoler à de secondes noces.

Pour nous, la première conclusion à laquelle nous nous étions arrêté consistait à ne tenir aucun compte du passage de Tertullien. Ce qui est certain, c'est qu'à l'époque d'Ulpien, contemporain de Tertullien, les peines de l'*orbitas* n'atteignaient que l'homme majeur de vingt-cinq ans, la femme majeure de vingt ans. Seulement, d'après Tertullien, ce serait une constitution de Sévère qui, par voie de réforme du droit ancien, aurait prorogé l'âge après lequel l'*orbus* deviendrait incapable, tandis qu'Ulpien est positif pour attribuer à la loi Papia les prescriptions en vigueur relativement aux *orbi* (*ætas a qua lex liberos exigit*). Si, sur ce point, à l'égard duquel Tertullien est contredit par Ulpien, l'autorité de ce jurisconsulte est incontestablement préférable à celle du père de l'Église, il nous semblait que, quant à l'inconséquence reprochée à la loi Papia, en ce qu'elle aurait exigé des enfants ayant l'âge auquel elle imposait le mariage, le témoignage isolé de Tertullien ne méritait pas une grande créance. Aussi pensions-nous que, sur la question de l'âge auquel commençait la nécessité de la vie matrimoniale, en l'absence de toute donnée fournie par une source juridique, et malgré le renseignement incroyable communiqué par Tertullien, il fallait dire que l'auteur de la loi Julia, aux yeux duquel l'intérêt public exigeait impérieusement le mariage, n'avait eu aucun motif pour en dispenser temporairement ceux qui avaient une fois atteint l'âge auquel le mariage est possible [1].

Cependant, après réflexion, il nous a paru difficile de mettre absolument de côté le fragment de Tertullien qui, quelle que fût son ardeur pour décrier les lois païennes contraires aux idées du christianisme, n'aurait pu se permettre, sans tomber dans une erreur grossière, d'imputer à la loi Papia le reproche qu'il lui adresse, s'il eût été dénué de tout fondement. Nous sommes également touché de cette considération, qu'à l'époque d'Auguste, où depuis longtemps on ne regardait l'homme comme fait et mûr pour la vie civile qu'à vingt-cinq ans accomplis, il y aurait eu inconséquence à contraindre au mariage ceux que l'on tenait pour incapables de bien gouverner leurs affaires, et dont tous les actes étaient garantis contre les suites de leur inexpérience par le secours de la *restitutio in integrum* [2]. Il est

[1] En admettant qu'il en fût ainsi, il ne s'ensuivrait pas que tout individu ayant atteint la puberté dût, dès le lendemain, contracter mariage, pour échapper aux peines du célibat. L'état d'incapacité qui pesait sur lui ne devenait préjudiciable que du moment où se présentait l'occasion de recueillir une hérédité ou un legs; et encore avons-nous vu que les héritiers institués ou les légataires *cœlibes* jouissaient d'un délai de cent jours pour satisfaire aux prescriptions de la loi.

[2] Comment croire que la loi Julia ou la loi Papia ait pu fixer chez l'homme l'âge de la puberté comme étant celui auquel le mariage était immédiatement imposé, puisque l'âge de la puberté n'avait alors rien de déterminé, et que beaucoup de jurisconsultes exigeaient une constatation au moyen d'un examen individuel? La controverse, à cet égard, controverse que Justinien prétend avoir eu à trancher, n'aurait pu continuer, si la loi Julia ou la loi Papia avait décidé que le mariage était requis dès qu'on était pubère, en déclarant officiellement la puberté acquise à tel âge précis. D'un autre côté, il était de règle que l'adoptant devait avoir dix-huit ans de plus (*plena pubertas*) que celui qu'il adoptait, ce qui ne peut s'accorder avec une législation qui aurait exigé le mariage dès quatorze ans révolus.

donc raisonnable de conjecturer que la loi Julia, qui ne s'attaquait qu'au célibat, n'en avait fait une condition prohibée qu'à
partir de vingt-cinq ans pour l'homme, de vingt ans pour la
femme. Plus tard, quand la loi Papia vint aussi punir les *orbi*,
elle aurait adopté l'âge que la loi Julia avait fixé comme limite au
célibat, sans songer à donner un délai pour satisfaire à la condition d'avoir des enfants. Cette prescription nouvelle dut forcer les
citoyens à se mettre en mesure d'être *patres* avant vingt-cinq ans,
pour n'être point passibles des déchéances attachées à l'*orbitas*.
En fait, ils se trouvaient donc obligés d'avoir des enfants à un
âge où le célibat restait encore permis. De là le reproche de Tertullien, avec lequel s'accorde d'ailleurs le récit de Sozomène,
qui parle de l'âge de vingt-cinq ans, par rapport au mariage.
Ce système n'était pas à l'abri de critique, comme le prouve
l'observation de Tertullien. Néanmoins, il serait resté en vigueur
jusqu'à Sévère, sans que les empereurs précédents eussent cru
nécessaire de le réformer. Bien que libre de rester *cœlebs* jusqu'à
vingt-cinq ans, le Romain, en effet, ne pouvait se plaindre d'ê-
tre puni comme *orbus* dès cet âge, puisqu'il pouvait se marier
aussitôt qu'il avait atteint la puberté. Quelle fut maintenant la
portée de l'innovation que Tertullien attribue à Sévère, et qui
consistait sans doute à reculer l'âge auquel s'appliquaient les
peines de l'*orbitas*, c'est ce que nous ignorons complétement. Il
est incontestable que ce changement, s'il a eu lieu, est postérieur à l'époque où Ulpien écrivait ses *Regulæ* [1]. Aussi, en trai-

[1] Tertullien et Ulpien ont vécu sous deux empereurs du nom de Sévère,
savoir : Septime Sévère et Alexandre Sévère. Pour rendre acceptable le
rapport de Tertullien sur la modification opérée par Sévère, il faut supposer qu'il n'entend pas faire allusion à Septime Sévère, après la mort duquel
ont été composées les *Regulæ* d'Ulpien, puisque ce jurisconsulte mentionne
la fameuse constitution de Caracalla, fils de Sévère, sur l'attribution des
caduca au fisc, constitution dont nous aurons à nous occuper. Si Septime
Sévère était l'auteur de la réforme indiquée par Tertullien, Ulpien n'aurait
pu parler encore de l'âge de vingt-cinq ans comme étant l'*œtas a qua lex
liberos exigit*. Dans tous les cas, il n'aurait pas manqué de dire un mot de
cette réforme, puisqu'un peu plus loin il entre dans des détails au sujet
des modifications que des sénatus-consultes avaient apportées à l'âge fixé
par la loi Papia, passé lequel on devait cesser d'appliquer les peines. On
doit donc croire que Tertullien a eu en vue Alexandre Sévère, dont la constitution peut être postérieure aux *Regulæ* d'Ulpien, et même à la mort de
ce jurisconsulte, qui fut assassiné sous Sévère, en 228, par les gardes pré-
toriens, tandis que Tertullien vécut jusqu'en 245.

tant les lois caducaires, telles qu'elles fonctionnaient sous les jurisconsultes, nous prendrons, avec Ulpien, l'âge de vingt-cinq ou vingt ans comme celui auquel les *orbi* se trouvaient atteints. Quant à l'âge auquel le célibat était puni, nous sommes disposé à admettre la même limite ; mais ici nous devons nous contenter d'une simple vraisemblance. Ce qui nous paraît hors de doute, c'est seulement cette thèse que l'exemption des peines du célibat appartenait aux Romains jusqu'à un certain âge, tout au moins jusqu'à la puberté. Qu'il faille en outre étendre cette exemption pendant un temps plus ou moins long après la puberté, c'est un détail accessoire sur lequel on ne peut faire que des conjectures, sans espérer, dans l'état actuel des documents que nous possédons, arriver à la certitude.

Nous ferons observer enfin que l'état de *cœlebs*, même après l'âge auquel le mariage était imposé, restait impuni chez celui qui était déjà lié par des fiançailles. On sait que l'usage des Romains était de faire précéder les *nuptiæ* par des *sponsalia*, qui, surtout dans les anciennes mœurs, constituaient un engagement très-étroit, et dont la violation continua à entraîner l'infamie. Il était donc légitime de considérer comme exempt des peines du célibat celui qui se trouvait dans le lien des fiançailles. Or, une fille pouvait être fiancée *à primordio ætatis*, c'est-à-dire dès sept ans accomplis, comme l'atteste Modestin, l. 14, *De ritu nupt.* (23-1). Toutefois, le mariage ne devenant possible que quand la femme avait douze ans accomplis, les Romains, en recherchant des fiancées très-jeunes, se seraient procuré un temps d'exemption trop considérable. Aussi Suétone, *Aug.*, ch. xxxiv, nous dit-il qu'Auguste, pour obvier à cette fraude, avait limité le temps pendant lequel la qualité de *sponsus* serait désormais tolérée comme équivalente à celle de mari : « *Quumque etiam immaturitate sponsarum... vim legis eludi sentiret, tempus sponsas habendi coarctavit.* » Le récit de Dion Cassius sur ce point est plus précis, et nous fait connaître les dispositions imaginées à cet égard par Auguste. Il décida que les fiançailles ne pourraient précéder de plus de deux ans le mariage, et qu'elles ne seraient valables qu'avec une personne âgée de dix ans au moins[1]. Cependant, ainsi que nous l'apprend Gaïus dans la loi 17,

---

[1] Voici le passage de Dion, suivant Reimar : « Cum et infantes nonnulli « sibi desponsarent, et præmia quidem ferrent maritorum, officium non

De ritu nupt.; tirée de son commentaire *ad legem Juliam et Papiam*; il pouvait y avoir des motifs légitimes pour prolonger la durée des fiançailles, et par conséquent celle de l'exemption. Nous dirons donc que, sous la loi Julia qui n'exigeait que le mariage, le citoyen romain fiancé à une majeure de dix ans restait exempt des peines du célibat; il jouissait, suivant Dion, des *prœmia maritorum*. On doit toutefois supposer que depuis la loi Papia, qui créa les priviléges des *patres*, les personnes qui se trouvaient dans cette condition étaient simplement *solidi capaces*, sans avoir le *jus caduca vindicandi*.

Il y a moins de difficultés pour ce qui concerne l'âge après lequel le célibat et l'*orbitas* devaient désormais rester impunis. Les dispositions primitives consacrées à cet égard par la législation Papienne, et les modifications qui y furent apportées par divers sénatus-consultes nous sont bien connues par le témoignage d'Ulpien, *Reg.*, tit. XVI, qui n'est contredit par aucune autre source. Cette partie du sujet nous paraît avoir été exactement traitée par Heineccius ; et nous donnons pleinement les mains à la doctrine qu'il expose, liv. II, ch. III, en reproduisant, du reste, le système développé par Périzonius [1]. Ce système consiste à séparer trois périodes, qui sont en effet indiquées par Suétone [2], quand il nous dit à propos de l'empereur Claude : « *Eum capiti Papiæ legis, à Tiberio Cœsare, quasi sexagenarii generare non possint, addito, obrogasse.* » Il suit de là que les dispositions de la loi Papia sur le point qui nous occupe subirent une réforme sous Tibère, et qu'à son tour Claude modifia quelque peu la réforme introduite par Tibère. Or, ce triple état de choses se retrouve, avec des détails précis, dans les renseignements que nous donne Ulpien, *loc. cit.*

Et d'abord il est facile de comprendre que l'auteur des lois Julia et Papia, en introduisant des prescriptions nouvelles, qui rendaient incapables les personnes non mariées ou sans enfants,

---

« præstarent, edixit ne quæ pactio nuptialis rata esset, ubi ultra biennium
« nuptiæ differentur; id est, ut omnino ea decem annos nata esset, quam
« despondere aliquis, et ob quam præmia percipere vellet. Puellæ enim, ut
« diximus, post duodecimum annum exactum, nubiles habentur. » Liv. LIV,
ch. XVI.

[1] *Dissert. de leg. Voc.*, p. 153 et seq.
[2] *Claud.*, ch. XXIII.

dut exempter de cette double condition ceux chez lesquels le mariage, à raison de l'âge auquel ils étaient parvenus, serait resté stérile, et qui dès lors ne pouvaient obéir à la loi auraient été injustement punis. Or, les Romains estimaient que l'homme âgé de soixante ans ne doit plus en général espérer avoir des enfants. Aussi était-il d'usage de refuser la permission d'adroger à celui qui était *minor sexaginta annis*, par ce motif énoncé dans la loi 15, § 2, *De adopt.* : « *Quià magis liberorum creationi studere debeat.* » Pour la femme, dès l'âge de cinquante ans, elle était regardée comme ne pouvant plus être mère. Paul, dans la loi 21, pr., *De act. emt.*, assimile à *l'ancilla sterilis* celle qui est *major annis quinquaginta*. Un accouchement de la part d'une femme quinquagénaire paraissait même si extraordinaire, qu'on avait mis en doute si un enfant né dans ces circonstances pouvait prétendre aux droits d'un enfant légitime et succéder à son père, question qui fut résolue affirmativement par Justinien, l. 12, Cod.; *De legit. her.*, où nous lisons ce qui suit : « *Et sancimus, licet mirabilis hujus modi partus inveniatur, et raro contingat, nihil tamen eorum, quæ probabiliter à natura noscuntur esse producta, respui.* » Conformément à ces idées, Ulpien nous apprend, titre XVI, § 3, qu'Auguste avait attaché une exemption à l'âge de soixante ou de cinquante ans, suivant les sexes. « *Qui intra sexagesimum, vel quæ intra quinquagesimum annum neutri legi paruerit, licet* IPSIS LEGIBUS *post hanc ætatem liberatus esset.* » Mais il n'y avait là assurément qu'une dispense des rigueurs de la loi. Les sexagénaires ou les quinquagénaires ne subissaient aucune restriction quant à la capacité de recueillir. Ils étaient au nombre de ceux qu'on appelait *solidi capaces*. Il est clair qu'ils ne pouvaient prétendre aux *præmia* qui étaient l'apanage de la paternité, notamment au *jus caduca vindicandi*.

L'exception, qui avait paru naturelle à Auguste quand il porta les lois Julia et Papia, n'avait plus de raison de subsister, quand une fois la législation nouvelle, ayant atteint une certaine durée d'existence, aurait assuré une immunité aux citoyens qui auraient pu satisfaire aux devoirs réclamés dans l'intérêt public, et qui s'y étaient opiniâtrement refusés. Ceux-ci, en prolongeant leur résistance jusqu'à soixante ou cinquante ans, auraient fini, à force de braver la loi avec persistance, par se mettre au-dessus de ses sévérités. C'est pourquoi un sénatus-consulte dit Perni-

cien[1], que mentionne Ulpien, et qui aurait été rendu sous Tibère, vint obvier à cette fraude, en déclarant que ceux ou celles
qui jusqu'à soixante ou cinquante ans se seraient montrés rebelles aux lois Julia et Papia n'échapperaient plus désormais,
grâce au bénéfice de l'âge, à la pénalité qui les frappait tant
qu'ils n'étaient pas sexagénaires ou quinquagénaires. « *Perpe-
tuis tamen pœnis tenebitur, ex senatusconsulto Perniciano,* » dit
Ulpien, *loc. cit.* C'est cette disposition que Suétone avait en vue,
quand il nous dit que Tibère avait fait une addition à la loi Papia :
« *Capiti Papiæ legis, à Tiberio Cæsare, quasi sexagenarii generare non possint, addito.* » Remarquons toutefois que la perpétuité
des peines n'atteignait, ce qui était équitable, que les personnes
qui n'avaient obéi ni à l'une, ni à l'autre des lois (*neutri legi paruerit,* dit Ulpien), c'est-à-dire qui avaient fui le mariage contrairement à la loi Julia, et qui n'avaient pas eu d'enfants, condition
exigée pour la capacité complète par la loi Papia. L'exemption,
au contraire, dut être maintenue à l'égard de ceux qui, ayant
contracté mariage, se trouvaient *orbi* après soixante ou cinquante ans, parce qu'alors il ne dépendait plus d'eux d'avoir
des enfants. Aussi Ulpien cite-t-il, parmi les cas où il y a *solidi
capacitas inter virum et uxorem,* celui où les époux sont parvenus dans cette condition jusqu'à l'âge fixé par la loi Papia. « *Item
si utrique lege Papia finitos annos in matrimonio excesserint,
id est, vir sexaginta annos, uxor quinquaginta.* »

Enfin, l'empereur Claude apporta une modification à la rigueur du sénatus-consulte Pernicien. Cette modification consistait à distinguer entre l'homme et la femme. S'il n'est guère à
espérer qu'un sexagénaire devienne père, cependant la chose est
possible, s'il s'unit à une femme d'un âge assez peu avancé pour
n'avoir pas encore perdu l'aptitude à la fécondité. Par conséquent, un sénatus-consulte, qu'Ulpien appelle *Claudianum,* décida que le mariage d'un sexagénaire avec une femme mineure
de cinquante ans serait pris en considération pour lui faire éviter
les peines du célibat. « *Sed Claudiano senatus-consulto major sexa-*

---

[1] Il y a doute sur la sincérité de cette appellation : *Pernicianum.* Comme
on ne trouve aucun consul du nom de Pernicius, Perizonius, et après lui
Heineccius, pensent qu'il faut lire : *Persicianum,* et que le sénatus-consulte
appartient à Paulus Fabius Persicus, qui fut consul avec Vitellius sur la
fin du règne de Tibère.

genario, si minorem quinquagenaria duxerit, perinde habebitur ac si minor sexaginta annorum duxisset uxorem. » C'est ainsi qu'il faut expliquer l'*obrogatio* [1] dont nous parle Suétone. Mais, par des raisons faciles à saisir, la faveur dont jouissait le sexagénaire qui épousait une jeune femme ne dut pas être étendue à la femme majeure de cinquante ans qui se serait unie à un époux encore au-dessous de l'âge jusqu'auquel l'homme conserve ordinairement la faculté d'engendrer. L'assimilation, que quelques personnes avaient sans doute voulu établir entre les deux hypothèses, fut repoussée par un sénatus-consulte Calvitien, dont Ulpien nous fait encore connaître la teneur. Un semblable mariage, qualifié d'*impar*, restait inutile pour échapper aux peines du célibat. « *Quod si major quinquagenaria minori sexagenario nupserit, impar matrimonium appellatur, et senatus-consulto Calvitiano jubetur non proficere ad capiendas hereditates et legat\`, et dotes : itaque mortua muliere, dos caduca erit.* » Ulp., loc cit. [2].

De même que la faiblesse de l'âge fournissait une cause d'exemption, de même les lois Julia et Papia avaient pris en considération l'état d'impuissance indépendant de l'âge. Heineccius, liv. II, ch. III, admet cette exception, comme l'avait fait Godefroy ; et cette opinion est aussi partagée par Pothier, *De legatis*, n° 382. Tous ces auteurs se fondent sur la loi 128, *De verb. sign.*,

---

[1] Voyez, pour le sens du mot *Obrogatio*, Ulpien, *Reg.*, *De legibus et moribus*, § 3.

[2] Le mariage n'était pas nul *jure civili*. La législation romaine n'a jamais privé du *connubium* ceux qui avaient dépassé un certain âge. Ce qui le prouve, c'est qu'on reconnaissait l'existence d'une dot, qui emporte nécessairement avec elle l'idée d'un mariage existant. « *Neque enim dos sine matrimonio esse potest. Ubicunque igitur matrimonii nomen non est, nec dos est.* » L. 3, *De jur. dot.* Seulement tous les avantages pécuniaires attachés ordinairement au mariage étaient alors refusés. Le mari survivant ne gagnait point la dot, qui devenait caduque, et qui profitait sans doute à l'*œrarium*. Si Justinien, l. 27, Cod., *De nupt.*, déclare valables les mariages contractés par des hommes sexagénaires ou des femmes quinquagénaires, cela signifie uniquement qu'il ne peut plus être question d'appliquer, en pareil cas, les anciennes incapacités. Nous ajouterons que c'est à tort que Justinien rapporte directement aux lois Julia et Papia les dispositions qu'il abroge. Nous avons vu, en effet, qu'elles avaient été introduites par des sénatus-consultes. Mais comme ces sénatus-consultes ne faisaient que développer le système créé par les lois Julia et Papia, on comprend que l'empereur les ait confondus avec la législation qu'ils vinrent étendre.

empruntée au livre Ier d'Ulpien *ad legem Juliam et Papiam*,
d'où il résulte que cette loi s'occupait des impuissants, sans distinguer la cause qui occasionnait l'impuissance, que celle-ci fût
naturelle, ou qu'elle fût le résultat de quelque opération. « *Spa-*
donum generalis appellatio est : quo nomine tam hi, qui natura
spadones sunt, item thlibiæ, thlasiæ [1], *sed et si quod aliud genus*
spadonum est [1], *continentur.* » Mais l'intention du législateur
était sans doute d'exempter seulement ces personnes des peines
du célibat ou de l'*orbitas*. C'est ce qu'exprime Heineccius, en plaçant les termes suivants dans le chapitre III de la loi : *Spadones*
a pœnis hujus legis liberi sunto. Il ne va pas jusqu'à déclarer nul
d'une manière générale le mariage du *spado*; et, sur ce point, il
réfute Godefroy, d'après lequel la loi Julia aurait dit : *Spadoni-*
bus item nuptias contrahere jus ne esto. Les jurisconsultes romains, en effet, admettaient la validité du mariage quand il n'y
avait qu'impuissance naturelle, tandis qu'ils le regardaient comme
impossible chez le *castratus* (Voir l. 39, *De jur. dot.*); distinction
qui se retrouve dans le paragraphe 9, Instit., *De adopt.*, quant à
la faculté d'adopter, et dans la loi 6, *De lib. et post.* (28-2), quant
à la validité de l'institution d'un postume. Mais, sous le rapport
de l'exemption des peines, toute distinction était écartée ; et les
impuissants, de quelque espèce qu'ils fussent, se trouvaient placés sur la même ligne, comme le prouve la loi 128.

Nous regardons également comme étant dispensé d'obéir à la
loi, à raison de l'impossibilité où il se trouvait de le faire, celui
qui était absent, quand son absence était commandée par des
motifs d'utilité publique, *Reipublicæ causa.* Ulpien, dans le
titre XVI de ses *Regulæ*, en traitant de la *solidi capacitas* entre
conjoints, mentionne formellement cette hypothèse parmi celles
où les époux *inter se solidum capere possunt.* « *Aut si vir absit,*
et donec abest, et intra annum postquam abesse desierit, libera
inter eos testamenti factio est. » La *vacatio legis* se prolongeait
même après le retour pendant une année entière. Bien que le jurisconsulte parle de l'absence d'une manière générale, sans restreindre les priviléges qui lui appartiennent au cas où elle serait

---

[1] Pour le sens des mots *thlibiæ*, *thlasiæ*, voyez Cujas sur cette loi , t. 8,
c. 584, édit. de Naples, et Pothier, *Pandectæ, De legatis*, n° 384, note *k*.

justifiée par l'intérêt public, nous sommes porté à croire, ainsi que l'ont conjecturé Godefroy et Heineccius, que cette distinction est nécessaire, et que c'est par une omission du copiste qu'elle fait défaut dans le manuscrit d'Ulpien. D'une part, en effet, il serait difficile de concevoir que le législateur eût excusé une absence qui n'aurait été motivée que sur l'intérêt privé du citoyen. Nous savons par Suétone (*Jul. Cæs.*, ch. XLII) que les prescriptions ayant pour but d'interdire l'absence non justifiée remontent à Jules César qui avait décidé : *Ne quis civis, major annis XX, minorve XL, qui sacramento non teneretur, plus triennio continuo Italia abesset, neu quis senatoris filius, nisi contubernalis aut comes magistratus, peregre proficisceretur.* D'une autre part, le même Ulpien, dans les lois 36 et 38, *Ex quib. caus. maj.* (4-6), qui sont des fragments extraits de son commentaire *ad legem Juliam et Papiam*, réserve expressément les prérogatives de l'absence à ceux chez lesquels elle s'explique par l'exercice de quelque fonction publique. « REIPUBLICÆ CAUSA *abesse eos solos intelligimus qui non sui commodi causa, sed coacti absunt.* » Aussi dans la loi 38 s'attache-t-il à déterminer les limites dans lesquelles il sera permis d'invoquer le bénéfice de l'état d'absent. Sans doute, les *Regulæ* ne rapportent positivement la *libera testamenti factio* motivée sur l'absence qu'à la disponibilité entre conjoints. Mais il nous semble évident que cette mention particulière n'a d'autre cause que la spécialité du sujet envisagé par l'auteur, qui traitait uniquement, ainsi que l'indique la rubrique du titre XVI, de la *solidi capacitas inter virum et uxorem.* Aussi ne faisons-nous pas difficulté de généraliser avec Godefroy et Heineccius cette *vacatio legis*, ce qui est autorisé par les extraits d'ouvrages de divers jurisconsultes insérés au titre *Ex quib. caus. maj.*, dans lesquels la portée de l'absence *Reipublicæ causa* est considérée d'une manière absolue. Ces extraits, que leurs auteurs avaient écrits probablement en vue de l'immunité des lois Julia et Papia, ont été, après l'abolition de ces lois, rapportés par les compilateurs des Pandectes, suivant la remarque d'Heineccius, à l'interprétation de l'édit du préteur sur les causes de *restitutio in integrum* au profit des majeurs de vingt-cinq ans. Quant à la portée de l'immunité, elle nous paraît d'abord devoir être restreinte à l'exemption des peines, à la simple *solidi capacitas*, sans s'étendre à la concession du *jus patrum.* Nous ne doutons point que l'absence justifiée ne relevât un citoyen de l'incapacité attachée à l'*orbitas*, comme l'indique la concession d'une année de *vacatio* postérieurement au retour. Il est plus délicat au contraire de décider que le *cœlebs* absent fut considéré comme *solidi capax*, non–seulement pendant la durée de l'absence, ce qui est assez vraisemblable, mais encore pendant une année après son retour, ce qui serait plus controversable. Heineccius, liv. II, ch. xviii, n° 2, s'arrête à cette conjecture raisonnable, mais qui n'est qu'une conjecture, que les cent jours accordés à un *cœlebs* pour pouvoir *capere*, s'il obéissait à la loi, ne commençaient à courir que du jour du retour de l'absent.

Nous ne pouvons, au contraire, admettre une exemption des peines du célibat, que M. de Savigny [1] croit trouver dans un passage de Suétone. Cet historien, dans la *Vie de Tibère*, ch. xxxv, nous apprend que, sous cet empereur, le supplice de l'exil fut décrété contre les femmes de distinction qui, pour échapper aux peines portées par les lois, faisaient ouvertement métier de maquerellage. « *Feminæ famosæ, ut ad evitandas legum pœnas jure ac dignitate matrimoniali exsolverentur, lenocinium profiteri cœperant... easque omnes, ne quod refugium in tali fraude cuiquam esset, exilio adfecit.* » Cette profonde dégradation morale nous est également attestée par Tacite, *Ann.*, II, ch. lxxxv, suivant lequel, à la même époque, la déportation fut prononcée contre une dame romaine, issue de famille prétorienne, qui avait affiché sa prostitution, en se dénonçant aux édiles, d'après les usages du temps. « *Nam Vistilia, prætoria familia genita, licentiam stupri apud œdiles vulgaverat, more inter veteres recepto, qui satis pœnarum adversum impudicas in ipsa professione flagitii credebant.* » M. de Savigny entend le passage de Suétone en ce sens que les femmes qui étaient descendues à ce degré d'abjection, se rendant par là incapables de contracter mariage avec un ingénu, elles ne pouvaient plus être punies à raison d'un célibat devenu désormais pour elles une condition forcée. Mais, d'une part, le mariage ne leur était pas absolument impossible, puisqu'elles pouvaient, ainsi que le reconnaît M. de Savigny, épouser des affranchis. Dans tous les cas, nous ne pouvons comprendre que l'auteur de la loi Julia eût traité avec tant de faveur celles qui

[1] *Traité de droit romain*, t. I. Append., 7, § 13.

s'étaient volontairement dégradées, et qu'il leur eût permis de tirer parti de l'état honteux auquel elles s'étaient réduites. Cette interprétation est directement contredite par Ulpien, quand il nous dit, *Reg.*, tit. XVI, § 2, que celui qui a pris une *uxor famosa* ne devra point profiter d'une semblable union. Si le mariage avec ces femmes n'était pas pris en considération, comment auraient-elles été dans une meilleure position, quand elles n'étaient pas mariées? Les *pœnæ legum* qu'elles voulaient écarter ne pouvaient être les déchéances attachées au célibat et qui atteignaient même les femmes honnêtes. Suivant nous, il s'agissait pour elles de pouvoir se livrer à leur impudicité sans qu'il y eût *stuprum*, qui n'était point réprouvé quand il était commis avec une femme de condition honteuse, § 4, Instit., *De publ. jud.*; l. 3, pr., *De concub.* (25-7). Il s'agissait également d'échapper à la peine de l'adultère, qui ne tombait plus sous la répression de la loi, quand la femme avait déclaré publiquement profession de *lenocinium*, ainsi que le pense Juste-Lipse, dans ses commentaires sur les *Annales* de Tacite. Cette impunité fut abolie sous Tibère, comme nous l'apprend Papinien, l. 10, § 2, *Ad leg. Jul. de adult.* (48-5). « *Mulier, quæ evitandæ pœnæ adulterii gratia lenocinium fecerit, aut operas suas in scenam locaverit, adulterii accusari damnarique ex senatus-consulto potest.* » M. de Savigny argumente encore d'un autre passage de Suétone, *Domit.*, ch. VIII, ainsi conçu : *Probrosis feminis lecticæ usum ademit, jusque capiendi legata hereditatesque,* d'où il conclut que Domitien aurait le premier enlevé aux femmes dites *probrosæ* le *jus capiendi*. Mais ce passage de Suétone ne prouve point que les femmes *probrosæ* eussent conservé jusqu'alors, bien qu'elles eussent fui le mariage, le droit de recueillir ce qui leur était laissé. Nous partageons l'opinion de Mühlenbruch [1], qui pense que l'innovation de Domitien eut une plus grande portée; et qu'il déclara les femmes *probrosæ* incapables de prendre toute hérédité même *ab intestat*. Aussi voyons-nous Ulpien décider, dans la loi 2, § 4, *Ad senat.-consult. Tertull.*, que la mère même *famosa* doit être admise d'après le sénatus-consulte Tertullien à la succession de ses enfants, ce que Mühlenbruch considère comme une exception. La généralité de l'incapacité ressort encore de cette circonstance attestée par la loi 41, § 1, *De test.*

---

[1] Suite de Glück, t. XXXIX, § 1438, p. 268.

mil. (29-1), que les femmes de cette espèce ne pouvaient être in-
stituées par un militaire, bien qu'il fût permis à ce dernier d'instituer non-seulement les personnes qui n'avaient pas le *jus capiendi*, mais encore celles qui étaient privées de la *testamenti factio*,
ainsi que nous l'établirons plus loin. Cette rigueur absolue se
conserva dans la législation romaine. Justinien, dans la loi 23,
§ 3, Cod., *De nupt.* (5-4), décide que si une femme a renoncé à la
profession de comédienne, et qu'elle ait été relevée par un rescrit
impérial de l'infamie à laquelle cette profession l'avait réduite,
elle sera apte désormais à recueillir soit les successions testamentaires, soit celles qui lui obviendraient *ab intestat.* « *Et suscipien-
dam competentem sibi legibus ab aliis relictam, vel ab intestato
delatam hereditatem.* »

Suivant Cujas[1], on devrait aussi ranger les fils de famille
parmi les personnes dispensées des rigueurs des lois caducaires,
à raison de ce qu'ils auraient été dans l'impossibilité d'y satisfaire. Comme ils ne pouvaient se marier sans le *consensus* du
parens, au pouvoir duquel ils étaient soumis, le refus de ce dernier d'autoriser le mariage, qui eût constitué un obstacle invin-
cible pour eux, les condamnait contre leur gré à un célibat forcé,
qui devait dès lors rester impuni. C'est en ce sens que notre
grand jurisconsulte entend la loi 21 *De rit. nupt.*, tirée du commentaire de Terentius Clemens, *Ad legem Juliam et Papiam*,
d'après laquelle « *non cogitur filius familias uxorem ducere.* »
Bien que cette interprétation soit adoptée par Pothier[2], elle ne
nous paraît pas acceptable. D'une part, en effet, la résistance
du *parens* n'était pas insurmontable. Le besoin de repeupler la
cité avait semblé tellement impérieux à Auguste qu'il n'avait
pas hésité à faire taire, en vue de cet intérêt suprême, les droits
de la puissance paternelle, quelque respectée qu'elle fût à Rome.
Les magistrats devaient intervenir afin de contraindre les citoyens
à marier leurs enfants, comme nous l'apprend Marcien dans la
loi 19 *De rit. nupt.*[3]. D'une autre part, si l'on songe aux règles

---

[1] *Parat., in lib. cod.*, t. II, c. 424, éd. de Naples; *Comment. in tit. cod.*,
t. IX, c. 874.

[2] N° 382, *De legatis.*

[3] D'après le texte de Marcien, les prescriptions à ce sujet remontent jusqu'à la loi Julia. Il peut y avoir doute seulement sur la portée d'une cou-

qui gouvernaient la puissance paternelle à l'époque d'Auguste, règles en vertu desquelles le fils de famille ne pouvait *nihil suum habere*, ainsi que le dit encore Gaïus, on voit qu'une pareille immunité, au lieu de profiter à celui qu'on voulait épargner, n'aurait été avantageuse qu'à celui dont la mauvaise volonté avait empêché le mariage de son fils. Le meilleur moyen, au contraire, d'écarter de la part du chef de famille toute idée d'opposition, était de lier son intérêt à l'observation des lois Julia et Papia, même dans la personne de ses enfants. Telle est, suivant nous, la portée qu'il faut donner à la loi 140 *De verb. sign.*, dans laquelle Paul, en expliquant les lois Julia et Papia, s'exprime ainsi : *Cepisse quis intelligitur, quamvis alii adquisiit.* La condition du *capere posse* était donc exigée chez celui qui ne conservait pas ce qu'il acquérait, mais qui en faisait profiter un autre. Quoiqu'il ne gardât point l'acquisition pour son compte, il n'en était pas moins regardé comme recueillant lui-même, *cepisse intelligitur*. La disposition ne pouvait, par conséquent, sortir à effet, s'il n'était pas apte à *capere*.

Il était de toute justice d'appliquer cette règle au fils de famille, puisqu'il était en quelque sorte en communauté de patrimoine avec son père, et que ses acquisitions tombaient dans une masse à laquelle il participait, dont il ne pouvait être privé sans l'observation des formes de l'exhérédation, qui ne le dépouillait d'ailleurs qu'autant qu'elle était méritée. Sans doute on ne tenait pas compte de l'incapacité du gratifié, quand il n'était qu'un intermédiaire chargé de restituer à une personne capable, comme le dit la loi 51 *De reg. jur.* : « *Non videtur quisquam id capere quod ei necesse alii restituere.* » Cette proposition, dont plusieurs textes nous offrent l'application, notamment les lois 42 *De legat.* 2°, et 28 *De legat.* 3°, n'a rien de contraire à la loi 140 *De verb. sign.* Là, en effet, où il y a simplement interposition de personne, et où l'appelé ne doit retirer aucun avantage de la disposition, il est naturel de ne s'attacher qu'à la condition de celui qui est le véritable destinataire de la libéralité. Aussi n'y a-t-il pas en pareil cas de dérogation à la règle ; et nous ne croyons pas né-

stitution des empereurs Sévère et Antonin, mentionnée également par ce jurisconsulte. Heineccius, liv. II, ch. xxi, applique cette constitution à l'obligation de doter, et à l'extension aux magistrats des provinces du droit d'intervention concédé dans l'origine uniquement au préteur urbain.

cessaire d'admettre, comme le fait Schneider, p. 223, une *solidi capacitas* exceptionnelle en faveur de ceux qui ne reçoivent que pour restituer. Remarquons seulement qu'ici la restitution doit être intégrale, et que le fiduciaire ne saurait prétendre au bénéfice de la quarte Pégasienne. Voyez l. 15, § 16, *Ad senat.-consult. Trebell.*

Quand c'était un esclave auquel s'adressait une disposition testamentaire, la condition du *capere posse* ne pouvait être requise en sa personne, puisqu'il lui était impossible de se marier et d'avoir des enfants légitimes. La règle était que, s'il appartenait à un maître jouissant de la *testamenti factio*, il était apte à être institué héritier ou gratifié d'un legs. Depuis les lois caducaires, fallait-il se préoccuper en outre du *jus capiendi* de la part du maître ? Cette question doit, ce nous semble, se résoudre par une distinction. Nous répondons négativement toutes les fois que le bénéfice de l'institution ou du legs doit s'arrêter à l'esclave lui-même. Ainsi un *cœlebs* ou un *orbus* a institué son esclave, ou lui a légué quelque chose en l'affranchissant ; il ne nous paraît pas douteux que ces dispositions ne soient parfaitement efficaces, bien que le défunt fût en position de ne pouvoir *nihil capere* ou *non solidum capere*, en vertu du testament d'un autre. Mais si l'esclave au profit duquel il a été disposé de la part d'un tiers restait esclave et devait acquérir pour son maître, le point de vue devait changer. A moins de rendre illusoires les sévérités des lois Julia et Papia, il fallait décider que l'incapable ne pouvait pas plus *capere per servum* que *per semetipsum*. Sinon, rien n'eût été plus facile que d'éluder les lois nouvelles, en instituant l'esclave d'un *cœlebs*, ou en lui léguant, au lieu de nommer le maître dans le testament. Ce dernier, acquérant immédiatement et sans aucun trait de temps ce qui était acquis par son esclave, l'obstacle qui existait en sa personne, quant au *jus capiendi*, devait opérer aussi énergiquement que s'il eût été personnellement gratifié. Cette double acquisition, faite du même coup au profit unique du *dominus*, était appréciée d'après la capacité de celui-ci. La règle à cet égard est fort nettement énoncée par Ulpien dans la loi 79 *De adq. vel omitt. hered.*, écrite à l'occasion des lois Julia et Papia : « *Placet quotiens adquiritur per aliquem hereditas, vel quid aliud ei, cujus quis in potestate est, confestim ad-*

quiri ei, cujus est in potestate, neque momento aliquo subsistere in persona ejus, per quem adquiritur, et sic adquiri ei cui adqui- ritur. » Si l'esclave d'un incapable ayant été institué, son af- franchissement ou son aliénation survenaient avant qu'il eût fait adition, cas auquel l'esclave emportait avec lui le droit à l'hérédité (*hereditas ambulat cum servo*), la question de savoir s'il pourrait profiter de l'institution pour son compte ou la faire acquérir à son nouveau maître capable dépendait de l'intention dans laquelle avait agi l'ancien maître. Avait-il voulu ou non faire fraude à la loi ? S'était-il entendu avec l'esclave qu'il af- franchissait, ou avec l'acquéreur, pour obtenir de leurs mains le bénéfice de l'institution ? S'était-il, au contraire, comporté loyalement, en affranchissant ou en aliénant, soit dans l'igno- rance de l'institution d'héritier, soit du moins sans chercher à tirer parti de cette circonstance ? Telle est la solution donnée par Terentius Clemens dans la loi 82 *De adq. her.*, tirée encore d'un commentaire *Ad legem Juliam et Papiam.* On examinera, dit-il, *si nihil in fraudem legis factum est.*

Il y avait seulement difficulté dans l'hypothèse où un legs aurait été fait à un esclave héréditaire, et où l'hérédité jacente dont dépendait l'esclave légataire aurait été laissée à un inca- pable pour le tout ou pour partie, à un *cœlebs* ou à un *orbus.* On sait qu'en matière de legs c'est l'époque du *dies cedens* qui détermine le maître auquel profitera le legs. Ici tout maître fai- sait défaut, l'ancien *dominus* étant décédé, et le *dominus* à venir n'existant pas encore jusqu'à l'adition de l'hérédité jacente. Lorsqu'il s'agissait d'une institution d'héritier faite en faveur d'un esclave héréditaire, la décision qui avait prévalu était que l'on devait considérer la personne du défunt pour savoir s'il y avait à son égard *testamenti factio*, comme il est dit au para- graphe 2, Instit., *De her. instit.* Dans le cas qui nous occupe, les jurisconsultes se partagèrent, et, après beaucoup d'hésita- tions, *post magnas varietates*, il fut admis que, sans s'inquiéter de la capacité d'un *dominus* qui, en réalité, n'existait pas, on déclarerait le legs acquis sans difficulté, *sine ullo impedimento*, à l'hérédité jacente, de manière à profiter à ceux qui dans la suite recueilleraient cette hérédité, et dans la proportion sui- vant laquelle ils viendraient la prendre. Cette décision est at- testée par Gaïus, dans la loi 55, § 1, *De legat. 2°*, qui appar-

tient aux œuvres de ce jurisconsulte sur les lois Julia et Papia.
« *Si eo herede instituto, qui vel nihil vel non totum capere potest,
servo hereditario legatum fuerit; tractantibus nobis de capacitate,
videndum est utrum heredis, an defuncti persona, an neutrius
spectari debeat. Et post multas varietates placet, ut, quia nullus
est dominus, in cujus persona de capacitate quæri possit, sine
ullo impedimento adquiratur legatum hereditati, atque ob id
omnimodo ad eum pertineat, quicunque postea heres exstiterit,
secundum quod accipere potest. Reliqua autem pars ad eos, qui
jure vocantur, venit.* »

D'après l'opinion à laquelle s'arrêta la jurisprudence, on ne
tiendra pas compte de l'incapacité qui existait peut-être dans la
personne du défunt, et qui eût fait tomber le legs, si on avait dû
envisager sa *capacitas.* La règle est que l'hérédité acquiert le legs
sine ullo impedimento. Plus tard, quand cette hérédité sera acceptée, le legs obviendra à ceux qui ont droit à l'hérédité, et
dans la mesure où ils la prennent. S'ils ne peuvent la prendre
que pour partie, ils seront réduits à une partie correspondante du
legs ; le surplus appartiendra à ceux que la loi fait bénéficier
des déchéances encourues, *ad eos qui jure vocantur.* Supposons
que l'institué soit un *cœlebs,* et qu'il n'obéisse pas à la loi en
temps opportun, il sera écarté de l'hérédité, *summotus ab hereditate,* suivant les expressions de Gaïus, II, § 144. Il y aura lieu
à la succession *ab intestat,* et l'héritier légitime, qui peut prétendre à toute l'hérédité, fût-il *cœlebs,* recueillera le legs qui en
fait partie. Si l'institué n'était incapable que pour partie, *orbus,*
il n'aura que la moitié de l'hérédité, et par conséquent du legs.
Quant à l'autre moitié, elle ne passera pas, comme l'enseigne
Cujas sur cette loi [1], aux héritiers *ab intestat.* C'est le peuple qui,
d'après les dispositions des lois caducaires, se trouvera dans
l'espèce, à défaut de tout *pater,* substitué à l'*orbus* quant à la
part dont celui-ci est privé, *velut parens omnium,* ainsi que le dit
Tacite. Les héritiers légitimes resteront ici exclus, en vertu du
principe qui n'admet pas le concours des deux espèces d'héritiers. Il pourrait se faire enfin qu'à côté d'un incapable institué
il y eût dans le testament d'autres héritiers ayant le *jus antiquum,*
ou des *patres* jouissant du *jus caduca vindicandi.* Ils devront alors

---

[1] Comment. in tit. *De legat.* 2º, t. VII, c. 1188, éd. de Naples.

profiter, suivant les règles de ces deux privilèges, du legs qui est une dépendance de l'hérédité. C'est à eux que s'appliqueront ces expressions de notre texte : *ad eos qui jure vocantur.*

Nous avons vu que le maître incapable ne pouvait acquérir les hérédités ou les legs laissés à son esclave. Faut-il en dire autant quant au père incapable, dont le fils en puissance, capable par lui-même, serait institué héritier ou gratifié d'un legs? Cujas n'admet point l'assimilation ; et il invoque en faveur de son opinion la loi 140 *De verb. sign.*, que nous avons déjà citée. Il entend ce texte en ce sens qu'un fils de famille est admis à recueillir une disposition testamentaire, bien qu'elle doive, quant à son émolument, profiter au père qui serait *incapax.* Le motif de différence entre le fils de famille et l'esclave serait, dit Pothier [1], que le fils a une personne civile, à raison de laquelle la disposition peut subsister, et que, si le père incapable acquiert en pareil cas, ce n'est que *per consequentias,* et en vertu de la puissance paternelle. Nous repoussons encore cette solution, ainsi que les arguments sur lesquels on l'a appuyée. D'une part, il n'est pas vrai que l'esclave n'eût point par lui-même une *persona* en ce qui concernait les libéralités testamentaires. Les Romains disaient que, pour apprécier la validité du legs fait à un esclave, on ne devait s'occuper du maître que pour savoir s'il avait la *testamenti factio.* En dehors de ce point de vue, c'était la personne même de l'esclave qu'il fallait envisager. « *Cum enim servo alieno aliquid in testamento damus, domini persona ad hoc tantum inspicitur ut sit cum eo testamenti factio. Cæterum ex persona servi consistit legatum.* » Paul, l. 82, § 2, *De legat.* 2°. De là on concluait qu'il était possible de léguer à l'esclave ce qui n'aurait pu être légué au maître. D'une autre part, le caractère *subsidiaire* que l'on veut attribuer à l'acquisition faite par le père est contredit par la loi 82, *De adq. her.*, suivant laquelle, comme nous l'avons vu, le rapport de *potestas* fait acquérir *instantanément* au chef ce qui arrive à un individu placé sous sa dépendance. Aussi Schneider, p. 223, pense-t-il, sans admettre de distinction, que les personnes *alieni juris* soumises à un incapable ne sauraient lui procurer ce que celui-ci ne

---

[1] *Pandectæ,* ad titulum *De verb. sign.*, n° 15.

pourrait recueillir personnellement. La loi 140 n'est nullement opposée à ce système, qui nous paraît le plus rationnel. Elle assimile la *capio* pour son propre compte, et celle par laquelle on enrichit celui dont on dépend. C'est acquérir en réalité, lorsqu'on acquiert pour verser dans le patrimoine d'une famille dont on est membre, par opposition au cas où l'on est chargé de restituer à un autre. Là où il y a restitution imposée, le *capere* proprement dit fait défaut, parce qu'on ne reçoit pas *cum effectu*, ainsi que le dit Ulpien, loi 70, *De verb. sign.* Cet *effectus*, au contraire, ne manquerait pas, si le fils de famille prenait ce qui lui est laissé pour en faire profiter son père incapable. La désobéissance aux lois de la part de ce dernier resterait impunie ; et les déchéances qu'il doit encourir seraient bien facilement évitées, comme nous l'avons fait observer à l'occasion des esclaves.

Toutefois il se présente une objection quant à l'application de notre doctrine. Comment, dira-t-on, celui qui a des enfants *in potestate*, qui, par conséquent, jouit du *jus patrum*, de la position privilégiée par excellence, pourrait-il être frappé d'incapacité ? Il faut répondre que la *patria potestas* exercée par un citoyen n'entraînait pas nécessairement pour lui les prérogatives concédées aux *patres*. Nous avons dit précédemment que les enfants adoptifs n'étaient pas comptés pour procurer au père les avantages attachés à la paternité par les lois caducaires. Les enfants naturels même, nés *ex nuptiis*, n'étaient pris en considération qu'autant que le mariage n'avait pas été contracté contrairement aux prescriptions des lois Julia et Papia. Dans l'un et l'autre cas, la puissance paternelle existait néanmoins, sans détruire l'incapacité dont était toujours atteint le père, pour lequel il n'y avait pas des *justi liberi secundum has leges*, mais seulement *secundum jus civile*, § 168, *Vat. fragm.* En supposant d'ailleurs que les enfants fussent tels qu'ils pussent par leur qualité servir au père quant au *jus caduca vindicandi*, il pouvait se faire que ce père fût veuf ou divorcé sans s'être remarié ; il se trouvait alors en règle vis-à-vis la loi Papia, non en ce qui concernait la loi Julia. Tel était précisément, suivant nous, celui que l'on appelait *solitarius pater*, expressions qui se rencontrent dans la rubrique du titre XIII des *Regulæ* d'Ulpien. Seulement c'est un point difficile à résoudre, faute de documents, que de savoir s'il y avait incapacité à l'égard du *pater solitarius*, et dans quelle mesure. En admettant qu'il eût à subir quelque déchéance, il faut dire qu'il ne pouvait s'y soustraire, grâce aux acquisitions qu'il aurait faites par ses enfants. Enfin, nous aurons à constater que les lois caducaires avaient réglé une quotité disponible particulière entre époux, et que, par suite, un conjoint était incapable de recevoir de son conjoint au delà de ce qui était fixé, bien que de la part de tout autre il fût apte à recevoir d'une manière indéfinie. Nous pensons également que cette incapacité ne pouvait être éludée au moyen de dispositions qui se seraient adressées aux enfants *in potestate*, par exemple, si la femme avait laissé à un fils de son mari né d'un précédent mariage, et qui serait resté sous le pouvoir de son père. Cette décision est en harmonie avec la règle bien connue du droit romain, qui, en matière de donations entre vifs, pour garantir la prohibition existant d'époux à époux, annulait les donations faites à toute personne qui se trouvait dans la même famille que le conjoint frappé d'incapacité. Voyez l. 3, § 2, *De donat. int.* (24-1).

Les diverses personnes, que nous avons signalées jusqu'à présent comme exceptées des rigueurs des lois caducaires, jouissaient d'une immunité par suite de l'impossibilité où elles se trouvaient de satisfaire aux prescriptions de ces lois. Une autre cause d'exemption, très-importante, mais bien différente quant à son motif, tenait aux rapports qui liaient le défunt avec certains individus, rapports de telle nature que l'interdiction de disposer en leur faveur eût blessé les sentiments les plus chers, et fait violence à l'affection qui s'établit ordinairement à raison des liens de famille : nous voulons parler de l'exemption fondée sur la *cognatio* et sur l'*adfinitas*.

Il est à remarquer que la législation romaine, en apportant successivement diverses restrictions à la faculté de faire des libéralités, eut toujours le soin de ne pas soumettre à ces restrictions les actes de cette nature qui s'adressaient aux *proches* du disposant [1]. Ainsi, nous savons que déjà la loi Cincia, qui

---

[1] La prohibition des donations entre époux constituait cependant une déviation à cette règle. Nous nous bornons à indiquer ici ce point, qui donnera lieu tout à l'heure à quelques observations.

remonterait à l'an 550 de Rome, excepta les cognats et les alliés des prescriptions au moyen desquelles fut entravée la liberté de donner. Les termes de la loi, relativement aux cognats, nous ont été conservés par le paragraphe 298 des *Vat. fragm. : « Sive quis cognatus cognata inter se, dum sobrinus sobrinave propiusve eos..... eis omnibus inter se donare capere liceto. »* Il en résulte que l'exception s'étendait jusqu'au sixième degré en faveur du *sobrinus* ou de la *sobrina*, c'est-à-dire des enfants issus de cousins germains ; et qu'elle pouvait être invoquée par quiconque était cognat du donateur à un degré plus rapproché. Telle est l'explication fournie par Paul, au paragraphe 299 [1]. La même exemption protégeait tous ceux qui se trouvaient soumis à la puissance d'une personne exceptée, ou ceux qui avaient sous leur puissance une *persona excepta : « Et sive quis in alterius potestate matrimoniove* [2] *erit, qui eos hac cognatione attinget, quorumve in potestate matrimoniove erit; »* § 298. Cette extension donnée à la dispense est exposée dans les paragraphes 300 et 301 [3]. Quant à l'alliance, le paragraphe 302 des *Vat. fragm.* nous apprend que l'exception n'embrassait que les alliés en ligne directe : *« Item excipiuntur et adfinium persona, ut privignus, privigna, noverca, vitricus, socer, socrus, gener, nurus. »* On y ajoutait

[1] D'après l'interprétation un peu littérale donnée par Paul aux expressions de la loi Cincia, l'exception ne profitait aux cognats du sixième degré qu'autant qu'il s'agissait d'un *sobrinus* ou d'une *sobrina*. Le préteur, cependant, accordait indistinctement la *bonorum possessio unde cognati* à tout cognat au sixième degré, par exemple au *fratris abnepos* par rapport à l'*abpatruus*, ou *vice versa*, comme le prouve le paragraphe 6, Instit., *De grad. cognat.*

[2] Quelques personnes, au lieu de : *matrimoniove*, veulent lire : *manu, mancipiove*, expressions qui se rencontrent au paragraphe 300, où le jurisconsulte explique la portée des termes de la loi. D'autres conservent le mot *matrimonium*, que l'on trouve également dans le paragraphe 216, à l'occasion de la loi Julia, mais sous-entendent un *matrimonium* avec *conventio in manum*.

[3] De même que la capacité exceptionnelle concédée à certains individus couvrait tous les membres de la famille dont ils faisaient partie, de même, quand il s'agissait d'incapacité, l'impossibilité de recueillir devait s'appliquer toutes les fois que, à raison de l'unité de famille, la disposition serait venue augmenter le patrimoine d'une personne atteinte par quelque prohibition. La solidarité entre les membres de la famille pouvait tout aussi bien nuire que profiter, comme nous l'avons vu en examinant la valeur des dispositions faites en faveur du fils de famille dont le père serait *incapax*.

les époux, *vir et uxor*, et même les fiancés, *sponsus sponsa*. Enfin, d'après le paragraphe 303, l'*adfinitas* ne procurait une dispense qu'autant qu'elle subsistait encore au moment de la donation. Quand le législateur voulait excepter les alliés, même après la dissolution de l'alliance, il devait avoir soin de s'en expliquer formellement, règle qui aurait été fixée par un rescrit d'Antonin le Pieux. Plus tard, la loi Furia, qu'Haubold place vers l'an 571 de Rome, et qui, comme nous l'apprend Gaïus, II, § 225, défendait de léguer à personne au delà de mille as, *exceptis quibusdam personis*, dispensa de cette prohibition, à l'exemple de la loi Cincia, les plus proches cognats du testateur. La dispense fut même étendue jusqu'au septième degré, en faveur du *sobrino natus*, ainsi que le témoigne le paragraphe 301 des *Vat. fragm.* : « *Sic et lex Furia scripta est eo amplius quod illa lex sex gradus et unam personam ex septimo gradu excepit, sobrino natum*[1]. » L'exception s'appliquait-elle aussi aux *adfines*, à l'instar de ce qui avait été décidé par la loi Cincia ? Tout témoignage manque à cet égard ; cependant, M. Klenze[2] n'hésite pas à penser que les alliés devaient, en cette matière, être traités comme les cognats.

Si nous arrivons maintenant à nos lois Julia et Papia, il nous sera facile d'établir qu'Auguste avait consacré, en faveur des *cognati* et des *adfines*, des priviléges analogues à ceux qui étaient depuis longtemps observés à leur égard dans la législation romaine[3]. Déjà les *Regulæ* d'Ulpien, tit. XVI, § 1, avaient fait

---

[1] C'est à cette limite que s'arrêta le préteur pour accorder *ab intestat* la *bonorum possessio proximitatis nomine*. Voyez Instit., *De succ. cogn.*, liv. III, tit. V, § 5. On peut supposer que le droit prétorien se régla sur les dispositions de la loi Furia. Ulpien établit un rapprochement entre l'édit et la loi Furia, quand il nous dit (*Reg.*, tit. XXVIII, § 7) que les cognats du *manumissor* ont droit à la *bonorum possessio ab intestat* dans la mesure fixée par la loi Furia : « *Septimo cognatis manumissoris quibus per legem Furiam plus mille asses capere licet.* »

[2] *Zeitschrift für gesch. Rechtsw.*, t. VI, p. 56.

[3] Ce système de faveur et d'exception au profit des *proximi* se retrouve dans deux autres lois de l'époque d'Auguste : la *lex Julia repetundarum* et la *lex Julia vicesimaria*. Pour la première de ces lois, qui interdisait de donner aux magistrats *in officio*, nous savons par un fragment de Marcien, l. 1, § 1, *De leg. Jul. repet.* (48-11), qu'il y avait exception, quand la donation émanait du *sobrinus* ou d'un cognat plus rapproché, ou bien encore du conjoint. « *Excipit lex, a quibus licet accipere, a sobrinis proprioreve gradu cognatis suis, uxore.* » Malgré le silence gardé sur les *adfines*, M. Klenze,

connaître ce point que la *cognatio* entre conjoints jusqu'au sixième degré leur procurait la *solidi capacitas*. Qu'il n'y eût pas là une particularité restreinte aux dispositions entre conjoints, mais seulement l'application du droit commun relatif aux proches cognats, c'est ce que les anciens auteurs, notamment Cujas, *Parat. Cod. De inf. pœn. cœlib.*, Heineccius, liv. II, ch. xxi, n° ii, avaient enseigné, en s'appuyant sur le passage de Sozomène que nous avons rapporté, et qui, en mentionnant l'incapacité créée par les lois caducaires, y ajoute cette restriction : « *Nisi essent cognatione proximi.* » Aujourd'hui, la découverte des *Vat. fragm.* est venue confirmer pleinement la conjecture, qui jadis n'avait d'autre base que le témoignage de Sozomène, et fixer en outre la portée de cette exemption. Le paragraphe 158, traçant les limites dans lesquelles fut circonscrit, par l'empereur Sévère, le droit appelé *potioris nominatio* [1], nous apprend que cette faculté doit être refusée aux *cognati vel adfines utriusque necessitudinis*, c'est-à-dire du côté paternel ou maternel, qui jouissent d'une exception, quant aux prescriptions des lois Julia

p. 57, est porté à croire qu'ils devaient être compris sous l'exception. — Quant à la loi *Julia vicesimaria*, par laquelle Auguste établit un impôt sur les successions, il est certain que cet impôt ne s'appliquait pas à ceux qui avaient *cognationis jura*, suivant les expressions de Pline, qui étaient *maxime propinqui*, πανυ συγγενεις, au rapport de Dion. Jusqu'où s'étendait l'exemption? Ici encore M. Klenze, p. 60 à 67, pense qu'il s'agit du cercle des cognats exceptés par la loi Furia. Diverses autres opinions ont été émises à cet égard, notamment par M. Rudorff (*Zeitschrift für gesch. Rechts.*, t. XII, p. 388), d'après lequel l'exception se bornerait aux *decem personæ* que le préteur préférait au *manumissor extraneus*. Voyez, sur cette question, M. Bachofen, *Ausgewahlte Lehren, abhandlung*, X.

[1] Les *Vat. fragm.* nous ont fait connaître, avec quelques détails, la *potioris nominatio* en matière de tutelle, institution tombée en désuétude sous Justinien qui l'a passée sous silence, et dont l'existence ne nous était autrefois révélée que par deux titres des sentences de Paul (liv. II, tit. XXVIII et XXIX), titres extrèmement brefs et tout à fait insuffisants pour en donner une idée. Cette *potioris nominatio*, que Zimmern et de Buchholtz restreignent au tuteur désigné par le magistrat, permettait d'indiquer une personne plus rapprochée du pupille, à laquelle devait être préférablement imposée la charge de la tutelle. On trouve dans l'art. 432 C. Nap. un reflet de cette *potioris nominatio*. Consultez sur cette matière l'*Excursus II, De potioribus ad tutelam nominandis*, à la suite de son commentaire sur les *Vat. fragm.*, dans lequel de Buchholtz a cherché à préciser les règles de la *potioris nominatio*.

et Papia. « *Item cognati vel adfines utriusque necessitudinis, qu*
lege Julia et Papia excepti sunt, potiorem non nominent. » L'exception à laquelle il est fait allusion ne peut être assurément
qu'une dispense des rigueurs des lois caducaires, ce qui signifie
que les *cognati* ou les *adfines*, bien que *cœlibes* ou *orbi*, étaient
néanmoins *solidi capaces*, quand il s'agissait de profiter des dispositions testamentaires faites en leur faveur par un cognat ou
un allié. Les paragraphes 214 et 215 confirment la position exceptionnelle accordée à ces personnes : « *Qui lege Julia Papiave*
excepti sunt... alterutra lege exceptus. »

Pour ce qui concerne les *cognati*, le paragraphe 216 fixe les
limites de l'exception. Elle était mesurée sur les dispositions de
la loi Furia, c'est-à-dire qu'elle embrassait régulièrement tous
les cognats jusqu'au sixième degré, et seulement au septième
degré le fils du *sobrinus* ou de la *sobrina* : « *Ex sobrino sobrinave*
natus; » ce que l'interprétation des jurisconsultes étendit jusqu'à
la fille : « *Sed et nata per interpretationem.* » La même exception
protégeait tous ceux qui étaient soumis à la puissance d'une
personne exceptée, ou qui avaient sous leur puissance une personne exceptée. Sans doute les cognats n'étaient mentionnés que
dans la loi Julia, qui, comme nous le savons, atteignait seulement le célibat ; et il ne paraît pas que l'exception ait été renouvelée expressément à leur égard dans la loi Papia qui vint plus
tard punir l'*orbitas*. Mais l'exemption des déchéances moins sévères attachées à l'*orbitas* devait se sous-entendre comme allant
de soi en faveur de ceux qui n'étaient pas soumis à l'obligation
du mariage, et chez lesquels, dès lors, le défaut d'enfants légitimes devait, comme conséquence naturelle, rester inoffensif. Il
est donc inutile, pour soustraire les *cognati* aux peines de l'*orbitas*
comme à celles du célibat, d'admettre, ainsi que le fait Mühlenbruch, que la dispense d'observer l'une des lois entraînât également dispense quant aux prescriptions de l'autre, système qui
nous semble susceptible de critique.

Quant aux *adfines*, les paragraphes 218 et 219 des *Vat. fragm.*
nous apprennent que la loi Papia avait *excepté* certains alliés,
dont l'indication était contenue dans ces textes ; mais l'état du
manuscrit s'est trouvé tel en cette partie qu'on n'y rencontre une
mention positive qu'à l'égard des personnes suivantes : *socer* ,
socrus, vitricus, privigna. Pour combler les lacunes qui existent,

et d'après lesquelles il est certain que l'auteur de ces fragments avait donné une liste plus étendue, les éditeurs en général ne font pas difficulté d'emprunter au paragraphe 302 l'énonciation des personnes exceptées par la loi Cincia, et qui comprend sans restriction tous les alliés en ligne directe. Ce procédé nous paraît légitime, et autorisé par des raisons d'analogie concluantes, sauf ce qui concerne les époux, *vir et uxor*, pour lesquels il existe, comme nous le verrons, des motifs sérieux d'exclusion.

Déjà, du reste, avant la découverte des *Vat. fragm.*, les anciens commentateurs qui s'étaient livrés à l'interprétation des lois Julia et Papia avaient soupçonné que ces lois devaient s'occuper, sous quelque rapport, des *adfines*. On rencontre, en effet, dans les Pandectes différents textes de Gaïus, d'Ulpien, de Térentius Clemens, extraits des œuvres de ces jurisconsultes *ad legem Juliam et Papiam*, textes qui ont pour objet d'expliquer à quelles personnes peuvent s'appliquer les qualifications de *gener*, *nurus*, *socer*, *socrus*. Mais comme Sozomène n'indiquait que la *cognatio* et non l'*adfinitas* en parlant des dispenses accordées par les lois caducaires, les anciens auteurs n'avaient pas songé à se placer à ce point de vue pour rendre compte de la mention des alliés contenue dans ces lois; et ils s'étaient épuisés à cet égard en conjectures diverses, dont aucune n'aboutissait à la solution du problème. Ainsi, Godefroy avait supposé que le chapitre VI de la loi défendait de contraindre le gendre et le beau-père, *gener socerve* à porter témoignage l'un contre l'autre dans une accusation, et qu'en outre le chapitre XV de la loi parlait du gendre et de la bru à l'occasion de l'obligation imposée aux ascendants de marier leurs enfants : « *In matrimonium genero nuruive collocare... coguntor.* » Heineccius, liv. II, ch. XXXI, a réfuté le système de Godefroy, en faisant observer que la disposition relative au témoignage appartenait, suivant des textes formels, à la *lex Julia judiciorum publicorum*, et que d'un autre côté il eût été parfaitement oiseux, en disant que le père était tenu de marier sa fille ou son fils, d'ajouter qu'il devait se donner un gendre ou une bru. Mais, quand il a essayé de son côté à résoudre la difficulté, Heineccius n'a pas rencontré plus juste que son devancier. Suivant lui, le chapitre XXXI de la loi Julia-Papia aurait eu pour objet de décider, en règle générale, que l'*adfinitas* se trouvait anéantie par la dissolution du mariage qui l'avait produite, sauf à l'égard des alliés en ligne directe. Il en conclut que désormais le mariage fut prohibé entre ces personnes, *adfinitatis veneratione*, comme disent les Instantes, tandis qu'auparavant il aurait été toléré. Sans doute la défense de se marier, en ce qui concerne les alliés en ligne directe, survit à la dissolution des *nuptiæ* qui ont donné lieu à l'*adfinitas*, ou plutôt ne commence qu'à cette époque; mais on ne doit pas en induire que l'alliance subsiste sous tous les rapports. Ainsi, Ulpien, dans la loi 3, § 1, *De postul.*, à propos de la faculté de postuler pour son allié direct, enseigne que l'alliance doit encore exister : « *Adfinitates non eas accipere debemus, quæ quondam fuerunt, sed præsentes.* » De même, le paragraphe 303 des *Vat. fragm.* nous apprend que les *adfines* n'étaient exceptés de l'application de la loi Cincia qu'autant qu'ils avaient encore cette qualité au moment de la donation, et qu'un rescrit impérial avait même fait prévaloir cette règle pour la jouissance des prérogatives attachées au titre d'alliés, en exigeant une mention formelle dans la loi pour autoriser une décision contraire. Or, précisément la loi Papia avait traité aussi avantageusement que possible les *adfines* qu'elle exceptait, en étendant l'exception même à ceux qui avaient cessé d'être alliés. « *Lege autem Papia ii adfines excipiuntur qui... et socer et socrus* UNQUAM FUERUNT, » dit le paragraphe 218, *Vat. fragm.* Quant au but de l'exception, il se comprend facilement, et il s'explique d'une manière toute simple, surtout par le rapprochement avec la loi Cincia. Il s'agissait d'une faveur accordée à certains alliés, qui pouvaient recevoir par testament, bien que ne remplissant pas les conditions exigées en général pour cette capacité. Il était donc naturel que les jurisconsultes s'attachassent à préciser quelles étaient les personnes comprises sous les qualifications de *privignus*, *socer*, etc., et qui pourraient, dès lors, invoquer l'exception établie par la loi.

Cependant, si les auteurs modernes sont d'accord aujourd'hui sur l'application de l'exception consacrée par la loi Papia au profit des *adfines*, ils ne le sont point sur l'étendue que doit recevoir cette exception. Faut-il traiter les alliés *excepti* de la même manière que les cognats, même quand ils sont *cœlibes*, ou seulement quand ils se trouvent *orbi*, mais mariés? La difficulté provient de ce que, d'après le système des lois caducaires, comme nous aurons à le voir, les conjoints, *vir et uxor*, qui sont, dit-on, les *adfines* les plus rapprochés, n'acquéraient pas entre eux la *solidi capacitas*, bien qu'ils ne fussent pas *orbi*. Il fallait, ainsi que nous l'apprend Ulpien, *Reg.*, tit. XV et XVI, qu'il existât un enfant commun : « *Si filium filiamve communem habeant.* » Quant aux enfants nés d'un autre mariage, chacun d'eux ajoutait seulement un dixième à la quotité disponible autorisée entre époux. Mais M. Klenze, *loc cit.*, p. 69, et Mühlenbruch, t. XXXIX, § 1437, note 2, repoussent avec raison, suivant nous, l'argument que l'on veut tirer de ce qui était prescrit entre conjoints pour l'étendre aux *adfines*. Ils regardent comme un droit tout à fait particulier les règles observées pour la disponibilité entre époux; et Mühlenbruch ajoute ingénieusement que, d'après le système de la loi Papia, il entrait dans les vues du législateur d'intéresser les époux à procréer des enfants. Les auteurs précités s'entendent pour rejeter l'opinion attribuée par eux à de Buchholtz, opinion d'après laquelle les *adfines* n'auraient été *solidi capaces* qu'autant qu'ils auraient eu des enfants, et auraient été réduits à ne prendre que moitié, s'ils avaient été *orbi*. Il n'y aurait là, en effet, comme le fait observer M. Klenze, p. 69, que l'application du droit commun, et on n'apercevrait pas en quoi aurait pu consister l'exception. Tel n'est pas, si nous l'avons bien compris, le système proposé par de Buchhloltz [1], suivant lequel le célibat n'aurait été impuni chez les *adfines* qu'à la condition de n'être pas *orbi*, tandis qu'en cas d'*orbitas* ils auraient été autorisés à prendre moitié, malgré leur célibat. Nous ne pouvons, du reste, admettre cette explication, qui fait dériver de la loi Papia, quant aux *adfines*, une exemption des peines du célibat, tandis qu'il est certain que cette loi s'attaquait à l'*orbitas*, et que dès lors les exceptions qu'elle accordait devaient se référer naturellement à la condition d'*orbus*. Aussi nous semble-t-il plus légitime de supposer que la loi Papia, qui proscrivait l'*orbitas*, avait excepté les *adfines* de l'incapacité qu'elle créait à ce titre, sans les relever des peines du célibat, comme l'avait fait la loi Julia à l'égard des *cognati*. Cette conjecture proposée par Mühlenbruch, qui ne s'y arrête

---

[1] *Vat. fragm.*, § 158, note : *lege Julia et Papia excepti.* Voici comment il s'exprime : « *Adfines vero ab eadem pœna* (*cœlibatus*) *sub ea tantum conditione liberati fuisse videntur, si non orbi essent ; alias enim non solidi, sed semissis tantum capacitatem habuisse videntur.* »

point cependant, nous sourit plus que l'idée à laquelle incline ce jurisconsulte, pour lequel il y aurait immunité générale en faveur des *adfines*, à raison de ce que toute dispense introduite par l'une des lois Julia ou Papia devrait s'étendre à l'autre. Nous ne refusons pas de conclure de la dispense du mariage dont jouissaient les *cognati* à la remise de la condition d'avoir des enfants, ainsi que nous l'avons fait observer plus haut ; mais on conçoit qu'il n'y a pas même motif pour admettre la réciproque. L'impunité de l'état d'*orbus*, état qui peut être indépendant de la volonté des gens mariés, n'entraîne pas forcément impunité pour la condition du célibat que chacun, en général, est libre de faire cesser à son gré. Or, comme l'exception à l'égard des *adfines* ne se rencontre que dans la loi Papia, à laquelle doit son origine l'incapacité des *orbi*, il est logique de restreindre l'exception au point de vue de cette incapacité. La loi Julia, en soumettant précédemment les citoyens à l'obligation de se marier, n'avait pas songé à en exempter les *adfines*. Le but de la loi Papia n'était point d'apporter des adoucissements aux rigueurs déployées contre les célibataires ; elle vint, au contraire, frapper même les non-célibataires, en faisant dépendre la capacité complète de la condition d'avoir des enfants. Les alliés purent sans doute trouver grâce en ce qui concernait cette nouvelle exigence ; mais la législation caducaire aurait fait un pas en arrière, en excusant chez les alliés l'état de célibat qui jusqu'alors n'était point toléré pour eux.

Quant à la mention des époux, *vir et uxor*, en tête des *adfines* qui auraient été exceptés de l'application de la loi Papia, elle n'est qu'une simple conjecture des éditeurs qui, pour combler la lacune existant dans le manuscrit au paragraphe 218 des *Vat. fragm.*, se croient autorisés à emprunter au paragraphe 302 des mêmes Fragments la liste des personnes exceptées des rigueurs de la loi Cincia, liste dans laquelle figurent, en effet, les conjoints. Mais cette conjecture est bien difficile à concilier avec les règles particulières à la disponibilité entre époux, fixée d'une manière spéciale par la loi Papia, et d'après lesquelles le conjoint, bien qu'il eût des enfants d'un précédent mariage, n'acquérait pas néanmoins la faculté de pouvoir *solidum capere* en vertu du testament de son conjoint. Aussi Mühlenbruch, *loc. cit.*, n'hésite-t-il point à combattre la supposition ordinaire, qui consisté à introduire dans la lacune en question les mots *vir et uxor*; et nous sommes disposé à partager cet avis. Tout au plus pourrait-on dire que si les époux, tant qu'ils conservent ce titre, restaient soumis aux conditions particulières dont dépendait pour eux la *solidi capacitas*, ils devenaient l'un par rapport à l'autre exempts des peines de l'*orbitas*, quand une fois le mariage avait été dissous par le divorce. La loi Papia, en effet, n'exigeait pas, pour que l'on pût jouir de l'exception, que l'*adfinitas* eût persisté : *unquam fuerunt*, dit le paragraphe 218. L'affection, que l'ex-conjoint éprouvait peut-être pour son ancien conjoint dont il avait divorcé *bona gratia*, aurait pu alors s'exercer sans restriction. Il n'y avait plus de motif pour faire dépendre désormais entre eux la *libera testamenti factio* de l'existence d'enfants communs. La même explication ne peut pas rendre compte de la mention des époux parmi les personnes exceptées par la loi Cincia, à côté de la prohibition qui frappait les donations entre époux. Les auteurs allemands, qui admettent en général cette conciliation, n'ont pas fait attention que, d'après les termes du paragraphe 303 des *Vat. fragm.*, l'*adfinitas* devait encore se rencontrer *tempore donationis* pour que l'exception fût applicable, de sorte que les époux divorcés rentraient dans le droit commun.

Nous maintenons par conséquent le système que nous avons précédemment adopté[1], et qui avait été déjà proposé par notre savant doyen, M. Pellat[2], système suivant lequel l'interdiction des donations entre époux n'était pas connue quand la loi Cincia fut portée, parce qu'à cette époque le lien du mariage était encore respecté. Ce ne fut que plus tard, alors que le scandale des divorces fit irruption, que l'on sentit la nécessité d'apporter, par cette prohibition, un frein à la cupidité de l'époux qui aurait mis à prix le maintien du mariage, en exigeant une donation de son conjoint. Il ne faut pas s'étonner de voir des entraves mises à la faculté de se donner entre vifs quant aux conjoints, tandis que les proches cognats ou alliés étaient en général dispensés des règles qui restreignaient la liberté de disposer à titre gratuit. Les Romains avaient reconnu et signalé avec énergie les dangers qu'auraient présentés les donations entre époux, si elles eussent été autorisées. Aussi verrons-nous qu'en abro-

[1] *Textes expliqués*, p. 205.
[2] *Commentaire sur la dot*, p. 356.

geant les lois Julia et Papia, en ce qui concernait les peines du célibat et de l'*orbitas*, Constantin laissa subsister les dispositions qui limitaient la quotité disponible entre époux. La législation romaine imagina le droit absolu de révocation comme tempérament nécessaire pour écarter les inconvénients attachés aux donations entre époux ; et ce tempérament, on le sait, est encore en vigueur aujourd'hui.

Nous terminerons ce qui concerne la *solidi capacitas*, en faisant observer que si un incapable avait été institué, même pour le tout, de la part d'un testateur insolvable, il était admis à prendre sans restriction cette hérédité. Mais on ne peut voir là une exception proprement dite. Les peines et les récompenses des lois caducaires ne sauraient trouver place ici. On ne punirait pas l'incapable, en le déchargeant d'une hérédité onéreuse ; on ne récompenserait personne, en l'appelant à recueillir une succession insolvable. Aussi les jurisconsultes disaient-ils qu'en pareil cas il n'y avait pas lieu à l'application de la loi : « *Si quis solidum à lege capere non possit, et ex asse sit institutus ab eo, qui solvendo non est : Julianus ex asse eum heredem esse respondit. Legi enim locum non esse in ea hereditate, quæ solvendo non est.* » L. 72, *De her. instit.*

Jus antiquum. Nous avons dit précédemment qu'il fallait se garder de confondre avec la *solidi capacitas* le *jus antiquum*, qui constituait une position plus avantageuse, mais qui n'appartenait qu'à un petit nombre de personnes. La portée de cette exception, quant aux individus qu'elle protégeait, nous est parfaitement connue, soit par les *Regulæ* d'Ulpien, où l'on trouve un titre particulier (tit. XVIII) sous cette rubrique : *Qui habeant jus antiquum in caducis*, soit par la constitution de Justinien, *De cad. toll.* Il s'agissait uniquement des descendants ou ascendants [1] du

---

[1] Nous nous empressons de rectifier ici l'imputation que nous avons adressée plus haut à Cujas (p. 63, à la note) d'avoir étendu généralement aux cognats le *jus antiquum*. Cette opinion n'appartient en réalité qu'à Heineccius, liv. II, chap. XXI, n° II, suivant lequel les cognats *ex cognatorum testamentis jure antiquo capiebant.* Il est vrai que cet auteur s'appuie de l'autorité de Cujas ; mais notre grand jurisconsulte, dans le passage cité, que nous avions eu le tort de ne pas vérifier, ne dit rien qui

testateur jusqu'au troisième degré, ce qui doit s'entendre, d'après l'opinion commune, le troisième degré inclus. Il n'est pas permis d'admettre avec Heineccius [1] que la restriction au troisième degré dût se borner aux ascendants, et que les descendants à tout degré eussent la jouissance du *jus antiquum*. Cette distinction, qui serait déjà arbitraire, quoique rigoureusement possible, si nous n'avions en cette matière que le témoignage d'Ulpien [2], échoue complétement en présence des termes de la constitution du Code [3]. Aussi l'interprétation d'Heineccius a-t-elle été justement repoussée par Rudorff [4] et par Schneider (p. 219). Les mêmes auteurs s'accordent encore avec raison à rejeter sur un autre point la doctrine d'Heineccius, suivant lequel les *liberi*, pour être favorisés du *jus antiquum*, auraient dû avoir la qualité de *sui heredes*. Une restriction aussi considérable, qui serait fort peu en harmonie avec les motifs par lesquels fut inspirée à l'auteur des lois Julia et Papia la dérogation dont nous nous occupons, ne repose heureusement sur aucun texte. Le seul qui soit invoqué par Heineccius, la loi 13 *De suis et legit. her.*, n'a pas trait, ainsi que l'ont fait observer Rudorff et Schneider, au *jus antiquum*, mais bien aux conditions de la *caducorum vindicatio*, que nous aurons à déterminer plus loin.

Les conséquences du *jus antiquum* concédé aux *liberi* et aux *parentes* semblent au premier abord faciles à préciser. Justinien nous dit dans sa constitution que le législateur n'osa pas étendre à ces personnes les dispositions rigoureuses qu'il introduisait (*suum imponere jugum erubuit*), et qu'il laissa subsister intactes à leur égard les anciennes règles (*jus antiquum intactum iis con-*

puisse autoriser à le compter comme partisan d'une pareille méprise. Il parle seulement à l'égard des cognats de *solidi capacitas* et non de *jus antiquum*.

[1] Livre III, chap. III, n° II.

[2] Ulpien s'exprime ainsi : « *Item liberis et parentibus testatoris usque ad tertium gradum.* » En adoptant le système d'Heineccius, il faudrait placer une virgule après le mot *liberis*.

[3] Cette constitution cite les personnes exceptées dans un ordre inverse à celui d'Ulpien. Elle porte ce qui suit : « *Solis parentibus et liberis testatoris usque ad tertium gradum.* » L'extrême rareté de descendants au quatrième degré coexistants avec leur ascendant rend, du reste, la controverse presque sans importance, et explique pourquoi le législateur n'a pas cru devoir en tenir compte.

[4] *Zeitschrift für gesch. rechtsw.*, t. VI, p. 402, note 4.

servans). Dès lors, les *liberi* et les *parentes* devaient, quand ils étaient institués héritiers par un ascendant ou un descendant, profiter intégralement de cette institution, sans qu'on pût leur objecter, pour leur faire subir aucune perte, leur qualité de *cœlibes* ou *d'orbi*. Sur ce point, ils étaient traités comme les *solidi capaces*, les cognats par exemple. Mais non-seulement ils pouvaient prendre à l'instar de ceux-ci tout ce qui leur était directement laissé; ils étaient en outre fondés à profiter de tous les avantages qui, d'après les anciennes règles maintenues en leur faveur, pouvaient accidentellement améliorer leur position : bénéfice qui n'appartenait pas, ainsi que nous l'avons dit plus haut, à ceux qui étaient restreints à la simple *solidi capacitas*. Si l'on suppose qu'un fils *cœlebs* a été institué par son père, avec d'autres héritiers, et que l'un de ces derniers vienne à faire défaut, le fils, grâce au *jus antiquum*, aura droit à la portion laissée vacante par cette défaillance, suivant les principes du *jus adcrescendi*, tandis qu'en pareille hypothèse, un cognat ordinaire ne pourrait élever cette prétention, puisqu'il ne lui est pas permis d'invoquer le droit d'accroissement, celui-ci ne subsistant exceptionnellement que pour les *liberi* et les *parentes* [1]. Une autre conséquence, attachée dans l'ancienne législation à la qualité d'héritier, était le profit de la défaillance des legs qui auraient été une charge pour lui, si les légataires eussent tiré parti de leur vocation. Les legs imposés à chaque héritier devaient en effet, avant les lois caducaires, quand ils n'étaient point recueillis, dégrever naturellement la part de l'héritier chargé de les acquitter. C'était une délibation possible de l'hérédité qui manquait à se réaliser. Ce droit de retenir les legs en défaillance, qui n'était, comme le droit d'accroissement pour les portions d'hérédité, qu'une application du *jus antiquum*, continua d'appartenir aux *liberi* et aux *parentes*, tandis qu'il était refusé à celui qui pouvait seulement

---

[1] Schneider est très-positif, p. 222, pour refuser le droit d'accroissement aux simples cognats. Nous tenons à faire cette observation, parce qu'une note précédente, p. 63, a été écrite sous l'impression de cette idée que Schneider était d'une opinion contraire. Cet auteur ne s'est assurément point contredit à quelques pages de distance. C'est nous qui avons sans doute mal compris ce qu'il dit à la page 226, où il nous semble attribuer au *solidi capax* un droit de concours, dont nous ne saisissons pas la portée par opposition au droit d'accroissement qui lui est dénié.

solidum capere. De même que les parts d'hérédité vacantes ne se
gouvernaient plus par le droit d'accroissement, supprimé en général pour quiconque n'était ni descendant ni ascendant du testateur, mais d'après les règles de la *caducorum vindicatio*, de
même les lois Julia et Papia avaient fait attribution des legs en
défaillance à titre de récompense de la paternité. Cette dévolu-
tions aux *patres* ne permettait plus à l'héritier grevé de ces legs
de se trouver exonéré, puisqu'il y avait des personnes substituées
légalement aux légataires, toutes les fois que l'héritier qui devait
supporter les legs n'était pas au nombre des *liberi* ou des *parentes.*

La difficulté commence quand il s'agit de décider si ce droit
d'accroissement pour les parts d'hérédité, et ce droit de rétention
pour les legs non recueillis par leurs titulaires (double avantage
qui élève le *jus antiquum* au-dessus de la *solidi capacitas*), devaient s'appliquer indistinctement, quelle que fût la cause pour
laquelle un cohéritier ou un légataire faisait défaut, ou si, au
contraire, il faut borner le *jus antiquum* aux cas où la défaillance
serait le résultat des anciennes règles, en l'excluant alors qu'on
se trouverait en présence de l'une des incapacités introduites par
les lois nouvelles. Ainsi, un cohéritier ou un légataire aura prédécédé le testateur, ou bien il aura répudié la disposition faite en
sa faveur, il n'est pas douteux que l'ascendant ou le descendant
institué héritier soit fondé à prendre la portion d'hérédité vacante ou à retenir le montant du legs, comme tout héritier aurait pu le faire avant les lois Julia et Papia, en vertu des anciens
principes, qui désormais ne peuvent être invoqués que par les
liberi ou les *parentes*. Mais supposez que la disposition dont il
s'agit de recueillir le bénéfice n'échappe à son destinataire que
par l'effet des déchéances créées par le droit nouveau, parce
qu'elle s'adresse à un *cœlebs* ou à un *orbus*, parce que l'héritier
ou le légataire qui ont survécu au testateur seront décédés avant
l'ouverture des tablettes du testament, toutes ces causes d'incapacité imaginées en vue de récompenser les *patres*, d'alimenter
la *caducorum vindicatio* au profit des personnes que la loi veut
favoriser, pourront-elles être une source d'enrichissement en
faveur des *liberi* et des *parentes?*

Il y a assurément de bonnes raisons pour défendre la négative.
Aussi ce système compte-t-il des partisans considérables; il est

adopté notamment par Schneider (p. 220). C'est exagérer, fait-on observer, la faveur accordée aux ascendants et aux descendants, que de l'entendre de façon à leur assurer des avantages qui constituent uniquement une prérogative pour la paternité. La qualification donnée au droit particulier réservé aux *liberi* et aux *parentes* en fixe les limites; il n'est question pour eux que du *jus antiquum*. Leurs prétentions ne peuvent donc atteindre que les dispositions qui, d'après les anciens principes, seraient échues à un héritier institué, mais non celles qui seraient restées efficaces antérieurement aux lois caducaires, et qui ne sont sacrifiées que dans la pensée de punir des citoyens qui n'ont pas obéi aux lois, et de récompenser ceux qui s'y sont conformés. Permettre aux ascendants ou descendants du testateur de participer aux *præmia patrum*, c'est en réalité les admettre à jouir d'un *jus novum*. Le vieux droit d'accroissement a bien été *maintenu* pour certaines personnes, mais il n'a pas été *étendu*. Si l'on veut que ce droit exceptionnel frappe aussi les dispositions dont les célibataires sont privés, les *liberi* et les *parentes* ne seront pas simplement assimilés à ceux qui ont le *jus patrum;* ils seront encore mieux traités que ceux-ci. Ils pourront, en effet, prendre la part vacante, sans avoir à en supporter les charges, tandis que pour les *patres* exerçant la *caducorum vindicatio*, on appliquait la maxime: *Caduca cum suo onere fiunt*. Comment, d'ailleurs, régler la collision entre un descendant qui invoquera le droit d'accroissement entendu avec cette extension, et l'héritier *pater* qui réclamera le bénéfice que lui assure la nouvelle législation. Lequel des deux privilèges l'emportera sur l'autre? Etablira-t-on un concours et un partage? N'est-il pas plus naturel de dire que là où il y a place à l'accroissement d'après les anciens principes, la *caducorum vindicatio* doit être écartée, tandis que si la défaillance tient à l'application des règles nouvelles, la *vindicatio patrum* effacera le droit d'accroissement, ce qui évitera toute espèce de conflit?

Quelque puissante que soit cette argumentation, elle n'a pu nous convaincre. Déjà, du reste, nous avons pris parti, sur ce point [1], dans l'exemple que nous avons donné pour expliquer comment le *jus antiquum* était préférable à la *solidi capacitas*.

[1] Tome I, p. 62.

Nous avons admis, en effet, qu'un fils institué héritier par son père ne serait pas, à raison de la présence d'un cohéritier *pater*, exclu de la part d'hérédité ravie à un cohéritier *cœlebs*. L'objection tirée de ce que les *præmia patrum* ne sauraient appartenir à celui qui n'est point *pater* disparaît, si l'on songe que les ascendants et descendants viennent à un titre aussi puissant, par suite des liens étroits qui les unissaient au défunt, et qui faisaient regarder sa succession comme leur étant due, de manière à les armer de la *querela inofficiosi testamenti*, au cas où ils auraient été dépouillés par le testateur. Ce sont là des considérations de nature à balancer la faveur accordée à la paternité. Les lois caducaires atteindront toujours leur but principal, celui de punir les citoyens qui n'ont pas satisfait à ces lois. Quant à l'attribution des parts devenues libres, il y aura lieu à tenir compte soit des priviléges réservés aux cognats en ligne directe, soit des prérogatives de la paternité. Le droit d'accroissement, suivant l'expression des textes, a été maintenu intact à l'égard des *liberi* et des *parentes*. Or, ce droit consiste à recueillir tout ce que les autres appelés ne peuvent prendre. C'est une conséquence attachée à la nature même de la qualité d'héritier, et qui doit continuer à se produire pour ceux auxquels cette qualité a été conservée avec tous ses avantages. Le droit devra s'appliquer plus largement à mesure que la législation augmentera les occasions qui amèneront une défaillance. La dénomination de *jus antiquum*, qui a été relevée contre notre système, tient uniquement à l'origine du droit d'accroissement, aussi ancien que les principes mêmes de l'hérédité. Les jurisconsultes n'employaient pas cette qualification en vue de restreindre les effets et la portée de l'accroissement. Ce qui nous décide, c'est la manière dont s'exprime Ulpien pour caractériser ce *jus antiquum*. Elle nous semble bien propre à faire comprendre que, quelle que soit la cause pour laquelle un héritier fait défaut, les *liberi* ou les *parentes* institués seront fondés à s'emparer de cette part. Remarquons d'abord que, d'après la rubrique du titre XVIII, le droit est appelé *jus antiquum in* caducis. En laissant de côté pour le moment les controverses qui se sont élevées sur la détermination précise des *caduca*, toujours est-il que, si l'on ne doit pas restreindre, comme nous le pensons, cette expression aux dispositions qui sont atteintes par les lois Julia et Papia, il est du moins certain qu'elle s'applique incontestablement à celles-là. Cependant, les *caduca* sans distinction sont attribués par Ulpien aux *liberi* et aux *parentes* en vertu de leur *jus antiquum*. De plus, quand ce jurisconsulte définit les effets de ce droit, il nous dit que les ascendants ou les descendants prendront, en totalité ou en partie suivant les cas, tout ce qu'un individu gratifié par le même testament ne pourra point recueillir [1]. Il n'y a donc aucune exception, quant aux dispositions qui tombent sous le coup du *jus antiquum*. La restriction ne porte que sur l'énergie du droit qui peut s'étendre au tout ou n'atteindre qu'une portion. Il faut, en effet, faire entrer en ligne de compte les droits rivaux résultant du privilége de la *caducorum vindicatio* qui peut réduire le *jus antiquum*. Les conséquences de ce conflit ne pourront être examinées que plus tard, au paragraphe suivant, quand nous nous occuperons de la répartition à faire des parts vacantes entre les divers intéressés, et que nous aurons établi les règles de la *caducorum vindicatio*.

Quant à l'objection qui consiste à dire que dans notre système les personnes jouissant du *jus antiquum* auraient été mieux traitées que les *patres*, cette observation n'est vraie qu'en ce qui concerne l'exemption des charges qui appartenait au droit d'accroissement par opposition à la *caducorum vindicatio*. Mais cette inégalité doit être acceptée par nos adversaires, pour tous les cas du moins où ils admettent l'application du *jus antiquum*. Un descendant aurait pris, par exemple, sans avoir à subir les *onera*, la part vacante par une répudiation, tandis qu'en pareil cas le cohéritier *pater*, exerçant la *caducorum vindicatio* et non le droit d'accroissement, aurait dû supporter les *onera*. Les deux titres de vocation étant gouvernés par des règles distinctes, il faut bien suivre à l'égard de chacun d'eux les règles qui lui sont propres. Le débat ne porte point sur le mérite respectif de ces règles; il ne concerne que le domaine plus ou moins étendu qui doit être assigné au *jus antiquum*. On comprend que, là où le droit d'accroissement fut maintenu, le principe ancien, qui laissait l'héritier profitant de l'accroissement étranger aux char-

---

[1] Voici le texte d'Ulpien : *Item liberis et parentibus testatoris, usque ad tertium gradum, lex Papia jus antiquum dedit, ut heredibus illis institutis, quod quis ex eo testamento non capit, ad hos pertineat aut totum aut ex parte, prout pertinere possit.*

ges spécialement imposées à celui qui défaillait, dut continuer à s'appliquer. Mais quand la législation nouvelle vint dépouiller à titre de peine certaines personnes pour en récompenser d'autres, il parut équitable de ne point faire rejaillir cette peine sur les tiers innocents appelés à participer jusqu'à un certain point au bénéfice de la disposition frappée de déchéance. Le *pater* substitué par la loi au défaillant dut, en prenant sa place, en accepter les inconvénients de même qu'il en recueillait les avantages. Du reste, on peut soutenir que cette différence entre le droit d'accroissement et la *caducorum vindicatio* finit par s'effacer. L'idée d'une substitution avec charges et profits paraît, en effet, avoir été appliquée à la matière de l'accroissement entre cohéritiers. C'est ce que fit la jurisprudence par interprétation ou plutôt par extension d'un rescrit de Sévère et d'Antonin relatif à la transmission tacite au substitué des charges imposées à l'institué, ainsi que le prouve la loi 61, § 1, *De legat.* 2° [1].

A part cette faveur de l'exemption des *onera*, qui subsista quelque temps, grâce au souvenir des anciens principes, pour succomber peut-être définitivement, le *jus antiquum* conservé aux *liberi* et aux *parentes* était loin de leur assurer les mêmes avantages que ceux qui découlaient de la *caducorum vindicatio*, privilége exclusif des *patres*. Pour ce qui concerne les portions d'hérédité vacantes, la condition exigée pour les recueillir en vertu du véritable droit d'accroissement était, comme nous l'avons vu plus haut, d'être *conjunctus* avec le défaillant. Cette nécessité d'une *conjunctio* était au contraire inutile pour autoriser l'héritier jouissant des prérogatives de la paternité à réclamer les parts caduques. La faveur accordée aux *patres* allait même à tel point qu'à défaut de cohéritiers *liberos habentes*, les parts caduques étaient déférées aux simples légataires qui remplissaient cette condition. Il n'est pas besoin de faire observer que l'ascendant ou le descendant, qui n'aurait été gratifié que d'un legs, ne pouvait jamais, en vertu du *jus antiquum*, arriver à prendre une part de l'hérédité. D'un autre côté, quand il s'agit pour l'ascendant ou le descendant de profiter de la défaillance des légataires par l'effet du *jus antiquum*, ce droit ne s'appliquait que pour les

[1] Nous reviendrons plus loin sur ce rescrit, dont la véritable portée n'est pas sans difficulté, surtout quant à son application au droit d'accroissement.

legs qui, s'ils avaient été valables, seraient restés à sa charge et
auraient diminué sa portion. Quant aux legs grevant la portion
des autres héritiers et qui viendraient à manquer, celui qui ne
jouit que du *jus antiquum* ne saurait y prétendre. Au contraire,
grâce à la *caducorum vindicatio*, l'héritier qui a des enfants
pourra bénéficier de la défaillance des légataires, même pour ce
qui est étranger à sa part héréditaire. Il n'est pas question pour
lui d'un simple dégrèvement, comme pour celui qui a le *jus antiquum*. Il y a en sa faveur, nous le répétons, une sorte de substitution qui le met au lieu et place du légataire défaillant, de
manière à lui permettre de réclamer un legs de ses cohéritiers,
comme s'il était le véritable légataire.

Le maintien du *jus antiquum* à l'égard des *liberi* et des *parentes*, qui s'appliquait, comme nous l'avons vu, aux effets d'une
institution d'hériter faite à leur profit, semble devoir entraîner
le bénéfice du même *jus antiquum*, alors qu'il devait opérer
dans une moindre mesure, c'est-à-dire alors que ces personnes
étaient simplement légataires *per vindicationem* et que leur colégataire venait à défaillir. Aussi Rosshirt [1] ne fait-il pas difficulté de reconnaître en matière de legs le droit d'accroissement
comme ayant subsisté en faveur des ascendants ou descendants.
Néanmoins, il est remarquable que les textes qui nous sont parvenus sur le *jus antiquum* en lient constamment l'exercice à la
qualité d'héritier, et semblent, en le faisant dépendre de cette
qualité, le limiter aux avantages qu'il peut procurer au cas d'une
institution. Non-seulement Ulpien nous dit, *Reg.*, tit. XVIII :
« *Lex Papia jus antiquum dedit ut heredibus illis institutis ;* » mais
encore Justinien, dans sa constitution, à l'occasion du *jus antiquum* conservé intact aux *liberi* et aux *parentes*, s'exprime de la
sorte : « *Si scripti fuerant heredes.* » Schneider (p. 219) conclut
de ces textes que le droit d'accroissement ne pouvait être invoqué par l'ascendant ou le descendant qui n'avait d'autre titre que
celui de légataire, et que tout au plus devait-il être appliqué à
un legs *per præceptionem* régulier, qui suppose chez le légataire
la qualité d'héritier. Il est toutefois impossible d'admettre qu'un
ascendant ou un descendant gratifié d'un legs ne pût en profiter,

---

[1] Tome I⁼ʳ, p. 592.

bien que célibataire, puisqu'un cognat jusqu'au sixième degré aurait été autorisé à le recueillir pleinement, en vertu de la *solidi capacitas* qui lui appartenait. Sans doute, le droit d'accroissement manquait à ce dernier. S'il faut mettre sur la même ligne les cognats en ligne directe, qui, comme héritiers, continuaient à jouir du droit d'accroissement, il y aurait sur ce point, on doit en convenir, une étrange inconséquence dans la législation caducaire. Elle nous paraît si peu raisonnable, que nous ne pouvons nous résoudre à l'accepter, en l'absence d'une disposition formelle qui la consacre. La mention spéciale faite par Ulpien et par Justinien du droit d'accroissement en matière d'hérédité se conçoit assez naturellement, parce que c'est surtout à cette occasion qu'il importait de signaler les effets du *jus antiquum*, et que le plus souvent sans doute il s'appliquait de la sorte, les *liberi* ou les *parentes* étant ordinairement institués héritiers, et non réduits au rôle de légataires. Mais, s'il était dans la pensée du législateur d'épargner absolument aux cognats en ligne directe la rigueur des dispositions nouvelles, s'il n'osa pas, ainsi que l'atteste Justinien, leur imposer le poids de ses prescriptions, comment concevoir qu'en leur laissant recueillir dans son intégrité le bénéfice d'une institution avec tous les avantages qui s'y rattachaient anciennement, il se fût montré moins indulgent, quand ces personnes, moins bien traitées par le défunt, méritaient, ce semble, plus d'égards, puisqu'elles n'avaient obtenu dans le testament que la faveur d'un simple legs?

Jus patrum. Nous savons déjà que la loi Papia ne se contenta pas de faire dépendre de la condition d'avoir des enfants la pleine capacité de recueillir les dispositions testamentaires. Si les *cœlibes* étaient privés de la totalité, et les *orbi* de la moitié de ce qui leur avait été laissé, en revanche, les héritiers ou les légataires, qui avaient des enfants légitimes, non-seulement jouissaient pleinement du bénéfice de ce que le testateur leur avait assigné, mais encore ils étaient appelés par la faveur de la loi à profiter des déchéances qui atteignaient les personnes gratifiées dans le même testament. Ce qui échappait aux uns était dévolu aux autres : à côté des peines, il y avait les récompenses. Le trésor public, l'*ærarium*, ne devait point s'enrichir directement des dispositions caduques. Il existait un privilége supérieur au sien dans la per-

sonne de ceux *qui in eo testamento liberos habebant.* C'était à eux
que compétait d'abord le *jus caduca vindicandi.* Aussi l'historien
qui nous a laissé le plus de renseignements sur cette époque,
Dion Cassius, nous dit-il, liv. LVI, ch. x, en caractérisant le but
principal de la loi Papia : « *Liberos habentibus præmia adauxit* [1]. »

Cette prérogative de la paternité, dont l'existence est bien
constatée aujourd'hui par les *Commentaires* de Gaïus, n'avait pas
échappé aux anciens auteurs, qui avaient su réunir les témoignages fournis à ce sujet par les fragments originaux des jurisconsultes, et tirer parti des indications contenues dans divers
passages des poëtes ou des historiens. Ainsi Godefroy, dans la
note 1re sur le chapitre xxix de sa loi Julia-Papia, avait émis
cette assertion, non généralement reconnue, fait-il observer
(*non satis probatum omnibus*), que le *jus caduca vindicandi* appartenait aux héritiers *extranei* qui avaient des enfants. Il invo-
quait à l'appui de son système le paragraphe 17 du titre XXV
des *Regulœ* d'Ulpien, en repoussant avec raison la correction
proposée par Cujas [2], qui substituait à ces mots : « *Si liberos habeat* »
ceux-ci : « *Si ex liberis exstat*, » parce que, dans sa pensée, le fisc

---

[1] Il est intéressant de lire dans cet historien, au commencement du
livre LVI, les harangues qu'il place dans la bouche d'Auguste, s'adressant
séparément, d'abord aux chevaliers romains mariés ou ayant des enfants,
puis à ceux qui avaient persisté dans le célibat malgré la loi Julia, chevaliers dont le nombre était de beaucoup supérieur aux premiers. Ce sont
deux morceaux d'éloquence remarquables, où l'énergie du style s'unit à
l'élévation de la pensée. En parlant aux *patres*, Auguste trace une peinture
touchante du bonheur de la vie conjugale et des charmes de la paternité.
Vis-à-vis des *cœlibes*, l'empereur reconnaît les inconvénients attachés à la
condition d'époux et de père. C'est surtout par des considérations d'intérêt
public qu'il cherche à ébranler la résistance des chevaliers, en leur présentant le mariage comme un devoir patriotique. — Quand Dion nous dit
que la loi Papia *augmenta* les récompenses accordées aux *patres*, il fait
allusion aux mesures antérieures qui furent imaginées à cet égard dans la
législation romaine. Ainsi, le même auteur nous apprend, livre XLIII,
ch. xxv, que Jules César avait établi des *præmia* pour ceux *qui multos
liberos procreassent.* Déjà, sous la République, l'égoïsme du célibat était
l'objet de l'animadversion des censeurs. Voyez sur cette matière Heineccius, liv. I, ch. ii. Les lois Julia et Papia s'efforcèrent d'extirper un mal
depuis longtemps signalé et combattu. Leurs dispositions créèrent sur ce
point un système complet, qui joue un grand rôle dans l'histoire des temps
postérieurs.

[2] *Notœ ad titulos XXIX Ulpiani*, note 13, *h. t.*

8

n'était exclu des *caduca* que par la présence de ceux qui avaient
le *jus antiquum*. Godefroy n'avait pas manqué de relever également ces vers si connus de Juvénal, répétés depuis par tous ceux
qui ont écrit sur ce sujet, vers dans lesquels l'amant d'une dame
romaine reproche au mari son ingratitude, en lui vantant les
profits que doit lui procurer l'adultère[1]. L'opinion de Godefroy
fut reproduite par Heineccius, liv. III, ch. III, n. 2; puis par
Pothier, dans ses Pandectes, *De legatis*, n. 400. Mais tous ces auteurs ne songèrent pas à séparer le *jus antiquum* des *liberi* et
des *parentes* du *jus caduca vindicandi* qu'ils reconnaissaient aux
patres. Ramos del Manzano était aussi entré dans la même voie,
liv. IV, reliq. XXXVII. Il eut même soin de faire observer que
c'était uniquement à l'égard des *liberi* et des *parentes* qu'il fallait parler de *jus antiquum*, et que, pour les héritiers *liberos
habentes*, il s'agissait d'un avantage particulier introduit par la
loi Papia en leur faveur. Seulement il n'indiqua point les règles
de ce droit nouveau, qui ne nous ont été révélées que par la découverte de textes récents.

De nos jours, la portée du privilège des *patres* a été mise complétement en lumière par les *Commentaires* de Gaïus. Le droit
de recueillir les dispositions enlevées aux *cœlibes* ou aux *orbi* ne
s'appliquait d'abord, nous dit-il, qu'aux legs ou aux institutions.
Plus tard, le sénatus-consulte Pégasien vint étendre ce droit aux
fidéicommis, qui ne passèrent également au *populus* qu'à défaut
de gratifiés ayant des enfants. Le paragraphe 286, Comment. II,
est ainsi conçu : « *Cœlibes quoque, qui per legem Juliam hereditates
legataque capere prohibentur, olim fideicommissa videbantur capere
posse. Item orbi, qui per legem Papiam, ob id quod liberos non habent, dimidias partes hereditatum legatorumque perdunt, olim solida
fideicommissa videbantur capere posse. Sed postea senatusconsulto
Pegasiano perinde fideicommissa quoque ac legata hereditatesque
capere posse prohibiti sunt ; eaque translata sunt ad eos qui testa-*

Nullum ergo meritum est, ingrate ac perfide, nullum,
Quod tibi filiolus vel filia nascitur ex me ?
Tollis enim, et libris actorum spargere gaudes
Argumenta viri. Foribus suspende coronas,
Jam pater es : dedimus quod famæ opponere possis.
Jura parentis habes, propter me scriberis heres,
Legatum omne capis, nec non et dulce *caducum*.

SAT. IX, v. 82 et suiv.

mento liberos habent, aut si nullos liberos habebunt, ad populum, sicuti juris est in legatis et in hereditatibus. » Cette préférence accordée aux *patres* en matière de *caduca* ressort encore des paragraphes 206 et 207 du même *Commentaire*, sur lesquels nous aurons à revenir. Elle résulte également du paragraphe 3 du fragment *De jure fisci,* où l'on voit clairement que le fisc est exclu, si les *patres* profitent de la dévolution qui leur est faite en première ligne des *caduca.* « *Sane si post centesimum diem patres caducum vindicent, omnino fisco locus non est.* » La *subsidiarité* du droit de l'État est enfin attestée par ce passage de Tacite que nous avons déjà cité : « *Ut si a privilegiis parentum cessaretur, velut parens omnium populus vacantia teneret.* »

Il est généralement reconnu qu'un seul enfant suffisait à l'homme pour lui procurer le *jus caduca vindicandi.* La loi Papia s'exprimait sans doute de la sorte : *qui liberos habebunt,* ce qui rigoureusement semblerait exiger la pluralité d'enfants. Mais les jurisconsultes faisaient observer que le mot *liberi* était toujours employé au pluriel, et qu'on devait regarder comme ayant des enfants, *liberos,* celui même qui n'aurait qu'un fils ou qu'une fille. Cette interprétation [1] se trouve nettement énoncée dans les lois 148 et 149, *De verb. sig.,* qui sont extraites des *Commentaires* de Gaïus, *Ad legem Juliam et Papiam,* et qui dès lors se réfèrent naturellement aux conditions de la *caducorum vindicatio.*

« Non est sine liberis, *cui vel unus filius, unave filia est : hæc enim enuntiatio,* habet liberos, non habet liberos, *semper plurativo numero profertur ; sicut et pugillares et codicilli.*» L. 148.

« *Nam quem sine* liberis *esse, dicere non possumus : hunc necesse est dicamus liberos habere.* » L. 149.

Les anciens auteurs, qui admettaient la *caducorum vindicatio* au profit de tous les héritiers *liberos habentes,* avaient également invoqué ces textes, pour en déduire la conséquence que nous en tirons. Mais ils avaient voulu aussi y trouver la signification du *solitarius pater,* dont nous parle Ulpien dans la rubrique du titre XIII de ses *Regulæ.* Jusqu'au temps moderne, le *solitarius*

---

[1] La remarque des jurisconsultes romains peut encore être mise à profit dans notre législation pour le sens à donner au mot *enfants,* dans divers articles du Code Napoléon. Voyez, par exemple, les articles 960, 1049, 1082, 1094, etc.

pater a été unanimement envisagé comme celui qui n'avait qu'un seul enfant. Tel était l'avis de Cujas, de Godefroy, d'Heineccius, de Ramos; et, de nos jours encore, cette opinion a été admise par MM. Rudorff et d'Hautuille, de même qu'on la trouve dans l'excellent *Manuale* de Dirksen, où on lit cette explication : « *Qui singula dumtaxot prole præditus est.* » Ulp., XIII (*rubr.*).

Une interprétation plus plausible, à laquelle nous nous sommes déjà rattaché[1], semble aujourd'hui prévaloir. Elle consiste à dire que le *solitarius pater* est celui qui a des enfants, mais qui n'est pas marié. C'est l'homme veuf ou divorcé, ayant des enfants d'un mariage dissous, sans qu'il y ait à distinguer s'il a un seul ou plusieurs enfants. Le père est *solitarius*, parce qu'il est privé de celle qui doit être sa compagne sur la terre, c'est-à-dire de son épouse. Cette qualification de *solitarius* peut donc s'appliquer au père d'une nombreuse postérité; celle-ci ne remplace pas pour lui la société intime que crée le mariage, et ne l'empêche pas d'être dans la *solitude*. Si l'idée de *solitarius* devait être entendue ainsi qu'on le faisait autrefois, ce serait du *filius* et non du *pater* qu'il serait vrai de dire qu'il est *solitarius*. Le défaut de frères ou sœurs prive, en effet, l'enfant de la société qui convient à son âge, et qu'il rencontre ordinairement. Il y a, au contraire, quelque chose de bizarre à regarder comme vivant *solitarius* celui qui est en possession de la vie conjugale, qui a, suivant les expressions romaines, *lecti ac mensæ sociam ;* et cela, parce qu'il n'y aurait qu'un seul enfant à la maison. Supposez deux jeunes enfants à un homme qui aura le malheur de perdre sa femme : pourra-t-on dire que le mari ne vit pas dans l'isolement ; et la présence des enfants comblera-t-elle le vide qui s'est fait au foyer domestique ? Pourquoi, d'ailleurs, Ulpien placerait-il à côté du *cœlebs* et de l'*orbus* le *solitarius pater*, c'est-à-dire, suivant le système que nous combattons, l'homme marié qui n'aurait qu'un enfant ? Ce dernier jouit de la capacité la plus complète, et se sépare plutôt qu'il ne se rapproche de ces deux sortes d'incapables. S'il s'agit, au contraire, d'un homme avec enfants, mais libre du lien du mariage, on comprend qu'il puisse y avoir aussi chez lui une cause d'incapacité, parce qu'il n'a pas satisfait à la loi Julia, qui exige l'état de mariage. Le célibat se

[1] Voyez plus haut, p. 84.

rencontre ici, quoique plus excusable, puisque le *cœlebs* est en
même temps *pater*[1].

L'initiative de cette explication appartient, croyons-nous, à
Hugo, qui l'a donnée dans son *Histoire du droit romain*[2]. Elle
a été accueillie, mais seulement comme possible, de la part de
Zimmern[3]. Schneider (p. 131, note) l'a adoptée pleinement. C'est
ce que fait aussi M. de Wangerow[4]. Mais quelle position doit
être réservée au *solitarius pater* compris de la sorte? Les jurisconsultes romains sont muets à cet égard. Nous n'avons d'Ulpien, le seul qui le mentionne, que la rubrique du titre XIII ;
et ce qui nous est parvenu de ce titre ne contient aucun détail
sur ce point. Schneider est d'avis que le *solitarius pater* doit perdre
quelque chose, mais moins que l'*orbus*. Il fait observer que
l'ordre suivi par Ulpien indique une progression dans la capacité. L'*orbus* est mieux traité que le *cœlebs* sans enfants ; le *pater
solitarius* devait l'être mieux que l'*orbus*. M. de Wangerow, au
contraire, met sur la même ligne l'*orbus* et le *solitarius pater*, et
n'accorde au dernier, comme au précédent, que le droit de prendre
la moitié de ce qui lui a été laissé. L'un et l'autre, dit-il, n'ont satisfait qu'à demi aux prescriptions législatives. L'*orbus* est en règle
vis-à-vis la loi Julia, en défaut vis-à-vis la loi Papia. Ce serait l'inverse chez le *solitarius pater*. Ce système[5] nous paraît bien rigou-

---

[1] Nous avons déjà dit que le célibat était pour les Romains l'absence d'un
mariage actuel. Aussi Suétone, dans la *Vie de Claude*, ch. **XXVI**, après avoir
raconté que Claude avait divorcé d'avec ses deux premières femmes, et fait
périr sa troisième femme, Messaline, prête-t-il le langage suivant à l'empereur, en s'adressant aux *prætoriani* : « *Quatenus sibi matrimonia male
cederent, permansurum se in* COELIBATU : *ac nisi permansisset, non recu-
saturum confodi manibus ipsorum.* » Cette imprécation n'empêcha point
Claude de succomber bientôt après aux charmes d'Agrippine, qu'il se fit autoriser par le sénat à épouser, bien qu'elle fût sa nièce. Suétone ajoute :
« *Verum illecebris Agrippinæ, Germanici fratris sui filiæ, per jus osculi et
blanditiarum occasiones pellectus in amorem, subornavit proximo senatu,
qui censeret cogendum se ad ducendum eam uxorem, quasi Reipublicæ maxime interesset : dandumque cæteris veniam talium conjugiorum, quæ ad id
tempus incesta habebantur.* »

[2] Voyez la neuvième édition, année 1824, p. 627.

[3] *Gesch. des Röm. Privatrecht*, § 172, note 18.

[4] *Lehrb. der Pand.*, § 429, Anmerk. III.

[5] Il est partagé par Puchta, *Curs. der Instit.*, t. III, § 313, p. 257. M. Rudorff, dans les notes qu'il a ajoutées au troisième volume de Puchta, publié par lui en 1847, adopte l'interprétation moderne du *solitarius pater*,

reux, surtout si on l'applique à tout homme veuf ou divorcé, quel que soit le nombre des enfants qu'il aura eus précédemment. Remarquons qu'il n'existait pour l'homme aucun temps de *vacatio* en cas de veuvage ou de divorce, à la différence de ce qui était observé à l'égard de la femme. Faudra-t-il que jusqu'à soixante ans, malgré les nombreux enfants qu'il aura pu avoir d'autres lits, l'homme soit obligé, pour n'encourir aucune déchéance, de passer immédiatement à un nouveau mariage après la dissolution du précédent? Devra-t-on au moins s'arrêter à un certain chiffre d'enfants[1] passé lequel le défaut de mariage resterait désormais inoffensif? Hugo semble adopter ce moyen terme, et propose avec hésitation le chiffre de trois. Une pareille transaction entre le devoir de se marier et les priviléges dus à la paternité serait assez raisonnable. Mais, en l'absence de tout document positif à cet égard, nous ne pouvons faire autre chose que laisser sans solution cette question : le *pater*, non marié aujourd'hui, était-il frappé de quelque incapacité, ou possédait-il sans restriction le *jus patrum?*

Pour remplir la condition exigée par la loi Papia, en ce qui concerne le *liberos habere*, quels étaient les enfants qui devaient être pris en considération? La règle à cet égard a été, suivant nous, bien posée par M. Rudorff, p. 410. Le mot *liberi*, dit-il,

en abandonnant celle qu'il avait suivie en 1828, *Zeitsch. für Gesch. Rechtsw.*, p. 411.

[1] S'il est certain que le citoyen romain marié, avec un seul enfant, jouissait pleinement du *jus caduca vindicandi*, il n'était pas sans intérêt pour lui, sous d'autres rapports, d'avoir plusieurs enfants. Juvénal, après avoir indiqué, dans le passage que nous avons cité, que le mari dont la femme a mis au jour un *filiolus* ou une *filia* pourra *capere dulce caducum*, ajoute aussitôt :

> Commoda praeterea junguntur multa caducis,
> Si numerum, si tres implevero.

Ces *commoda*, indépendants de la *caducorum vindicatio*, sont relatifs à la *vacatio munerum* (L. 1, § 3, *De vacat. et excus.*, 50-5), au calcul des *decimae* entre époux (Ulp., *Reg.*, tit. XV), à la remise de l'âge exigé pour les *honores* (L. 2, *De minor.*, 4-4), etc. Il n'entre pas dans notre plan d'examiner en détail toutes les dispositions des lois Julia et Papia. Consultez sur ce point Heineccius, liv. II, ch. VII et VIII. C'est surtout à l'égard des femmes que le nombre des enfants influait sur la capacité de succéder, ainsi que nous aurons à l'établir.

fût pris dans le sens de l'édit du préteur, ainsi qu'il était entendu, par exemple, pour accorder la *bonorum possessio unde liberi*. Il ne s'appliquait qu'aux enfants qui étaient *sui*, ou qui l'auraient été à défaut d'une émancipation dont le droit prétorien ne tenait pas compte. Il résultait de là qu'un enfant adoptif, qui aux yeux du préteur était au nombre des *liberi*, devait servir à l'adoptant pour lui procurer le *jus patrum*. Bien qu'il y eût là une récompense accordée sans motif à celui qui n'avait pas fourni à l'État un citoyen de plus, les auteurs de la loi n'avaient pas songé à établir une distinction, que bientôt des abus répétés rendirent nécessaire. Les Romains recoururent à cette voie facile de paternité pour éviter les peines de l'*orbitas*. L'adoption n'était pas sérieuse, et une fois son but atteint, l'adoptant se débarrassait du fils qu'il s'était donné. Tacite, *Ann.*, livre XV, ch. xix, après avoir signalé cette fraude détestable souvent usitée (*percrebuerat ea tempestate pravissimus mos*), nous apprend que les véritables *patres* se plaignirent du tort que leur causait cette concurrence déloyale. « *Sibi promissa legum diu exspectata in ludibrium verti, quando quis sine sollicitudine parens, sine luctu orbus, longa patrum vota repente adæquaret.* » Par suite, un sénatus-consulte intervint, qui décida : « *Ne simulata adoptio in ulla parte muneris publici juvaret.* » C'était surtout, paraît-il, pour jouir des prérogatives accordées aux *patres*, quant aux fonctions publiques, qu'étaient habituellement pratiqués ces simulacres d'adoption. Mais le sénat se préoccupa aussi des avantages attachés à la paternité dans l'ordre privé ; il fut également admis : « *Nec usurpandis quidem hereditatibus prodesset[1].* »

---

[1] Quoique Tacite parle de *simulata adoptio*, les auteurs entendent généralement le sénatus-consulte, comme ayant atteint l'adoption d'une manière absolue. Les *simulatæ adoptiones* fournirent le prétexte ; mais la mesure fut générale. Les décisions des jurisconsultes romains sont d'accord avec cette interprétation. Nous verrons, en traitant de la quotité disponible entre époux réglée par nos lois, qu'un conjoint pouvait laisser à l'autre le tiers de ses biens en propriété, pour le cas où le survivant aurait des enfants, *quandoque liberos habuerit*. Ulpien, dans la loi 51, § 1, *De legat.*, 2°, tirée de son livre VIII *Ad legem Juliam et Papiam*, enseigne qu'une adoption ne permettra pas au survivant de remplir la condition exigée pour avoir droit ce tiers. On sait aussi qu'en matière d'excuses de tutelle, la même distinction était observée. *Sed adoptivi liberi non prosunt*, portent les Instituts, pr., tit. XXV, liv. I.

Si les enfants *naturels* étaient seuls admis, à l'exclusion des enfants adoptifs, il n'est pas douteux qu'on ne devait tenir compte que des enfants nés du mariage, et que ceux issus du concubinat n'étaient point aptes, puisqu'ils ne faisaient pas partie de la famille, à mériter à leur père les avantages dont nous nous occupons. Les petits-enfants pouvaient aussi, en cas de mort de leur père, tenir sa place et servir à l'aïeul; mais cela n'était vrai que des *nepotes ex filio,* non de ceux *ex filia*; ces derniers restant en dehors de la famílle de l'aïeul maternel. Cette règle, que nous trouvons écrite, à l'occasion des excuses de tutelle, au pr., tit. XXV, liv. I, des Institutes, est énoncée également dans le paragraphe 195 des *Vat. fragm.,* où elle est appliquée conjointement à la matière de la *tutelæ liberatio,* et à celle de la *caducorum vindicatio* : « *Item ex filia nepotes* [1] *prodesse ad tutelæ liberationem, sicuti nec ad caducorum vindicationem palam est ; nisi mihi proponas ex veterano prætoriano genero socerum avum effectum ; tunc enim secundum orationem divi Marci, quam in castris prætoriis recitavit, Paulo iterum et Aproniano consulibus, VIII. Id. Jan., id habebit avus, quod habet in nepotibus ex filio natis. Cujus orationis verba hæc sunt :* « *Et quo facilius veterani nos-* « *tri soceros reperiant, illos quoque novo privilegio sollicitabimus, ut* « *avus nepotum ex veterano prætoriano natorum iisdem commodis* « *nomine eorum fruatur, quibus frueretur, si eos haberet ex filio.* » Ce texte est le seul qui nous soit parvenu, où l'on rencontre nettement posée la question de savoir quels sont les *liberi* qui pourront être comptés pour la *caducorum vindicatio*; et l'on voit

---

C'était toujours au père naturel que profitaient les enfants par lui donnés en adoption. Doit-on étendre cette solution à ce qui concerne la *caducorum vindicatio* ? Nous serions assez porté à le croire, bien qu'il n'y ait pas, comme nous le dirons tout à l'heure, analogie constante dans les règles de la législation romaine, suivant qu'il s'agit pour le père de se faire excuser d'une tutelle ou de prétendre à recueillir les *caduca.*

[1] Les éditeurs, en général, ajoutent ici une négation et lisent : *non prodesse.* Il ne peut y avoir doute sur la portée du texte, les principes du droit romain étant bien certains, et l'assimilation établie entre les deux hypothèses entraînant une idée d'exclusion en matière d'excuses, de même qu'elle est énoncée au point de vue de la *caducorum vindicatio* (*sicuti nec*). Suivant de Buchholtz, l'addition d'une négation serait inutile, le mot *nec,* dans la pensée d'Ulpien, auteur du Fragment, devant rejaillir sur la *tutelæ liberatio.*

qu'il émet comme une proposition incontestable (*palam est*) l'exclusion des *nepotes ex filia*. Il fallut un rescrit de Marc-Aurèle pour consacrer une exception à l'égard des enfants qui naîtraient du mariage de la fille d'un Romain avec un ex-prétorien. C'était une pure faveur accordée aux anciens militaires, un privilége introduit par l'empereur pour faciliter, comme il le dit lui-même, le mariage des vétérans.

L'analogie entre les excuses de tutelle et la prérogative de la *caducorum vindicatio* va se rompre, si nous recherchons quelles conditions devait offrir le mariage. Le paragraphe 168 des *Vat. fragm.*, à propos de la libération de la tutelle, nous dit que certains jurisconsultes étaient d'avis qu'on ne devait excuser que le père qui aurait eu des *justi liberi secundum has leges*. « *Item quidam justos secundum has leges putant dici.* » Les *leges*, auxquelles il est fait allusion sans autre désignation, sont assurément les lois Julia et Papia, qui étaient souvent appelées simplement *leges*, ainsi que l'a fait remarquer Heineccius, liv. I, ch. I, n. 4. La fin du paragraphe nous apprend que cette opinion fut rejetée. « *Sed justorum mentio ita accipienda est, uti secundum jus civile quæsiti sint.* » Il suffisait donc, quant aux excuses de tutelle, que les *liberi* fussent *justi secundum jus civile*, c'est-à-dire d'après les anciennes règles du droit romain. Si le vice du mariage ne tenait qu'à l'inobservation des lois Julia et Papia, par exemple, si un ingénu avait épousé une *mulier famosa*, le mariage n'était pas nul, et produisait les effets civils ordinaires. Les enfants se trouvaient *in potestate patris* ; ils pouvaient lui succéder comme *sui*. Aussi un texte de Paul, dans la *Collatio*, tit. XVI, chap. III [1], après avoir défini les *sui heredes*, ajoute-t-il : « *Nec interest, adoptivi sint an naturales et secundum legem Juliam Papiamve quæsiti.* » Mais l'indulgence dont on usait en matière de tutelle ne pouvait évidemment être appliquée, alors qu'il s'agissait de revendiquer les priviléges qui dérivaient des lois mêmes par lesquelles avaient été établies les prohibitions nouvelles. C'est pourquoi Ulpien, *Reg.*, tit. XVI, § 2, décide que la *solidi capacitas* accordée, dans certains cas seulement, aux époux l'un par rapport à l'autre, d'après les lois Julia et Papia, ne

---

[1] Ce texte a été admis par les éditeurs de l'*Enchiridium juris* et du *Manuale synopticum*. Il forme le paragraphe 4 du titre VIII, liv. IV.

pourra être invoquée par celui dont le mariage serait contraire à ces lois, et qu'alors les époux *nihil inter se capiunt*. De même l'affranchi, aux termes de ces lois, était libéré de l'obligation des *operæ* envers son patron, s'il avait deux enfants vivants. Paul, dans la loi 37, § 7, *De oper. libert.*, exige pour l'application de cette faveur que les enfants soient *ex lege nati*, c'est-à-dire nés d'un mariage conforme aux prescriptions de la loi qui avait créé ce privilége[1].

Enfin, pour être admis à la *caducorum vindicatio*, il fallait que le citoyen eût des enfants encore vivants à l'époque où il voulait user de son droit. Telle était là règle en matière de priviléges accordés *propter liberos*. Les Institutes nous disent, à l'occasion des excuses de tutelle, que les *liberi* doivent être *superstites*. La même règle est énoncée plusieurs fois, en ce qui concerne la *vacatio munerum*, notamment dans la loi 1, pr., et § 3, *De vacat. et excus. mun.*; il s'agit uniquement de *liberi incolumes*. Sans doute la jurisprudence romaine avait dérogé à ce principe, relativement aux enfants *in acie amissi*, qui étaient considérés comme *superstites*, pour faire dispenser leur père d'une tutelle, ainsi que nous le voyons aux Institutes. Mais, dans le silence des textes, nous regardons comme fort contestable l'extension de cette particularité à la *caducorum vindicatio*. Nous savons du reste aujourd'hui, par le paragraphe 198 des *Vat. fragm.*, quelle est l'origine de cette exception, qui a passé dans notre législation, art. 436, C. Nap. Il paraît que ce n'était point en vue des excuses de tutelle qu'elle avait été introduite. Ulpien, dans le paragraphe que nous avons cité, présente comme douteuse l'application de ce privilége à la libération de la tutelle. « *Item an bello amissi a tutela excusare debeant?* » Le jurisconsulte se prononce pour l'affirmative, en invoquant la décision formelle contenue à cet égard dans la loi Julia *De maritandis ordinibus*. Toutefois ce n'était pas dans le chapitre qui déférait les *caduca* aux *patres*, mais bien dans celui

---

[1] Voyez sur ce point M. de Savigny, *Traité de droit romain*, t. II, append. VII. La différence que nous venons de signaler nous porte à partager l'opinion de Schräder (*Notæ ad Instit.*, pr., tit. XXV, liv. I), qui doute beaucoup que la loi Julia ait introduit l'excuse de tutelle *propter liberos*. Cependant Heineccius, après Godefroy, n'a pas hésité à faire de cette disposition un des chapitres de sa loi. Nous avons peine à comprendre, si l'excuse en question dérivait de la loi Julia, qu'on eût pu discuter le point de savoir si les *liberi* devaient être *justi secundum hanc legem*.

indiqué par ces mots : *De fascibus sumendis* que se rencontrait notre exception. Le passage d'Ulpien est venu confirmer ce que nous avions déjà appris par les *Nuits attiques* d'Aulu-Gelle, liv. II, chap. xv. Cet auteur y énonce comme un privilége attribué par la loi Julia, ch. vii, à celui des consuls qui avait plus d'enfants que son collègue, le droit de faire porter le premier devant lui les faisceaux, signe d'honneur qui appartenait alternativement aux consuls. Pour résoudre cette question d'étiquette, on devait tenir compte même des enfants *qui in acie ceciderant*. Cette idée remonterait, suivant le paragraphe 198, aux *leges Juliæ judiciariæ*, qui sont antérieures aux lois caducaires, et qui avaient décidé de la même manière, eu égard à l'exemption du *munus judicandi*. Remarquons qu'Ulpien, quand il invoque toutes les analogies sur lesquelles il s'appuie, se tait sur la *caducorum vindicatio*. Il y avait donc au moins silence sur ce point dans les lois Julia et Papia. On pourrait seulement être tenté de raisonner par voie d'analogie. Mais il ne faut pas oublier que, si les jurisconsultes interprétaient avec bienveillance les excuses de tutelle, ils étaient éloignés de traiter avec faveur la *caducorum vindicatio*, qui avait encouru, nous l'avons déjà dit, le blâme des esprits les plus éminents. On devait par conséquent être plus disposé à restreindre qu'à élargir un droit qui paraissait odieux.

Le point de départ que nous avons admis avec M. Rudorff, pour expliquer cette condition : *liberos habere*, doit nous conduire comme lui à refuser aux femmes la *caducorum vindicatio*. Ce serait là, suivant cet auteur, le sens de la loi 13, *De suis et legit. her.* (38-16), dans laquelle Gaïus, commentant les lois Julia et Papia, nous dit : « *Nulla fœmina aut habet suos heredes, aut desinere habere potest propter capitis deminutionem.* » Or, ceux que le préteur appelait à la *bonorum possessio unde liberi* étaient précisément les enfants qui se trouvaient, en qualité de *sui*, sous la puissance du défunt, ou qui s'y trouveraient, abstraction faite d'une *capitis minutio*. Dès lors, pas de *bonorum possessio unde liberi* à l'occasion de la succession d'une femme. De même que les *liberi* n'étaient admis ni par le droit civil, ni par le droit prétorien, à la succession de leur mère, de même celle-ci pouvait disposer de ses biens par testament, sans avoir à s'occuper de ses enfants. Il n'y avait pas non plus de *bonorum possessio contra tabulas* à l'égard des testaments des femmes, proposition énoncée par Paul, loi 4, § 2, *De bon. poss. c. tab.* (37-4) : « *Ad testamenta fœminarum edictum contra tabulas bonorum possessionis non pertinet : quia suos heredes non habent.* » De son côté, la mère ne pouvait prétendre à la succession de ses enfants; et ce ne fut qu'un siècle et demi environ après les lois Julia et Papia que le sénatus-consulte Tertullien introduisit au profit de la mère un droit de succession, que bientôt après le sénatus-consulte Orphitien rendit réciproque.

Il ne faut donc pas s'étonner qu'à une époque où les *liberi* n'étaient encore mis en rapport qu'avec le père, au point de vue du droit de succéder, on n'ait pas songé à conférer à la femme les mêmes droits qu'à l'homme, à raison de ce qu'elle avait des enfants. A cette considération doit se joindre celle-ci, qu'il entrait dans la politique des Romains d'empêcher les femmes d'accumuler de trop grandes richesses, et que, pour atteindre ce but, le moyen le plus efficace parut être celui de les écarter des successions. Aussi la loi Voconia, qui, suivant les conjectures les plus probables, se place à l'an 585 de Rome, avait-elle décidé qu'une femme ne pourrait être instituée héritière par un testateur possédant une certaine fortune, par un citoyen inscrit au cens dans la première classe, c'est-à-dire au moins pour cent mille as [1]. En outre, la jurisprudence, à une époque incertaine, en suivant, comme le dit Paul, *Sent.*, liv. IV, tit. VIII, § 22, l'esprit de la loi Voconia (*Voconiana ratione*), avait encore considérablement empiré la condition des femmes, en les excluant de la succession légitime de leurs agnats, sauf le cas de consanguinité. Cette infériorité imposée aux femmes en matière de succession était tellement enracinée dans les mœurs romaines que l'inégalité entre les agnats et les agnates resta en vigueur jusqu'à Justinien. On était certes bien éloigné, au commencement du régime impérial, de l'idée de mettre sur la même ligne l'homme et la femme, quant à la capacité héréditaire.

En évitant d'accorder aux femmes les avantages que procurait à l'homme la procréation des enfants, on ne songea point

---

[1] Nous laissons de côté les graves difficultés qui se sont élevées sur la détermination du taux fixé par la loi Voconia. Gaïus nous dit, *Comm.* II, § 274 : « *Ab eo qui centum millia æris census est.* »

naturellement à les exempter des nouvelles incapacités qui
étaient introduites. Le célibat, qui depuis la loi Julia avait pour
conséquence de faire perdre en entier au *cœlebs* le bénéfice des
legs ou des institutions, dut opérer de la même manière à l'égard
des femmes. C'est un point qui n'est pas contesté, et qui ressort
clairement du soin que l'on avait pris d'accorder à la femme un
temps de *vacatio*, pendant lequel elle demeurait affranchie des
peines du célibat. Ce délai, fixé d'abord par la loi Julia à une
année en cas de veuvage, à six mois en cas de divorce, fut étendu
par la loi Papia à deux ans ou dix-huit mois, ainsi que nous
l'apprend Ulpien, *Reg.*, tit. XIV. Les autres causes de dispense
prévues par les lois Julia et Papia, tirées de l'âge auquel n'é-
taient pas exigés soit le mariage, soit la procréation d'enfants,
de même que celles fondées sur la cognation ou l'alliance avec le
testateur, s'appliquaient à la femme tout aussi bien qu'à l'homme.
Nous avons vu que la condition de l'âge variait suivant les sexes.
Quant à la cognation, le paragraphe 216 des *Vat. fragm.* porte
que l'exception relative au *sobrino natus* s'étend également, *per
interpretationem*, à celle qui est *nata*. Pour les *adfines excepti*,
les paragraphes 218 et 219 mentionnent la *nurus*, la *socrus*, la
noverca, la *privigna.*

D'un autre côté, des textes qui remontent jusqu'aux lois Julia
et Papia nous révèlent, au profit des femmes, l'existence d'un
droit connu sous le nom de *jus liberorum*, et nous prouvent que,
dès cette époque, le législateur avait songé à récompenser la fécondité des femmes. Il était sage, en effet, d'intéresser aussi les
femmes à la procréation des enfants. Mais tandis que l'homme
était considéré comme n'étant pas *sine liberis* par cela seul qu'il
avait un unique enfant, la loi se montra plus exigeante à l'égard
de la femme. Le *jus liberorum* ne lui compétait qu'autant qu'elle
avait mis au monde trois enfants si elle était ingénue, quatre
si elle était affranchie. Quant à la portée de ce droit, il est certain qu'il entraînait, par exemple, libération de la tutelle du
sexe (Gaïus, I-194, III-44), et, par suite, la faculté de tester indépendamment de l'*auctoritas* du tuteur, qui disparaissait (Gaïus,
loc. cit.). La loi Papia fit aussi découler du *jus liberorum*, relativement aux biens des affranchis, soit pour la fille du patron, soit
pour la patronne elle-même, certains avantages dans le détail
desquels nous n'entrerons pas. Voyez à cet égard Gaïus, III, § 45

et suiv., dont le texte offre plusieurs lacunes, et où l'on voit que, sous ce rapport, deux enfants et même un seul [1] suffisaient dans certains cas. Mais, en ce qui concerne la capacité générale de recueillir les dispositions testamentaires, quelles étaient les conséquences attachées au *jus liberorum?*

Le système proposé à ce sujet par Godefroy (Voyez son chapitre XIV des lois Julia et Papia), et suivi par Heineccius (Voyez liv. II, ch. XV, n. x), consiste à dire que la femme qui avait eu trois enfants pouvait prendre sans aucune restriction tout ce qui lui était laissé par testament. La *solidi capacitas* lui appartenait en vertu du *jus liberorum*, auquel elle n'arrivait qu'à la suite de trois enfantements, *ter enixa*. Godefroy s'appuyait sur deux passages de Dion Cassius, liv. LV, ch. II, liv. LVI, ch. x, et sur deux fragments du Code Théodosien, les lois 8 et 9, *De bon. proscr.*, liv. IX, tit. XLII. Ces lois distinguent, en effet, pour régler les droits de la mère sur les biens des enfants condamnés à la déportation ou au dernier supplice, si elle jouit ou non du *jus liberorum*, du *privilegium fecunditatis*. La loi 9 rattache cette distinction à la loi Papia, et oppose à la mère ayant le *jus liberorum* celle qui est *Papiæ legis privilegiis destituta, neque trino partu fecunditati publicæ gratiosa*. Il est à remarquer que, pour les femmes, la faculté de profiter pleinement, en certains cas, des dispositions testamentaires constituait un privilége, puisqu'il y avait là un affranchissement de la loi Voconia, en vertu de laquelle toute femme, fût-elle la fille du testateur, ne pou-

---

[1] Il est bien difficile d'admettre comme sincère le texte de Gaïus, § 53, *Comm.* III, tel que le donnent tous les éditeurs. Suivant ce texte, Gaïus commencerait par dire que la fille de la patronne, pour participer aux droits de patronat, doit être *liberis honorata*; et il ajouterait : « *In hujus persona etiam unius filii filiæve jus sufficit.* » Aussi quelques auteurs pensent-ils que Gaïus, après avoir indiqué pour la fille de la patronne la nécessité du *jus liberorum*, qui n'existait qu'à la condition d'un certain nombre d'enfants, mentionnait le *fils* de la patronne, que la loi ne pouvait avoir omis; et que c'est uniquement à celui-ci que se rapportent les derniers mots du texte. Cette correction, fort raisonnable, est en harmonie avec les règles générales de la matière, qui accordaient à l'homme le *jus patrum*, pourvu qu'il eût un seul enfant, tandis qu'à l'égard des femmes la pluralité d'enfants était exigée. Voyez sur ce point M. Huschke, *Studien der Röm. Rechts.*, t. I, p. 48 et suiv., où il s'efforce d'établir que l'état du manuscrit autorise une addition, d'après laquelle la fin du paragraphe 53 serait exclusivement relative au *fils* de la patronne.

vait être instituée héritière par les citoyens jouissant d'une certaine fortune. Aussi quand Dion, liv. LVI, ch. x, nous fait connaître les résolutions d'Auguste qui passèrent dans la loi Papia, il traite séparément de la condition qui fut faite aux femmes. Après avoir dit qu'il y eut augmentation des *præmia* au profit de ceux *qui liberos habebant* (ceci a trait à la *caducorum vindicatio* réservée aux *patres*), il ajoute que, quant aux femmes, certaines d'entre elles furent exemptées de l'application de la loi Voconia [1], dont l'historien signale la portée générale ; et ces femmes sont précisément celles qui étaient *ter enixæ*. Les lois Julia et Papia avaient donc consacré une différence importante entre les deux sexes. Sans doute, en cas de célibat, il y avait incapacité absolue et uniforme chez l'homme ou chez la femme. Mais l'homme marié, pourvu qu'il eût un seul enfant, acquérait non-seulement une capacité complète, il cessait en outre d'être *orbus*, il devenait *pater*, avec le *jus caduca vindicandi*. La femme,

---

[1] Cette loi continua-t-elle de subsister à l'égard des femmes qui n'avaient pas le *jus liberorum*? Ainsi, toutes les fois qu'une femme n'avait pas eu trois enfants, mais qu'étant mariée elle pouvait prendre moitié, d'après la loi Julia, comme n'étant pas *cœlebs*, faut-il dire qu'elle ne devait profiter de l'institution qu'autant que le testateur laissait un patrimoine inférieur au taux de la loi Voconia? Faut-il dire surtout que les femmes, qui échappaient aux dispositions des lois Julia et Papia, à raison de leur âge, de leur cognation ou de leur alliance avec le défunt, du délai de *vacatio* dans lequel elles se trouvaient, ne pouvaient bénéficier de ces dispenses que s'il s'agissait d'une succession qui ne tombât point par son chiffre sous l'application de la loi Voconia? Tel est le système soutenu par plusieurs auteurs, notamment par M. de Savigny, *Verm. Schrift.*, t. I, n° X, p. 441. M. Bachhofen, au contraire, *Die lex Voconia*, p. 112 et suiv., pense que les dispositions de la loi Voconia ont dû disparaître complètement du moment où de nouvelles considérations ont servi à régler la capacité des femmes. Son argumentation à ce sujet est trouvée concluante par Walter, t. II, § 604, note 85. Nous pouvons laisser de côté cette discussion, parce qu'il est certain que, si la loi Voconia ne fut point, comme il le paraît, formellement abrogée à l'époque d'Auguste, elle ne tarda pas à tomber en désuétude sous la double influence des mœurs et des principes introduits par la nouvelle législation. Aulu-Gelle, qui écrivait sous Hadrien ou Antonin le Pieux, nous parle de la loi Voconia et de quelques autres comme de dispositions dont le souvenir était effacé. « *Omnia tamen hæc obliterata,* » dit-il, liv. XX, ch. 1. Si Gaïus, un peu plus tard, mentionne encore la loi Voconia, il nous apprend en même temps qu'elle n'était plus sérieusement en vigueur, puisqu'elle pouvait être éludée par la voie du fidéicommis.

au contraire, ne parvenait à la capacité complète que si elle avait eu trois enfants. Au-dessous de ce chiffre, elle restait toujours soumise aux peines de l'*orbitas*, et ne pouvait recueillir que moitié, bien que mariée et ayant un ou deux enfants.

Mais, du moins, la femme qui aura eu trois enfants atteindra-t-elle la position faite à l'homme, auquel un seul enfant suffit pour l'autoriser à prendre, indépendamment de ce qui lui est laissé, ce qui ne peut pas être pris par ceux qui sont gratifiés dans le même testament? L'assimilation a été faite par Godefroy et Heineccius, qui mettent sur la même ligne le *pater solitarius*, entendu comme ils le font, et la femme qui a eu trois enfants. C'est ainsi encore que Pothier, n. 381, *De legatis*, comprend la doctrine de ces auteurs. Cette assimilation provient de la confusion qui était faite jadis entre la *solidi capacitas* et le *jus caduca vindicandi*. En séparant ces deux conditions, nous dirons que la femme, avec le *jus liberorum*, sera toujours réduite à la simple *solidi capacitas*, et que le *jus caduca vindicandi* ne lui appartenait jamais. Aussi, tous les textes que l'on rencontre sur cette matière parlent-ils constamment des *patres* à l'occasion de l'exercice de ce droit. Le système de Godefroy, modifié de la sorte, est admis par M. de Savigny [1], par M. Rudorff [2], et par M. Huschke [3]. Ce dernier auteur reproche à Schneider d'avoir fait dépendre du *jus liberorum* concédé aux femmes la faculté de prendre les *caduca*, qui, fait-il observer, ne leur a jamais été reconnue [4].

Il nous reste à signaler une autre différence entre les règles appliquées à l'homme ou à la femme qui ont eu des enfants. Si le premier cesse d'être *orbus* pour jouir du *jus patrum*, par cela seul qu'il a un enfant *secundum leges*, il ne conserve cette position qu'autant que l'enfant est encore vivant. Pour la femme, au contraire, si elle n'arrive qu'à la *solidi capacitas*, elle acquiert

---

[1] *Traité de droit romain*, t. II, p. 5, de la traduction de M. Guenoux.

[2] Tome III, p. 256, *Instit.* de Puchta, publié par M. Rudorff après la mort de l'auteur.

[3] *Recht. Iahrb.*, année 1838, p. 327.

[4] M. Huschke a émis cette opinion dans un article remarquable consacré à l'examen de l'ouvrage de Schneider. Nous regrettons de ne pas avoir eu plus tôt connaissance de cet article, qui confirme sur divers points, mais non pas sur tous, la doctrine que nous avons déjà exposée. Nous aurons plus d'une fois l'occasion de citer M. Huschke dans la suite de notre travail.

cet avantage d'une façon irrévocable, dès qu'elle a mis au monde le nombre d'enfants voulu, trois ou quatre, selon qu'elle est ingénue ou affranchie. Le *jus liberorum*, créé par les lois Julia et Papia pour donner aux femmes la complète capacité, fut étendu plus tard, dans le même esprit, au droit de succession ouvert au profit de la mère par le sénatus-consulte Tertullien. Or, la concession de ce *jus liberorum*, dont s'occupe avec détails Paul, *Sent.*, liv. IV, tit. IX, est attachée uniquement à cette circonstance qu'il y a eu trois ou quatre accouchements, pourvu qu'ils aient eu lieu à terme et aient amené des enfants vivants. « *Matres tam ingenuæ quam libertinæ cives romanæ, ut jus liberorum consecutæ videantur, ter et quater* PEPERISSE *sufficiet, dummodo vivos et pleni temporis pariant.* » La survivance des enfants n'était nullement exigée. Aussi, Paul nous dit-il plus bas, § 9, que le *jus liberorum* appartient à la femme qui a des enfants ou qui a cessé d'en avoir. « *Jus liberorum mater habet, quæ tres filios aut habet, aut habuit... habet, cui supersunt; habuit, quæ amisit.* » Il paraît même qu'on était moins rigoureux quand il s'agissait de décider si la femme échapperait aux peines de l'*orbitas*, que lorsqu'elle prétendait à recueillir le bénéfice du sénatus-consulte Tertullien. Tandis que, sous ce dernier rapport, Paul, *dict. tit.*, § 2, déclare non accomplie la condition du *jus liberorum* si la femme a mis au monde trois jumeaux, sauf le cas où elle les aurait enfantés *per intervalla*, le même jurisconsulte, dans ses commentaires sur les lois Julia et Papia, loi 137, *De verb. sign.*, considère comme *ter enixa* celle-là même *quæ trigeminos pepererit*. D'un autre côté, le *partus monstrosus*, suivant le même Paul, *loc. cit.*, § 3, ne doit pas profiter à la femme au point de vue du sénatus-consulte. Cependant Ulpien, prévoyant la même hypothèse pour l'application des lois Julia et Papia, dans la loi 135, *De verb. sign.*, se demande si un pareil accouchement ne doit pas être compté, parce qu'on peut dire, fait-il observer, que la femme *enixa est*; « *an quia enixa est, prodesse ei debeat?* » Sans doute la loi Papia s'exprimait ainsi : *ter, quater enixa*. Ulpien se prononce pour l'affirmative, par la raison que la femme a fait ce qui dépendait d'elle pour obéir à la loi; et que l'accident qui s'est produit ne doit pas lui être préjudiciable. On aurait donc été plus facile pour relever la femme des peines de l'*orbitas*, que pour lui permettre de profiter de la disposition du

9

sénatus-consulte Tertullien, qui constituait un véritable privilége, puisqu'il en résultait une dérogation au régime de la succession *ab intestat*. Cette interprétation, proposée par Cujas dans
ses notes sur les *Sentences* de Paul, a été presque généralement
suivie. On la retrouve dans Ramos, dans Heineccius, etc...; et,
de nos jours, elle a été reproduite par Glück, § 114, note 71, et
par M. de Savigny, *Traité de droit romain*, t. II, § 62.

En restreignant le *jus caduca vindicandi* aux personnes du sexe
masculin gratifiées dans le même testament, et qui avaient des
enfants, nous avons à rechercher suivant quelles règles les dispositions testamentaires qui venaient à défaillir étaient dévolues
à ces *patres*. Cette question ne manque pas de difficulté, surtout
en ce qui concerne les parts héréditaires ; car, relativement aux
legs, nous trouvons dans les paragraphes 207 et 208, *Comm.* II,
de Gaïus, des renseignements positifs, qui sont confirmés par la
loi 89, *De legat.* 3°, texte fameux, qui a donné lieu aux plus vives
controverses, et soulevé des difficultés insolubles, tant qu'on a
voulu l'appliquer au *jus adcrescendi*. Le fond de ce texte est d'é-
tablir au profit du colégataire *verbis tantum conjunctus*, du colégataire avec assignation de parts, une préférence qui est refusée
au colégataire *re tantum conjunctus*, au colégataire de la même
chose appelé par une disposition distincte. C'est précisément le
contraire de ce qui avait lieu pour le droit d'accroissement, ainsi
que nous l'avons vu au chapitre 1er. De là les embarras insur-
montables qu'ont rencontrés tous les anciens auteurs, qui ont
cherché à concilier cette loi avec les autres documents, par lesquels était attesté un ordre inverse en matière d'accroissement.
Mais depuis que la véritable portée de ce Fragment de Paul a été
reconnue, et qu'on a fait remarquer que ce jurisconsulte n'entendait pas parler du *jus adcrescendi*, supprimé en général à
son époque, mais bien de la *caducorum vindicatio*, la solution du
problème a été obtenue, au gré de presque tous les auteurs qui
se sont occupés de ce sujet postérieurement à la mise en lumière
des *Commentaires* de Gaïus. Il s'agit dans la loi 89, a-t-on
dit avec raison, d'une tout autre théorie que celle du droit
d'accroissement ; il s'agit uniquement de la dévolution des *caduca*. Or, sur ce point, la jurisprudence romaine, pour décider
la préférence entre les divers ayant droit, ne s'arrêta point à la

conjunctio re, comme on l'avait fait jadis pour régler le *jus ad-crescendi.* Celle-ci fut mise à l'écart, quand elle était seule ; et ce fut la *conjunctio verbis* que l'on prit en considération. Telle est la doctrine qu'on peut regarder comme étant aujourd'hui dominante. Elle a pour partisans, en Hollande, M. Holtius [1] ; en France, MM. d'Hautuille, Ducaurroy, Ortolan, Étienne, de Fresquet; en Allemagne, MM. Rudorff, Schneider, Huschke, de Wangerow, etc.

Toutefois, quand on se demande pourquoi la législation caducaire, ou plutôt les interprètes de cette législation, s'éloignèrent des principes si raisonnables admis en matière d'accroissement, il est difficile de trouver une réponse satisfaisante à cette question. Il n'y avait rien d'arbitraire, en effet, dans les règles qui gouvernaient l'accroissement. La jurisprudence y était arrivée par une saine interprétation de la volonté du défunt. Quoi de plus naturel, en cas de défaillance de l'un des appelés, que d'en faire profiter celui auquel le testateur a laissé le tout, et qu'il n'a entendu réduire à une part qu'autant qu'il y aurait concours, c'est-à-dire le *conjunctus re ?* Si, au contraire, à côté du défaillant on trouve seulement un *conjunctus verbis,* un gratifié qui n'a rien de commun avec ce défaillant que d'être réuni à lui dans la même phrase, de sorte que le testateur n'ait voulu donner en tout cas qu'une part à chacun, on ne voit pas pourquoi l'absence de l'un améliorerait la position de celui qui n'a jamais eu de rival. Comment les auteurs des lois Julia et Papia se seraient-ils écartés de ce système? D'après leur plan, bien connu aujourd'hui, les *caduca* ne devaient pas tomber immédiatement dans le trésor public. C'était d'abord une récompense attribuée aux *patres,* mais uniquement à ceux que le testateur avait appelés à

---

[1] Nous saisissons la première occasion qui ramène sous notre plume le nom de M. Holtius, pour restituer à sa patrie ce savant jurisconsulte, que nous avons qualifié de Belge au commencement de notre travail, sans faire attention que, s'il était collaborateur de la *Thémis* en qualité de professeur à Louvain, ceci se passait avant 1830. Cette erreur n'eût pas dû nous échapper; car nous avons souvent feuilleté les *Lineamenta historiæ juris romani,* que M. Holtius a publiés depuis lors comme professeur à Utrecht; et tout en admirant la variété et la richesse des questions posées par l'auteur, nous avons plus d'une fois regretté qu'il n'ait pas encore communiqué au public les réponses à ces questions, réponses qui seraient accueillies avec toute l'autorité qui s'attache à un nom si justement recommandable.

sa succession, à ceux *qui in eo testamento liberos habebant.* Parmi ces *patres*, ces élus du testateur, qui doivent recueillir les *caduca*, du moment qu'il y a un ordre de priorité à observer, il semble que c'est avant tout la volonté du disposant qu'il faudra consulter, puisqu'il s'agit de personnes toutes dignes d'être rémunérées, et qu'entre elles la préférence doit naturellement appartenir à celui que le défunt a préféré. Voilà la part d'un héritier qui tombe, parce qu'il est *cœlebs;* et il y a en outre deux *patres* institués par le même testament. L'un d'eux est *conjunctus re* avec le défaillant; en d'autres termes, le testateur a voulu lui laisser le tout pour le cas où un concours ne se produirait pas. L'autre *pater* était simplement *conjunctus verbis*, ce qui signifie que le défunt l'avait réduit absolument à une part[1]. N'est-ce pas violer ouvertement la pensée de ce défunt que d'éloigner le *conjunctus re* pour appeler le *conjunctus verbis* à tirer parti de cette défaillance? Entre deux personnes également dignes, on comprend que celle pour qui le testateur a été plus large dans ses libéralités devrait profiter de la plus grande faveur qui lui a été témoignée.

Les explications qui ont été proposées pour rendre compte de l'importance accordée à la *verbis conjunctio*, tandis qu'on avait négligé la *conjunctio re*, sont loin assurément d'être concluantes. Les uns ont dit qu'il fallait renoncer à justifier une pareille déci-

[1] Supposons un testament conçu de la sorte : « *Primus heres esto ; Secundus et Tertius œquis ex partibus heredes sunto ; ex qua parte Secundum institui Quartus heres esto.*» En admettant que tous les institués fussent capables de recueillir, Primus prendrait moitié. Secundus et Tertius, en vertu de la seconde disposition, auraient droit à un quart chacun, l'adjonction des mots : *œquis ex partibus*, opérant des parts pour eux, comme le prouve la loi 66, *De her. instit.* Ils seraient *disjuncti re*, quoique *conjuncti verbis*, ainsi que le dit Paul, dans la loi 89, à propos d'un legs fait également avec assignation de parts. Enfin Secundus aurait pour concurrent quant à sa portion Quartus, qui est son *conjunctus re*, et qui, étant institué pour la même fraction que lui, réduirait ses droits de moitié, et ne lui laisserait qu'un huitième. A la mort du testateur, les institués se trouvent dans la position suivante : Primus est *cœlebs*, mais en même temps cognat du défunt; il a la *solidi capacitas*, non le *jus caduca vindicandi.* Secundus est *cœlebs*, sans aucune dispense; sa part devient caduque. Tertius et Quartus sont l'un et l'autre *patres.* D'après la doctrine ordinaire, le huitième auquel était appelé Secundus sera revendiqué exclusivement par Tertius, qui est *verbis conjunctus*, et échappera à Quartus, qui serait *re conjunctus.*

sion, parce qu'on se trouvait en présence d'un pur caprice du législateur ; ainsi, d'après M. d'Hautuille, p. 112, il s'agit d'une *disposition arbitraire*, de sorte qu'il n'y aurait pas ici de *principe à sonder*. Schneider, p. 92, a repoussé avec raison le reproche que certains auteurs ont adressé à la loi Papia d'avoir été conçue sans idée de justice et rédigée sans soin. On a abusé, fait-il observer, d'une plainte échappée sur un point à Gaïus, *Comm.* III, § 47 (*quamvis parum diligenter ea pars legis scripta sit*), pour généraliser une critique, qui, dans la pensée de Gaïus, n'avait trait qu'à une disposition spéciale. Schneider ne peut croire qu'une loi de cette importance, si longuement élaborée, pour laquelle Auguste s'était sans doute aidé des conseils des principaux jurisconsultes de son temps, ait été une œuvre de légèreté et d'irréflexion, une sorte de boutade législative. L'idée à laquelle il s'attache, p. 173, est que la concession du droit de revendiquer les parts héréditaires caduques attribuée aux *patres legatarii* démontrait que le législateur ne s'était pas préoccupé de la vocation émanant du défunt, et que c'est pour cette raison que les *conjuncti verbis*, bien que ne pouvant se prévaloir de cette vocation, obtinrent une préférence qui fut refusée aux *conjuncti re*. Ce raisonnement ne saurait nous toucher. Sans doute les *legatarii patres* ne peuvent invoquer quant aux parts héréditaires la volonté directe du défunt. Aussi n'est-ce qu'à défaut de *patres heredes* qu'ils étaient admis à prendre les *caduca* laissés par des héritiers ; ils tenaient seulement en échec l'*ærarium*. Quand il ne se rencontrait aucun *pater* parmi ceux que le testateur avait décorés du titre d'héritiers, on cherchait encore à se conformer à son intention probable, en rémunérant ceux qu'il avait gratifiés, du moins à titre de légataires. Cette faveur *subsidiaire* que la loi donnait aux *patres* simples légataires, avant d'ouvrir les droits du trésor public, n'offre donc rien qui puisse être un motif d'exclusion pour les *patres heredes*, surtout pour ceux qui étaient *conjuncti re* avec le défaillant. Il y aurait plutôt un argument *à fortiori* à tirer du soin que prenait la loi de faire participer au bénéfice des institutions caduques ceux-là même qui n'avaient reçu qu'un legs du défunt. Si l'on tient compte de la bienveillance qui ne s'est exprimée que par l'attribution d'un objet particulier, il est évident que le *pater* honoré de la qualité d'héritier avait été de la part du testateur l'objet d'une bienveillance

*

bien plus caractérisée, et que c'est surtout à l'égard de celui auquel la quote-part défaillante avait été laissée séparément, que le défunt a marqué son intention de la lui attribuer en totalité, si son rival venait à manquer.

Ces considérations, sur lesquelles nous ne saurions trop insister, nous serviront aussi à répondre à la tentative faite par M. Huschke[1], dans l'article que nous avons cité, pour justifier la prépondérance accordée suivant lui à la *conjunctio verbis*. Notons d'abord que M. Huschke part de ce point, qui nous paraît exact, savoir que la loi Papia, pour régler la dévolution des *caduca* aux *patres*, avait pour principe de suivre la volonté du défunt. De là il conclut avec raison que les *patres heredes*, *conjuncti* ou non, devaient venir avant les *patres legatarii*, le titre d'héritier témoignant plus énergiquement que celui de légataire les bonnes dispositions du testateur. Quant aux *patres heredes*, continue-t-il, la loi appelait en première ligne ceux qui étaient *conjuncti* avec le défaillant. Nous sommes encore d'accord avec M. Huschke sur ce point. Mais, lorsqu'il arrive à l'interprétation de ce mot *conjuncti*, M. Huschke prétend qu'il n'y avait aucune difficulté à préférer la *conjunctio verbis*, en sacrifiant la *conjunctio re*, par opposition à la règle suivie en matière d'accroissement. D'après lui, la théorie de l'accroissement aurait été le résultat de *considérations objectives aveugles* (*nach den blinden objectiven Bestimmungen*). La loi Papia se serait montrée plus éclairée en s'attachant à la *conjunctio verbis*. La seule manière d'honorer un héritier et de prouver le cas qu'on en fait serait de le réunir à un autre dans la même phrase (*weil nur diese conjunctio verbis die Personen zusammenstellt und ehrt*). Peu importe que des parts aient été faites; ce partage doit s'entendre uniquement de la prévision d'un concours possible, et ne s'appliquer qu'à la réalisation de cette hypothèse[2]. Pour nous, nous

---

[1] L'explication imaginée par M. Huschke a été adoptée par M. Danz, *Lehrb. der Gesch. der Röm. Rechts.*, t. II, § 158. Cet auteur reproduit à peu près les termes dont se sert M. Huschke pour formuler ses propositions.

[2] La loi 66, *De her. inst.*, prouve bien que ce n'était pas ainsi que les jurisconsultes romains entendaient la chose. Ils disaient que le testateur n'avait pas voulu associer entre eux ceux qu'il gratifiait par une même formule avec assignation de parts, qu'il n'avait d'autre but que de s'exprimer plus vite. « *Non tam conjunxisse quam celerius dixisse videtur.* » Voyez ce que nous avons dit sur ce texte, page 11.

n'hésitons pas à suivre l'opinion justement inverse, énoncée par Mühlenbruch, t. XLIII de la continuation de Glück, p. 324; et nous croyons que la vérité est dans le contre-pied de la thèse de M. Huschke. Ce n'était pas *aveuglément* que les anciens jurisconsultes avaient arrêté les règles du *jus adcrescendi*. Ils pensaient avec beaucoup de sens que l'institution d'un héritier pour une part entière, bien que la même part fût attribuée séparément à un autre, indiquait chez le disposant l'intention d'assurer à chacun cette part en totalité, si le concurrent éventuel faisait défaut, tandis que la fixation de parts entre deux individus institués pour la même fraction témoignait une bienveillance moins grande, et devait être entendue comme réduisant à tout événement l'un ou l'autre à n'avoir qu'une portion. On peut, il est vrai, trouver un peu de rigueur dans cette dernière idée, dire que cette formule des jurisconsultes : « *Semper partes habent* » est trop absolue, la division n'ayant peut-être été établie qu'en vue d'un concours. Mais au moins un pareil doute ne peut pas s'élever, quand il y a attribution entière d'une part au profit d'un héritier. On est donc bien fondé à soutenir que la *conjunctio re* sera toujours l'indice d'une libéralité beaucoup plus certaine quant à sa portée que la *conjunctio verbis*.

La seule voie qui nous paraisse devoir être suivie pour résoudre la difficulté est celle qui a été indiquée par M. Rudorff, et proposée également par M. Holtius. Cette voie est celle qui s'arrête à l'interprétation des termes employés par la loi Papia. Nous estimons qu'on peut admettre sans se tromper que celui-là parmi les *patres heredes* était déclaré *potior in vindicandis caducis* qui se trouvait *conjunctus* avec le défaillant ; et que la règle était également applicable, qu'il s'agît de la caducité d'un legs ou de celle d'une part héréditaire. Il ne saurait y avoir de doute à l'égard des legs, puisque Gaïus nous apprend, II, § 207, que la loi elle-même mentionnait cette préférence pour le *collegatarius conjunctus* (*tamen ipsa lege Papia significatur ut collegatarius conjunctus, si liberos habeat, potior sit heredibus...*). Qu'il en fût ainsi pour ce qui concernait les parts héréditaires, c'est ce qui est extrêmement vraisemblable, la loi ayant dû adopter une décision uniforme pour disposer des différents éléments de caducité. Cette conclusion devient fort légitime, si l'on fait attention à cette circonstance que Paul, dans le même livre où il s'occupe de la *conjunctio* entre légataires qui est l'objet de la loi 89, *De legat.* 3°, traitait aussi de la *conjunctio* entre les héritiers, et que sa doctrine à ce sujet se retrouve dans la loi 142, *De verb. sign.* Or, comme il est généralement admis que la loi 89 se réfère à la *caducorum vindicatio*, il est fort raisonnable de donner la même portée à la loi 142. Tout se réduit donc à savoir ce qu'il fallait entendre par *heredes conjuncti*, et par *legatarii conjuncti.* Cette observation très-juste appartient à M. Rudorff, qui, selon nous, n'en a pas tiré le parti qu'elle pouvait fournir.

En effet, la loi 142, *De verb. sign.*, qui, d'après la source où elle a été puisée et son rapprochement avec le Fragment 89, *De legat.* 3°, se rattache à l'exposition de la législation caducaire, est bien formelle pour appliquer l'idée de *conjunctio* entre héritiers, non-seulement à ceux qui sont *conjuncti re et verbis* (point sur lequel la *conjunctio* n'a jamais fait de doute), mais encore aux *conjuncti* qui le sont simplement *re.* C'est ce que Paul établit très-nettement dans la dernière portion du texte, à partir de ces mots : « *Lucius Titius ex parte dimidia…* » Il atteste, à la vérité, que ce point avait fait quelque difficulté, et il signale Julien comme ayant trouvé cette proposition douteuse. Mais Paul ne s'arrête point à ces scrupules, et il décide positivement qu'en pareil cas les institués doivent être tenus pour *conjuncti*, c'est-à-dire qu'ils doivent être préférés, puisque tel était l'intérêt de la question, quant à la *caducorum vindicatio.* Aussi ne pouvons-nous trop nous étonner de voir M. Rudorff déclarer, p. 420, que les compilateurs des Pandectes n'ont inséré que la partie du texte de Paul qui traitait de la *conjunctio re et verbis*, et qu'ils ont supprimé tout ce qui était relatif à la *conjunctio re* de même qu'à la *verbis conjunctio.* Cette suppression est exacte en ce qui concerne les effets de la *verbis conjunctio*, dont Paul devait aussi s'occuper pour accomplir la tâche qu'il s'était proposée. Il commence, en effet, par distinguer une triple *conjunctio*, et, sans doute, il avait examiné en détail la valeur de chacune de ces *conjunctiones.* Mais, si nous sommes privés de ce qu'il avait dit à propos de la *verbis conjunctio*, il n'en est pas de même quant à la *conjunctio re*, ainsi que le démontre un examen attentif et complet de la loi 142.

Nous trouvons donc dans ce passage de Paul un témoignage exprès, qui nous fixe sur le sens donné au terme *conjuncti* entre cohéritiers; et cela très-vraisemblablement au sujet de l'application de la loi Papia. Ce témoignage est confirmé par un Fragment d'Ulpien, loi 15, pr., *De her. inst.*, qui, d'accord avec Paul, décide que, malgré l'emploi de formules distinctes, la qualification de *conjuncti* avait prévalu, contre les doutes de Julien, à l'égard des héritiers institués séparément pour une même quote de l'hérédité. Enfin, Celse, dans la loi 80, *De legat.* 3º, est encore très-affirmatif pour appliquer la dénomination de *conjuncti* aux institués dont chacun est appelé en totalité à la même chose. Comment M. Rudorff a-t-il pu prétendre que la jurisprudence, postérieure à la loi Papia, hésita sur la portée à donner à la *conjunctio* entre héritiers, et qu'elle finit par se décider en faveur de la *conjunctio verbis*, avec exclusion de la *conjunctio re?* Y a-t-il un seul fragment qui prouve que jamais l'idée de *conjunctio* ait été écartée pour les héritiers appelés à la même fraction d'hérédité par des formules séparées? Nous n'en connaissons point pour notre compte; et, dès lors, nous dirons, avec Mühlenbruch, que dût-on passer condamnation, quant à la manière d'entendre la *conjunctio* pour les legs, il faut du moins tenir fermement que, relativement aux héritiers, le langage n'a jamais varié, et que ceux qu'on était habitué à considérer comme *conjuncti*, quant au *jus adcrescendi*, ont continué à être dits *conjuncti* quant au *jus caduca vindicandi*. M. de Wangerow [1] reconnaît bien qu'en matière d'hérédité la *conjunctio* a toujours été attachée à cette condition d'être appelés à la même part, et il signale une différence dans la terminologie des Romains, suivant qu'il s'agit d'héritiers ou de légataires. Cette observation aurait dû, ce semble, l'amener à admettre une distinction entre les héritiers et les légataires au point de vue des effets de la *conjunctio*, qui, pour les uns ou les autres, reposerait sur une idée différente. Cependant il se range à l'opinion commune, et blâme Mühlenbruch de vouloir séparer les héritiers et les légataires, en soutenant que, du moins pour les héritiers, c'est toujours la *conjunctio re* qui a été prise en considération, même pour le *jus caduca vindicandi*, bien que, de l'aveu de M. de Wangerow, il ne faille parler de *conjunctio* entre héritiers qu'autant qu'elle existe *re*.

[1] *Lehrb. der Pand.*, t. II, § 495, *Anmerk*. 2.

Terminons cette discussion, un peu longue peut-être, mais à laquelle nous avons cru devoir donner quelque développement, parce que nous avons rencontré pour adversaires de l'opinion que nous embrassons tous les auteurs, sauf Mühlenbruch, qui ont écrit sur cette matière depuis la découverte des textes nouveaux. Notre conviction est que, pour déterminer la préférence entre les *patres heredes*, les jurisconsultes romains suivirent les règles anciennement admises quant au *jus adcrescendi*. La loi Papia disait sans doute que les parts héréditaires caduques iraient d'abord aux *heredes* CONJUNCTI *qui liberos habebant*. La *conjunctio* sur ce point fut celle de tout temps admise entre les héritiers, qui n'étaient regardés comme *conjuncti* que dans le cas où la même quote d'hérédité leur avait été attribuée à chacun en totalité. Cette *conjunctio re*, toujours indispensable pour constituer la vraie *conjunctio*, pouvait être isolée ou accompagnée d'une *conjunctio verbis*. Nous sommes disposé à croire que là où il y avait un *conjunctus* à la fois *re et verbis*, il devait l'emporter sur un *conjunctus re tantum*, à l'exemple de ce qui avait lieu en matière d'accroissement. Rappelons-nous que les *conjuncti re et verbis* étaient dits ne former qu'une personne [1] vis-à-vis des *conjuncti re*. Cette prérogative de la double *conjunctio* ressort bien du texte de la loi 142; elle était privilégiée de l'aveu de tous, tandis que les avantages dus à la simple *conjunctio re* étaient contestés. La même prééminence de la *conjunctio re et verbis* se retrouve dans la loi 89, *De legat.* 3°, où nous voyons que le *conjunctus* de cette espèce *præfertur omnimodo cæteris*, termes qui ont leur importance, et qui prouvent que celui-là avait le pas sur tous les autres d'une manière absolue. A défaut de tout *conjunctus* véritable, soit *re et verbis*, soit *re tantum*, le *conjunctus verbis tantum* était-il du moins appelé avant les autres héritiers *patres*, qui ne pouvaient se prévaloir d'une *conjunctio* quelconque? Pour être conséquents, les jurisconsultes romains, s'il est vrai, comme nous le pensons, que la *conjunctio* entre héritiers était attachée à la *res*, à la vocation au même tout, auraient dû dire qu'il y avait ici *disjunctio*, et refuser à ces prétendus *conjuncti* un droit de préférence pour la *caducorum vindicatio*, de même qu'il leur était refusé pour le *jus adcrescendi*. Cependant nous n'oserions

---

[1] L. 34, pr., *De legat.*, 1°.

affirmer comme certain qu'il n'était pas tenu compte subsidiairement de cette sorte de *conjunctio*.

En supposant l'absence de tout *conjunctus* parmi les héritiers *qui liberos habebant*, le profit de la caducité des parts héréditaires devait appartenir à ceux des héritiers qui étaient *patres*, bien qu'ils fussent institués pour des portions distinctes. C'est encore l'analogie du *jus adcrescendi* qui, à notre avis, servait ici de règle ; et nous ne doutons point qu'entre ces *patres* la répartition des *caduca* ne se fît *pro partibus hereditariis*, à l'instar de l'accroissement, et non par têtes. Sur ce point, nous nous écartons également de l'opinion de M. Huschke, p. 324, qui ne s'explique à la vérité qu'à l'égard des legs caducs déférés aux *patres* héritiers, mais qui, par la manière dont il raisonne, nous autorise à penser qu'il déciderait la question de la même manière au point de vue des parts héréditaires. Suivant lui, si les héritiers qui ont des enfants reçoivent de la loi l'aubaine des *caduca*, c'est uniquement en considération du titre d'héritier dont ils ont été honorés par le défunt, titre qui est le même pour tous, et nullement en tenant compte de la quotité de leur institution. M. Huschke oublie, nous le craignons, son point de départ, qui est que la loi Papia avait pour principe de distribuer les *caduca* entre les *patres* conformément à la volonté du testateur. Or, si l'on adopte cette règle, qui nous paraît bonne, il est clair que le testateur a entendu favoriser davantage celui qu'il a institué pour une plus forte part.

Quand il ne se rencontrait aucun héritier *pater* et que néanmoins le testament était maintenu, parce qu'il y avait quelque héritier *solidi capax*, l'*œrarium* n'était pas encore toujours en mesure de faire valoir son droit qui ne devait s'exercer qu'en dernière ligne. Il se trouvait exclu par les simples légataires *patres*, que le bienfait de la loi substituait aux héritiers dont les parts étaient défaillantes. On épuisait, par ordre de mérite fixé par le testateur, toutes les personnes dignes de récompense parmi les gratifiés, avant d'ouvrir le champ au droit du *populus* considéré comme *parens omnium*. Cette faveur exorbitante, qui s'explique par une observation scrupuleuse des intentions supposées au défunt, est formellement attestée par le paragraphe 21 du titre 1er des *Regulæ* d'Ulpien. Nous y voyons que si de deux héritiers institués un seul vient à l'hérédité, et qu'il n'ait ni des *liberi*, ni le *jus antiquum*, ce sont les *legatarii patres* qui remplaceront l'héritier faisant défaut, *loco non adeuntis legatarii patres heredes fiunt*. Cette proposition avait paru incompréhensible à Cujas, aux yeux duquel les lois caducaires avaient été principalement portées dans l'intérêt du trésor public. Aussi enseigne-t-il, dans ses notes sur les *Regulæ* d'Ulpien, que ce passage devait être corrompu ; et il le corrigeait en lisant : *præfecti ærarii*, au lieu de : *legatarii patres*. Mais aujourd'hui que le rang extrême assigné à l'*ærarium* dans la dévolution des *caduca* est bien connu, il n'y a aucune difficulté à conserver intact le texte d'Ulpien, et à dire que ce n'était qu'à défaut de tous héritiers et de tous légataires *patres* que l'*ærarium* pouvait, d'après la loi Papia, mettre la main sur les *caduca*. — Il resterait à se demander dans quelle proportion les parts héréditaires caduques étaient déférées aux *legatarii patres*. L'absence de tout document ne permet d'asseoir à cet égard aucune conjecture positive. Peut-être faut-il appliquer ici le système de M. Huschke, qui se recommande par sa simplicité, et admettre un partage par têtes, à raison de la complication qu'entraînerait la nécessité d'une estimation de la valeur de chaque legs. On peut ajouter qu'en ce cas le véritable titre de vocation est dans la loi bien plus que dans la volonté du défunt, et que pour la loi il y a mérite égal chez tous ceux *qui liberos habent*.

Si nous abordons maintenant les règles de la dévolution des *caduca* en matière de legs, nous trouvons à ce sujet un renseignement précieux dans le paragraphe 207 du *Commentaire* II de Gaïus, qui nous fait connaître l'ordre dans lequel étaient appelés les divers ayant droit. Il en résulte qu'avant de laisser tomber le bénéfice du legs dans l'*ærarium*, il y avait trois classes de personnes autorisées à profiter de la défaillance, savoir : 1° les *collegatarii conjuncti*, s'il en existait ayant des enfants ; 2° les héritiers qui étaient *patres* ; 3° les légataires non *conjuncti*, toujours à la condition d'avoir des enfants. C'est ce qui ressort bien nettement de ce texte de Gaïus : « *Et quamvis prima causa sit, in caducis vindicandis, heredum liberos habentium, deinde si heredes liberos non habeant, legatariorum liberos habentium, tamen ipsa lege Papia significatur ut collegatarius conjunctus, si liberos habeat, potior sit heredibus, etiamsi liberos habebunt.* »

Il ne faut pas s'étonner de voir les légataires ordinaires primés, quant à la *vindicatio legatorum*, par les héritiers, ainsi qu'ils l'étaient pour la caducité des parts héréditaires. On ne peut pas dire que les legs défaillants doivent appartenir d'abord à la masse des légataires, de même que les institutions en défaillance reviennent à la masse des héritiers. Les légataires n'ont habituellement aucun lien entre eux, chacun n'ayant reçu qu'un objet particulier, de sorte que le défaut de l'un des légataires ne saurait, en principe, améliorer la position des autres. Les héritiers, au contraire, ont un titre qui leur donne droit à la masse entière des biens du défunt, et qui leur permet de tout prendre si les autres intéressés viennent à manquer. Les legs ne sont qu'une charge de l'universalité dévolue aux héritiers, une *delibatio hereditatis*, d'où la conséquence que, quand un legs défaille, c'est naturellement un dégrèvement pour les héritiers. Cette rétention dans l'hérédité était admise par le *jus antiquum*, sans distinction au profit de tous les héritiers, *patres* ou non. Depuis la loi Papia, ce genre de bénéfice a cessé d'être général ; il est devenu l'un des *præmia patrum*, et a été réservé aux héritiers qui sont seuls dignes de faveur, à ceux *qui liberos habent*. Nous pensons qu'entre les héritiers *patres*, la répartition des legs devait se faire *pro partibus hereditariis*, puisque c'était en considération de leur titre d'héritier qu'ils étaient appelés. Nous excepterions cependant le cas où le legs devenu caduc aurait été imposé uniquement à tel héritier *pater*. Celui-là devait, ce nous semble, recueillir seul le profit de la caducité, comme pouvant invoquer la volonté du défunt, qui n'a entendu diminuer sa part que dans l'intérêt du légataire qu'il supposait apte à *capere*.

L'appel des légataires *non conjuncti*, mais *patres*, à défaut de tout héritier *pater*, n'est autre chose qu'une pure faveur de la loi, une source d'acquisition *ex lege*, qui n'est pas plus étrange que la dévolution même des parts héréditaires caduques. C'est une renonciation que l'Etat fait de son droit, pour encourager le plus possible la procréation des enfants. Elle choisit seulement ceux pour lesquels le testateur a manifesté sa bienveillance, en les honorant du titre de légataires. Quant au partage, entre les *legatarii patres*, du montant des legs caducs, nous estimons qu'il devait s'opérer par tête, à l'exemple de ce que nous avons admis pour les parts héréditaires.

L'ordre à suivre était donc celui-ci : d'abord les héritiers *pa-*

tres, puis les légataires *patres*. Mais on conçoit que si, par les raisons que nous avons données, les légataires sont ordinairement primés par les héritiers, cette infériorité doit cesser quand il s'agit d'un légataire que la volonté du défunt a appelé à recueillir le bénéfice du legs conjointement avec le défaillant. Le légataire, qui peut se prévaloir de cette circonstance, prend ici, au contraire, le premier rang, et l'emporte sur les héritiers, précisément parce que telle était l'intention du testateur. Toutefois, pour que cette préférence s'appliquât, il fallait, d'après le *jus antiquum*, que le colégataire, afin d'empêcher la rétention du legs dans l'hérédité, fût autorisé, en vertu de son propre titre, à prendre ce qui échappait à l'autre légataire, en un mot, qu'il y eût entre eux une *conjunctio re*, sans s'embarrasser si elle était en même temps *verbis*. On devait pouvoir dire que chaque légataire était appelé à la totalité, et que ce n'était qu'en cas de concours qu'il devait être réduit à une fraction.

Cette règle si simple, que nous avons constatée dans l'ancienne jurisprudence, à l'occasion du *jus adcrescendi* au profit de tout légataire *conjunctus re*, semblerait devoir se retrouver, quant à la *caducorum vindicatio*, à l'égard du colégataire *pater*, qui seul avait droit de prendre le legs caduc préférablement aux héritiers. Il n'y aurait là que l'exécution de la volonté du défunt, qui, à notre avis, devait servir de base générale à la répartition des *caduca*, comme elle servait de base pour le *jus adcrescendi*. Néanmoins, il est certain qu'en cette matière on alla plus loin que ne l'avait fait l'ancienne jurisprudence pour l'accroissement, et que le droit aux *caduca* fut étendu au *collegatarius* qui était simplement *conjunctus verbis*, c'est-à-dire auquel la même chose avait été laissée sous assignation de parts. Nous savons cependant que la fixation de parts faisait de chaque legs un objet distinct, et parquait *ab initio* chaque légataire dans la fraction que lui avait attribuée le testateur, de sorte que l'éventualité d'une défaillance ne devait pas lui profiter. Gaïus, II, § 208, enseigne positivement que, suivant l'opinion la plus générale (car il paraîtrait que cette interprétation avait rencontré des contradicteurs), le *jus caduca vindicandi*, par préférence aux héritiers, compétait au *collegatarius conjunctus*, tout aussi bien dans un legs *per damnationem* que dans un legs *per vindicationem*[1]. Or,

---

[1] « *Sed plerisque placuit, quantum ad hoc jus quod lege Papia conjunctis*

quand il s'agissait d'un legs *per damnationem*, il ne pouvait exister qu'une *conjunctio verbis*, suivant l'adage : *Damnatio partu facit*.

Si nous ne rencontrions que cette dérogation à la théorie du *jus adcrescendi* dans la *caducorum vindicatio* pour les legs, elle ne présenterait rien d'embarrassant. Nous avons déjà fait observer qu'il y avait une certaine rigueur à dire que les légataires conjoints *verbis* ne devaient jamais avoir qu'une part (*semper partes habent*). Il est possible, en effet, que le testateur n'ait opéré une division que dans la prévision d'un concours qu'il espérait, de sorte que cette division ne portât, suivant la distinction faite par certains auteurs, que sur l'*exécution* et non sur la *disposition même*. Qu'on eût tranché le doute qui peut s'élever dans le sens le plus avantageux aux légataires, ce serait là seulement une interprétation bienveillante, pour laquelle l'abandon des anciens principes s'expliquerait par la faveur dont on voulait entourer les *patres*. Mais cette protection assez plausible, accordée aux *collegatarii conjuncti verbis*, deviendra bien regrettable si, pour la justifier, il faut sacrifier la préférence bien fondée en raison que méritent les *collegatarii conjuncti re*, c'est-à-dire ceux à qui la même chose a été léguée en totalité par des formules distinctes ; s'il faut, en d'autres termes, asseoir le droit des *conjuncti verbis* sur la ruine des *conjuncti re*.

C'est là cependant la conséquence à laquelle on arrive nécessairement quand on entend, avec le sens naturel qu'il présente, le fameux Fragment de Paul, la loi 89, *De legat.*, 3°. En voici la teneur :[1]

« *Re conjuncti videntur, non etiam verbis, cum duobus separatim eadem res legatur. Item verbis, non etiam re, Titio et Seio fundum æquis partibus do, lego : quoniam semper partes habent legatarii. Præfertur igitur omnimodo cæteris, qui et re et verbis conjunctus est. Quod si re tantum conjunctus sit, constat non esse potiorem.*

constituitur, nihil interesse, utrum per vindicationem an per damnationem legatum sit. » — On trouve un exemple remarquable de l'application du *jus caduca vindicandi* au profit du *collegatarius conjunctus* en matière de legs *per damnationem*, dans la loi 29, *De liber. leg.*, tirée du livre VI de Paul *Ad legem Juliam et Papiam*. Seulement les compilateurs des Pandectes ont remplacé l'expression *caducum* que Paul avait sans doute employée par cette périphrase : « *Commodum quod lege competit.* »

Si vero verbis quidem conjunctus sit, re autem non, quæstionis est, an conjunctus potior sit? Et magis est ut et ipse præferatur. » Paulus, lib. VI, *Ad legem Juliam et Papiam.*

Ici, toutes les *conjunctiones* sont prévues, de même que leurs effets sont exposés. Pas de difficulté quant à la *conjunctio re et verbis :* le *conjunctus* de cette espèce sera préféré à tous, c'est-à-dire non-seulement aux héritiers, mais encore aux autres *conjuncti.* Cette conclusion nous paraît contenue dans les expressions de Paul (*omnimodo cæteris*), et nous rejetons l'explication de M. Huschke, qui met sur la même ligne, p. 324 [1], les *conjuncti* quelconques autorisés à la *caducorum vindicatio.* D'après nous, il y a une juste interprétation de la volonté du défunt à dire que le *conjunctus re et verbis,* ne faisant qu'une personne avec son conjoint, tiendra absolument sa place. La dernière proposition de la loi 89, la préférence accordée au *conjunctus verbis* sur les héritiers (telle est la pensée de Paul, comme le prouve un rapprochement avec le paragraphe 207 de Gaïus), ne nous offusque pas non plus, quand il ne se rencontre ni *conjunctus re et verbis,* ni *conjunctus re.* Nous en avons donné plus haut les motifs. Il reste donc uniquement à se rendre compte de l'exclusion prononcée à l'égard du *conjunctus re.*

Cette exclusion est, nous l'avouons, nettement indiquée par ces mots du texte : *Quod si re...* Le sens de l'expression *potior* est aujourd'hui fixé par le paragraphe 207 de Gaïus; il n'est pas question de l'accroissement proprement dit, mais bien de savoir si, quant au droit de profiter de la caducité, le colégataire *conjunctus re tantum* jouira de la préférence que la loi Papia accordait sur les héritiers *patres* aux *collegatarii conjuncti.* C'est cette prérogative qui lui est déniée, et, dès lors, la *conjunctio* dans le sens des lois caducaires qui est repoussée. Une pareille solution nous apparaît presque comme une monstruosité, à côté

---

[1] M. Huschke déclare ne pouvoir comprendre qu'il y ait concours d'un *re et verbis conjunctus* avec un *verbis conjunctus.* Cette hypothèse se réalisera, croyons-nous, dans l'espèce suivante. Le testateur a dit : *Je lègue le fonds Sempronien à Primus et à Secundus. Ce que j'ai légué à Secundus, je le lègue aussi à Tertius, pour moitié à chacun.* Tous les appelés étant capables, Primus prendrait moitié, et les autres chacun un quart. Que Secundus fasse défaut, Primus, que nous supposons *pater,* pourra, si notre doctrine est exacte, revendiquer la part de Secundus, à l'exclusion de Tertius, qui restera réduit à un quart.

de la qualité de *conjunctus* reconnue à celui qui ne l'est que *verbis*, qui, par conséquent, n'a obtenu rigoureusement qu'une part. Paul répète lui-même la formule usitée : « *semper partes habent,*» et semble écrire la condamnation de sa doctrine. Il valait donc mieux, pour un légataire, que le testateur l'eût réduit à une fraction au lieu de lui laisser le tout! Ne perdons pas de vue qu'il s'agit d'un *pater*, digne de toute la faveur de la loi. Il a en outre pour lui la volonté du défunt, qui, en lui attribuant la totalité à défaut de concurrent, l'a préféré pour cet objet à ses héritiers. Néanmoins, il devra se contenter d'une moitié, tandis que, si le testateur eût dit qu'il n'aurait qu'une part, en assignant l'autre part à quelque autre, pourvu qu'il l'eût fait dans la même phrase, les héritiers *patres* auraient dû lui céder le pas. C'est là ce que la raison a peine à admettre, malgré l'évidence du texte. Nous sommes surpris que cette observation ait échappé, en général, aux auteurs modernes. On a fait grand bruit de l'importance qu'offrait l'interprétation nouvelle de la loi 89, pour sauver la pureté des principes du *jus adcrescendi,* puisque désormais il est avéré que le droit accordé au *conjunctus verbis* n'est point le droit d'accroissement, mais celui de la *caducorum vindicatio.* Nous voulons bien que la théorie de la *caducorum vindicatio* soit plus large que celle de l'accroissement, mais à condition que la concession faite aux *conjuncti verbis* ne sera point achetée au détriment des *re conjuncti*, dont le titre est incontestable.

Il est facile de démontrer, par la manière même dont raisonne Paul, qu'il aurait dû arriver à une solution tout autre que celle à laquelle il aboutit. Sa première proposition est celle-ci, que le *conjunctus re et verbis* doit être préféré à tout le monde, héritiers ou légataires. De plus, quand il s'occupe de la *conjunctio verbis*, il reconnaît que le droit de préférence est pour eux l'objet d'une difficulté (*quœstionis est*). D'où vient cette difficulté? évidemment de ce que, la circonstance de la *eadem res* faisant défaut, on sent ici l'absence d'une *conjunctio* véritable. Par conséquent, l'idée de *conjunctio* doit s'attacher à la *res*. On ne doute pas de la *conjunctio* pour le *conjunctus re et verbis*, parce que le lien nécessaire se rencontre. Si ce lien réside dans l'unité de la chose, il faut donc proclamer *conjunctus* celui qui l'est *re*, et lui accorder sans hésiter une préférence qui n'appartient qu'avec peine, dit-on, au *conjunctus verbis*. Car, en définitive, la *conjunc-*

tio est dans la *res* ou dans les *verba*. Si on la place dans les
verba, pourquoi le *conjunctus re et verbis* serait-il préféré *omnimodo cæteris*, dès l'instant où la *conjunctio* par la *res* est indifférente? quelle raison y a-t-il aussi d'élever une controverse sur
le droit du *conjunctus verbis*, puisqu'on déclare la *conjunctio re*
sans importance, ce qui serait un point constant (*constat non esse
potiorem*)?

La loi 89 serait justifiée en tout point, s'il était permis d'effacer une négation et de lire ainsi : *constat esse potiorem*. Elle con-
sacrerait d'abord une préférence absolue quant au *conjunctus re
et verbis*; en second lieu, une préférence non douteuse sur les
héritiers quant au *conjunctus re*; enfin, la même préférence, bien
que contestable, quant au *conjunctus verbis*. Nous sommes loin
cependant de proposer ce moyen violent, qui ne repose sur l'autorité d'aucun manuscrit. Il nous est impossible également d'a-
dopter l'explication de Rosshirt, t, I, p. 598, qui lui aussi répugne
à admettre l'exclusion du *conjunctus re*. Dans son opinion, Paul
voudrait dire seulement que, pour le *conjunctus re*, il ne peut
être question d'une préférence, parce qu'il se borne à réclamer
ce qui lui a été laissé directement, et qu'il n'entreprend point
sur le droit d'un autre. Cette remarque est pleine de justesse, et
elle fait bien sentir toute l'iniquité qu'il y a dans le système qui
écarte le *conjunctus re*. Non-seulement vous refusez à un *pater*
le privilége de la *caducorum vindicatio*, mais encore vous ne lui
laissez pas son legs entier, bien qu'il ait droit à l'*omne legatum*,
comme dit Juvénal. Mais il suffit de lire attentivement le texte
de Paul, pour comprendre qu'il a en vue une part à donner à
quelqu'un, et qu'il s'agit de savoir qui l'on doit préférer, *quis
potior sit?* Nous ne partageons pas non plus l'avis de Mühlenbruch[1], qui a essayé de réchauffer une vieille interprétation due
au glossateur Rogerius. Elle consiste à prétendre que l'intention
de Paul a été uniquement de nier la préférence du *conjunctus re*
par rapport au *conjunctus re et verbis*. Le jurisconsulte n'aurait
fait ainsi que répéter ce qu'il venait de dire. Mühlenbruch va
même jusqu'à soutenir que Paul refuse tout droit de préférence au *conjunctus verbis*. Pour cela il transforme le texte, et lit
la dernière phrase comme s'il y avait ces mots : *an conjunctus*

[1] *Continuation de Glück*, t. XLIII, §§ 1498, 1499, p. 330.

RE *potior sit ?* Ce procédé nous paraît bien arbitraire ; il dénature la physionomie naturelle du texte. D'ailleurs ce dernier résultat est contredit par le paragraphe 208 de Gaïus.

Nous aimons mieux confesser que Paul se prononce franchement pour l'exclusion du *conjunctus re*, et pour l'admission du *conjunctus verbis* quant à la *caducorum vindicatio*. Nous croyons même que sur ce point il ne fait que reproduire l'opinion qui avait fini par prévaloir. Quelque critiquable que nous semble cette décision, nous l'expliquons par une suite de la faveur qui avait été, après hésitation, accordée à la *conjunctio verbis*. En effaçant la division faite par le testateur, on se trouva entraîné à placer la *conjunctio* dans les *verba*, et dès lors à ne plus faire attention à la *eadem res*. Cette doctrine fut sans doute favorisée par l'usage qui s'était établi d'appeler *disjuncti* les légataires gratifiés du même objet par des formules distinctes, suivant la remarque que nous avons faite précédemment [1]. Cependant il ne paraît point que cette manière d'entendre la *conjunctio* dans les legs ait triomphé sans controverse, ainsi que l'attestent le paragraphe 208 de Gaïus et la loi 89, *De legat.*, 3°. M. Rudorff pense que c'est seulement à l'époque de Gaïus qu'elle est devenue prédominante. Celse, dans la loi 80, *De legat.* 3°, est encore très-positif pour ne pas séparer l'idée de la *conjunctio*, soit qu'il s'agisse d'héritiers, soit qu'il s'agisse de légataires. Il nous dit qu'un legs est fait *conjunctim*, quand il y a *totum singulis datum*. Les jurisconsultes postérieurs semblent encore hésiter entre les deux significations du mot *conjunctim*. Ainsi Ulpien, loi 1, pr., *De usuf. adcresc.*, pose pour règle qu'il n'y a lieu à accroissement entre légataires d'un usufruit qu'autant que le legs a été fait *conjunctim.* Or, comme en matière d'usufruit l'accroissement avait été maintenu, c'est bien la solidarité de la vocation, l'unité de la *res legata* qu'Ulpien désigne par cette expression : *conjunctim.* Cependant le même jurisconsulte, dans le paragraphe 77 des *Vat. Fragm.*, qui lui appartient, refuse la qualité de *conjuncti* à ceux auxquels l'usufruit de la même chose a été légué en *totalité*, mais *separatim*, c'est-à-dire par des dispositions isolées. Cette diversité de langage est regrettable par

---

[1] Voyez plus haut, p. 15 et 17, notes. — Consultez sur ce point Gaïus, II, 199, 205, 215, 223; Ulpien, *Reg.*, tit. XXIV, 12, 13.

les conséquences qu'elle a produites [1] ; mais du moins faut-il restreindre aux legs l'idée d'une *conjunctio* attachée aux *verba*, puisque c'est uniquement à leur égard que cette déviation du sens le plus raisonnable se rencontre, et que pour les institutions d'héritier les jurisconsultes romains n'ont jamais placé la *conjunctio* ailleurs que dans la *res*.

L'ordre de dévolution quant aux *caduca*, que nous avons exposé comme résultant des dispositions de la loi Papia, ne fut-il maintenu que jusqu'au commencement du troisième siècle de l'ère chrétienne? Une constitution de Caracalla, mentionnée par Ulpien, *Reg.*, tit. XVII, § 2, vint-elle abolir le privilége des *patres*, pour transférer de prime abord au trésor public, jusqu'alors relégué au dernier rang, le droit de prendre les *caduca?* Désormais les incapacités auraient continué à subsister ; mais les prérogatives attribuées à la paternité auraient été supprimées : il y aurait toujours eu des peines et des déchéances, mais plus de récompenses.

Le passage d'Ulpien, auquel nous faisons allusion, et qui a donné lieu à une vive controverse, est ainsi conçu, d'après la ponctuation adoptée ordinairement par les éditeurs :

« § 2. *Hodie ex constitutione imperatoris Antonini omnia caduca fisco vindicantur, sed servato jure antiquo liberis et parentibus.*

« § 3. *Caduca cum suo onere fiunt ; ideoque libertates et legata et fideicommissa, ab eo data ex cujus persona hereditas caduca facta est, salva sunt : scilicet et legata et fideicommissa cum suo onere fiunt caduca.* »

Cujas, dans ses notes sur les Règles d'Ulpien, avait supposé le manuscrit altéré par suite d'une transposition de mots. Cet auteur ne distinguait pas entre l'*ærarium* et le *fiscus ;* et comme, pour lui, les priviléges des *patres* n'existaient pas, qu'à ses yeux la loi Papia n'avait songé qu'à enrichir le trésor, en respectant uniquement les intérêts des ascendants ou descendants du testateur, Cujas pensait qu'il fallait déplacer cette portion du texte : *Hodie ex constitutione imperatoris Antonini.* Suivant lui, le pa-

---

[1] Il est curieux de voir que le vice de langage, qui avait prévalu quant à la *caducorum vindicatio* pour les legs, ait traversé les âges, pour se retrouver dans notre Code qui fait résulter la qualité de conjoint de l'unité de disposition, art. 1044.

ragraphe 2 devait commencer de la sorte : *Omnia caduca...* Ulpien aurait ainsi exprimé d'abord le droit général du fisc à la *caducorum vindicatio,* sauf la réserve du *jus antiquum* au profit des *liberi* et des *parentes.* Ce n'est qu'après cette première proposition, dérivant de la loi même et non d'une constitution impériale, qu'il faudrait faire intervenir le changement apporté en cette matière par Caracalla. Dès lors, pour rétablir à la place qui leur appartient les mots *Hodie ex...*, on devrait les mettre en tête du paragraphe 3, et les réunir à ce qui concerne les charges inhérentes à l'attribution des *caduca*, c'est-à-dire la nécessité imposée au fisc, qui seul profiterait de la *caducorum vindicatio,* de supporter les affranchissements, legs ou fidéicommis, dont le défunt aurait grevé celui dont la part devient caduque.

L'explication proposée par Cujas est restée sans écho. Elle a le tort de faire subir au texte une inversion complétement arbitraire, et elle ne repose, comme nous l'avons dit, que sur de fausses données historiques quant au plan de la loi Papia [1]. Aussi Godefroy et Heineccius se sont-ils accordés à repousser la correction de Cujas; ils n'ont vu dans la constitution de Caracalla que la pensée de dépouiller l'*œrarium* ou trésor du peuple, pour enrichir le *fiscus,* c'est-à-dire le trésor du prince, changement bien plus en harmonie avec les habitudes de Caracalla.

Ce système a été à son tour attaqué par un grand nombre d'auteurs modernes, qui ont assigné une bien plus grande portée à la conception de Caracalla, et qui ont compris sa constitution comme opérant une suppression pure et simple, au profit du fisc, des priviléges des *patres.* Nous ignorons à qui revient l'initiative de cette interprétation; nous la rencontrons pour la première fois, à notre connaissance du moins, énoncée par Keller, p. 458 de son précieux traité de la litiscontestation, qui a paru à Zurich, en 1827. Seulement Keller n'a pas la prétention d'en-

[1] Si le système de Cujas était vrai, on ne saurait trop s'étonner de l'humeur libérale qui aurait dicté une pareille constitution à Caracalla, prince fort renommé pour son esprit de fiscalité; car il aurait imaginé de soumettre le fisc à une charge qui jusqu'alors n'aurait pas pesé sur lui. Mais il n'est pas douteux que la règle, qui assujettissait le fisc recueillant une hérédité à accepter les *onera* imposés à celui dont il prenait la place, était établie avant Caracalla. Elle se trouve énoncée par des jurisconsultes d'une époque antérieure, par Julien, dans la loi 96, § 1, *De legat.* 1⁰, et d'une manière générale par Gaïus, dans la loi 14, *De jur. fisc.*

seigner une nouveauté, car il fait observer (note 4) que l'ancienne opinion de Godefroy et d'Heineccius a été généralement abandonnée et qu'on ne doutait plus, à l'époque où il écrivait, que l'intention de Caracalla n'eût été de *confisquer* le *jus patrum*. Cette thèse reçut, en 1828, des développements dans le travail de M. Rudorff sur la *caducorum vindicatio*, que nous avons déjà plusieurs fois cité. Suivant cet auteur, l'opposition entre l'*ærarium* et le *fiscus* perdit toute son importance depuis que la nomination des *præfecti ærarii* fut faite par l'empereur, ce qui commença sous Néron. Plus tard et avant Caracalla, la distinction s'effaça complétement ; le *fiscus* et l'*ærarium* devinrent des synonymes pour désigner uniformément le trésor public. En supposant que la gestion des deux caisses eût été encore séparée, cette différence était trop peu considérable et avait un caractère trop purement administratif pour qu'Ulpien dût la mentionner, sans s'écarter du plan d'un ouvrage élémentaire. Ces difficultés ne s'évanouissent que si l'on admet que Caracalla a voulu supprimer la *caducorum vindicatio* au profit des particuliers, et la conserver uniquement dans l'intérêt du trésor public, c'est-à-dire du *fiscus* et de l'*ærarium* réunis. C'est ainsi seulement, ajoute-t-il, qu'on peut expliquer cette réserve indiquée dans le texte : *sed servato jure antiquo liberis et parentibus.*

On ne peut nier, en effet, que la mention de cette réserve ne fournisse un argument très-puissant à l'opinion de M. Rudorff, si le texte d'Ulpien doit conserver la ponctuation habituelle. C'est là le motif qui a paru concluant à M. d'Hautuille, p. 133 et suiv.; il n'admet même pas les restrictions apportées par MM. Keller et Rudorff à leur manière d'entendre la constitution de Caracalla, restrictions fort importantes, dont nous allons parler, et qui enlèvent beaucoup de sa gravité à l'opinion soutenue par ces auteurs. Pour M. d'Hautuille, le *jus patrum* a disparu complétement de la législation romaine depuis la constitution de Caracalla ; et cette suppression radicale et sans retour a été également adoptée par nos commentateurs des Institutes les plus accrédités, par MM. Ortolan, Etienne et de Fresquet.

Cependant une critique sérieuse a été élevée contre le sens donné par ces différents auteurs à la constitution de Caracalla ; et beaucoup d'esprits ont été ramenés à maintenir l'ancienne théorie, c'est-à-dire la simple substitution du *fiscus* à l'*ærarium*.

C'est notamment la doctrine qui a toujours été enseignée par notre judicieux et savant prédécesseur, M. Ducaurroy. Il est difficile, en effet, de comprendre, si les prérogatives attachées à la paternité quant aux *caduca* avaient été anéanties sous Caracalla, que l'on trouve encore ce droit mentionné, comme étant en vigueur, par des jurisconsultes contemporains de cet empereur, et qui lui ont même survécu, tels qu'Ulpien et Paul. Or, non-seulement la *caducorum vindicatio* en faveur des *patres* nous apparaît comme une règle toujours pratiquée dans les écrits de ces jurisconsultes ; mais, de plus, jusqu'au dernier moment, jusqu'à l'abrogation complète des lois caducaires, nous savons, par le témoignage exprès de Justinien, au paragraphe 14 de la constitution *De cad. toll.*, que le fisc était encore rejeté au dernier rang (*fiscum nostrum ultimum ad caducorum vindicationem vocari*). Enfin, le même Ulpien, qui écrivit ses *Regulæ* sous l'empire de la constitution de *Caracalla* (*Hodie*, dit-il), dans deux autres passages de cet ouvrage (tit. I, § 21, et tit. XXV, § 17), nous offre des décisions qui ne se comprennent que par l'application du *jus patrum*.

A ces objections qui nous paraissent irrésistibles, MM. Keller et Rudorff opposent deux réponses, qui, à nos yeux, se contredisent entre elles. D'une part, ils font observer que souvent les jurisconsultes romains continuaient à énoncer des propositions de droit antérieur, bien qu'elles eussent été abrogées, ce qui expliquerait comment Ulpien et Paul ont encore parlé du *jus patrum*, nonobstant son abolition. Toutefois, ces auteurs n'ont pu se dissimuler combien il était peu croyable que tant de fragments où sont traitées des questions pratiques n'eussent trait qu'à une législation morte, sans que rien laissât soupçonner qu'elles avaient perdu leur intérêt actuel, et qu'elles devaient recevoir une autre solution en vertu de principes nouveaux. Aussi sont-ils conduits à faire cette concession importante, que sans doute la réforme de Caracalla ne fut que transitoire, et que le successeur immédiat de cet empereur, Macrin, se serait empressé de restituer aux *patres* le *jus caduca vindicandi*, dont ils avaient été quelque temps dépouillés. Mais, si la constitution de Caracalla n'a joui que d'une durée éphémère, le règne de ce prince ayant été assez bref, il n'est pas nécessaire de supposer que Paul et Ulpien, qui ont écrit principalement sous Alexandre

Sévère, n'aient songé qu'à donner des renseignements historiques dans les textes nombreux qu'ils nous ont laissés sur les lois caducaires. Au fond, on le voit, l'opinion de Keller et de Rudorff, avec le tempérament qu'ils admettent, aboutit en définitive, sauf un intervalle de quelques années, au même résultat que le système d'Heineccius que nous préférons, puisqu'il est certain que l'*œrarium* et le *fiscus* ont fini par se confondre. Ce qui est essentiel et ce que nous regardons comme positif, c'est le maintien de la *caducorum vindicatio* en faveur des particuliers ; et, s'il était vrai qu'elle subit une suspension temporaire, cette prérogative, de l'aveu de Keller et de Rudorff, ne tarda point à être remise en vigueur.

Malheureusement il n'est pas possible d'accepter la base sur laquelle s'appuient les savants professeurs de Berlin pour attribuer à Macrin la restauration des priviléges des *patres*. Ils invoquent à ce sujet un passage de Dion Cassius, le chapitre XII du livre LXXVIII [1]. Mais, comme l'a très-bien fait observer Schneider, p. 190, ce passage n'est relatif qu'à l'abolition du doublement de l'impôt sur les hérédités (*vicesima hereditatum*), qui du vingtième avait été élevé par Caracalla au dixième. La portée qu'on doit donner au texte de Dion est nettement déterminée par le lien qui existe entre la décision émanée de Macrin et celle que précédemment l'historien impute à Caracalla dans le chapitre IX de son livre LXXVII, où il raconte que cet empereur porta du vingtième au dixième l'impôt sur les hérédités, en ajoutant que, pour rendre ce surcroît plus productif, il imagina de conférer le droit de cité à tous ceux *qui in orbe romano erant*. On ne trouve nulle part dans Dion Cassius la trace d'une expropriation des *patres* au profit du fisc, qui aurait été consommée par Caracalla, non plus que d'une réforme à cet égard de la part de Macrin. Il faut donc renoncer à l'expédient proposé par Keller et Rudorff, afin d'expliquer la persistance du *jus patrum*. Nous restons dès lors en présence de la constitution de Caracalla, qui doit être interprétée comme ayant laissé intacts les priviléges concédés à la paternité.

Pour donner cette signification à la constitution dont il s'agit,

---

[1] Walter, n° 651, admet également la suppression du *jus patrum* par Caracalla, puis son rétablissement ultérieur ; seulement, il n'indique pas à quelle époque aurait eu lieu ce rétablissement.

nous rappellerons d'abord les arguments puissants que fournit la
mention persévérante du *jus patrum* indiqué comme étant toujours en vigueur par les jurisconsultes contemporains ou postérieurs, et surtout le témoignage d'Ulpien, qui, dans ses *Regulæ*,
fait plusieurs fois l'application de ces priviléges. Il serait mani-
festement en contradiction avec lui-même, si tantôt il parlait de
la *caducorum vindicatio* au profit des *patres* comme d'une faveur
abolie, tantôt il la présentait comme une institution ayant conservé toute sa force. Le véritable embarras gît uniquement dans
cette partie du texte : *Sed servato jure antiquo liberis et parentibus.* Tant qu'on n'isole pas cette réserve de ce qui précède, il
est clair qu'on ne peut l'expliquer qu'en y voyant une exception,
au profit des *liberi* et des *parentes*, d'une mesure de confiscation atteignant d'autres personnes. Si tous les anciens privilégiés
furent respectés, s'il ne s'agissait que de transférer au fisc les
droits de l'*ærarium*, il était inutile d'établir un contraste entre
deux prérogatives, celle du *jus antiquum* et celle du *jus patrum*,
qui devaient continuer à subsister l'une aussi bien que l'autre.

Le nœud de la difficulté a été ingénieusement tranché par
Schneider, p. 193. Cet auteur rejette comme fausse la division
donnée ordinairement au texte d'Ulpien, tel que nous l'avons
cité plus haut. Cette division, fait-il observer, ne doit point nous
asservir, parce que le manuscrit d'Ulpien n'en contient aucune,
et que le caprice des éditeurs ne peut faire loi. Suivant Schneider,
le paragraphe 2 du titre XVII doit se terminer après le mot :
Vindicantur, et se borner à cette proposition : *Hodie ex constitutione imperatoris Antonini omnia caduca fisco vindicantur.* Ulpien
indiquerait par cette phrase le seul changement apporté par
Caracalla à l'ancien ordre de choses, à savoir la substitution du
fiscus à l'*ærarium*. Mais la constitution s'abstenait de toute
atteinte aux prérogatives de ceux qui excluaient jadis l'*ærarium*,
et qui continueront à exclure le *fiscus*. Caracalla entendait laisser
subsister le *jus vindicandi* des *patres*, tout aussi bien que le *jus
antiquum* des *liberi* et des *parentes*. Quant à ces expressions : *Sed
servato*, etc., elles doivent ouvrir le paragraphe suivant et se lier
à celles-ci : *Caduca cum suo onere....* Ici le jurisconsulte, quant
à la nécessité de subir les *onera*, mettrait en opposition la prérogative des ascendants ou descendants, le *jus antiquum*, d'une part,
et de l'autre la prérogative des *patres*, le *jus caduca vindicandi*.

Nous accorderons, si l'on veut, que cette nouvelle disposition donnée au texte d'Ulpien est quelque peu forcée et que l'ancienne division a l'avantage de se présenter plus naturellement. Néanmoins la ponctuation de Schneider n'offre rien d'absolument choquant et qui contraigne à la repousser ; aussi, en présence des impossibilités contre lesquelles on se heurte dans le système qui attribue à Caracalla l'abolition du *jus patrum* pour fonder sur sa ruine le droit exclusif du fisc, tandis que jusqu'à Justinien le fisc nous apparaît constamment comme venant en dernière ligne, nous n'hésitons pas à donner la préférence à un changement dans la division ordinairement adoptée pour le texte du titre XVII [1].

L'opinion émise par Schneider en 1837 a trouvé des partisans en Allemagne. Elle a été presque aussitôt approuvée et confirmée par M. Huschke [2], qui a signalé un nouvel argument en sa faveur. Cet auteur fait observer que le paragraphe 9 du *fragmentum De jure fisci*, ordinairement attribué à Paul, indique une autre disposition, sans doute antérieure à la constitution de Caracalla, qui a également pour but de substituer le *fiscus* à l'*ærarium* ; il en conclut que la fusion entre les deux caisses n'était pas assez complète à cette époque pour que les jurisconsultes ne prissent pas la peine de tenir compte des droits afférents à l'une plutôt qu'à l'autre. Aussi M. Huschke pense-t-il avec raison, selon nous,

---

[1] Il nous paraît possible de sauver l'invraisemblance que présente la division proposée par Schneider, et qui résulte surtout de ce qu'en séparant trop complétement de ce qui précède les mots : *Sed servato...*, il admet qu'Ulpien avait ouvert ici un nouveau paragraphe. Il suffit pour cela de fondre en un seul paragraphe le texte entier, à partir du mot *hodiè* jusqu'à la fin du titre, et de placer seulement un point et virgule après *vindicantur*. Telle est la leçon suivie par Ramos del Manzano, auquel revient en réalité le mérite d'avoir trouvé l'explication reproduite et développée par Schneider. Voyez le traité de cet auteur *Ad leges Juliam et Papiam Poppæam*, liv. IV, *Reliq.*, XXXVII, n° 4, dans le tome V du *Trésor de Meermann*, p. 517. Le jurisconsulte espagnol avait pensé, lui aussi, que Caracalla n'avait fait autre chose que transférer au *fiscus* les droits de l'*ærarium*. Quant à ces mots : *Sed servato...*, il est d'avis de les réunir à ce qui suit, de telle sorte qu'à ses yeux Ulpien exprimerait, sous la réserve des prérogatives du *jus antiquum*, la nécessité pour ceux qui profitent des *caduca* de subir les charges imposées aux personnes dont ils viennent prendre la place.

[2] *Richt. Iarhb.*, 1838, p. 321.

que Schneider est dans l'erreur, quand il suppose que c'était au profit de sa cassette privée, de la *ratio Cæsaris* par opposition au *fiscus* proprement dit, que Caracalla dépouilla le trésor public. Plus tard, en 1840, M. Danz[1] a adopté sans aucune restriction le thème développé par Schneider[2].

Cette exemption des *onera*, qui formerait l'apanage du *jus antiquum* par opposition à la *caducorum vindicatio*, nous offre toutefois une des difficultés sérieuses de la matière, quand il s'agit de fixer la durée dont a joui cette prérogative. Rappelons d'abord quelle en était la portée. Déjà nous avons dit précédemment que si le droit d'accroissement laissait l'héritier qui profite de la part défaillante étranger aux charges grevant cette part, cela ne devait s'entendre que des charges spécialement imposées au défaillant, et non de celles que le testateur avait voulu faire porter proportionnellement sur chaque fraction de la masse héréditaire. Comme il ne s'agissait pas, dans le premier cas, d'une véritable délibation de l'hérédité, mais d'une obligation particulièrement assignée à telle personne, on comprend, ainsi que nous l'avons dit, que cette obligation ne fût pas transférée à celui qui, recueillant par l'effet de l'accroissement, ne venait pas précisément prendre la place d'un autre, mais ne faisait qu'user de son propre droit devenu plus complet, grâce à l'absence d'un rival. Il ne dut pas en être de même à l'égard du *pater*, qui bénéficiait de la déchéance d'une part caduque. L'idée d'une substitution écrite en sa faveur dans la loi fut, à notre avis, le point de vue qui servit à expliquer la *caducorum vindicatio*, d'où la conséquence que le substitué devait accepter les inconvénients comme les avantages de la position qu'il voulait occuper. Cette conclusion était si naturelle qu'à notre sens la constitution de Sévère et d'Antonin, dont parle plusieurs fois Ulpien, et qui décida que, malgré le silence du testateur, les charges imposées à l'institué

---

[1] *Lehrb.*, t. II, § 158.
[2] Le système que nous embrassons est loin d'avoir rallié tous les suffrages. Walter, dans sa deuxième édition publiée en 1846, repousse l'explication de Schneider. Nous regrettons aussi d'avoir pour adversaire notre judicieux collègue, M. Pellat, qui, dans son *Manuale*, s'en tient à l'ancienne division du texte, bien qu'il connaisse et cite en note la nouvelle ponctuation.

devaient être aussi répétées à l'égard du substitué, ne nous paraît que la consécration légale d'une opinion qui, déjà, en pratique, devait avoir ses partisans[1].

Nous pensons que cette constitution a fini par exercer une influence mortelle sur l'ancienne faveur réservée au *jus adcrescendi*, lequel s'était maintenu au profit de quelques personnes sous le nom de *jus antiquum*. Mais, avant d'arriver aux conséquences que les jurisconsultes firent produire à la décision de Sévère et d'Antonin pour atteindre le droit d'accroissement, il importe d'établir quelle était la doctrine antérieure, dont le renversement est ordinairement daté de cette constitution. Ainsi Pothier, *Pandect.*, n°s 303 et 304, admet l'opinion commune, suivant laquelle, jusqu'à la constitution qui nous occupe, les héritiers auraient exercé le *jus adcrescendi*, sans être tenus des charges particulièrement imposées au cohéritier défaillant. Il invoque à cet égard, comme nous l'avons déjà fait, un texte précieux échappé à l'inadvertance des compilateurs, et qui nous a conservé une trace des priviléges du *jus antiquum* devenu sans application sous Justinien. Ce texte est la loi 29, § 2, *De legat.* 2°, due à la plume de Celse, jurisconsulte contemporain d'Hadrien. « *Si* FILIO

---

[1] Doneau, liv. VIII, ch. XXIX, n° 7, présente le meilleur argument en faveur de cette interprétation de la volonté du testateur, quand il fait cette observation : « *Neque enim magis dilexit substitutum quam institutum, sed minus.* » Notre système est celui de Cujas, tract., II, *Ad Afric.*, sur la loi 15, *De jur. codic.*, t. I, c. 1269 ; de Favre, *Conject.*, liv. IV, ch. XIII ; et il a été récemment adopté par M. Fein, continuateur après Mühlenbruch du grand ouvrage de Glück, voy. t. XLIV, § 1511, c. p. 268. — En partant de cette idée, on ne doit pas s'étonner de rencontrer des textes de jurisconsultes antérieurs à la constitution de Sévère, où l'on voit le substitué soumis aux charges imposées à l'institué, tels que les paragraphes 4 et 5 de la loi 87, *Ad leg.Falcid.* Nous ne croyons pas nécessaire, pour expliquer ces textes, d'y sous-entendre cette circonstance que le testateur aurait formellement grevé le substitué des mêmes charges que l'institué, supposition admise (*Obs.*, liv. IV, ch. XXXV, et liv. XXIX ; *Quœst. Papin.*, sur la loi 11, § 7, *Ad leg. Falcid.*) par Cujas, qui semble avoir oublié ce qu'il avait écrit précédemment, et répétée par Pothier (*Pandect.*, *Ad leg. Falcid.*, n° 73), ainsi que par d'autres auteurs modernes, notamment par M. de Wangerow (*Lehrb. der Pand.*, § 535, *anmerk* I). La constitution de Sévère et d'Antonin a fait prévaloir l'avis qui nous paraît le plus raisonnable, mais qui cependant n'était point partagé par tous les jurisconsultes. Ainsi, Scævola, dans la loi 14, § 1, *De jur. codic.*, est positif pour ne pas imposer tacitement au substitué les charges dont l'institué était grevé.

heredi pars ejus a quo NOMINATIM *legatum est* ADCRESCIT, *non prœstabit legatum quod* JURE ANTIQUO *capit.* » Ce fragment est, de l'aveu général, la base la plus solide du système qui attribue au droit d'accroissement, réduit alors à des limites fort étroites, une faveur que n'obtint pas le *jus caduca vindicandi*, à l'égard duquel s'établit cette maxime : « *Caduca cum suo onere fiunt.* »

Toutefois, pour prolonger jusqu'au commencement du troisième siècle la durée de l'exemption des *onera* à l'égard du *jus adcrescendi*, il est indispensable de concilier cette thèse avec la règle bien connue, qui servait à calculer la quarte Falcidie, au cas de réunion sur la même tête de deux parts héréditaires inégalement grevées de legs : « *Portione gravata adcrescente portioni non gravatæ, quarta deducitur ; portione non gravata adcrescente portioni gravatæ quarta non deducitur.* » Cette règle est habituellement appliquée à l'hypothèse de l'accroissement, ce que font tous les auteurs, notamment Pothier, *Pandect., Ad legem Falcidiam,* n° 71. Or, le texte le plus précis sur lequel se fonde la règle est la loi 78 *Ad leg. Falcid.,* qui appartient à Gaïus, c'est-à-dire à un jurisconsulte qui écrivait avant Sévère et Antonin. Si Gaïus a eu en vue le droit d'accroissement proprement dit, que devient la faveur encore réservée de son temps à ceux qui recueillaient *jure antiquo*, ce qui signifie par l'effet de l'accroissement? En réalité, elle n'existerait pas, puisqu'ils seraient tenus de payer les legs afférents à la part défaillante, bien que cette part ait été grevée d'une façon particulière, comme le prouve l'inégalité de condition faite aux divers institués. Nous ne voyons point que les commentateurs se soient guère préoccupés de cette objection sérieuse, qu'il est permis d'élever contre la doctrine courante de l'exemption des *onera* au profit du *jus adcrescendi.*

Il nous semble qu'on peut répondre à l'objection, en faisant observer qu'il n'y a rien dans la loi 78 qui accuse cette idée que son auteur songeât au *jus adcrescendi*. La chose est peu probable, si l'on se souvient qu'à cette époque l'accroissement entre héritiers institués n'avait plus qu'une application fort restreinte. Gaïus suppose que de deux institués un seul reste héritier, *alter-utro eorum deficiente*. Mais, du temps de Gaïus, quand il y avait une portion héréditaire *deficiens*, on devait appliquer à cette portion d'hérédité ce que le même auteur nous dit dans ses commentaires, II, § 206, à l'occasion de la part d'un colégataire *deficiens* : « *Ante legem Papiam portio deficientis jure civili* AD-CRESCEBAT; *post legem vero Papiam deficientis portio* CADUCA *fit,* » ce qui est confirmé par Ulpien, *Reg.*, tit. XXIV, §§ 12 et 13. La caducité était effectivement la règle générale quant aux institutions en défaillance, de même que pour les portions de legs.

D'autres textes, dont les expressions sont plus transparentes pour laisser apercevoir l'application des lois caducaires, viennent autoriser l'explication que nous proposons. Nous citerons en ce sens la loi 1, § 14, *Ad leg. Falcid.*, où l'on voit un héritier réunir à sa part une autre part au moyen d'une *vindicatio* : « *Si coheredis mei portio exhausta sit, mea integra, et illam* VINDICAVERO. » Cette *vindicatio* indique clairement l'exercice du privilége des *patres*, privilége qui était facultatif pour eux, ainsi que nous l'établirons plus tard, et qui supposait une *vindicatio* de leur part, tandis qu'il n'y avait rien de semblable en matière d'accroissement, lequel s'opérait *ipso jure*, même contre le gré de l'héritier qui avait une fois fait adition pour sa part. La loi 1, § 14, *eod. tit.*, nous prouve que longtemps avant Septime Sévère la *vindicatio partis caducæ* n'avait lieu que *cum onere*, puisqu'elle nous révèle un dissentiment survenu, quant à la portée de l'*onus*, entre les deux chefs des écoles fameuses, Cassius et Proculus. Le premier prétendait qu'on devait toujours faire masse des deux parts, de sorte que l'héritier non surchargé pour sa part n'eût point profité de cette circonstance en usant de la *caducorum vindicatio* relativement à une part surchargée, tandis que Proculus voulait que dans ce cas l'on maintînt les deux parts distinctes pour opérer le calcul de la Falcidie [1]. Un semblable débat se

---

[1] Ce fragment nous démontre avec évidence que les jurisconsultes romains étaient divisés sur la question de savoir comment devaient être réglés les *onera*, quand il y avait réunion dans les mêmes mains de deux parts héréditaires. Il doit, par conséquent, nous mettre en garde contre la prétention de concilier les différents textes sur cette matière, qui a fait le désespoir des plus habiles commentateurs. Cujas, en expliquant la loi 87, §§ 4 et 5, *Ad leg. Falcid.*, qu'il rapproche de la loi 1, § 14, ne se décide, dit-il, que *post multam et variam mentis suæ huc et illuc agitationem et curam*. Ailleurs, dans ses leçons sur les Questions de Papinien, à l'occasion de la loi 11, § 7, *Ad leg. Falcid.*, contrariée par la loi 87, § 8, il déclare qu'il n'y a point de passage plus obscur que ce dernier (*quo loco nullus est obscurior*), et il abandonne le lendemain la solution qu'il avait adoptée la veille. Favre

conçoit, s'il a trait à deux parts d'hérédité réunies en une seule main par l'effet des lois caducaires ; mais il devient inexplicable quand on suppose avec Pothier, *Pandect.*, *Ad legem Falcidiam*, n° 73, et d'autres auteurs, qu'il s'agit ici du *jus adcrescendi ;* sinon, il faut renoncer à la doctrine de Celse, généralement admise, suivant laquelle, jusqu'à la constitution de Sévère, le droit d'accroissement fut gouverné par la règle : *Portio sine onere adcrescit.*

a également varié sur ce point; dans le chapitre xiv du livre XVIII de ses Conjectures, il rétracte le système qu'il avait soutenu au chapitre xii, du livre IV, en rejetant la responsabilité de son erreur sur Tribonien. — Sans nous engager dans les détails de cette matière compliquée, nous croyons qu'il faut admettre comme exactes ces deux règles opposées : d'une part, *portio adcrescens sine onere adcrescit*; de l'autre, celle-ci, *caduca cum suo onere fiunt*. Seulement, quand il y avait caducité, certains jurisconsultes pensaient que le *pater*, dont la part était libre, devait conserver cet avantage, et exercer la réduction de la Falcidie séparément sur la part caduque. D'autres étaient d'avis de la réunion dans tous les cas des deux parts, débat qui nous est attesté par la loi 1, § 14. Paul partageait la première opinion, qui est aussi celle de Gaïus dans la loi 78; et, sur ce point, ce dernier jurisconsulte ainsi que Julien se séparaient l'un et l'autre, quoique Sabiniens, de la doctrine de Cassius. Cette distinction paraît avoir prévalu, malgré une décision contraire d'Antonin, qui ne rallia point les jurisconsultes dissidents. Cujas, qui avait d'abord proposé d'effacer la négation dans le texte du paragraphe 14, a fini par y renoncer. La correction est, en effet, condamnée par les Basiliques. — Quand la réunion s'opérait par l'effet d'une substitution, Paul restait fidèle à la même distinction, suivant que la part d'institution pure et simple était libre ou surchargée, comme le prouve la loi 1, § 13; et Papinien, dans la loi 11, § 7, se range à cet avis. Mais il est bien difficile de ne pas apercevoir une autre doctrine dans Julien, loi 87, §§ 4 et 5, *Ad leg. Falcid.* — Tous ces textes sont étrangers à l'accroissement, qui en pratique avait conservé bien peu d'application. Suivant nous, il continua à jouir jusqu'au temps d'Ulpien de son ancienne prérogative, l'exemption des *onera*. Mais remarquons que si l'héritier exerçant le *jus adcrescendi* n'avait pas à supporter les charges particulières à la part vacante, d'un autre côté, il avait l'inconvénient de voir sa position aggravée vis-à-vis de ses propres légataires, lesquels devaient profiter de l'augmentation des droits de leur débiteur. Ce dernier, en effet, recueillait les deux parts en vertu de son institution ; et la règle était qu'on imputait sur la Falcidie tout ce que l'héritier prenait *jure hereditario*, l. 91, *Ad leg. Falcid.* Cette ruine totale pour certains légataires, tandis que d'autres étaient favorisés exclusivement, dut à la longue paraître injuste ; et l'on conçoit que la jurisprudence, s'aidant de la constitution de Sévère, ait fini, comme nous l'établissons dans le texte, par étendre à l'accroissement la règle plus équitable qui était appliquée en cas de caducité ou de substitution.

Enfin, un autre fragment, d'une époque également antérieure à Sévère et Antonin, la loi 28 *De legat.* 2°, qui émane de Marcellus, démontre encore que si, dès ce moment, les *onera* s'attachaient à ceux qui prenaient une part défaillante, c'est quand ils la recueillaient par le bénéfice des lois caducaires. Marcellus suppose un patron institué pour la part qui lui était due en vertu de l'édit du préteur (*ex debita parte institutus*) ; il a été, en outre, grevé d'un fidéicommis. Si le patron acceptait, le fidéicommis serait nul, la *pars debita* ne pouvant être diminuée ; mais le patron répudie l'institution ; dans ce cas, ceux qui bénéficient de la répudiation se trouveront grevés d'une charge qui n'aurait pas pesé sur celui qu'ils remplacent. Quant aux personnes qui recueillent, il ne s'agit pas, ainsi que le pense Pothier, *Pandect. De legatis*, n° 104, d'un cohéritier venant *jure adcrescendi* ou d'un substitué, mais bien des *patres* appelés à la portion défaillante par la loi Papia. Marcellus s'exprime en effet ainsi : « *Qui eam partem vindicant* », ce qui est le langage usité à l'égard de ceux qui usent des prérogatives créées par la législation caducaire.

En nous débarrassant ainsi des textes anciens qui sembleraient faire remonter très-loin pour le *jus adcrescendi* la perte du privilége qui nous occupe, nous arrivons à la constitution de Sévère et d'Antonin. Cette constitution a-t-elle eu pour résultat direct de dépouiller le droit d'accroissement de la faveur dont il avait joui jusque-là ? Pothier, *Pandect.*, *De legatis*, n° 304, résout la question affirmativement ; et il tire argument, à cet effet, de la loi 77, § 7, *De legat.* 2°. Ce fragment ne nous semble pas avoir la portée que lui donne Pothier, parce que rien ne prouve que, dans l'espèce prévue par Papinien, la part héréditaire de la fille, grevée du fidéicommis, fût échue à des cohéritiers qui pouvaient invoquer le *jus antiquum*. Suivant nous, la constitution impériale, qui réglait uniquement le sort du substitué, ne dut pas, immédiatement du moins, s'appliquer à l'héritier qui recueillait en vertu de l'accroissement ; et, si la décision fut étendue à cette hypothèse, ce ne fut que par la voie d'une interprétation bien large. La différence entre les deux cas est grande en effet. Le substitué n'est appelé qu'à défaut d'un autre ; prenant la place de l'institué, il doit naturellement la prendre telle quelle. Au contraire, dans les idées romaines, tout héritier institué pour une part quelconque l'est par cela même virtuel-

lement pour toute l'hérédité. Quand il accepte l'institution, il se
soumet à être le représentant du défunt *in universum*. Cette représentation est seulement susceptible d'être diminuée par l'exercice de droits semblables au sien, dont la simultanéité amène
un partage uniquement dû à ce concours; mais si ces causes de
restriction ne se produisent pas, l'héritier, qui ne rencontre point
de rivaux, est censé avoir toujours été héritier pour le tout. De
là vient que, quand la défaillance des cohéritiers ne se manifeste qu'après le décès de l'institué qui a fait adition, les héritiers de ce dernier n'en profitent pas moins de l'accroissement,
par opposition aux héritiers du substitué qui n'a pas survécu à
la défaillance de l'institué. Il n'y a donc point, alors que l'accroissement s'opère, ouverture d'un nouveau droit d'hérédité;
il y a seulement absence de réduction pour un droit antérieur
jusque-là menacé d'être amoindri. Si l'on était resté fidèle à ce
point de vue, qui était celui de l'ancienne jurisprudence, on aurait dû s'abstenir de faire tomber le droit d'accroissement sous
le coup de la règle que les empereurs Sévère et Antonin firent
prévaloir avec raison à l'égard du substitué. Aussi pensons-nous
que la vieille prérogative du *jus adcrescendi* résista quelque
temps à subir le joug de cette constitution ; et nous estimons
qu'Ulpien partageait encore cette opinion quand il écrivit ses
Regulæ, où nous avons trouvé constaté, suivant la division que
nous donnons au texte, le maintien des priviléges du *jus antiquum*, relativement aux *onera*.

Cependant nous ne pouvons nous dissimuler que le même jurisconsulte ne se soit résolu, en considération de la constitution
de Sévère, à abandonner la faveur longtemps réservée au *jus
adcrescendi*. Ce changement de doctrine, avec la cause qui l'a
produit, se trouve justifié à notre avis par la loi 61, § 1, *De legat,* 2°. Il s'agit, dans ce texte, d'une succession *ab intestat*. Or,
cette espèce de succession était restée étrangère aux prescriptions des lois caducaires, et l'on continuait à y observer comme
anciennement le droit d'accroissement. Néanmoins la jurisprudence, par extension du rescrit de Sévère, soumit l'héritier légitime, qui recueillait la part de son cohéritier, à la nécessité
d'exécuter le fidéicommis dont le défunt avait grevé celui qui
répudiait. Il est vrai qu'Ulpien, qui, dans la loi 61, § 1, donne
cette interprétation au rescrit de Sévère, nous apprend qu'autre-

11

fois la décision eût dû être différente, et que telle était en effet
la doctrine de Julien. Cette doctrine s'appuyait sur la règle qui exprime l'ancienne prérogative du droit d'accroissement : « *Portionem enim ad coheredem sine onere pertinere.* » Mais Ulpien ajoute
que cet état de choses a été modifié par le rescrit en question,
par suite duquel l'héritier légitime, profitant de l'accroissement,
fût assimilé à un substitué, et, dès lors, tenu des charges de
son cohéritier. « *Et hic* QUASI SUBSTITUTUS *cum suo onere consequetur* ADCRESCENTEM *portionem.* » Si l'accroissement entre cohéritiers est désormais réglé par les principes de la substitution,
y a-t-il lieu de rechercher si cet accroissement s'opère en faveur
d'un cohéritier *ab intestat*, ce qui était général, ou en faveur d'un
cohéritier institué, ce qui était une exception limitée aux *liberi*
et aux *parentes?* Nous n'apercevons pas de différence entre ces
deux applications de l'accroissement. Il repose, dans l'un et l'autre cas, sur cette idée que chaque héritier est appelé à l'universalité de la succession, à défaut d'autres héritiers, ce qui est vrai
pour l'héritier institué comme pour l'héritier légitime. Aussi
voyons-nous les empereurs Dioclétien et Maximien décider, dans
la loi 4 C. *Ad senatusconsultum Trebell.*, que la répudiation d'un
héritier institué grevé d'un fidéicommis transférera au cohéritier
la charge du fidéicommis ; et cette décision est présentée comme
une application de la constitution d'Antonin relative aux substitués [1].

Schneider, p. 195, s'est efforcé de sauver la persistance de
l'exemption des *onera* au profit du *jus antiquum*, malgré l'assimilation à la substitution qui finit par prévaloir depuis la constitution de Sévère et d'Antonin. Suivant lui, cette assimilation,
par suite de laquelle il y avait transmission des *onera*, n'est vraie
qu'autant que l'héritier institué recueillerait une part vacante
en vertu de la règle : « *Nemo partim testatus...* » Si, au contraire,
il ne venait qu'à raison de sa propre institution prendre la part
de celui avec lequel il était *re conjunctus*, il devait continuer à

---

[1] Dans l'espèce prévue par la loi 4, c'est l'aïeule du testateur qui était
grevée du fidéicommis et qui répudie. L'autre héritier, qui recueille la part
répudiée, est désigné comme un *nepos*, ce qui peut être un fils tout aussi
bien qu'un frère du testateur, l'expression *nepos* étant générale pour les
descendants. La part vacante serait donc réglée *jure antiquo, jure adcrescendi* plutôt que *jure caducorum vindicationis.*

jouir du bénéfice de l'ancien principe : « *Portio adcrescens sine onere adcrescit.* » Nous ne pouvons nous rendre à cette explication assez ingénieuse, mais qui n'est appuyée sur aucun texte, et qui méconnaît l'identité de la nature du droit d'accroissement fondé dans tous les cas sur la généralité du titre de celui qui recueille *jure adcrescendi.* Nous pensons plutôt que des considérations d'équité, afin de sauver des droits compromis, entraînèrent les jurisconsultes à se départir de l'ancienne idée que l'héritier profitant de l'accroissement venait prendre le tout *proprio jure,* pour ne voir en lui qu'une sorte de substitué qui n'occupe qu'en seconde ligne la place laissée vacante par la défaillance de son cohéritier.

Jusqu'à présent nous n'avons parlé que de la caducité des parts héréditaires, caducité qui s'opérait *cum onere,* à la différence du *jus adcrescendi,* sauf que la distinction longtemps observée à cet égard nous a paru avoir été, en définitive, supprimée. Mais on conçoit que la caducité peut atteindre également des legs ou des fidéicommis. Sur ce point encore, le profit de la caducité n'avait lieu qu'avec accompagnement des charges imposées par le défunt au titulaire de la libéralité. C'est ce qu'Ulpien veut exprimer par les derniers mots du titre XVII de ses *Regulæ* : « *Scilicet et legata et fideicommissum suo onere fiunt caduca.* »

Nous avons dit précédemment que, suivant les anciennes règles de l'accroissement, le colégataire, dont le legs produisait tout son effet par suite de la défaillance de son concurrent, était dispensé de subir l'*onus* imposé particulièrement à son conjoint; et nous avons cité, pour fixer à cet égard la doctrine de l'accroissement entre colégataires, un passage positif du jurisconsulte Julien, la loi 30 *De cond. et dem.* Cette exemption, toutefois, n'était admise qu'autant qu'il ne s'agissait pas d'un *onus* pesant sur le legs entier, à l'instar de ce que nous avons fait observer relativement au cohéritier exerçant le *jus adcrescendi.* Nous avons trouvé un exemple d'une charge de cette nature dans la loi 54, § 1, *eod. tit.* On peut se demander si, quand une fois l'héritier profitant de l'accroissement eut été considéré, non plus comme recueillant en vertu de sa vocation primitive, mais par une sorte de substitution, le même point de vue ne dut pas être étendu au colégataire qui bénéficierait de l'accroissement dans les cas où l'accroissement était possible. Des textes exprès font défaut pour la solution de cette question; mais il est naturel de conjecturer que, pour être conséquent, on traita le colégataire de la même manière que le cohéritier.

A défaut de colégataire, la défaillance du legs profitait ancienne-ment à l'héritier qui en était grevé, et qui, dès lors, avait d'autant moins à payer : « *Apud heredem legatum remanebat.* » Cette réten-tion du legs dans l'hérédité devait également avoir lieu *sine onere*, l'idée d'une substitution étant ici moins admissible que par rap-port à l'accroissement proprement dit. Cependant, suivant Po-thier, *Pandect.*, *De legatis*, n° 402, il faudrait, même avant la constitution de Sévère, refuser à l'héritier jouissant en ce cas du *jus antiquum* le droit d'être dispensé des *onera* imposés au légataire. Il invoque à ce sujet les lois 29, pr. *De legat.* 2°, et 9, *De usu et usuf. leg.* De ces textes, le premier seul peut offrir quelque difficulté, puisqu'il émane de Celse, jurisconsulte qui vivait à une époque où les anciennes règles étaient encore en vigueur. Remarquons toutefois que dans ce fragment il est ques-tion d'un *fidéicommis* dont était grevé le légataire défaillant. Or, on sait que la matière des fidéicommis était interprétée très-lar-gement ; qu'on s'attachait plutôt à exécuter la volonté du défunt qu'à observer le droit strict (*Nec ex rigore juris civilis proficisci-tur, sed ex voluntate datur relinquentis*, Ulpien, *Reg.*, tit. XXV, § 1). Il n'y a donc pas à s'étonner que le consul auquel l'affaire fut déférée ait contraint l'héritière (la fille du testateur) à accom-plir le fidéicommis; surtout si l'on fait attention que, dans l'es-pèce, le fidéicommis était éminemment favorable, puisqu'il s'a-gissait d'une somme à payer à la concubine du défunt. Quant à la loi 9 *De usu et usuf.*, la décision d'Ulpien serait en harmonie avec l'idée de substitution qui, de son temps, avait prévalu. Ici d'ailleurs la charge consistait encore dans un fidéicommis ; et la libéralité avec laquelle étaient interprétés les fidéicommis suffi-rait pour justifier la solution [1].

---

[1] Schneider, qui s'occupe de cette loi 9, p. 228, en donne une explica-tion qui se rattache à son système sur la portée des *caduca*, système que nous aurons plus tard occasion de combattre. Nous croyons plus simple d'admettre que la faveur du fidéicommis fit écarter la règle suivant la-quelle la charge aurait dû disparaître avec le droit de la personne qui en était grevée. Papinien, l. 70, pr. *De legat.* 2°, nous fait connaître un rescrit

Les mêmes observations, quant à la transmission des *onera*, doivent être appliquées à l'hypothèse où la caducité atteignait un fidéicommis, ce qui fut possible depuis le sénatus-consulte Pégasien. Nous devons seulement à cette occasion faire remarquer qu'une disposition de ce sénatus-consulte apporta une dérogation aux règles ordinaires sur l'attribution des *caduca*, quand le fiduciaire était autre que l'un des héritiers. Ce fut la personne choisie comme intermédiaire par le testateur qui dut alors profiter de la caducité, bien qu'elle ne fût pas apte à *vindicare caduca*. Il suffisait que la disposition principale subsistât à son égard, que le fiduciaire fût *solidi capax*, quoique étranger aux priviléges des *patres*. Cette modification nous est attestée par la loi 60 *De legat.* 2° « *In fideicommissis potiorem causam habere eum, cujus fides electa sit, senatus voluit* [1]. »

Priviléges particuliers. — En dehors des différentes catégories de personnes privilégiées, dont les droits variaient suivant qu'elles jouissaient de la *solidi capacitas*, ou du *jus antiquum*, ou enfin du *jus patrum*, nous rencontrons la mention de diverses prérogatives, dont la portée véritable offre quelques difficultés.

En première ligne se présentent l'empereur et l'impératrice, que des textes formels placent au-dessus de l'application des lois caducaires. C'est ce qu'atteste le jurisconsulte Ulpien dans la loi 31 *De legib.*, extraite du commentaire de l'auteur *Ad legem Juliam et Papiam* : « *Princeps legibus solutus est ; Augusta autem licet legibus soluta non est. Principes tamen eadem illi privilegia tribuunt, quæ ipsi habent.* » Nous laisserons de côté l'examen de la controverse ardente qu'a soulevée ce fragment, où les uns

---

de l'empereur Antonin (Caracalla), d'après lequel le légataire chargé d'un fidéicommis, qui répudie son legs, est contraint de céder au fidéicommissaire ses actions contre l'héritier. Ce dernier, en profitant de la défaillance du légataire, n'était donc pas *directement* tenu envers le fidéicommissaire, et substitué aux obligations du légataire. On retrouve dans cette décision la tendance constante de la jurisprudence romaine à sauver, autant que possible, les droits qui rigoureusement auraient dû périr comme accessoires d'un autre droit qui s'évanouit.

[1] Cette particularité sert à fixer le véritable sens d'un passage de Papinien, qui a fort occupé les commentateurs, la loi 11, *De legat.* 1°, dans sa dernière proposition. Voyez M. de Vangerow, *Lehrb. der Pand.*, § 521, et notez que cette explication avait été depuis longtemps fournie par Cujas, quelque erronées que fussent ses idées sur le plan des lois caducaires.

ont vu la reconnaissance d'une souveraineté sans limites et l'aveu du pouvoir absolu dans sa plus haute expression au profit des empereurs romains, tandis que d'autres se sont efforcés de restreindre plus ou moins la prérogative impériale[1]. Toujours est-il que, si l'on ne doit pas borner aux lois caducaires les dispenses dont jouissait l'empereur, ainsi que le prouve la *lex* ou le sénatus-consulte *De imperio Vespasiani*, l'exemption est incontestable quant aux lois Julia et Papia, ce qui suffit pour notre matière. Remarquons, toutefois, qu'à l'origine du pouvoir impérial, cette *solutio legibus* n'était pas inhérente à la position du *Princeps*, et qu'elle n'était que la suite d'une concession émanée du sénat. Ainsi Dion Cassius, liv. LVI, ch. XXXII, nous apprend qu'Auguste put instituer Livie héritière pour un tiers, grâce à un sénatus-consulte qui lui avait permis de laisser à sa femme au delà de ce que celle-ci était légalement autorisée à recevoir[2]. Sous Caligula, la puissance impériale était encore soumise à la nécessité de l'obtention d'une dispense. Dion, liv. LIX, ch. XV, mentionne un sénatus-consulte, dont l'objet fut de conférer une pleine capacité à Gaïus Caligula, qui était *cœlebs* et sans enfants[3]. Le sénatus-consulte *De imperio Vespasiani* nous montre à cette époque la persistance de l'intervention du sénat pour l'octroi des

[1] Voyez sur ce point Cujas, *Obs.*, XV, 30, et Godefroy, *Oratio Ulpiani*, *op. min.*, p. 298.

[2] « *Nam Augustus, quo illa quoque patrimonii sui parte aliqua frueretur, a senatu petierat, ut tantum etiam (scilicet trientem) præter legum præcepta legare ei possit.*» Les *leges* auxquelles il est fait allusion sont les lois caducaires, qui établissaient, comme nous le verrons bientôt, une disponibilité particulière entre époux, et qui sous ce rapport prenaient le nom de lois *décimaires.* Heineccius, liv. II, ch. XIV, n° III, démontre que d'après le droit commun, Livie n'aurait pu recevoir d'Auguste au delà de deux *decimæ.*

[3] Voici comment, d'après la traduction de Reimar, s'exprime Dion à l'occasion des ressources imaginées par Caligula pour se procurer de l'argent. « *Ad conficiendam porro pecuniam, decretum antea fuerat, ut quicunque in vivis essent, qui ante heredem sibi Tiberium destinassent, ii morituri sua bona Gaio legarent. Nam ne præter leges videretur hereditates hujusmodi ac legata accipere, quum neque uxorem tunc, neque liberos haberet, senatusconsultum promulgari jusserat.* » Caligula ne s'en tint pas aux avantages que lui assurait le sénatus-consulte ; il s'arrogea, de son chef, les biens que certains testateurs laissaient à d'autres que l'empereur. L'historien ajoute : « *Nunc autem omnia omnino ex bonis, quæ centuriones, a patris sui triumpho, aliis quam Imperatori legassent, etiam nullo edito senatusconsulto, sibimet ipse vindicavit.* »

immunités dévolues au *Princeps*. Plus tard, l'affranchissement de la prérogative impériale est consommé : l'empereur apparaît de plein droit comme étant *legibus solutus* ; et, par suite de la concentration de tous les pouvoirs dans ses mains, c'est lui désormais qui confère les exemptions qu'il devait autrefois recevoir du sénat. Dion, liv. LV, ch. ii, constate que de son temps la faculté d'accorder des dispenses avait passé du sénat à l'empereur : « *Nonnullis tamen lex, antea quidem per senatum, nunc autem per imperatorem, jus trium liberorum largitur...* » — Le premier soin des empereurs fut de communiquer leurs priviléges à l'impératrice, comme nous l'avons vu dans le texte de la loi 31 *De legib.* Suivant Godefroy, ch. xxx, note 2, cette égalité de position n'aurait pas encore été admise sous Hadrien et Antonin le Pieux, proposition à l'appui de laquelle il invoque les lois 56 et 57, *De legat.* 2°. Mais ces textes, ainsi que le fait observer Schneider, p. 215, ne contiennent rien qui permette d'induire qu'à cette époque, l'impératrice fût encore soumise aux prescriptions des lois caducaires. Ils se bornent à établir une distinction entre ce qui est légué *Principi* et ce qui est légué *Augustæ*. Dans le premier cas, le legs subsiste, bien que l'empereur régnant lors de la confection du testament soit venu à décéder *ante diem legati cedentem.* Il est recueilli par le successeur au trône, parce que la libéralité est censée s'adresser à une personne juridique qui ne meurt pas, tandis que cette fiction était écartée quand il s'agissait d'un legs à l'impératrice.

Quels étaient les avantages attachés à cette *legibus solutio ?* Il n'est pas douteux qu'elle n'entraînât une exemption des déchéances introduites par les lois Julia et Papia, qu'elle ne conférât la *solidi capacitas.* Doit-on aller jusqu'à en faire découler le droit aux *præmia* créés par ces lois, le *jus caduca vindicandi ?* Nous ne le supposons pas. Le *Princeps* est au-dessus des lois caducaires, qui ne l'atteignent point ; il faut le traiter comme si elles n'existaient pas. L'analogie naturelle à laquelle on doit s'arrêter est celle des personnes à qui, comme le dit Justinien, *lex jugum suum erubuit imponere,* c'est-à-dire les ascendants ou les descendants. On appliquera ici le *jus antiquum* qu'Ulpien, dans le fragment tronqué de ses *Regulæ,* qui nous est parvenu en cette partie, ne limite point exclusivement aux *liberi* et aux *parentes,* puisqu'il se sert de cette expression : *Item.* Telle est l'opinion de Pothier, *Pandect.,*

De legat., n° 399 ; telle est aussi l'opinion de Schneider, p. 205, qui seulement attribue au *Princeps* un *jus antiquum* complet (*vollstandig*), plus avantageux que celui des *liberi* ou des *parentes*. Sans doute, il pense que, pour le *Princeps*, le droit d'accroissement s'exercera à titre de colégataire tout aussi bien qu'à titre de cohéritier. Pour nous, qui avons repoussé toute restriction en traitant du privilége des *liberi* ou des *parentes*, nous n'avons pas besoin d'admettre deux degrés dans le *jus antiquum*. Il nous paraît avoir toujours la même mesure. Mais là se borne la prérogative impériale. Le *jus patrum* ne peut pas être regardé comme contenu dans une dispense des lois caducaires, quelque entière qu'elle soit. Le *Princeps*, par exemple, qui ne sera que légataire, ne devra point recueillir une part héréditaire caduque, ce qui était possible à l'égard d'un *pater* légataire.

Nous avons vu tout à l'heure que le droit de concéder des dispenses, quant aux prescriptions des lois Julia et Papia, avait passé du sénat à l'empereur. Les historiens romains nous fournissent plusieurs exemples pour l'application de ce droit. Ainsi, Suétone, dans la *Vie de Claude*, ch. XIX, raconte que cet empereur, en vue d'assurer l'approvisionnement de Rome, accorda de grands avantages à ceux qui faisaient construire des navires destinés au commerce. En pareil cas, un citoyen obtenait une *vacatio legis Papiæ Poppeæ*, un Latin le *jus Quiritium* [1], une femme le *jus quatuor liberorum*. La portée de cette *vacatio legis* ne nous paraît autre que la *solidi capacitas*, sans atteindre le *jus caduca vindicandi*. Ceux qui se livrent à un négoce utile à l'intérêt public doivent être assimilés aux personnes absentes pour le service de l'État, au profit desquelles nous n'avons précédemment admis qu'une immunité des rigueurs des lois caducaires, mais non la participation aux *præmia patrum*.

Il y a plus de difficulté quant au sens d'une autre décision du même empereur, rapportée par Dion, liv. LX, ch. XXIV, où nous voyons que Claude accorda *jura maritorum* [2] aux militaires, qui, d'après la loi, ne pouvaient se marier. Si les militaires

---

[1] Sur ce point, le récit de Suétone est confirmé par le paragraphe 6 du titre III des *Regulæ* d'Ulpien, qui nous donne plus de détails sur les conditions que devait remplir le *Latinus* pour arriver par cette voie à la cité romaine.

[2] Le texte original porte : « Τα των γεγαμηκοτων δικαιωματα. »

étaient traités seulement comme les citoyens mariés, ils n'auraient été exempts que des peines du célibat, dont le mariage relevait, mais sans conférer le *jus patrum* réservé à ceux qui avaient des enfants. Cependant, il est peu raisonnable de penser que Claude eût voulu laisser les militaires exposés à perdre la moitié des dispositions testamentaires faites en leur faveur. L'interdiction du mariage qui pesait sur eux devait les faire dispenser naturellement de la condition d'avoir des enfants ; et, par suite, toute incapacité dérivant des lois caducaires devait s'effacer en leur personne. Quant à la jouissance des *præmia patrum*, elle peut bien être considérée comme n'étant pas contenue dans la prérogative accordée aux militaires.

Nous croyons, au contraire, que les priviléges de la paternité étaient compris dans la concession du bénéfice connu sous le nom de *jus liberorum,* bénéfice aussi ancien que la législation caducaire elle-même, qui, sous Auguste, était une émanation du sénat, et qui, plus tard, dut découler de la libéralité impériale. Le *jus liberorum* a déjà été apprécié à l'égard des femmes, à qui il appartenait naturellement, quand elles avaient mis au monde trois ou quatre enfants, ce qui leur permettait de jouir de la *solidi capacitas,* qui, pour elles, constituait le maximum de leurs droits. A défaut du nombre d'enfants voulu, elles pouvaient être placées par la grâce du prince dans la même position que si elles étaient *ter quaterve enixæ.* Aussi Paul, en traitant du sénatus-consulte Tertullien, nous dit, au paragraphe 9, tit. IX, liv. IV, de ses *Sentences,* qu'une femme peut prétendre à la succession introduite par ce sénatus-consulte, bien qu'elle n'ait pas eu trois ou quatre enfants, ce qui est vrai de celle *quæ beneficio Principis jus liberorum consecuta est.* De même, les barrières de la loi Papia au point de vue des *decimæ* tombaient à l'égard du conjoint, qui devenait apte à *solidum capere,* en vertu du testament de son conjoint, *si jus liberorum à Principe impetraverit,* comme le dit Ulpien, *Reg.*, tit. XVI, § 1er.

Ce n'est pas uniquement pour les femmes que les textes nous présentent l'application du *jus liberorum.* Ce bénéfice pouvait être également obtenu par un citoyen romain, qui, dès lors, capable par son sexe de la *caducorum vindicatio,* quand il avait des enfants, se trouvait, par l'effet de la faveur qui lui était accordée, avoir en général les mêmes droits que s'il eût été *pater* en réalité. Le poëte Martial, s'adressant à Domitien, lui demande en ces termes le privilége dont nous nous occupons :

> Quod fortuna vetat, fieri permitte videri,
>   Natorum genitor credar ut esse trium :
> Hæc, si displicui, fuerint solatia nobis,
>   Hæc fuerint nobis præmia, si placui [1].

Pline le Jeune parle plusieurs fois de ce *jus trium liberorum*, qu'il avait obtenu de Trajan, bien que cet empereur se montrât très-sobre d'une pareille faveur. « *Et nuper ab optimo principe trium liberorum jus impetravi, quod quanquam parce et cum delectu daret, mihi tamen tanquam eligeret, indulsit* [2]. » Il adresse à ce sujet ses remercîments à l'empereur, dans la lettre 2me de son livre Xme. Plus tard, il sollicite de Trajan la même faveur pour Suétone, dont le mariage n'avait pas été heureux, « *parum felix matrimonium expertus est.* » Il demande à l'empereur d'accorder à son ami « *quod illi fortunæ malignitas denegavit.* » Cette requête fut bien accueillie par Trajan, dont Pline nous a conservé la réponse [3].

Heineccius, liv. II, ch. xv, n° 8, en se fondant sur un passage d'Isidore de Séville, restreint les effets de la concession du *jus liberorum* à la *solidi capacitas* entre conjoints. Ce point de vue nous semble trop étroit et contraire au sens naturel qui ressort de la qualification même de ce privilége. Le texte de Paul, que nous avons cité, prouve que le *jus liberorum* accordé à une femme par l'empereur lui donnait les mêmes avantages que si elle avait eu trois ou quatre enfants, et cela pour une succession qui n'était point celle de son mari. Nous partageons, par conséquent, l'opinion de Schneider, qui pense, p. 226, que le *jus liberorum*, conféré à un homme, l'autorisait à la *caducorum vindicatio*. Il est certain cependant que l'assimilation n'était pas complète entre l'homme ayant des enfants et celui qui avait obtenu le *jus liberorum*. Dion Cassius, liv. LV, ch. II [4], établit à à cet égard une réserve, sans indiquer en quoi elle consiste. Au-

---

[1] Martial, lib. II, *Epig.*, cxi.
[2] *Epist.*, lib. II, litt. 13.
[3] *Epist.*, lib. X, litt. 95 et 96.
[4] « *Et paucis dumtaxat exceptis, copiosæ proli constituta præmia adipiscantur.* »

jourd'hui, le paragraphe 170 des *Vat. frag.* confirme cette distinction et nous met sur la voie de la portée qu'elle pouvait avoir.
Nous y voyons que la concession du *jus liberorum* ne pouvait être
invoquée pour fournir une excuse soit quant à la tutelle, soit
quant aux *munera* en général. Il est donc permis de conclure
que si ce bénéfice restait sans influence pour dispenser des
charges publiques, il était, au contraire, pleinement efficace
quand il ne s'agissait que d'intérêts purement privés.

Enfin, nous ferons observer qu'il existait en droit romain une
classe de personnes qui, grâce aux priviléges dont elles jouissaient quant à leur testament, pouvaient mettre au-dessus des
incapacités légales ceux qu'il leur plaisait de gratifier. Nous
voulons parler des militaires, en faveur desquels avait été établie
cette maxime, que leur seule volonté servait de règle pour l'attribution de leurs biens. « *Voluntas militis pro jure servatur,* » dit
la loi 1, C. *De test. mil.* On disait qu'il leur était permis de tester sans se conformer aux lois, « *sine observatione legum facere
testamentum,* » suivant les expressions de Tryphoninus, l. 19,
§ 2, *De cast. pec.* Cette dispense générale n'avait pas trait
uniquement à ce qui concerne les formes du testament, comme
pourrait le faire croire ce motif très-insuffisant vulgairement
donné, « *propter nimiam imperitiam.* » La même indépendance
appartenait au militaire relativement aux personnes qu'il voulait instituer héritières ou honorer d'un legs. C'est ce que Gaïus
nous dit très-nettement, §§ 110 et 111, *Comm.* II. Peu importe
qu'il s'agisse d'un individu privé de la *testamenti factio* proprement dite, ou dépourvu seulement du *jus capiendi.* Gaïus cite
indifféremment des personnes de l'une et de l'autre condition. Les
peregrini, les *Latini,* les *cœlibes,* etc., les incapables de toute catégorie avaient accès aux dispositions de dernière volonté du militaire. Aussi, Ulpien, l. 7, § 1, *De legat.* 3°, admet-il de la part
d'un *miles* la validité d'un fidéicommis au profit d'un déporté,
bien que depuis longtemps à son époque celui-là seul pût, en
principe, recevoir un fidéicommis qui était apte à recevoir un
legs, ainsi que l'enseigne le même auteur dans ses *Regulæ,*
tit. XXV, § 6. De même Marcellus et Paul, dans la loi 15, *De
mort. caus. don.,* s'accordent à décider que par suite de la libre
faculté accordée aux militaires de disposer, par acte de dernière

volonté, en faveur de toute personne, on doit écarter, quand le donateur est un militaire, les motifs qui, en règle générale, feraient obstacle à une donation à cause de mort. Une constitution d'Alexandre Sévère, la loi 5 C. *De test. mil.*, consacre également à l'égard des militaires le *liberum arbitrium quibus velint relinquendi.*

Quelques doutes se sont néanmoins élevés sur la véritable portée du privilége des militaires, à raison de la manière dont s'exprime Ulpien dans la loi 13, § 2, *De test. mil.* Le jurisconsulte commence par poser la règle exceptionnelle applicable au *testamentum militis.* « *Et deportati*, dit-il, *et fere omnes, qui testamenti factionem non habent, a milite heredes institui possunt.* » La restriction indiquée par ces mots : *fere omnes*, s'explique par les derniers termes de la loi 5 C. *eod. tit.*, qui, à côté du *liberum arbitrium* dont nous avons parlé, place cette réserve : « *Nisi lex specialiter eos prohibuerit.* » On trouve un exemple de cette interdiction spéciale dans la loi 42, § 1, D., *De test. mil.*, suivant laquelle une femme de condition honteuse ne peut rien recevoir même de la part d'un militaire, et cela en vertu d'un rescrit formel d'Hadrien. Ulpien nous fournit dans le texte un autre exemple, quand il ajoute : « *Sed si servum pœnæ heredem scribat, institutio non valebit.* » Toutefois, le jurisconsulte, en excluant le *servus pœnæ*, reconnaît immédiatement la validité d'une pareille institution, pourvu qu'à la mort du testateur le condamné ait recouvré la cité romaine : « *Sed si mortis tempore in civitate inveniatur, institutio incipit convalescere, quasi nunc data hereditate.* » Ulpien semble généraliser en cette matière, à l'égard de tous les institués, la nécessité d'une aptitude survenue lors du décès du testateur. Il termine, en effet, en disant : « *Et generaliter in omnibus id poterit dici, quos miles scribit heredes, ut institutio incipiat vires habere, si mortis tempore talis inveniatur, ut a milite institui poterit.* » Tel est le sens donné à la loi 13, § 2, par Mühlenbruch [1], qui pense que l'efficacité de l'institution faite par le *miles* était toujours subordonnée à cette circonstance que l'institué fût devenu capable, *mortis tempore.* Mais cette interprétation, qui restreindrait considérablement le privilége du testament militaire, nous paraît démentie par les différents textes que nous

---

[1] Suite de Glück, t. XLII, § 1477, p. 74 et suiv.

avons cités. Tout ce qu'Ulpien veut dire, à notre gré, c'est qu'on devra appliquer aux autres personnes frappées d'une prohibition spéciale le tempérament indiqué à l'égard du *servus pœnœ* ; que dès lors elles profiteront de la disposition faite en leur faveur, si le motif de la prohibition a disparu lors de l'ouverture de la succession. La *mulier probrosa*, par exemple, qui ne pouvait être instituée même par un militaire, sera héritière, si, avant la mort du testateur, elle a renoncé à sa vie honteuse. Il ne faut pas perdre de vue que, dans le testament militaire, la règle est que toute personne est capable d'être instituée, à moins d'une interdiction formelle. En outre, pour ceux-là même qui se trouvent dans cette dernière catégorie, ils pourront recueillir, pouvu que leur indignité ait été effacée depuis la confection du testament.

Si ce point de vue est exact, la conclusion à en tirer est que les lois caducaires ne recevront point d'application quand il s'agit d'un testament militaire, puisque le testateur est dispensé de se conformer aux règles générales pour le choix de ses héritiers ou de ses légataires, et que, loin de trouver une exception à cette liberté quant aux lois Julia et Papia, nous avons, au contraire, dans le texte de Gaïus un témoignage positif qui nous autorise à ne pas en tenir compte. Nous partageons, en conséquence, l'opinion de Schneider, p. 230, qui admet en pareil cas la survivance sans restriction du *jus antiquum*. Non-seulement les *cœlibes* ou les *orbi*, institués héritiers ou gratifiés de legs par un militaire, devront prendre tout ce qui leur a été laissé ; mais encore, s'il y a défaillance de la part de quelques appelés, il faudra en faire la dévolution suivant les principes du droit d'accroissement. On n'aura point à se demander si, parmi les appelés, il existe des *patres*, afin de leur déférer le bénéfice de la *caducorum vindicatio*. Les priviléges de la paternité seront mis à l'écart ; en effet la volonté du testateur est ici la règle suprême. Or, la théorie de l'accroissement n'est, comme nous l'avons vu, autre chose que l'interprétation des intentions du disposant, tandis que le système de la *caducorum vindicatio* fait violence à ses intentions pour rémunérer exclusivement ceux qui sont les plus dignes aux yeux de la loi.

Capacitas inter conjuges. — Il nous reste, afin de compléter le tableau des incapacités dérivant des lois Julia et Papia, à exposer le système particulier qu'elles avaient organisé p' .r régler ce qu'un conjoint pourrait laisser à son conjoint. L'idée d'une quotité disponible spéciale entre époux n'est pas nouvelle, on le voit, puisqu'elle se rencontre chez les Romains à l'époque d'Auguste. Seulement, comme il arrive à plus d'une institution, celle-ci s'est maintenue par des motifs tout autres que ceux qui l'avaient fait introduire ; et nous verrons, en traçant l'histoire des modifications subies par les lois caducaires jusqu'à leur abolition complète, que leurs prescriptions à cet égard ont eu une durée plus vivace que les autres causes d'incapacité tirées de la même source. Ce n'est qu'assez tard, en 469, par la constitution de Léon et Anthémius (l. 6. C. *De sect. nup.*), que se font jour en droit romain les considérations qui ont prévalu en droit moderne pour imposer des limites plus étroites à la capacité entre époux quand il s'agit de sauvegarder les intérêts des enfants d'un premier lit [1]. Quant à l'auteur des lois Julia et Papia, il ne songeait nullement, en réglementant ce qu'un conjoint pourrait donner à l'autre, à protéger la famille du testateur contre une influence trop dangereuse. Il n'y avait au fond des restrictions particulières à cette matière qu'une pensée politique se résumant à ceci : procurer à l'État le plus de sujets possible, et, pour cela, exciter, par l'appât de l'intérêt, les citoyens à travailler sans relâche à l'agrandissement de la population, cette nécessité suprême pour le salut de l'État si cruellement éprouvé par le malheur des guerres civiles.

Si l'on eût appliqué aux époux le droit commun, il s'en serait suivi qu'un citoyen veuf, ayant un enfant d'un premier lit, et remarié, aurait été apte à hériter en entier de son conjoint comme de tout autre ; qu'une femme qui, lors d'un précédent mariage, aurait payé sa dette à l'État en mettant au monde trois ou quatre enfants, aurait pu recueillir en entier le patrimoine de son nouveau mari, de même que celui d'un testateur quelconque qui l'aurait instituée *ex asse*. Mais alors il était à craindre que la dernière union ne restât stérile ; or, précisément, on vou-

---

[1] A défaut d'enfants d'un premier lit, il y a bien encore chez nous une quotité disponible spéciale entre époux. Mais ici, au contraire, le but du législateur est assurément, en général, de traiter le conjoint plus favorablement qu'un étranger, sauf controverse sur le point de savoir s'il n'y a pas un cas où l'on doit admettre un résultat inverse.

lait intéresser les conjoints à la rendre féconde. D'un autre côté, les époux, qui n'avaient pas d'enfants d'un mariage antérieur, auraient été du moins, comme époux, dispensés des peines du célibat et soumis uniquement aux conséquences de l'*orbitas*, c'est-à-dire réduits à perdre la moitié des dispositions testamentaires. Sur ces deux points, les lois Julia et Papia s'étaient écartées des règles ordinaires pour traiter plus rigoureusement l'un par rapport à l'autre les conjoints qui n'avaient pas d'enfants communs. C'était à ce prix (existence d'enfants communs) qu'en général la loi accordait la *solidi capacitas*, à moins qu'il n'y eût quelque motif d'exception.

Ulpien, qui a consacré à ce sujet deux titres de ses *Regulæ*, les titres XV et XVI, nous donne des détails suffisants pour bien saisir quel avait été le plan adopté par Auguste. Si l'on suppose des époux, dont le mariage est demeuré stérile, et qui ne méritent pas quelque faveur à raison de l'existence d'enfants de lits précédents, le maximum de ce qu'un conjoint pouvait laisser à l'autre en toute propriété sera du *dixième* de sa fortune. « *Vir et uxor inter se matrimonii nomine decimam capere possunt.* » (*Reg.*, tit. XV.) Le conjoint qui décédait pouvait en outre laisser au survivant le tiers de ses biens en usufruit, avec expectative de la pleine propriété, si plus tard le survivant avait des enfants d'un mariage postérieur. « *Præter decimam etiam usumfructum tertiæ partis bonorum ejus capere possunt, et quandoque liberos habuerint, ejusdem partis proprietatem* [1]. » (Ulp., *ibid.*) Enfin, si c'était la femme qui survivait, il lui était permis de joindre à la quotité disponible que nous avons déterminée l'avantage du legs de sa dot, au moyen duquel elle obtenait une restitution plus prompte et plus utile [2] que si elle avait été réduite à l'exercice de l'action *rei uxoriæ*. « *Hoc amplius mulier, præter decimam, dotem* (CAPERE) *potest legatam sibi.* » (Ulp., *ibid.* [3].)

---

[1] Par là s'explique l'uniformité de cette quotité, un *tiers* en usufruit, léguée par l'époux, que nous rencontrons dans différents textes, l. 10, *De præscr. verb.*; l. 48, *De usur.*, etc... Par là s'explique aussi l'habitude de léguer *in tempus liberorum* de la part d'un conjoint, l. 24, *De adim. vel transf.*; l. 61 et 62, *De cond. et dem.*; l. 4, C. *Quand. dies.*

[2] « *Plenius est legatum quam de dote actio.* » Iustit., § 15, *De legatis.*

[3] Heineccius et Pothier, pour expliquer la loi 6, *De vulg. et pupil. subst.*, d'après laquelle une personne qui ne serait pas apte à *solidum capere ex bonis testatoris* pourrait néanmoins profiter en entier d'une substitution

Ce disponible, autorisé *matrimonii nomine*, était susceptible de s'étendre, grâce à cette circonstance que l'époux avait des enfants issus d'un autre mariage. Sa capacité était alors augmentée d'autant de *dixièmes* qu'il y avait d'enfants de cette condition encore vivants, de telle sorte que le conjoint devait en avoir neuf pour atteindre, par cette voie, à la *solidi capacitas*. « *Quod si ex alio matrimonio liberos superstites habeant, præter decimam quam matrimonii nomine capiunt, totidem decimas pro numero liberorum accipiunt* [1]. » Le même avantage appartenait à l'époux survivant qui, ayant eu des enfants communs avec le testateur, les aurait perdus, pourvu qu'ils eussent survécu au *nominum dies*, c'est-à-dire à l'époque où il était habituel de donner aux enfants les noms qu'ils devaient porter. Seulement il est à remarquer qu'à l'égard des enfants communs prédécédés *post nominum* [2] *diem*, le législateur ne s'arrêtait au calcul d'une *decima* supplémentaire par tête qu'autant que le mariage n'avait produit qu'un ou deux enfants :

pupillaire faite en sa faveur par le défunt, supposent que Terentius Clemens, auteur de ce texte, a eu en vue la femme du testateur qui n'aurait pas eu d'enfant de celui-ci, tandis qu'ayant eu trois enfants d'un précédent mariage, elle aurait pleine capacité à l'égard de tout autre. Cette proposition ne manque pas d'exactitude ; mais nous croyons que la pensée du jurisconsulte était plus générale. Sa décision serait vraie pour celui qui, étant *orbus* lors du décès du testateur, se trouverait *pater* à la mort du pupille auquel il aurait été substitué. Tel est le cas prévu par Paul, l. 11, *eod. tit.*

[1] C'est là ce qui a fait le nom de *leges decimariæ* aux lois caducaires sous le point de vue qui nous occupe. Elles sont ainsi qualifiées par Justinien dans la rubrique du titre LVIII du livre VIII de son Code ; et dans la loi 2 du même titre on lit ces mots : — *ex lege Papia* DECIMARUM. — On conçoit que la détermination de ce que l'époux pouvait prendre nécessitât une estimation du patrimoine du défunt. Aussi Heineccius, après Godefroy, pense-t-il avec raison que divers fragments des jurisconsultes, tirés de leurs commentaires *Ad legem Juliam et Papiam*, étaient originairement relatifs à l'estimation qui devait être faite dans ce but, et que c'est en les détournant de leur sens primitif que Tribonien les a appliqués au calcul de la quarte Falcidie.

[2] Quelques auteurs, Cujas, Godefroy, Pothier, lisent *nonum* au lieu de *nominum*, correction inutile, et qui du reste n'a pas grand intérêt, s'il est vrai, comme l'établit Heineccius, d'après le témoignage de Festus, qu'il était d'usage de donner un nom à l'enfant, et d'accomplir les cérémonies de purification (*lustratio*) pratiquées en cette circonstance, le huitième ou le neuvième jour après la naissance, suivant qu'il s'agissait d'une fille ou d'un garçon.

« *Item communis filius filiave, post nominum diem amissus amis-save, unam decimam adjicit; duo autem post nominum diem amissi, duas decimas adjiciunt.* » S'il y avait eu au moins trois enfants, la disponibilité devenait entière; c'était l'un des cas où le conjoint avait droit à la *solidi capacitas*, ainsi que nous l'apprend Ulpien, *Reg.*, tit. XVI, § 1.

Le même jurisconsulte nous fournit au même lieu l'indication des différents motifs qui autorisaient cette *solidi capacitas* entre époux. En dehors des hypothèses où il se rencontrait quelque cause d'exemption ou de privilége, la *libera testamenti factio*, suivant les expressions d'Ulpien, se rattachait à cette considéra-tion que le mariage n'était pas resté stérile. Ainsi pas de restric-tion à la capacité toutes les fois qu'il existait un enfant commun, quel que fût son âge ou son sexe : « *Aut si filium filiamve com-munem habeant.* » La femme était donc mieux traitée, par rap-port à la succession de son mari qu'à celle d'un étranger, puis-qu'un seul enfant suffisait pour lui permettre de tout prendre. Si l'enfant commun était mort avant sa puberté, il continuait après son décès à procurer encore à ses parents la *solidi capacitas* d'une manière temporaire, c'est-à-dire tant que le décès ne remontait pas à dix-huit mois : « *Ut intra annum tamen et sex menses etiam unus cujuscumque ætatis impubes amissus solidi capiendi jus præ-stet.* » Lorsque ce n'était qu'après avoir atteint la puberté que l'enfant commun était mort, la *solidi capacitas* restait acquise ir-révocablement : « *Aut quatuordecim annorum filium vel filiam duodecim amiserint.* » La mort était-elle survenue pendant l'im-puberté, la *solidi capacitas* n'était conservée qu'autant qu'il y avait eu deux enfants ayant atteint trois ans accomplis, ou trois enfants ayant dépassé le *nominum diem :* « *Vel si duos trimos, vel tres post nominum diem amiserint.* » Enfin, quant à la femme, elle était encore apte à *solidum capere* si, dans les dix mois à partir du décès de son mari, elle accouchait des œuvres de celui-ci : « *Item si post mortem viri intra decem menses uxor ex eo peperit, solidum ex bonis ejus capit.* »

Quant aux autres motifs de la *solidi capacitas* entre époux qui sont étrangers à la procréation d'enfants communs, ils tenaient aux considérations générales sur lesquelles était fondée la *solidi capacitas* d'une manière absolue, savoir : l'âge des conjoints [1],

---

[1] **Cujas**, *Comment. in lib. Cod.*, t. IX, c. 820, à l'occasion de la loi 19,

leur qualité de cognats, l'absence du mari, l'obtention du *jus li-berorum*. Toutes ces causes d'exception ayant été déjà exposées, il nous suffit de renvoyer à ce que nous avons dit précédemment.

Nous terminerons en faisant observer que, malgré les circonstances qui régulièrement fournissaient aux époux la *solidi capacitas*, elle était refusée à ceux qui avaient contracté un mariage au mépris des prohibitions portées par les lois Julia et Papia. C'est ce que nous dit Ulpien au paragraphe 2 du titre XVI de ses *Regulæ* : « *Aliquando nihil inter se capiunt, id est, si contra legem Juliam Papiamque Poppæam contraxerint matrimonium, verbi gratia, si famosam quis uxorem duxerit, aut libertinam senator.* »

C. *De legat.*, qui valide les libéralités entre conjoints, encore que le mariage n'ait pas duré deux mois, a conjecturé que la constitution des empereurs Dioclétien et Maximien où se trouve cette décision a eu pour but d'abroger une prescription des lois caducaires, suivant laquelle les époux au-dessous de l'âge *à qua lex liberos exigit* n'auraient pas été admis à disposer *in solidum*, l'un au profit de l'autre, toutes les fois que le testateur serait décédé moins de deux mois écoulés depuis le mariage. Ramos et Heineccius sont d'accord pour repousser cette interprétation, qui, en effet, est bien problématique, et dont on ne trouve aucune trace dans les *Regulæ* d'Ulpien, de la part duquel on ne concevrait pas l'omission d'une pareille restriction, si elle eût existé.

DISSERTATION

SUR L'ACCROISSEMENT

ENTRE LES HÉRITIERS TESTAMENTAIRES ET LES COLÉGATAIRES

AUX DIVERSES ÉPOQUES DU DROIT ROMAIN.

—

DEUXIÈME PARTIE.

TYPOGRAPHIE HENNUYER, RUE DU BOULEVARD, 7. BATIGNOLLES.
Boulevard extérieur de Paris.

DEUXIÈME PARTIE,

SUITE DU CHAPITRE II.

§ 2. — Règlement des dispositions de dernière volonté d'après les lois Julia et Papia. — Combinaison des incapacités et des priviléges.

Nous arrivons à l'une des parties les plus ardues de notre sujet, à la détermination du domaine des lois Julia et Papia. Quelles étaient les dispositions de dernière volonté auxquelles s'étendait leur empire, et dans quelles hypothèses devait-on faire leur application? C'est particulièrement sur ce dernier point que les systèmes les plus divergents ont été émis, et qu'il y a le plus de difficulté pour asseoir avec certitude la théorie de la législation caducaire.

Tous les auteurs, qui se sont occupés de cette matière, reconnaissent que les successions *ab intestat* avaient été respectées par les lois Julia et Papia. Les incapacités qu'elles avaient créées n'atteignaient point ceux qui recueillaient les biens en qualité d'héritiers légitimes[1]. Une première condition pour que la *caducité* soit possible, c'est donc qu'il s'agisse d'une succession testamentaire. Cette condition ressort nettement des termes mêmes de

---

[1] Nous entendons par *héritiers légitimes*, non-seulement ceux qui étaient *héritiers proprement dits*, parce qu'ils trouvaient leur vocation dans la loi, comme les agnats, mais encore ceux qui n'étaient successeurs *ab intestat* qu'en vertu du droit prétorien, comme les cognats.

la définition que nous donne Ulpien des *caduca*, *Reg.*, tit. XVII, § 1, définition sur laquelle nous aurons plus d'une fois à revenir : « *Quod quis sibi* TESTAMENTO *relictum...* » D'un autre côté, Paul, *Sent.*, liv. IV, tit. VIII, § 26, nous apprend que, quand il y avait plusieurs héritiers appelés à succéder *ab intestat*, la défaillance de quelques-uns d'entre eux donnait ouverture au droit d'accroissement suivant les anciennes règles, de sorte qu'il n'existait aucune prérogative en faveur de ceux qui auraient eu des *liberi*. « *Ex pluribus heredibus iisdemque legitimis, si qui omiserint hereditatem, vel in adeundo aliqua ratione fuerint impediti, his qui adierunt vel eorum heredibus omittentium portiones* ADCRESCUNT[1]. » Les Romains n'étaient pas sans doute étrangers à cette idée que celui qui omet de faire le règlement de ses biens après sa mort est censé les attribuer à ses héritiers légitimes; voyez l. 8, § 1, *De jur. codicil.* Cependant le point de vue d'une disposition tacite, qu'on aurait pu dès lors assimiler à une disposition formelle pour l'appréciation de la capacité, ne fut point appliqué à l'hérédité *ab intestat*. Cette réserve se comprend, si l'on songe que, même en matière de succession testamentaire, le législateur avait laissé à l'abri des déchéances qu'il prononçait les personnes qui auraient été aptes à recueillir *ab intestat*, puisque la *solidi capacitas* protégeait tous les cognats admis comme successibles par le droit prétorien. Il y avait seulement à l'égard des cognats *patres* une restriction des priviléges qui auraient dû leur appartenir, à raison de leur paternité, si la caducité avait été étendue à la succession *ab intestat*. Du reste, dans les mœurs romaines, l'habitude de tester était tellement en usage qu'il n'y avait pas grand inconvénient à négliger les successions pour lesquelles le défunt n'aurait pas exercé la faculté, si précieuse aux yeux de tout citoyen, de dicter lui-même la loi de son hérédité.

Nous n'aurons, par conséquent, à nous occuper que des successions testamentaires et des deux sortes de dispositions qui pouvaient s'y rencontrer : les institutions d'héritier et les legs[2].

---

[1] La même doctrine se trouve dans les *Regulæ* d'Ulpien, tit. XXVI, § 5.

[2] Un testament pouvait contenir une troisième sorte de disposition quant aux biens, savoir : des fidéicommis. Nous les laisserons de côté, quant à présent, parce que les fidéicommis étaient restés en dehors du plan primitif des lois Julia et Papia. Nous savons, en effet, par le paragraphe 286, *Comm.* II de Gaïus, que c'est seulement le sénatus-consulte Pégasien

En supposant une hérédité testamentaire, il faudra toujours, pour apprécier l'efficacité de l'institution, se demander si elle est autorisée par les lois Julia et Papia. Mais, bien qu'il y ait lieu à appliquer les déchéances qu'elles établissent, il ne s'ensuit pas nécessairement qu'on doive admettre une *caducorum vindicatio*. Celle-ci n'est possible qu'autant que l'héritier dépouillé, comme n'ayant pas le *jus capiendi*, ne se trouvera pas institué *ex asse*. Quand il n'y a d'autre héritier qu'un *incapax*, le testament reste sans force, et le champ est ouvert aux héritiers *ab intestat*. Peu importe que le défunt eût fait un précédent testament, sa rupture aura été consommée par le dernier testament contenant institution au profit d'un *cœlebs*. C'est ce qui est aujourd'hui mis hors de doute par le paragraphe 144, *Comm.* II de Gaïus. Ce jurisconsulte, après avoir posé cette règle que la confection d'un testament en vertu duquel un héritier était *possible*, bien qu'il n'ait pu ou voulu tirer parti de sa vocation, suffit pour rompre un testament antérieur, cite, entre autres exemples, le cas où l'institué « *propter cœlibatum ex lege Julia summotus fuerit ab hereditate;* » « *in his casibus*, ajoute-t-il, *paterfamilias intestatus moritur.* » Il fallait donc, pour qu'il y eût *caducorum vindicatio*, que le testament produisît directement son effet en faveur de quelqu'un. Sans doute, en l'absence de tout autre institué, il ne peut être question de *pater* pour lui attribuer le bénéfice de la caducité. Mais au moins l'*ærarium* était un successeur qui ne faisait jamais défaut; et cependant il ne pouvait invoquer son privilège là où le testament n'était soutenu par aucun héritier[1]. Nous n'hésitons pas à admettre la même solution pour l'hypothèse où il y aurait eu institution de divers héritiers, qui auraient été tous également écartés, parce qu'ils

qui étendit la caducité aux fidéicommis. Quand nous arriverons à cette modification de la législation caducaire, nous aurons à rechercher ce qu'il fallait décider par rapport aux fidéicommis laissés *ab intestat*, au moyen de codicilles. Par la même raison, nous ajournerons l'examen du sort réservé aux donations à cause de mort, qui, en tout cas, étrangères au testament, furent assimilées aux legs quant à la capacité de les recueillir, ce qui aurait été l'effet de dispositions postérieures aux lois Julia et Papia; voyez l. 37, *De mort. caus. don.*

[1] Le défaut de tout héritier testamentaire anéantissant les legs, on conçoit que les *legatarii patres*, qui primaient l'*ærarium*, restassent sans droit quant aux *caduca*, puisqu'ils n'étaient même pas légataires.

auraient été tous privés du *jus capiendi*. L'institution d'un seul *orbus* ou de plusieurs *orbi* ne devait pas, au contraire, amener un résultat analogue. Le testament subsistait alors pour moitié, et l'*ærarium*, plus tard le fisc, pouvait ici, à défaut de tout *pater* légataire, exercer la *caducorum vindicatio*.

Du reste, avant la découverte des *Commentaires* de Gaïus, c'était déjà un point acquis à la doctrine que l'exclusion du *jus caduca vindicandi*, alors que l'hérédité échappait à un héritier unique, frappé d'incapacité complète par les lois Julia et Papia. Les anciens auteurs, Cujas, Ramos, Heineccius, avaient avec raison tiré cette induction du paragraphe 1er, titre XVII, des *Regulæ* d'Ulpien, où, parmi les applications de la caducité, se rencontre cette hypothèse : « *Aut si* EX PARTE *heres scriptus vel legatarius ante apertas tabulas decesserit, vel pereger factus sit.* » Ces expressions « *ante apertas tabulas* » ont leur importance. Elles se réfèrent à cette prescription imaginée par la loi Papia, ainsi que nous l'apprend Justinien, *l. unic.*, § 1, *De cad. toll.*, d'après laquelle l'adition était interdite jusqu'après l'ouverture des tablettes du testament. Il y avait là une chance de plus pour la *caducorum vindicatio*, puisqu'on retardait l'acquisition des parts héréditaires, de manière à rendre possible dans l'intervalle une défaillance qui profitait aux privilégiés ; « *ut quod in medio deficiat hoc caducum fiat.* » Or, cet obstacle à la délation de l'hérédité n'existait pas quand il y avait institution d'un héritier *ex asse*. L'adition était alors immédiatement possible, suivant l'ancienne règle, dès la mort du défunt. On n'avait pas vu d'utilité à mettre, pour ce cas, des entraves à l'acquisition de l'hérédité, la défaillance de l'héritier testamentaire ne devant profiter qu'aux héritiers *ab intestat*. Divers fragments des Pandectes établissent la vérité de cette proposition que l'*apertura tabularum* était une circonstance indifférente pour autoriser l'adition de la part de l'héritier *ex asse*. Le plus positif est la loi 1, § 4, *De jur. et fact. ign.* « *Idem dicemus, si ex asse heres institutus non putet se bonorum possessionem petere posse ante apertas tabulas...* » Cujas[1] a justement relevé la portée de ce texte, à l'appui duquel il en invoque plusieurs autres, notamment la loi 21, *in fine, De cond. et dem.* C'est donc à bon droit qu'Heineccius a mis en relief,

[1] T. V, c. 629, et t. IX, c. 672.

dans son chapitre XLV, la restriction sous laquelle la loi Papia faisait dépendre l'adition d'hérédité de l'ouverture des tablettes : « *Hereditatem, si* PLURES *sint coheredes extranei, tabulis testamenti apertis, demum adire liceto...* »

Plaçons-nous maintenant en présence d'un testament qui subsiste au moins pour partie, et par l'effet duquel l'hérédité est dévolue jusqu'à un certain point suivant la volonté du défunt. Faudra-t-il dire que toutes les dispositions qui ne pourront être recueillies par leurs titulaires seront réglées par les lois Julia et Papia, c'est-à-dire auront à subir le sort de la *caducorum vindicatio ?* Nul doute que des distinctions ne doivent être faites. Un texte capital en cette matière, la loi unique, § 2, *De cad. toll.*, établit trois catégories : « *Et cum triplici modo ea, quæ in ultimis elogiis relinquuntur, contingebat deficere.* » C'est sur cette constitution que se fonde la division célèbre de trois sortes de dispositions, dont les unes étaient appelées *pro non scriptis*, tandis que les autres étaient dites tantôt *in causa caduci*, tantôt proprement *caduca*.

Pro non scriptis. — Quant à la première catégorie, lorsqu'il s'agissait de quelque disposition qui était tenue *pro non scripto*, les auteurs sont d'accord pour écarter l'application des lois Julia et Papia, et pour reconnaître qu'en ce point les anciennes règles avaient été maintenues intactes d'une manière générale, de sorte que le *jus antiquum* subsistait, même à l'égard de ceux qui n'étaient ni les ascendants ni les descendants du testateur. Godefroy, dans son chapitre XXIX, de même qu'Heineccius, dans son chapitre XLVII, admettent en pareil cas sans restriction le *jus antiquum*[1]. L'institution partielle réputée non écrite devait donc

---

[1] La même doctrine a été adoptée dans un dernier travail de restitution des lois Julia et Papia, tenté par M. Van Hall, auteur d'une dissertation couronnée par l'Académie de Leyde sur le mérite de l'ouvrage d'Heineccius, dissertation que nous avons eu occasion de mentionner. Cet essai a paru après la mort de M. Van Hall, à Amsterdam, en 1840, dans un livre intitulé : *Fontes tres juris civilis romani antiqui*, par M. Den Tex. Nous devons à une main inconnue la communication de ce travail, qui nous a été envoyé de Leyde depuis que nous avons commencé à publier nos articles relatifs aux lois caducaires. Nous sommes forcé d'emprunter la voie de la presse, pour adresser nos remercîments à l'auteur de cette communication, qui a gardé l'anonyme.

profiter *jure adcrescendi* au cohéritier *conjunctus*, et, s'il n'en existait pas, se répartir entre tous les autres héritiers *pro partibus hereditariis*. De même, pour les legs réputés non écrits, le colégataire *conjunctus* en recueillait le bénéfice par droit d'accroissement, et, à défaut de conjoint, l'héritier grevé de la prestation s'en trouvait déchargé. Dans tous les cas, il y avait dispense de l'*onus*, conformément aux principes du *jus adcrescendi*; ou, du moins, ce n'était que tout à fait exceptionnellement qu'il y avait transmission de l'*onus*, ainsi que l'atteste Justinien, dans la loi *unic.*, § 3, quand il nous dit : « *Nullo gravamine, nisi perraro*[1]. » La doctrine admise en ce qui concerne les dispositions regardées comme non écrites s'appuie sur les paragraphes 2 et 3 de la constitution précitée. Elle se trouve aussi confirmée par la définition des *caduca* que nous a laissée Ulpien. L'idée du *caducum*, suivant ce jurisconsulte, exige une disposition valable *ab initio*, qui aurait pu être efficace d'après l'ancien droit, si le testateur fût décédé immédiatement, « *quod quis sibi testamento relictum ita ut* JURE CIVILI *capere possit*. » (*Reg.*, tit. XVII, § 1.) On sait que, pour apprécier la validité d'une disposition testamentaire, les Romains se plaçaient à l'instant de la confection du testament. Si les choses étaient telles, qu'en vertu du *jus civile* la disposition fût inutile au moment même où elle était exprimée, on ne devait en tenir aucun compte. Elle n'avait fait aucune impression sur la tête du gratifié. Dès lors il était impossible de dire qu'il y avait eu de sa part perte d'une espérance quelconque, déchéance en quoi que ce fût, en un mot, *caducité*. Le titulaire de la disposition, en effet, n'a jamais été mis hors d'état de recueillir ce qui ne lui a point été régulièrement laissé. Le *caducum* fait par conséquent défaut; car on appelle seulement ainsi ce que l'héritier ou le légataire a *cessé* par quelque motif de pouvoir prendre, ce qui lui a échappé. « *Aliqua ex causa*

---

[1] Nous ne nous arrêterons pas à rechercher quels étaient ces cas fort rares. Cujas, sur le paragraphe 3 de la loi *De cad. toll.*, assure qu'il n'en existait que deux, et qu'on ne saurait en découvrir un troisième. Ces deux cas seraient ceux prévus par la loi 26, § 6, *De fideic. libert.*, et la loi 5, *De his quæ pro non script.* L'opinion de Cujas a été reproduite par Schneider, p. 79 et suiv., tandis que M. Huschke, p. 313, conteste à tort, croyons-nous, la légitimité de la seconde exception admise par Cujas et Schneider.

non ceperit, caducum appellatur, veluti ceciderit ab eo, » ajoute
Ulpien, *loc. cit.*

On voit qu'il n'est pas sans intérêt de fixer les limites de ce
qui doit être considéré *pro non scripto,* par opposition à ce qui
se trouvera *in causa caduci* ou *caducum,* puisque, dans la première hypothèse, l'accroissement continuera à jouer son rôle,
tandis que dans les autres il y aura lieu aux prérogatives des
patres ou de l'*ærarium.* Schneider, p. 204 et suiv., a tracé la
liste des différentes applications du *pro non scripto,* qui, d'après
lui, seraient au nombre de dix-neuf, de sorte qu'il y aurait, sous
ce rapport, une assez grande marge réservée aux anciennes
règles. Les jurisconsultes avaient soin d'indiquer quelles étaient
les dispositions qui devaient être tenues pour non écrites ; et les
compilateurs des Pandectes ont encore consacré un titre particulier (liv. XXXIV, tit. VIII) à cette matière, bien que la distinction
eût cessé d'avoir toute son importance depuis l'abrogation des
lois caducaires. C'est ce titre qui a fourni principalement ses
données à Schneider, dont l'énumération ne nous paraît pas
exacte en tous points. Nous pensons d'ailleurs qu'elle est susceptible de réduction, l'auteur ayant inutilement séparé des hypothèses qui peuvent rentrer sous la même idée.

En première ligne [1], il faut placer le cas où le gratifié était
déjà mort à l'époque de la confection du testament. Telle est la
décision de la loi 4, pr. *De his quæ pro non,* confirmée par la loi
unic., § 2, C. *De cad. toll.* Une condition essentielle pour comprendre une disposition testamentaire, c'est qu'elle s'adresse à
une personne vivante. Aussi Scævola, dans la loi 14, pr. *De jur.
codic.,* fait-il cette observation : « *Esse enim debet, cui detur,
deinde sic, quæri an datum consistat* [2]. » Il faut en dire autant,

[1] Schneider commence par là. Il indique ce cas sous la lettre *a.*

[2] Quand le legs, contenu dans des codicilles, était fait au profit d'un individu vivant lors de la confection du testament, mais décédé à l'époque
des codicilles, les Romains admettaient que le legs était *pro non scripto,*
l. 2, § 1, l. 6, § 4, *De jur. codic.* Il est bien certain qu'un pareil legs ne
devait pas être exécuté. Toute la question était de savoir s'il serait *in causa
caduci* ou *pro non scripto.* La raison de douter de la dernière solution
tenait à cette règle, que les dispositions codicillaires devaient être considérées comme faisant partie du testament, l. 2, § 2, *eod. tit.* Mais on n'appliquait pas cette fiction aux choses *quæ non iuris sed facti sunt,* comme

par la même raison, toutes les fois qu'il y aura chez le gratifié
absence de la *testamenti factio*, par un autre motif que celui de
la mort naturelle. Ainsi l'héritier institué ou le légataire était,
lors du testament, *peregrinus* ou *servus pœnæ*. Une pareille disposition doit être regardée comme non écrite (l. 3, pr. *De his
quæ pro non*), quand même le testateur aurait prévu dans l'a-
venir l'acquisition possible de la *testamenti factio*, et n'aurait
laissé que sous cette condition [1]. — Nous traitons de la même
manière les legs ou institutions au profit des *personæ incertæ*, des
postumes externes, des corporations non privilégiées, toutes
personnes à l'égard desquelles on peut dire également qu'il n'y
a pas *testamenti factio*, et qu'il est inutile de mettre à part, comme
le fait Schneider, lettre *q*. — C'est encore sous la même règle
que se range l'hypothèse où le gratifié serait un captif qui mourrait chez l'ennemi, puisque, à défaut de recouvrement de la
la liberté, il est censé mort à l'instant où il a été fait prisonnier.
Cette disposition, déclarée non écrite par la loi 4, § 1, *De his
quæ pro non*, est encore séparée par Schneider, lettre *k*. — Nous
dirons enfin qu'il faut toujours réputer non écrites, à raison du
défaut de la *testamenti factio*, les dispositions faites en faveur :
1° de l'esclave d'autrui qui serait ensuite acquis par le testateur ;
2° de l'esclave propre au testateur, qui serait institué ou recevrait
un legs, sans être affranchi ou légué lui-même à un tiers ; 3° d'un
légataire qui, postérieurement au testament, tomberait dans la
servitus pœnæ ; triple hypothèse pour chacune desquelles Schneider crée autant de spécialités du *pro non scripto*, sous les lettres
h, n, i. Il nous semble toutefois nécessaire d'ajouter ici quelques
observations.

Un esclave ne pouvait être institué par son maître, s'il n'était
en même temps affranchi, Gaïus, II, §§ 186 et 187; Ulp. *Reg.*,
tit. XXII, § 12 [2]. Pareillement, il ne pouvait recevoir un legs de

le dit Marcien dans la loi **7**, § 1, *dict. tit.* A ce point de vue, ajoute le
jurisconsulte, « *tempus codicillorum, non quo tempore fit testamentum, spectandum.* »

[1] C'est à tort que Schneider, qui particularise ce cas sous la lettre *c*, admet
une semblable restriction, en s'appuyant sur la loi 62, pr. *De her. instit.*
La décision de ce texte ne s'applique qu'aux personnes privées seulement
du *jus capiendi*, ainsi que nous l'avons établi plus haut.

[2] C'était du moins l'opinion qui prévalait à l'époque classique, bien qu'il
y eût des jurisconsultes dissidents, dont le sentiment a été consacré par

son maître, s'il n'était affranchi (l. 76, *De her. inst.*; l. 4, C. *De legat.*), ou s'il n'était légué à un tiers (1, 17, *Quand. dies legat.*). Quand l'esclave gratifié d'un legs n'appartenait pas au testateur au moment du testament, mais que, plus tard, il était acquis par ce dernier, les jurisconsultes disaient que la disposition devait être regardée comme non écrite, par application de cette règle : « *Quæ in eam causam pervenerunt, à qua incipere non poterant, pro non scriptis habentur.* » Telle est la doctrine de Marcien, dans la loi 3, § 2, *De his quæ pro non.* Cependant, il est certain, d'après Ulpien, *Reg.*, tit. XVII, § 1, que si l'institué ou le légataire perdait la vie naturelle ou la qualité de citoyen avant l'ouverture des tablettes du testament, la disposition était *caduque*, quoiqu'elle eût été *pro non scripto* dans le cas où le gratifié aurait été déjà, lors du testament, décédé ou *peregrinus*. Comment justifier cette diversité de solution ? Pothier, *De legatis*, n° 379, note *f*, pense que la caducité ne s'appliquait qu'aux cas expressément prévus par les lois Julia et Papia, et que, hors de là, il fallait revenir à la règle : *Quæ in eam causam...* Schneider, p. 210, enseigne qu'on doit restreindre l'expression *causa* aux obstacles qui ont leur source dans des motifs de *droit*, par opposition à ceux qui auraient une nature de *fait*, comme le décès. Mais la *peregrinitas* n'est qu'un obstacle de *droit*; et, néanmoins, sa survenance chez le légataire entraîne la caducité. Suivant Huschke, p. 315, la caducité opère quand le gratifié ne peut pas recueillir; elle n'aurait pas lieu, au contraire, lorsque toute *personnalité* manque chez le gratifié. Or, tel ne serait pas le cas du légataire qui décéderait, parce que sa personne est continuée par son hérédité. Il est difficile d'adopter ce système, car la continuation du défunt par son hérédité est sans aucune valeur pour maintenir les legs faits en sa faveur, quand il n'a pas survécu au testateur. Nous ne nous évertuerons pas à chercher d'autre raison que celle fournie par les jurisconsultes eux-mêmes. Il est vrai qu'on avait fini par faire bon marché de la maxime : *Quæ in eam causam...*, comme le prouve le paragraphe 14 Inst. *De legat.* Mais, sans doute, on trouva bon de s'en servir pour restreindre la caducité qui était odieuse. Si on ne l'appliquait point en cas de décès ou déportation du légataire, c'est que probable-

Justinien, qui a décidé que l'institution d'héritier emporterait affranchissement tacite. Voyez la loi 5, C. *De necess. serv.*; Instit., pr. *De her. instit.*

ment, d'après la conjecture de Pothier, les dispositions expresses
des lois Julia et Papia faisaient alors appel aux droits des *patres*
et subsidiairement de l'*ærarium*.

Il n'y a pas, croyons-nous, d'autre explication à donner pour
l'hypothèse où le gratifié devient postérieurement au testament
servus pœnæ. S'il se trouvait déjà dans cette condition lors de la
confection du testament, il va de soi que la disposition était *pro
non scripto*, le *commercium* faisant absolument défaut chez le
condamné, qui est, suivant le langage usité en cette occasion,
non pas *servus Cæsaris*, mais *servus pœnæ*, de sorte qu'on ne peut
songer à la *testamenti factio* de la part du maître. Mais quand la
disposition s'adressait à un homme libre, qui par l'effet d'une
condamnation *ad metallum* subissait ensuite une *maxima capitis
deminutio*, il semble que cette disposition ayant été valable *ab
initio*, on aurait dû dire qu'elle devenait *caduque*. Cependant Marcien, l. 3, § 1, *De his quæ pro non*, admet également que le legs
en pareil cas doit être tenu *pro non scripto*. Ici encore on sauvait
le *jus antiquum* au préjudice du *jus caduca vindicandi*, en s'appuyant sur la règle : *Quæ in eam causam...* Cujas (*Observ.*,
liv. XVIII, ch. XIII) et Pothier (n° 379, *De legatis*) n'excluent la
caducité qu'autant que la condamnation se produirait du vivant
du testateur, et non si elle ne survenait qu'après son décès. Mais
cette restriction, ainsi que l'a remarqué Schneider, ne repose
sur aucun texte.

A côté des différentes hypothèses où les dispositions testamentaires sont réputées non avenues, à raison de l'absence de *testamenti factio* chez le gratifié, nous mettrons celle où la *testamenti
factio* ne fait point défaut, mais où elle ne peut aboutir, parce
qu'elle tendrait à dépouiller celui-là même qui doit profiter de
la capacité reconnue au titulaire, de telle sorte qu'il y aurait in-
compatibilité. Nous voulons parler des legs faits purement et
simplement au profit de l'esclave ou du fils de famille d'un héritier institué, au moins pour la part dont serait grevé le maître
ou le père. Gaïus, qui nous a fait connaître (II, § 244) les débats soulevés sur cette question entre les jurisconsultes, nous
donne la règle qui a prévalu, et d'après laquelle un legs pur et
simple doit être considéré comme inutile, en ce qui concerne la
charge imposée à celui qui a puissance sur le légataire. Peu importe, grâce à la règle Catonienne, que le légataire *alieni juris*

ait changé de condition à la mort du testateur. Le legs n'ayant pas été fait *recte,* comme dit Gaïus, on n'en tiendra pas compte ; et l'héritier, qui n'aurait pas dû le legs si le testateur fût mort immédiatement, profitera toujours de la nullité de la disposition. Ce cas est prévu par Schneider lettre *m.*

S'il est de l'essence du legs qu'il s'adresse à une personne ayant la *testamenti factio,* il est également indispensable, pour qu'il puisse s'asseoir (*consistere*), qu'il porte sur des choses qui soient *in commercio.* Sans cela, la disposition est *nullius momenti,* § 4, Instit. *De legatis* ; et il n'y a lieu ni à la prestation d'une estimation, ni à une exécution en nature. Ici les règles du *pro non scripto* ne souffrent aucune difficulté ; l'héritier n'a pas été utilement grevé ; les *patres* gratifiés dans le testament ne peuvent pas plus prétendre au bénéfice de la disposition que le titulaire direct. Seulement il peut se faire que l'objet légué ne soit pas *in commercio* relativement au légataire, tandis que la disposition serait valable à l'égard d'un autre. Telle serait l'hypothèse du legs fait purement à quelqu'un de sa propre chose, puisqu'il est incapable de l'acquérir. De même, nous voyons par la loi 49, § 2, *De legat.* 2°, que l'on n'avait pas admis l'opinion de Trébatius, qui pensait qu'il fallait donner effet au legs fait à une personne d'une chose dont elle n'avait pas le *commercium.* Dans ce cas, on conçoit que le sort du legs inutile quant au légataire aurait pu être l'objet d'un doute, depuis que la faveur de la loi substituait certaines personnes privilégiées aux légataires atteints d'incapacité. Attribuera-t-on ici aux *patres* pour lesquels la chose serait *in commercio* l'avantage du legs, ou devra-t-on suivre les anciennes règles ? C'est en ce dernier sens qu'il faut se décider. Les textes disent que le legs est *inutile,* § 10, Instit. *De legatis,* que *ab initio non consistit,* l. 41, § 2, *De legat.* 1°. Si donc il n'y a pas possibilité d'accroissement entre colégataires, la nullité du legs, de même qu'autrefois toute cause de défaillance, améliorera la position de l'héritier. Nous admettons, avec Schneider, lettre *l,* qu'il y aura application des principes qui gouvernaient les dispositions dites *pro non scriptis.*

Les dispositions testamentaires, sous un autre point de vue, sont réputées non écrites, si la volonté du testateur n'est pas suffisamment manifestée, ou si elle ne l'a été qu'irrégulièrement et contrairement aux prescriptions que la législation romaine imposait à cet égard. Nous croyons qu'on peut ramener à ce principe les hypothèses suivantes, que Schneider énumère sous les lettres *d*, *g*, *o*, *r*, *s*. Le testateur s'est exprimé d'une manière inintelligible[1]. — Il n'y avait pas chez lui ferme intention de donner, quand il a fait dépendre la libéralité du pur arbitre d'un tiers[2]. — La disposition est en faveur de celui-là même qui a été employé à écrire le testament. Le sénatus-consulte Libonien déclarait l'institution ou le legs non écrits quant à celui *qui sibimet aliquid adscripserat*[3], dans la crainte qu'il n'y eût soit supercherie, soit violence faite aux intentions du défunt. — Il s'agit de legs qui n'ont été consignés que dans des codicilles non confirmés par testament[4]. Enfin, bien qu'ils soient énoncés dans un testament, les legs n'y figurent que *post heredis institutionem*[5], ou bien ils ont été imposés à un autre qu'à l'héritier, ce qui arrivait soit que l'on eût légué *post mortem heredis*, cas dans lequel, suivant la remarque d'Ulpien, on aurait légué *ab heredis herede*, soit qu'un légataire eût été grevé d'un legs, en opposition à cette règle : *A legatario legari non potest*[6].

Parmi les considérations qui faisaient déclarer non écrites les dispositions testamentaires, nous citerons enfin celle-ci. Les Romains pensaient que la faculté d'attribuer ses biens par dernière volonté devait s'exercer dans un esprit de bienveillance, non dans un calcul de cupidité, ou par des motifs de haine et de vengeance. C'est pourquoi on ne tenait pas compte des legs ou des institutions quand ils étaient faits *pœnæ nomine*[7], *captatorie*, c'est-

---

[1] L. 2, *De his quæ pro non*; l. 73, § 3, *De reg. jur.*

[2] Les décisions des jurisconsultes romains sur l'appréciation de ce *merum arbitrium* sont quelquefois assez subtiles. Nous nous contenterons d'énoncer la règle posée par Gaïus dans la loi 32, pr. *De her. instit.* : « *Nam satis constanter veteres decreverunt, testamentorum jura ipsa per se firma esse oportere, non ex alieno arbitrio pendere.* »

[3] L. 1, *De his quæ pro non*. La nullité n'existait que par rapport à l'*adscriptor*. S'il avait un *conjunctus*, ce dernier profitait de l'accroissement d'après le *jus antiquum*. Voyez Paul, *Sent.*, liv. III, tit. VI, § 14, et Cujas, t. V, c. 1143.

[4] Gaïus, II, § 270; Ulpien, *Reg.*, tit. XXV, § 8.

[5] Gaïus, II, § 229; Ulpien, *Reg.*, tit. XXIV, § 15.

[6] Gaïus, II, §§ 232 et 271; Ulpien, *Reg.*, tit. XXV, §§ 16 et 20.

[7] § 36, Inst. *De legatis.*

à-dire pour s'attirer un avantage pareil de la part d'un autre[1], ou d'une manière injurieuse, *contumeliæ causa, denotandi magis legatarii gratia*[2]. Ces cas sont prévus par Schneider, lettres *e*, *f*, *p*. On peut y ajouter l'hypothèse où le testateur aurait institué l'empereur *litis causa*[3].

Suivant Schneider, lettre *b*, on devrait encore appliquer les règles du *pro non scripto* à la disposition faite sous une condition déjà défaillie lors du testament, et qui ne serait pas de nature à se reproduire. Nous ne pouvons adhérer à cette proposition, et nous pensons, au contraire, qu'il faut en principe admettre la disposition comme valable. Remarquons d'abord que le texte invoqué par l'auteur, la loi 80, *De cond. et dem.*, est absolument étranger à la question. Mais il en est d'autres qui s'y réfèrent, et desquels il résulte qu'en pareil cas, l'opinion qui prévalut était que, la condition devant être regardée comme impossible, il n'y avait pas lieu de s'en occuper, et que par suite la disposition était traitée comme pure et simple. Ce qui était considéré comme non écrit c'était seulement la condition. Cette décision est justifiée par les lois 45, *De her. instit.*, et 6, § 1, *De cond. et dem.*, dont la dernière nous prouve que la solution qui triompha rencontra de l'opposition. L'opinion de Schneider peut tout au plus être défendue quand la condition défaillie a été placée par le testateur au passé ou au présent (*in præsens*, ou *in præteritum concepta*), suivant une distinction contenue dans une loi bien connue, la loi 16, *De inj. rupt. test.* qui, dans ce cas, déclare l'institution non avenue[4].

Godefroy, dans le chapitre XXIX, ainsi qu'Heineccius, dans le chapitre XLVII de leur loi Julia Papia, établissent une assimilation entre les legs dits proprement *pro non scriptis* et ceux qui auraient été révoqués. Ils en concluent que ceux-là aussi doivent

---

[1] L. 1, *De his quæ pro non.*
[2] L. 9, § 8, *De her. instit.*; l. 54, pr. *De legat. 1°.*
[3] § 8, Instit., *Quib. mod. test.*
[4] Consultez sur ce point M. de Savigny, *Traité du droit romain*, t. III, § 121, p. 171 et 172 de la traduction de M. Guenoux, et Mühlenbruch, t. XLI, § 1458, p. 74. — Pour l'hypothèse où la condition ne viendrait à défaillir qu'après le testament, nous verrons plus loin que la question de savoir si la disposition est encore *pro non scripto*, ou si elle est *in causa caduci*, n'est pas exempte de difficulté.

profiter *jure antiquo* aux héritiers qui en avaient été grevés, et
non appartenir aux personnes privilégiées par l'effet de la *caducorum vindicatio*. Cette doctrine, qui compte encore aujourd'hui
de nombreux partisans, est repoussée par M. Huschke (p. 316 et
317), qui blâme Schneider d'avoir exclu pour ce cas les droits des
patres et de l'*ærarium*. Il est difficile de réfuter M. Huschke,
qui se borne à critiquer l'opinion de Schneider, sans donner les
motifs de son dissentiment. Il se fonde sans doute sur ce qu'il
s'agit de legs qui étaient valables *ab initio*, et qui, venant à manquer par une cause postérieure, rentreraient dans les conditions
générales du *caducum*. Mais, comme le fait justement observer
Schneider, p. 132, un testament avec ses dépendances ne forme
qu'un seul tout. Quand même la révocation ne serait contenue
que dans des codicilles subséquents, ces derniers sont un appendice du testament avec lequel ils s'identifient. Aussi les Romains
disaient-ils que ce qui était écrit dans les codicilles devait être
considéré comme écrit dans le testament. « *Codicillorum jus
singulare est, ut, quæcunque in his scribentur, perinde haberen-
tur, ac si in testamento scripta essent*, » l. 2, § 2, *De jur. codic.*
Il suit de là que les dispositions révoquées sont censées n'avoir
jamais pris consistance. Si donc elles ont été effacées aussitôt
qu'elles se sont produites, elles sont tenues pour non avenues;
il n'y a pas de *caducité* possible. Ce système paraît être celui de
Rosshirt, t. I, p. 426; il est nettement énoncé par M. Fein,
t. XLIV, p. 246. L'auteur invoque, avec raison, la loi 14, pr.
De legat. 1°, où Ulpien s'exprime de la sorte : « *Nam quod ademp-
tum est, nec datum videri, secundum Celsi et Marcelli sententiam;
quæ vera est.* » Ces termes peuvent cependant donner lieu de
penser qu'il y avait eu débat sur ce point.

In causa caduci.—Avant d'arriver aux *caduca* proprement dits,
nous rencontrons, suivant le témoignage de Justinien, l. *unic.*,
§ 2, *De cad. toll.*, une seconde catégorie de dispositions, qui,
sans être réellement caduques, paraissent néanmoins avoir été
traitées comme telles, et que, pour cette raison, on qualifiait
de la sorte : *in causa caduci*. La ligne de démarcation entre les
caduca et les *quasi-caduca* devrait, toujours d'après Justinien,
être déterminée comme il suit. La cause de défaillance ne s'est-
elle produite qu'après le décès du testateur, il y a *caducum* ; s'est-

elle réalisée du vivant de ce dernier, il y a *causa caduci*. Le silence complet gardé par Gaïus et Ulpien sur cette distinction, qui ne nous est connue que par la constitution du Code, ne suffit pas pour permettre de révoquer en doute son existence. Il n'est pas possible, en effet, de croire que Justinien ait imaginé la distinction en question, puisqu'il nous avertit que c'est le langage de l'ancienne doctrine qu'il reproduit : « *Quod* VETERES *appellabant in causa caduci*. » La difficulté peut, croyons-nous, être écartée, si l'on admet, conformément à l'opinion commune, que les dispositions dites *in causa caduci* étaient gouvernées par les mêmes règles que les *caduca*, et qu'il n'y avait dès lors aucun intérêt pratique à les séparer. Aussi, Gaïus et Ulpien qui, en écrivant des *Institutiones* ou des *Regulæ*, n'avaient en vue que des ouvrages élémentaires, ont bien pu parler simplement des *caduca*, pour désigner toutes les dispositions atteintes par les lois Julia et Papia, en négligeant une division qui, en fait, ne présentait aucune utilité.

Quant aux motifs qui avaient pu conduire à séparer les dispositions dont la défaillance était déjà certaine du vivant du testateur de celles qui n'éprouvaient ce sort qu'après son décès, on les trouve tout naturellement dans cette considération que les actes de dernière volonté ne constituent autre chose que des projets jusqu'à la mort du *de cujus*. C'est à ce moment qu'il peut y avoir au plus tôt un droit *ouvert*, comme nous le disons aujourd'hui. S'il s'agissait d'une institution pure et simple, elle était immédiatement déférée (*delata* [1]), quoique non encore acquise à l'héritier. Il dépendait de lui de réaliser ou de repousser l'acquisition qui lui était offerte. Mais quand il a prédécédé le testateur, il n'a jamais été à même de tirer parti d'une institution, qui s'est évanouie avant d'avoir produit aucun effet. Par conséquent, à raisonner strictement, il est inexact de dire que l'institué a perdu quelque chose, qu'il se trouve déchu, en d'autres termes, qu'il y a eu *caducité*. Pour les legs non conditionnels, l'influence du décès du testateur est encore plus évidente pour asseoir le droit du légataire, puisque le *dies cedit* [2] avait lieu, dès

[1] Nous avons déjà dit que ce point fut modifié par les lois caducaires, et nous aurons à y revenir.
[2] Depuis les lois caducaires, le *dies cedens* fut reculé jusqu'à l'ouverture des tablettes du testament.

14

lors, à son insu, et qu'il transmettait son droit à ses héritiers. Mais, s'il n'a pas survécu au testateur, il n'y a point eu en sa faveur une disposition susceptible d'un effet quelconque, et rigoureusement il n'y a pas eu *caducité*.

Ces observations sont de nature à nous faire comprendre comment la qualification de *caduca* a été refusée aux dispositions dont nous nous occupons. On peut sans doute, à bon droit, trouver quelque chose d'exorbitant dans un système qui attribue à certaines personnes privilégiées le droit de recueillir les *quasi-caduca*. Les *patres*, dira-t-on, ne devraient être que des substitués qui, par la faveur de la loi, viennent prendre ce qui *échappe* à quelqu'un. Ici, on va bien plus loin, puisqu'en réalité on fait revivre des dispositions qui étaient tombées à néant, à une époque où elles n'étaient, comme nous l'avons fait observer, qu'à l'état de projets. Quand il y a une vocation *ouverte* au profit d'un individu, et que cette vocation reste sans résultat, on conçoit que cet appelé soit remplacé par un autre. Quand, au contraire, cette vocation même fait défaut, il est difficile de s'expliquer qu'il y ait subrogation à des droits qui n'ont jamais existé. Cette extension de la *caducorum vindicatio* fut-elle l'œuvre des lois Julia et Papia elles-mêmes, ou seulement l'effet d'une interprétation quelque peu abusive, c'est ce qu'il est impossible de décider, quoique la première conjecture soit la plus vraisemblable. Mais, d'un autre côté, nous ne pouvons admettre que les dispositions dites *in causa caduci* ne fussent pas réglées comme les *caduca*, ainsi que l'indique péremptoirement la qualification usitée, et qui n'a certainement pas été inventée au sixième siècle. Néanmoins, l'opinion d'après laquelle le *jus adcrescendi* aurait été appliqué à ce qui était *in causa caduci* a trouvé des défenseurs. Elle a été soutenue notamment par Favre, *Conject.*, liv. IV, chap. XIII, et adoptée par Ramos del Manzano, liv. IV, reliq. XXXVI, nᵒˢ 23 et suiv. Ce dernier, toutefois, pour éviter d'être en contradiction avec la constitution de Justinien, restreint sa thèse aux parts héréditaires qui défaillaient du vivant du testateur, et abandonne aux règles de la caducité les legs qui viendraient à défaillir dans la même période. Cette distinction ne nous paraît qu'un sacrifice fait à la nécessité de ne pas heurter la loi unique *De cad. toll.*, et ne reposer au fond sur aucun motif sérieux.

Le premier argument en faveur de ce système est tiré d'un fragment de Javolenus, le paragraphe 2 de la loi 39, *De vulg. et pupill.* Le jurisconsulte suppose un testateur qui, ayant institué quatre héritiers, a donné des substitués à trois d'entre eux seulement : du vivant du testateur survient le décès de l'un des trois héritiers pourvus de substitués, ainsi que du quatrième (que nous appellerons Quartus), qui n'avait pas de substitué. Javolenus nous apprend que, dans cette hypothèse, Ofilius et Cascellius avaient décidé que le substitué devait concourir avec les institués au premier degré à recueillir la part de Quartus, et il approuve cette décision. Or, disent Favre et Ramos, l'institution de Quartus se trouve précisément *in causa caduci*; cependant la solution à laquelle s'arrêtent de concert les trois jurisconsultes n'est autre chose que l'application du *jus adcrescendi.* Cujas [1] avait déjà, avant Favre et Ramos, fait observer que ce fragment n'était point en harmonie avec la législation caducaire; mais il rendait parfaitement compte de la doctrine attribuée par Javolenus à Ofilius et Cascellius, en remarquant que ces auteurs, ayant écrit antérieurement à la promulgation des lois Julia et Papia, ils avaient dû résoudre la question d'après les règles du *jus antiquum.* Il est vrai que Javolenus, qui vivait à une époque où ces lois étaient en pleine vigueur, semble reproduire la même solution, en l'appuyant de son suffrage, sans ajouter qu'elle devait être modifiée par suite des principes du *jus caduca vindicandi.* Cujas a omis de répondre à cette objection. Mais l'approbation pure et simple que semble donner Javolenus peut s'expliquer, si l'on songe que ses ouvrages ne nous sont parvenus qu'en passant par les mains de Tribonien et de ses collaborateurs, à qui Justinien, comme il nous l'apprend lui-même [2], avait recommandé de ne rien laisser passer dans le Digeste qui rappelât les lois caducaires. Il n'est donc pas téméraire de supposer que Javolenus, tout en approuvant la décision d'Ofilius et de Cascellius pour le droit de leur époque, avait dû la corriger pour le temps où il vivait. Les compilateurs n'ont conservé que la première partie du texte de Javolenus, qui était la seule exacte, puisque le droit ancien était rétabli. Sous Justinien, en effet, la

---

[1] T. VII, c. 935.
[2] L. 2, § 6, et l. 3, § 6, C. *De vet. jur. enucl.*

difficulté devait être tranchée comme l'avaient fait autrefois Ofilius et Cascellius, c'est-à-dire que le substitué, prenant la place de l'institué qu'il représente, a les mêmes droits quant à l'accroissement que les institués du premier degré.

Ramos del Manzano se prévaut d'un second texte, qui appartient à Julien, et qui forme la loi 30, *De vulg. et pupill.* Dans l'espèce prévue, il y avait au premier degré deux héritiers institués pour des parts inégales, puis au second degré des substitués appelés à l'hérédité dans les mêmes proportions. Enfin, le testateur avait ajouté que, si les *deux* substitués faisaient défaut, sa succession appartiendrait au troisième degré à divers héritiers, mais suivant de nouvelles proportions. Un seul des héritiers au premier degré survit au testateur; son cohéritier, ainsi que le substitué de ce dernier, sont prédécédés. Julien est d'avis que l'hérédité tout entière doit être attribuée à l'héritier du premier degré survivant, en se fondant sur ce que le testateur n'a entendu appeler le troisième degré que s'il y avait défaut absolu des héritiers qui le précédaient. — Ce texte ne nous paraît pas probant. La véritable question qui préoccupe le jurisconsulte est de rechercher la pensée qu'a eue le testateur en organisant la dernière substitution. Sans doute, si cette dernière substitution fait défaut, la part du cohéritier *primo gradu* prédécédé devra, dans notre système, se trouver *in causa caduci*, et ne pourra pas être dévolue *jure adcrescendi* au cohéritier survivant, qui n'aurait pas d'autre titre à invoquer. Mais n'est-il pas permis de supposer que cet héritier était un *pater*, et que c'est à lui que la part défaillante devait revenir en cette qualité, pourvu que l'on écarte la dernière substitution, dont l'efficacité seule était en question? Julien ne dit pas que l'héritier du premier degré survivant aura toute l'hérédité par droit d'accroissement; il se contente de refuser ouverture à la dernière substitution, qui, si elle eût été admise, aurait fait obstacle à la *caducorum vindicatio* tout aussi bien qu'au *jus adcrescendi* [1].

---

[1] On peut aussi entendre la décision de Julien en ce sens, qu'il aperçoit une substitution réciproque tacite des héritiers au premier et au deuxième degré dans la précaution qu'a prise le testateur aux yeux du jurisconsulte de subordonner le dernier degré de substitution à la défaillance complète des héritiers précédents. Puisque les substitués ultérieurs avaient le droit d'exclure la caducité, à plus forte raison doit-il en être ainsi pour ceux que le défunt leur a préférés.

Favre et Ramos s'accordent pour invoquer, à l'appui de leur opinion, la loi 10, *Si pars hered.* Papinien expose les faits suivants. Un individu, institué héritier pour partie, avait prédécédé le testateur. Le fils de l'institué, ignorant ce prédécès, administre les biens de l'hérédité au nom de son père, pour la part qu'il suppose être dévolue à ce dernier. Il réalise des ventes, et touche, en conséquence, certaines sommes. Papinien dénie la pétition d'hérédité contre le fils, et accorde l'action *negotiorum gestorum*, qui sera donnée, dit-il, *cæteris coheredibus, ad quos portio defuncti pertinet.* Ces expressions, suivant nos adversaires, indiquent le droit d'accroissement, en vertu duquel les autres institués prendraient la part du prédécédé, à titre de cohéritiers, tandis que, si cette part avait été réservée à quelques privilégiés, la mention des *coheredes* sans distinction serait une inexactitude. — Cette loi 10 a fort embarrassé Cujas, qui ne reconnaissait pas les prérogatives des *patres*, et qui faisait de la caducité une aubaine particulière au fisc. Il est clair, en effet, que Papinien ne songe aucunement aux droits du fisc. Les explications, cependant, n'ont pas manqué à Cujas ; car il en donne jusqu'à trois [1]. D'abord, dit-il, on peut supposer que les cohéritiers étaient tous des ascendants ou des descendants du testateur, qui tiendraient le fisc à l'écart, grâce à leur *jus antiquum* ; ou bien, il faut sous-entendre que le testament contenait, au profit des divers héritiers, une substitution réciproque, expédient usité, on le sait, pour écarter l'application des lois caducaires ; ou bien, enfin, le décès de l'héritier dont il s'agit était antérieur non-seulement à la mort du testateur, mais encore à la confection même du testament, ce qui entraînerait sans difficulté les règles du *pro non scripto*, c'est-à-dire le droit d'accroissement. Chacune de ces trois suppositions peut paraître un peu hasardée, surtout la dernière, qui cependant a pour elle, ainsi que le remarque Cujas, le texte des Basiliques. Nous pensons qu'il y a une quatrième explication possible, d'après laquelle cette loi 10 ne mettrait pas en jeu le *jus adcrescendi*, qui, du reste, ne s'y trouve pas exprimé littéralement. Papinien entend parler non pas de *tous* les cohéritiers sans exception, mais seulement de ceux auxquels revient la part du prédécédé. Ces *cæteri coheredes*

[1] T. IV, c. 120 et suiv.

seraient donc uniquement les *coheredes patres*, qui recueilleraient la portion *in causa caduci*, à l'exclusion des *coheredes* simplement *solidi capaces*. Remarquons que l'attention de Papinien
ne se porte pas sur la manière dont sera dévolue la part défaillante. Il ne s'occupe que de déterminer l'action possible contre
le fils du prédécédé. La façon dont il désigne ceux qui auront à
exercer cette action (*cæteri coheredes, ad quos portio defuncti pertinet*) n'exclut pas un choix à faire parmi les divers institués, et
ne nous force pas à dire que tous les cohéritiers doivent avoir
absolument les mêmes droits.

On peut répondre par un raisonnement analogue à un dernier texte sur lequel Ramos fonde sa doctrine, à la loi 88, § 3,
De legat. 2°. Ici Scævola suppose deux héritiers institués. L'un
d'eux est légataire par préciput d'une *taberna ferraria*, et dans
ce legs il a pour associé un esclave du testateur, affranchi par
le testament. L'héritier prélégataire vient à prédécéder. Scævola
dit que sa part héréditaire revient au cohéritier (*pars hereditatis
ejus ad coheredem pertinuit*) ; et il décide que l'esclave affranchi
ne perdra pas néanmoins son droit au legs. — La seule question
qu'envisage Scævola, et qu'il indique, suivant son habitude, par
la manière dont il expose les faits, c'est le sort réservé au legs.
Le défunt avait exprimé qu'il voulait mettre l'héritier prélégataire et l'affranchi en état de faire valoir ensemble la boutique
(*ita ut negotium exerceatis*). L'association désirée par le testateur étant devenue impossible, on aurait pu douter du maintien
du legs. C'est cette raison de douter que repousse Scævola, en
décidant que l'affranchi reste légataire (*licet taberna, ut voluit
testatrix, exerceri non possit*). Le jurisconsulte, qui se borne à
répondre à la question proposée, n'entre pas dans l'examen des
motifs qui concentrent toute l'hérédité sur la tête du seul institué survivant. En fait, il en était ainsi. Pourquoi la succession
s'est-elle trouvée dévolue à un seul, Scævola ne s'en occupe pas.
Cet héritier survivant pouvait être un *pater*, ce qui devait être
fréquent. Scævola, en effet, ne mentionne pas d'une manière
formelle l'accroissement; ses expressions peuvent très-bien s'entendre de l'exercice du *jus caduca vindicandi* [1].

---

[1] On pourrait être tenté de puiser un nouvel argument en faveur de
l'opinion que nous combttons dans la loi 25, § 1, *De his quæ ut ind.*, de
laquelle il résulte que si un légataire, à qui le défunt avait laissé *illicite*,

Nous ajouterons, enfin, à l'appui de la doctrine que nous adoptons, un dernier motif, tiré d'une décision que contiennent les lois 24 et 25 *De her. inst.* Il s'agit d'un testament dans lequel le défunt a institué Titius et Seius, ou celui des deux qui lui survivra : « *Titius et Seius, uterve eorum vivet, heres mihi esto.* » Celse, dans la loi 24, admet que le survivant sera héritier pour le tout ; et Ulpien, dans la loi suivante, pour justifier cette solution, nous dit qu'il faut voir une *substitution* tacite dans ces expressions : *uterve eorum vivet.* On ne concevrait pas l'utilité de cette substitution, si la part du prédécédé devait être régie par les principes du *jus adcrescendi.* Aussi, Pothier, n° 8, *Devulg. et pupill.*, fait-il observer qu'à défaut de cette substitution, il y aurait eu application des lois caducaires. La loi 26 étend la même décision à l'hypothèse d'un legs, et nous apprend qu'un sénatus-consulte avait tranché la question en ce sens.

En somme, il nous paraît possible de rendre raison des différents textes objectés par les rares auteurs[1] qui veulent laisser sous l'empire du *jus antiquum* les dispositions dites *in causa caduci.* Ce n'est qu'à regret, cependant, que nous repoussons ce système qui, à nos yeux, serait fort rationnel. Mais nous ne pourrions éviter de nous rallier à l'opinion générale qu'en donnant un démenti à Justinien, et en effaçant la distinction du *pro non scripto* et du *quasi caducum.* Or, nous l'avons dit, il n'est guère permis de suspecter les auteurs du Code, quand ils font précéder le règlement à nouveau du *jus adcrescendi* d'un exposé historique de l'ancienne législation, d'avoir imaginé une catégorie particulière qui n'eût jamais existé. Dira-t-on, pour établir une différence entre les deux catégories, qu'à l'égard de ce qui était *pro non scripto*, la répartition s'opérait même au profit des

---

vient à mourir *vivo testatore*, c'est le grevé qui doit en profiter. A notre avis, il ne s'agit pas ici des règles de la caducité, mais de celles de l'indignité, qui, en général, bénéficiait au fisc, notamment quand un héritier s'était chargé de faire parvenir quelque chose à un incapable. C'est ce que prouvent les expressions *illicite relictum*, et la comparaison de ce paragraphe 1 avec le *principium* de la loi. Or, en cette matière, il avait été admis, comme nous l'apprend la loi 3, § 2, *De jur. fisc.*, qu'il fallait s'arrêter à l'issue possible de la disposition frauduleuse. « *Et placuit exitum esse spectandum.* »

[1] Ramos indique comme partisans du système qu'il défend les jurisconsultes Beaudouin et Giffanius.

solidi capaces, parce que, la disposition étant réputée non avenue, il fallait en faire abstraction absolue ? Les choses auraient
été traitéescomme si le testateur n'eût pas distribué toute son
hérédité, ce qui augmentait la part de tous ceux qui étaient valablement institués. Quand, au contraire, la disposition était
utile *ab initio*, mais défaillait dans l'intervalle du testament au
décès, il y aurait eu, à proprement parler, *jus adcrescendi*, qui
n'aurait pu être invoqué que par les ascendants ou descendants
du testateur jouissant du *jus antiquum*. Cette nuance serait rigoureusement possible, et nous la trouvons indiquée dans les
commentateurs, qui discutent le point de savoir à quel instant
commence à être en vigueur le *jus adcrescendi*. Mühlenbruch,
par exemple (t. XLIII, p. 246), fait rentrer dans son domaine
les parts héréditaires qui défaillent *vivo testatore*, tandis que
M. de Wangerow (§ 494) repousse en pareil cas l'idée d'un véritable accroissement, parce qu'il répugne à admettre qu'un
droit puisse prendre de l'accroissement avant d'être né. Sans
doute il se produit un effet analogue à l'accroissement, mais on
ne peut pas encore parler d'accroissement véritable : sinon,
ajoute-t-il, on devrait dire que la mort de l'un des héritiers
présomptifs avant celle du *de cujus* accroît les droits des autres
héritiers présomptifs, ce qui lui semble une absurdité.

Nous n'attachons pas une grande importance à cette controverse, dans laquelle l'avantage de l'exactitude nous paraît être
du côté de l'opinion de M. de Wangerow. Nous craignons qu'il
n'y ait là surtout une dispute de mots, puisqu'on reconnaît que les
choses doivent se passer comme s'il y avait *jus adcrescendi*. A
nos yeux, le *jus antiquum* s'exerce sur les *quasi-caduca* qui défaillent *vivo testatore* comme sur les *caduca* qui ne défaillent
qu'après sa mort. Seulement, si l'on veut soumettre les *quasi-
caduca* exclusivement à l'empire du *jus antiquum*, pour n'ouvrir
que quant aux *caduca* le *jus patrum*, on arrivera à constituer au
profit des ascendants ou descendants un privilége désastreux
pour les *patres*, qui étaient cependant ceux que l'on voulait
surtout favoriser. Les nouvelles règles auraient eu pour résultat
de traiter les *patres* institués plus mal qu'ils ne l'auraient été
sous les anciens principes, qui appelaient tous les héritiers à
bénéficier des défaillances survenues *vivo testatore*. C'est, au
contraire, l'intérêt des *patres* qui est évidemment pris en consi-

dération pour l'attribution des dispositions vacantes qui nous occupent, comme le prouve le langage dont on usait en cette matière. Nous répétons qu'il est impossible d'expliquer autrement la dénomination : *in causa caduci*; elle entraîne forcément avec elle une idée d'analogie avec les *caduca*. Si l'on admet cette analogie, la distinction du *quasi-caducum* d'avec le *pro non scripto* aura encore un intérêt, indépendamment de la détermination des personnes qui devront profiter de la défaillance, intérêt qui a été signalé par Cujas [1]. Du moment où l'on suit les règles du *jus caduca vindicandi*, il faudra s'y conformer relativement à la translation des *onera*, qui était une charge inhérente au bénéfice de la caducité, tandis que si l'on applique le *jus adcrescendi*, on devra dire qu'il avait lieu *sine onere*. Sous ce point de vue, du reste, malgré l'abolition des lois caducaires, il est encore utile, à l'époque de Justinien, de séparer le *pro non scripto* du *quasi-caducum*. Dans le premier cas, en effet, la transmission de l'*onus* sera exceptionnelle : *nisi perraro* (§ 3 *De cad. toll.*). Dans le second cas, au contraire, il n'y aura *lucrum* que *cum gravamine* (§ 4, *eod. tit.*).

Suivant Justinien, § 2, *De cad. toll.*, une disposition se trouvait encore *in causa caduci*, quand elle était faite sous condition, et que la condition venait à défaillir : « *Vel ipsum relictum expirabat, forte quadam conditione, sub qua relictum fuerat, deficiente.* » Les auteurs entendent en général cette décision uniquement du cas où la condition viendrait à faire défaut du vivant du testateur; tandis que si elle manquait seulement après sa mort, il y aurait, disent-ils, ouverture à la caducité proprement dite. L'une et l'autre de ces solutions ne sont pas exemptes de difficultés. En effet, le véritable caractère de toute disposition conditionnelle, c'est d'être subordonné à l'événement de la condition, de telle sorte que, si elle ne se réalise pas, la disposition doit être considérée comme non avenue. Il n'y a pas eu, dans ce cas, volonté de donner; et, dès lors, ce qu'il y aurait de plus raisonnable, ce serait de tenir l'institution ou le legs *pro non scripto*. Ici peut s'appliquer à bon droit cette idée que le testateur n'a pas distribué toute son hérédité, la part assignée conditionnellement étant censée ne l'avoir jamais été *defectu conditionis*, d'après les règles

---

[1] T. IX, c. 885.

qui gouvernent les rapports de droit conditionnels. Or, assurément on n'a jamais douté que, dans un testament qui ne contien-
drait pas une répartition de tout le patrimoine, ce qui restait
libre ne dût profiter indistinctement et *pro portione hereditaria*
à tous les institués, sans qu'il y eût à établir une préférence
pour les *patres*. (Voyez loi 13, § 2, *De her. inst.*). Les textes
ne manquent pas pour justifier ce système. Nous citerons en
première ligne la loi 26, § 1, *De cond. et dem.*, où il est dit que
si, sur deux héritiers, l'un a été institué purement et simplement, l'autre conditionnellement, l'hérédité tout entière, en cas
de défaillance de la condition, appartient *jure adcrescendi* à l'institué pur et simple, et que celui-ci transmettrait ce droit d'accroissement à son propre héritier, s'il venait à mourir *pendente
conditione* [1]. En vain objecterait-on que les lois caducaires ne
s'appliquaient pas quand il n'y avait qu'un héritier *ex asse* qui
ne pouvait recueillir l'hérédité. Telle n'est pas l'hypothèse de
Julien. Il y a dans l'espèce un héritier institué *pro parte*, dont
la présence suffit pour maintenir le testament. A défaut de *coheredes patres*, il pouvait y avoir des légataires ; d'ailleurs, l'*œ-
rarium* ne manquait jamais. Celse, dans la loi 59, § 6, *De her.
inst.*, suit la même doctrine. Il suppose deux héritiers, Titius et
Mævius, institués chacun pour un tiers ; le dernier tiers a été
laissé à Titius, mais sous condition : « *si navis ex Asia venerit.* »
D'après le jurisconsulte, Titius est assuré, à tout événement,
d'avoir la moitié de l'hérédité. Il n'y aura d'incertitude que
pour un sixième de la succession, que Titius ajoutera à cette
moitié, s'il survit à l'accomplissement de la condition, mais qui,
en cas contraire, obviendra à Mævius par droit d'accroissement.
Ici encore, les expressions employées par Celse sont celles dont
se sert Julien : « *pars adcrescit.* » Mæcianus et Gaïus se rangent à
la même opinion, quand ils décident, l. 6 et l. 7, pr. *De reb. dub.*,
que si quelqu'un a été institué conjointement avec un postume,

---

[1] Cujas, sur cette loi, t. VI, c. 442, admet l'accroissement d'après les
anciennes règles, tandis que, dans son commentaire sur la constitution *De
cad. toll.*, il range cette hypothèse parmi celles où il y aurait caducité.
Heineccius, liv. III, ch. IX, n° II, explique l'accroissement à l'aide de cette
idée que, postérieurement à l'adition faite par l'un des héritiers, il n'y
aurait plus lieu à l'application des lois caducaires, opinion que nous aurons
à examiner plus loin. Schneider, p. 106, suppose que, dans l'espèce, il faut
sous-entendre un héritier jouissant de la prérogative du *jus antiquum*.

c'est-à-dire au cas d'un institué pur et simple et d'un institué conditionnel, le premier aura toute l'hérédité à défaut de survenance du postume. Gaïus explique sa décision en ces termes : « *Totum ad te pertinere, quasi ab initio solido relicto.* » Il n'y a là autre chose que l'application de cette doctrine qu'une institution conditionnelle disparaît sans laisser de traces, quand la condition fait défaut, et qu'il faut traiter les choses comme si l'institution n'avait pas été faite *ab initio* [1]. Aussi voyons-nous que l'héritier institué sous une condition négative potestative devait fournir la caution Mucienne à ses cohéritiers, qui profiteraient de l'inaccomplissement de la condition (Ulp. I. 4, § 1, *De cond. instit.* ; l. 7, § 1, *De cond. et dem.*).

La même doctrine doit être étendue aux legs conditionnels. C'est ce que démontre un texte bien positif d'Africain, la loi 31, *De cond. et dem* [2]. Le jurisconsulte suppose que le testateur, en affranchissant deux de ses esclaves, Stichus et Pamphila, a chargé son héritier de leur payer 100 dans le cas où ils se marieraient l'un avec l'autre. Stichus vient à mourir avant l'ouverture des tablettes du testament. Le sort réservé au legs fait à Stichus ne peut être douteux ; il sera dévolu suivant les principes de la *caducorum vindicatio*. Nous sommes ici en présence de l'un des cas les plus incontestés de caducité. Quant à la portion du legs qui concerne Pamphila, le jurisconsulte dit que cette dernière n'y aura pas droit, à raison de la défaillance de la condition. Mais il ne s'en tient pas là et il ajoute, ce qui est important, que la défaillance profitera à l'héritier : « *Ideoque partem ejus apud heredem remansuram.* » Il est évident qu'Africain reconnaît à l'héritier, nonobstant les lois caducaires, le droit de

---

[1] Nous ferons observer cependant que ce point de vue n'était pas suivi d'une manière absolue. On s'en écartait, afin de rouvrir la voie à la succession *ab intestat*, dans le cas où le défunt, après un premier testament, en aurait fait un second contenant institution d'héritier sous une condition qui viendrait à défaillir. Le nouveau testament n'en produisait pas moins cet effet important que le précédent était rompu, de sorte que la succession était alors dévolue aux héritiers légitimes. Voyez le paragraphe 2, Instit., *Quib. mod. test. inf.*

[2] Ce texte a entraîné Ramos del Manzano à nier la caducité par suite de la défaillance de la condition *après* la mort du testateur. Cependant, il ne fait pas difficulté pour admettre la quasi-caducité, si la défaillance se produisait *vivo testatore*. Voyez liv. IV, *Reliq.*, XXXVI, nos 13; 14 et 28.

rétention, qui, autrefois, s'exerçait généralement toutes les fois qu'un légataire venait à manquer sans laisser de conjoint, et qui, désormais, ne s'applique qu'aux legs qui sont tenus *pro non scriptis*. Sa pensée ne se porte point sur le *jus caduca vindicandi*, qui aurait pu compéter à l'héritier en qualité de *pater*. Sinon, il n'aurait pas séparé la portion du legs qui défaille par le décès du légataire *ante apertas tabulas* de celle qui défaille à raison de l'inaccomplissement de la condition, puisqu'elles auraient subi toutes deux le même sort. Or, le texte est bien clair pour indiquer une différence entre ces deux parts. Peut-être est-ce aussi dans le même sens qu'il faut entendre ce que dit Ulpien dans la loi 59 pr. *De cond. et dem.*, quand il décide que le legs *intercidit* alors que le légataire vient à mourir *pendente conditione*, ce qui rend impossible l'accomplissement de la condition. Cette expression semble, en effet, indiquer qu'en pareil cas la disposition sera anéantie pour ne produire aucun effet ; et il nous semble hasardeux de prêter à Ulpien cette pensée que le legs sera traité comme *caducum*, ainsi que le pensent Cujas et Heineccius, de telle sorte qu'il aurait dû être exécuté. En résumé, nous estimons qu'il est permis de révoquer en doute que les divers jurisconsultes dont nous avons cité les fragments aient admis cette source de caducité. Mais probablement on finit par perdre de vue les véritables conditions de la caducité ; et on doit supposer que Justinien n'a fait que constater l'usage qui avait prévalu dans la pratique.

Caduca.—Abordons enfin la troisième des catégories distinguées par Justinien, celle qui offre assurément le plus d'importance ; nous voulons parler des *caduca* proprement dits. Sur ce point encore, les auteurs qui se sont occupés de ces questions sont loin de s'entendre, et nous rencontrerons une grande divergence d'opinions. Il semble cependant qu'il n'y ait rien de plus facile que de déterminer le caractère du *caducum*. L'idée que nous en donne Justinien, dans les derniers mots du paragraphe 2 *De cad. toll.*, n'est-elle pas claire ? La *caducité*, nous dit-il, atteignait tout ce qui venait à défaillir après la mort du testateur. « *Vel mortuo jam testatore hoc, quod relictum erat, deficiebat quod aperta voce caducum nuncupabatur.* » D'un autre côté, la définition que nous a laissée Ulpien du *caducum* ramène les choses au même point de vue.

Pourvu qu'une disposition ait été valablement faite *ab initio*, elle est *caduque*, nous apprend-il, toutes les fois que le destinataire ne peut pas la recueillir pour quelque cause que ce soit, « *aliqua ex causa non ceperit.* » Sans doute Ulpien ne distingue pas la *quasi-caducité* de la *caducité*; mais cette division, comme nous l'avons vu, ne concerne que l'*époque* à laquelle se produit la défaillance, et n'influe pas sur la manière dont la dévolution doit être faite. Peu importe, en définitive, qu'on réserve l'expression *caducum* pour ce qui fait défaut après la mort du testateur, et qu'on appelle *in causa caduci* ce qui vient à défaillir de son vivant, les règles d'attribution étant les mêmes. Ce qu'il est bon de remarquer, c'est qu'Ulpien, pas plus que Justinien, ne se préoccupe des *causes* qui amènent la défaillance.

C'est précisément parce qu'ils se sont écartés de cette donnée très-simple que les commentateurs ont embrouillé la matière, en cherchant à restreindre plus ou moins les déchéances qui devaient tomber sous le coup de la caducité. On n'a pas voulu accepter franchement le système créé par Auguste pour réprimer le célibat ou l'*orbitas*, et rémunérer la paternité. On a préféré lui prêter des conceptions législatives qui seraient, en réalité, bizarres, capricieuses, et reposeraient sur des chances de hasard, sur des distinctions arbitraires, dont on aurait peine à comprendre les motifs.

Sans doute, le sentiment qui a porté en général les auteurs à resserrer le plus possible le cercle de la caducité s'explique par le caractère odieux qui a toujours été reconnu aux lois Julia et Papia, et se justifie par le témoignage même que nous fournissent à cet égard les compilations de Justinien, où nous voyons que ces dispositions avaient été blâmées par les personnages les plus éminents. Mais, s'il est permis de faire la critique de mesures que d'impérieuses nécessités avaient rendues indispensables, il faut se garder cependant de défigurer un monument des plus importants de la jurisprudence romaine, et de le réduire à des proportions qui nous le présenteraient comme une œuvre incomplète, où la rigueur déployée contre certaines personnes et la faveur accordée à d'autres s'arrêteraient tout à coup, sans qu'il y eût aucune raison de renoncer à maintenir les peines ou les prérogatives.

Cet esprit de répulsion contre les lois caducaires a conduit de bonne heure à donner un sens étroit au terme *caducité*, dont le domaine a été rigoureusement mesuré, de manière à ne lui abandonner que ce qu'il était impossible de lui refuser. Par suite de cette tendance, la caducité a été bornée aux déchéances qui tenaient directement aux prescriptions des lois nouvelles. Telle était l'opinion dominante chez les anciens auteurs, et elle est encore aujourd'hui, en France, l'opinion commune, si bien qu'elle a été érigée presque en un axiome[1].

Le système que nous combattons a, en quelque sorte, pour fondateur, dans notre ancienne jurisprudence, le plus grand des maîtres, Cujas, qui, en commentant la constitution *De cad. toll.*[2], n'a admis que *cinq* hypothèses de caducité. Voici l'ordre dans lequel il les présente : 1° si, après la mort du testateur, un héritier institué pour partie ou un légataire vient à mourir *ante apertas tabulas ;* 2° si, dans les mêmes circonstances, les mêmes personnes deviennent *peregrini ;* 3° si la disposition testamentaire s'adresse à un *cœlebs*, qui dans les cent jours ne satisfera point à la loi Julia ; 4° si elle est faite au profit d'un Latin Junien, qui, dans le même délai n'acquerrait point la cité romaine ; 5° si, la disposition étant conditionnelle, la condition défaille après la mort du testateur.

Notons, d'abord, que cette dernière hypothèse fait une disparate choquante avec les précédentes. Comme elle ne se rattache en aucune façon aux lois caducaires, on ne voit pas pourquoi elle donnerait ouverture à la caducité, tandis que toutes les autres hypothèses nous offrent exclusivement des cas de déchéance que l'ancien droit ne reconnaissait pas. Aussi avons-nous indiqué plus haut les difficultés sérieuses qui peuvent s'élever sur le règlement de cette cause particulière de déchéance.—D'un autre côté, l'énumération faite par Cujas, de l'aveu même de nos adversaires, n'est pas complète. L'incapacité partielle de l'*orbus*

---

[1] M. Ortolan, *Explication historique des Instituts*, t. II, p. 581 (6me édition, 1858), s'exprime de la sorte : « C'est une grave cause d'erreur que d'appliquer cette dénomination de *caduca* à tous les cas de défaillance des dispositions testamentaires. A l'époque historique du droit que nous examinons, elle est exclusivement propre aux déchéances introduites par la loi Papia Poppæa. » — Malgré toute la déférence que nous avons pour les lumières de notre savant collègue, nous ne pouvons partager la doctrine à laquelle il a donné l'appui de son autorité.

[2] T. IX, c. 872.

est, en effet, passée sous silence; et néanmoins elle doit appartenir au domaine de la caducité[1], puisqu'elle a sa source dans
la loi Papia. Nous en dirons autant pour ce qui dépasserait la
quotité disponible autorisée au profit du conjoint. Cette restriction dérive également des lois Julia et Papia, de sorte qu'ici encore le droit de recueillir ce qui échappe à l'incapable devrait
être incontestablement dévolu aux *patres*. Seulement, ces addi-
tions à faire à la liste donnée par Cujas ne sont que le complé-
ment légitime de son système. Elles appartiennent à l'ordre d'i-
dées qui lui sert de règle pour la détermination des *caduca*. Au
fond, la condition essentielle qui serait exigée consisterait en ce
point que la déchéance tirerait son origine des lois caducaires,
sauf ce qui concerne le Latin Junien, dont la position paraît
avoir été fixée sur le type de celle du *cœlebs*.

    La source de cette doctrine se trouve évidemment dans le ti-
tre XVII des *Regulæ* d'Ulpien. Les cas que le jurisconsulte cite
comme exemples de caducité, et qui, dans sa pensée, ainsi que
nous le démontrerons, n'excluaient pas d'autres causes, ont été
transformés en une énumération limitative dans laquelle il faudrait se circonscrire. Mais, quand une fois, grâce à l'ouverture
des tablettes du testament, il y a eu délation de l'hérédité ou
dies cedens du legs, si quelque disposition manque son effet par
la répudiation du gratifié, ou par le décès d'un institué qui n'aura
pas fait adition, il ne pourrait plus être question de caducité.
Celle-ci ne serait plus applicable alors que quelqu'un ne prendrait pas ce qu'il dépendrait de lui de prendre. Telle est la règle
posée par Cujas. Désormais, le *jus antiquum* ressaisirait son empire d'une manière générale. Ce seraient les règles du droit antérieur aux lois Julia et Papia qui devraient être observées pour
faire la répartition entre les divers ayant droit de tout ce qui
viendrait à défaillir.

    Ramos del Manzano[2] a suivi la trace de Cujas, dont il s'écarte
seulement en ce qu'il exclut, comme nous l'avons dit, du do-

---

[1] Nous verrons cependant que sur ce point il n'y a pas absence de controverse. Au moins Schneider a-t-il prétendu que la moitié enlevée à l'*orbus*
ne devait pas être réglée par les principes du *jus caduca vindicandi*. Mais
nous croyons que c'est là une opinion isolée, et nous n'avons pu constater
qu'elle eût rallié quelques partisans.

[2] L. IV, Reliq. XXXVI.

maine de la caducité l'hypothèse où la condition défaillerait après la mort du testateur. Mais, suivant lui, la caducité ne peut jamais résulter que des prescriptions des lois nouvelles. Dès qu'il y a eu ouverture des tablettes, si quelque appelé, libre des obstacles qui l'empêchaient de profiter de sa vocation, n'en tire point parti à raison d'une cause admise par l'ancien droit, si un institué décède sans avoir acquis au moyen d'une adition, si un héritier ou un légataire répudie, c'est d'après les anciennes règles qu'on doit faire la dévolution.

Heineccius, tout en se rattachant aux idées qui prévalaient sur la réduction à imposer à la caducité, a cependant été amené à en élargir quelque peu la portée, afin de faire une part à certains textes un peu gênants, qui ne permettent guère de fermer aussi promptement la carrière aux *caduca*. Empruntant à Godefroy des distinctions que celui-ci n'avait fait qu'indiquer, Heineccius a créé à leur aide un système modifié, qui, s'il ne lui est pas propre, est du moins généralement connu sous le nom de ce jurisconsulte. L'autorité dont a joui pendant longtemps son commentaire, fort estimable du reste, sur les lois Julia et Papia, nous fait un devoir de nous arrêter un instant à l'examen de ce système, qu'il suffirait presque d'exposer pour le rendre suspect.

Suivant Heineccius, l'ouverture des tablettes du testament n'aurait pas été une barrière infranchissable pour la caducité. Il aurait fallu, en outre, pour mettre en jeu l'ancien droit d'accroissement, cette circonstance que l'un des institués eût fait adition. A partir de ce moment, tous les institués, sans distinction, devraient profiter de la répudiation subséquente de leur cohéritier ou de leur décès arrivé sans qu'il y eût adition de leur part. Mais, si l'on suppose que, même après l'ouverture des tablettes, quelque héritier répudie ou décède sans adition avant qu'aucun autre héritier n'ait accepté, sa part héréditaire aurait été vacante, et serait tombée dans l'*ærarium*, plus tard dans le *fiscus*. L'auteur paraît, en effet, confondre les *caduca* et les *vacantia*, et croire que ces deux expressions étaient employées indifféremment l'une pour l'autre. Nous savons, d'ailleurs, que jusqu'à la découverte de Gaïus, la prérogative des *patres* était restée dans l'ombre, et que le profit de la caducité était généralement attribué au trésor public. — Quant aux legs, voici les singularités qui

auraient été imaginées par les auteurs des lois Julia et Papia.
Ils auraient séparé le legs *per vindicationem* de tous les autres.
Le droit du légataire *per vindicationem* aurait été sans doute ouvert et transmissible à ses héritiers, par cela seul qu'il avait survécu à l'*apertura tabularum ;* mais les autres legs ne seraient de-
venus transmissibles, même *post apertas tabulas,* qu'autant que
le titulaire aurait accepté la disposition. Jusque-là, ils devenaient
la proie de l'*ærarium,* à titre de *caduca* ou de *vacantia.* Les choses se seraient passées de la même manière, s'il y avait eu répudiation de la part d'un légataire quelconque. Cependant, le trésor public se trouvait exclu du moment où un seul héritier aurait
fait adition. Désormais la défaillance des legs avait lieu au
profit des héritiers, à moins qu'il n'y eût un légataire conjoint.
En un mot, on retombait alors sous l'empire des anciennes
règles.

Nous ferons remarquer que Pothier, s'en tenant à Cujas, son
guide ordinaire, avait repoussé les complications dont nous
venons de parler, et auxquelles il consacre même quelques mots
de réfutation (n° 404, *De legatis*). Mais elles avaient été accueillies par d'autres, notamment par M. d'Hauthuille, dans le travail
qu'il a publié en 1834 [1], et où les idées d'Heineccius ont été en
général reproduites, sauf les points sur lesquels les commentaires de Gaïus en avaient fourni une condamnation éclatante.
L'auteur, résumant à la page 124 les dispositions soumises aux
règles introduites par la loi Papia, place sous le n° 4 *celles dont l'appelé devenait incapable ou qu'il répudiait avant que ses cohéritiers
ou colégataires eussent acquis leurs droits, mais après l'ouverture
du testament.* Il est vrai qu'il les fait entrer dans la catégorie de
ce qui était *in causa caduci,* ce qui est indifférent quant à l'ordre
de dévolution, mais ce qui n'est pas en harmonie avec les distinctions contenues dans la constitution de Justinien. Avant
d'exposer notre propre sentiment sur la théorie des *caduca,* nous
tâcherons de faire justice de ce système mixte, dont l'initiative
remonte en réalité à Godefroy, mais qui a surtout acquis de la
célébrité par les développements que lui a donnés Heineccius.

En ce qui concerne les institutions d'héritier qui défailleraient
après la mort du testateur, il y aurait lieu, comme on l'a vu,

[1] Voyez p. 123 et 124.

15

pour en régler le sort, à séparer trois époques. La première s'étendrait depuis le décès jusqu'à l'ouverture des tablettes. Si, dans cet intervalle, un institué vient à manquer, la caducité ne peut être révoquée en doute, d'après Ulpien, *Reg.*, tit. XVII. Seulement, les idées d'Heineccius ne sont pas bien assises sur la dévolution de cette sorte de *caduca*. Dans son chapitre XLVI, en effet, il reconnaît pour ce cas, sous le nom erroné de *jus antiquum*, un droit en faveur des institués *qui liberos habebant ;* tandis que, dans son chapitre XLIX, il attribue directement à l'*œrarium* le bénéfice de ces déchéances. Aujourd'hui, il n'est plus contestable que l'*œrarium* ne vînt en dernière ligne, et que les *patres* n'eussent la préférence quant à la *caducorum vindicatio*. —La deuxième époque commence à l'ouverture des tablettes, et se prolonge jusqu'à ce qu'un héritier ait fait adition. Dans cette période de temps, Heineccius admet sans restriction et sans concours le droit pour le trésor public de recueillir les institutions qui deviendraient vacantes. Enfin, la troisième époque s'ouvrirait par l'adition faite de la part de l'un des héritiers ; et dès lors on tomberait sous l'empire du *jus adcrescendi*. Il est difficile assurément de concevoir un système plus enchevêtré ; et, pour l'adopter, il faudrait se résigner à dire que les longues élaborations d'Auguste et de ses conseillers n'avaient abouti qu'à un plan bien étrange. Les déchéances de la première époque sont celles dont le sort est le moins douteux. Tout le monde convient qu'elles constituaient de vrais *caduca ;* par suite, aujourd'hui, comme il est bien certain que les *patres* avaient le pas sur l'*œrarium*, on doit attribuer ces parts héréditaires au domaine du *jus caduca vindicandi*. Quant à la distinction des deux autres époques, elle n'a été imaginée que pour expliquer un passage positif d'Ulpien, *Reg.*, tit. I, § 21, duquel il ressort que la répudiation d'un héritier rendait sa part *caduque*, et cela postérieurement à l'ouverture des tablettes : « *Sed post legem Papiam Poppœam quœ partem non adeuntis caducam facit.* » Il est clair qu'il n'y a lieu à s'occuper de l'effet d'une répudiation d'hérédité qu'après sa délation, c'est-à-dire après l'ouverture des tablettes [1]. Jusque-là, l'hérédité n'étant pas *déférée*, on se trouverait en présence d'un acte sans valeur. *Nihil egit*, comme dit le même Ulpien, l. 13,

---

[1] L. 151, *De verb. sign.* : « *Delata hereditas intelligitur, quam quis possit adeundo consequi.* »

pr. *De adq. vel omitt.* La répudiation serait frappée d'inefficacité, suivant la règle exprimée dans la loi 174, § 1, *De reg. jur.* : « *Quod quis, si velit, habere non potest, id repudiare non potest.* » Mais tout ce qu'il faut conclure du passage d'Ulpien, c'est que la circonstance de l'*apertura tabularum* ne met pas fin, contrairement à l'opinion commune, à la survenance des *caduca*. Il reste toutefois à rendre compte des divers textes qui admettent l'accroissement à l'égard des héritiers après qu'ils ont fait adition. Ces textes, qui sembleraient écarter le *jus caduca vindicandi*, seront examinés, quand nous établirons le système qui nous paraît l'expression de la vérité. Seulement, si le droit d'accroissement doit à une certaine époque faire obstacle au *jus caduca vindicandi*, nous croyons que le plus simple serait d'admettre comme terme le moment de l'ouverture des tablettes. Il faut, à notre gré, se prononcer entre la persistance indéfinie du privilége des *patres* ou sa limitation jusqu'à l'*apertura tabularum*, dont le délai était régulièrement fixé. Quant à l'idée de faire dépendre l'exercice du droit des *patres* du plus ou moins de diligence d'un héritier, qui pourrait ainsi à sa guise couper court à une prérogative légale importante, elle ne peut être acceptée raisonnablement à défaut de preuves concluantes.

Relativement aux legs, nous avons dit que le système de Godefroy et d'Heineccius laissait place encore, après l'ouverture des tablettes et jusqu'à l'adition faite par l'un des héritiers, à une double cause de déchéance, qui, suivant ces auteurs, les rendrait vacants au profit de l'*ærarium.* La première cause de déchéance, étrangère au legs *per vindicationem*, tiendrait à cette circonstance que le légataire décéderait sans avoir accepté, ce qui empêcherait la transmission aux héritiers de tout legs autre que celui *per vindicationem.* La deuxième cause de déchéance, commune à tous les legs, découlerait de leur répudiation, survenue dans le même intervalle.

Sur le premier point, la doctrine d'Heineccius ne peut s'accorder avec ce que nous enseigne Ulpien, *Reg.*, tit. XXIV, § 31, d'après lequel le *dies cedens* des legs purs et simples ou *in diem certum*, qui se plaçait autrefois à la mort du testateur, fut reculé uniformément par la loi Papia jusqu'à l'ouverture du testament, sans distinction de la formule employée par le défunt ;

« *Legatorum quæ pure vel in diem certum relicta sunt, dies cedit antiquo quidem jure ex mortis testatoris tempore; per legem autem Papiam Poppæam ex apertis tabulis testamenti.* » Or, l'effet principal du *dies cedens* était d'opérer la transmissibilité aux héritiers, comme le dit encore Ulpien, l. 5, pr. *Quand. dies legat.* Qu'une déclaration de volonté ne fût pas nécessaire pour l'acquisition du legs, c'est ce qui résulte de la loi 16, § 1, *Qui test. fac.*, où il est dit qu'un insensé peut acquérir un legs, parce que l'ignorance de quelqu'un ne fait pas obstacle à ce que des actions lui arrivent. Le jurisconsulte suppose même qu'il s'agit d'un legs qui ne serait pas *per vindicationem,* puisqu'il parle de *personales actiones.* Pomponius, auteur de ce texte, répète la même décision dans la loi 24, pr. *De oblig. et act.*, et cite l'acquisition d'une action au moyen d'un legs comme possible de la part de celui qui n'a aucune volonté. De même, Papinien, dans la loi 77, § 3, *De legat.* 2º, admet que l'émolument résultant d'un testament (et il fait allusion à un legs) est acquis sans le savoir. Il n'y avait qu'un seul cas où l'acquisition du legs dépendît d'une déclaration à faire par le légataire personnellement : c'était le cas du legs d'option, l. 16, *De opt. vel elect.*[1]. Mais précisément, dans cette hypothèse, il s'agissait d'un legs *per vindicationem,* Ulp., *Reg.*, tit. XXIV, § 14. Il semblerait que, s'il y avait lieu de faire une distinction, elle devrait être en sens contraire. Nous savons, en effet, par Gaïus, II, 195[2], qu'en matière de legs *per vindicationem,* il y avait débat entre les Sabiniens et les Proculéiens sur la question de savoir si une acceptation de la part du légataire était nécessaire pour le rendre propriétaire de la

---

[1] Ici, l'acquisition du legs n'était possible que *post aditam hereditatem.* Cette exception tenait à ce que, jusqu'à Justinien, la faculté d'opter était envisagée comme réservée exclusivement au légataire même. Or, l'exercice de l'option n'étant que la revendication d'un esclave à déterminer parmi ceux de la succession, cette revendication n'était permise qu'après l'adition de l'hérédité, puisque ce n'était qu'à ce moment au plus tôt que le légataire devenait propriétaire. Du reste, l'*optio servi* était au nombre des *actus* dits *legitimi*, l. 77, *De reg. jur.* Les formes de cet acte nous sont inconnues. Nous voyons par la loi 3, § 6, *Ad exhib.*, que le légataire était autorisé à intenter préalablement à son *optio* l'action *ad exhibendum*, qui elle-même ne se conçoit qu'autant qu'il existe un héritier.

[2] M. d'Hauthuille, p. 124, invoque ce passage de Gaïus à l'appui du système d'Heineccius.

chose léguée [1]. Mais le débat n'était relatif qu'à l'acquisition de la propriété, et n'influait en rien sur le *dies cedens* et sur la transmissibilité aux héritiers du légataire.

Cependant Godefroy et Heineccius n'ont pas imaginé la distinction qu'ils ont proposée sans avoir une apparence de motif. Ce motif, ils l'ont puisé dans le paragraphe 3, titre VI, livre III, des Sentences de Paul, qui contient la décision suivante : « *Post diem legati cedentem, actio quæ inchoata non est, ad heredem non transmittitur.* » Au premier abord, ce passage paraît indiquer que la transmission du legs n'est possible qu'autant qu'il y a eu action intentée. Sans doute, la traduction de ces mots : *actio inchoata*, par ceux-ci : déclaration d'accepter le legs, *agnitio legati*, selon la formule de Godefroy et d'Heineccius, pourrait être regardée comme un peu libre, et même trop indulgente, puisque Paul exigerait que l'action eût été exercée. Mais, pour arriver à cette explication de l'*inchoata actio*, Heineccius se fonde sur ce que, dans le paragraphe 7 du même titre, Paul ajoute qu'en matière de legs *per vindicationem*, le droit est transmis aux héritiers, indépendamment de toute déclaration d'accepter émanée du légataire de son vivant : « *Per vindicationem legatum, et si nondum constituerit legatarius ad se pertinere, atque ita post apertas tabulas ante aditam hereditatem decesserit, ad heredem suum transmittit.* » Voilà en quoi il y aurait opposition entre le legs *per vindicationem* et les autres : ce qui est reconnu inutile

---

[1] Si l'on en croit Gaïus, le débat aurait été tranché par une constitution d'Antonin en faveur de l'opinion des Proculéiens, c'est-à-dire, en ce sens que l'acquisition de la propriété ne datait que de l'acceptation du légataire. Toutefois, la conclusion que le jurisconsulte tire de cette constitution peut paraître assez peu légitime. De ce que les Décurions auront à délibérer sur l'acceptation d'un legs fait à leur colonie, on n'aperçoit pas qu'il y ait rien à induire contre la rétroactivité du droit, en supposant une résolution affirmative. Le parti auquel s'arrêta la jurisprudence fut que la propriété de l'objet légué serait *en suspens* jusqu'au jour de la déclaration faite par le légataire. En cas de répudiation, il est censé n'avoir jamais été propriétaire. Mais, pourvu qu'il accepte, le droit de propriété remonte jusqu'au jour de l'adition d'hérédité. Telle est la doctrine admise par les jurisconsultes postérieurs à Gaïus : par Marcien, l. 15, *De reb. dub.*; par Ulpien, l. 44, § 1, *De legat.* 1°, qui, en conséquence, valide le legs *per vindicationem* fait de la part de celui qui aurait légué à son tour ce qu'on lui avait déjà légué, bien qu'il eût testé à une époque où il ignorait le legs fait en sa faveur.

quant à l'un déterminerait en même temps ce qui est nécessaire
pour la transmission héréditaire des autres legs. Au surplus,
l'idée de cette différence a été suggérée à Heineccius par Cujas,
qui l'avait déjà énoncée, mais seulement sous une forme dubita-
tive [1]. Malgré l'autorité des noms qui ont prêté leur appui à
cette distinction, elle ne saurait être admise, puisqu'elle est péremptoirement condamnée par des textes positifs. La remarque
faite par Paul au sujet du legs *per vindicationem* tenait sans
doute au débat dont nous avons parlé sur la date de l'acquisition de la propriété. Le jurisconsulte a voulu dire que tout
au moins une déclaration du légataire était indifférente en ce
qui concernait la transmission héréditaire de son droit. Quant au
paragraphe 3, en supposant qu'il faille tenir pour sincère ce
passage, qui ne figure point dans le recueil wisigoth, et qui a
été emprunté à la *collatio*, il est possible de s'en rendre compte,
ainsi que l'ont fait Schulting et après lui Pothier (n° 281, *De
legatis*, noté *a*), en disant que ces mots : *actio quæ inchoata non
est* sont synonymes de ceux-ci : *le droit n'est pas né.* Paul aurait
exprimé simplement cette vérité, que si le droit n'a pas pris
naissance du vivant du légataire, qui serait décédé avant le *dies
cedens*, c'est en vain que ce *dies* surviendrait plus tard par l'ouverture des tablettes pour un legs pur et simple, par l'événement de la condition pour un legs conditionnel. Les héritiers
du légataire n'auront en pareil cas aucune prétention à élever.

Quant au deuxième point, la réserve au profit de l'*ærarium*
du bénéfice des legs quelconques répudiés antérieurement à
l'adition d'hérédité et postérieurement à l'ouverture des tablettes, elle a paru nécessaire à Heineccius pour ne pas contrarier
un texte d'Ulpien, le paragraphe 12 du titre XXIV de ses *Regulæ*, d'après lequel la part d'un légataire qui ne recueillerait
pas serait *caduque*, ce qui, pour Heineccius, signifie : appartient
à l'*ærarium*. Ici encore Ulpien ne peut avoir en vue qu'un légataire qui s'abstient de prendre ce qu'il pourrait prendre, c'est-à-
dire qui refuse après le moment où il lui est permis de se prononcer, en un mot, après l'ouverture du testament. C'est pour ce
motif que Godefroy et Heineccius ont jugé à propos de reculer

---

[1] Cujas, dans ses *Interpretationes* des Sentences de Paul, t. I, c. 425, à
l'occasion de ce dernier texte, s'exprime ainsi : « *Quia vero hic ait* : PER
VINDICATIONEM, *forsitan non idem obtinuit in legato damnationis.* »

l'époque à laquelle ils donnent carrière au *jus antiquum*. Ulpien n'aurait voulu parler que de l'intervalle entre l'ouverture du testament et l'adition faite par l'un des institués. Il faut, comme on le voit, ajouter au texte d'Ulpien un sous-entendu, dont l'omission serait à peine compréhensible, surtout aujourd'hui que nous avons une décision parfaitement conforme dans le paragraphe 206 du commentaire II de Gaïus. Pour nous, qui admettons sans restriction le *jus caduca vindicandi*, soit après l'ouverture du testament, soit après l'adition de la part de l'un des héritiers, nous pouvons facilement écarter cette distinction. Nous devrons seulement expliquer comment la mention du *jus adcrescendi* entre légataires se rencontre dans certains textes, et comment elle peut se concilier avec la durée illimitée que nous attribuons à la prérogative des *patres*. C'est ce que nous essayerons de justifier, en développant le système qui, à nos yeux, devait être celui consacré par les lois Julia et Papia.

On a vu, par ce qui précède, quelle importance l'ancienne doctrine, encore en honneur chez nos commentateurs modernes, attachait à la circonstance de l'*apertura tabularum*, qui, prétend-on, aurait servi de point d'arrêt à l'exercice de la *caducorum vindicatio*. Cette influence si considérable, donnée à la formalité de l'ouverture du testament, exige que nous entrions dans quelques détails à cet égard.

Il paraît que, dès la république, les dispositions testamentaires auraient été frappées d'un impôt. L'État prélevait sur les héritiers et sur les légataires une portion de leur émolument. Cet impôt, introduit sans doute par la loi Voconia, aurait été plus tard supprimé, puis définitivement rétabli par Auguste, qui aurait fixé l'impôt au vingtième. De là le nom de *lex vicesimaria* ou plutôt *vicesima* [1], sous lequel est connue cette loi, qui serait de l'an 759 [2], et se placerait ainsi entre la loi Julia et la loi Papia.

---

[1] Les Pandectes renferment divers extraits (l. 13, *De transact.*; l. 37, *De relig. et sumpt.*; l. 7, *Qui test. fac.*; l. 68, *Ad leg. Falcid.*; l. 154, *De verb. sign.*) tirés d'un ouvrage du jurisconsulte Æmilius Macer, avec ce titre : *Ad legem vicesimam hereditatum.* On trouve aussi dans les Commentaires de Gaïus, III, § 125, la mention de la *lex vicesima hereditatum*.

[2] Tel est le système soutenu par M. Bachhofen, *Ausgew. Lehr.* (Abhandlung X). Il s'appuie principalement sur ce passage de Dion Cassius, liv. LV,

Paul, dans ses *Sentences*, liv. IV, tit. VI, nous a fait connaître les formes employées pour l'ouverture des testaments, et les précautions prises pour en assurer la conservation. Il nous apprend en même temps que la loi exigeait que cette ouverture eût lieu le plus tôt possible, *statim post mortem testatoris*. Divers rescrits auraient néanmoins accordé une certaine latitude, qui, suivant les époques, aurait fait varier un peu le délai. Mais, en général, sauf le cas d'absence, c'était dans les trois ou cinq jours après le décès (*intra triduum vel quinque dies*) que le testament devait être présenté aux magistrats. Le jurisconsulte ajoute que les droits des différents intéressés, notamment celui de l'État, ne devaient pas souffrir un plus long retard.

Pour accélérer la mesure en question, les auteurs de la loi Papia imaginèrent de lier à son accomplissement l'intérêt des héritiers, en décidant qu'il ne serait pas permis de faire adition tant que les tablettes du testament n'auraient pas été ouvertes. Cette prescription se trouvait, paraît-il, en tête des dispositions caducaires de la loi, suivant le rapport de Justinien, § 1, *De cad. toll.* : « *Cum igitur materiam et exordium caducorum lex Papia ab aditionibus, quæ circa defunctorum hereditates procedebant, sumpsit.* » Tandis qu'autrefois l'hérédité laissée purement et simplement était déférée dès la mort du testateur, et que chaque institué pouvait, à partir de ce moment, faire adition, pourvu qu'il fût instruit de son droit, désormais la délation n'eut plus lieu que *post apertas tabulas*, ce qui subsista jusqu'à Justinien, qui, en réformant la loi Papia et rétablissant les anciens principes, autorisa l'adition immédiate après la mort du testateur : « *Primum hoc corrigentes, et antiquum statum renovantes, sancimus, omnes habere licentiam a morte testatoris adire hereditatem.* »

Le retard apporté à la délation de l'hérédité entraîna par suite un retard dans le *dies cedens* des legs purs et simples. Tant qu'il n'y avait pas encore de droit ouvert par la disposition principale, pour l'institution, il devait en être de même à l'égard des dispositions accessoires. Aussi avons-nous vu dans un texte

ch. **xxv** : « *Instituit autem ut vicesima pars hereditatum ac legatorum, exceptis iis quæ a maxime propinquis, ac pauperibus, morte relinquebantur, in ærarium militare inferrentur, quasi scriptum in Cæsaris Commentariis id genus pensionis reperisset. Fuerat enim jam ante aliquod introductum, sed omissum rursus, tunc renovatum est.* »

d'Ulpien (*Reg.*, tit. XXIV, § 31) que ce n'était plus lors du décès du testateur, mais seulement après l'ouverture des tablettes,
que les legs purs et simples venaient s'asseoir sur la tête des légataires. Le jurisconsulte, il est vrai, fait remonter cette innovation à la loi Papia même, tandis que Justinien, au paragraphe 1,
De cad. toll., attribue à un sénatus-consulte postérieur ce développement de la règle introduite quant à la délation de l'hérédité. En tout cas, il nous semble sans importance de reconnaître le mérite de l'exactitude à l'un plutôt qu'à l'autre de ces
récits.

Comme, chez les Romains, les héritiers qui avaient besoin de
faire adition ne transmettaient pas la succession à laquelle ils
étaient appelés, s'ils mouraient sans avoir fait adition; comme,
à l'égard du legs, il y avait également intransmissibilité, si le légataire mourait antérieurement au *dies cedens*, la conséquence
des dispositions dont nous venons de parler fut de rendre possibles des défaillances qui, suivant les anciens principes, ne se
seraient pas produites. L'institué, qui décédait avant l'ouverture
du testament, aurait pu jadis prévenir la déchéance par une adition immédiate. De même le légataire, qui ne survivait pas à
cette ouverture, aurait autrefois acquis son legs pur et simple,
grâce à sa survie au testateur. Justinien nous dit que le profit
de ces défaillances était dévolu à la caducité : « *Ut quod in medio deficiat, hoc caducum fiat*, § 1. » Il ne faut voir là qu'une
application de la règle en vertu de laquelle toutes les dispositions, à part celles dites *pro non scriptis*, qui ne sortaient pas à
effet, devaient désormais entrer dans le domaine du *jus caduca
vindicandi*, par lequel était supplanté le *jus adcrescendi*. Cette
décision est fort simple, quand on admet, comme nous le faisons, que tout ce qui fait défaut devient en général *caduc*, parce
qu'il y a, suivant nous, synonymie entre ces expressions : *deficere*, et *caducum fieri* [1].

Il nous paraît effectivement bien peu rationnel d'imaginer que
cet intervalle si étroit, accordé aux *patres* pour obtenir quelques
caduca fort incertains, fût pour eux une dernière ressource qui,

---

[1] Les deux mots *deficere, cadere*, présentent en effet la même idée. Aussi,
dans notre style législatif, le terme *caducité* a-t-il pu être conservé, bien
que nous ne connaissions aucune des causes de déchéance qui devaient leur
origine aux lois Julia et Papia.

une fois épuisée, les laissait soumis au droit commun, et dénués
de tout privilège quant aux défaillances qui pouvaient survenir
postérieurement. C'eût été leur faire payer chèrement le rare
bénéfice des déchéances susceptibles de s'effectuer pendant les
quelques jours qui séparaient le décès de l'ouverture du testament. Il y a mieux : la suspension de tous les droits frappés d'i-
nertie jusqu'à l'*apertura tabularum* pouvait, puisqu'elle était générale, atteindre les privilégiés aussi bien que les autres. Un
pater, institué ou gratifié d'un legs, pouvait mourir avant cette
ouverture, et perdre dès lors ce qu'il aurait acquis, abstraction faite des exigences nouvelles de la loi Papia. Celui qui avait
des enfants à la mort du testateur pouvait en être privé à l'époque maintenant reculée de la délation de l'hérédité ou du *dies
cedens* de son legs. Il est clair qu'en faisant dépendre l'acquisition des droits de l'*apertura tabularum* on n'avait pas songé à
améliorer la position des *patres*; car le bienfait qu'on eût voulu
leur accorder pouvait se retourner contre eux. Ne vaut-il pas
mieux dire qu'il n'y avait là qu'une idée fiscale, un moyen d'assurer la publicité des testaments et de faciliter le recouvrement
de l'impôt? C'était bien assez que les *patres* fussent exposés, en
cas de décès pendant ce délai, à des pertes qu'ils n'avaient pas
méritées, sans faire subir à ceux qui survivaient une déchéance
pour l'avenir de la position privilégiée qui leur était faite dans
un intérêt public.

Comment concevoir les scrupules qui auraient porté le législateur à réserver au domaine du *jus antiquum* les parts héréditaires ou les legs qui n'auraient défailli qu'après l'*apertura tabularum*, par suite du décès des institués sans adition, ou par l'effet
d'une répudiation de la part des intéressés? Quand on créait
des incapacités fort exorbitantes pour alimenter la *caducorum
vindicatio;* quand, dans cette vue, on frappait sans pitié les *cœlibes*, et avec quelque ménagement les *orbi*, pourquoi aurait-on
respecté ce qui était disponible d'après les anciennes règles;
pourquoi aurait-on hésité à mettre la main sur des dispositions
vacantes, à l'égard desquelles il n'y avait en définitive qu'un
manque de lucre plutôt qu'une perte vis-à-vis de ceux qui auraient été exclus de la participation à cette aubaine? Remarquons
que la lutte n'est engagée qu'entre les *solidi capaces*, qui déjà,
malgré leur désobéissance aux lois, conservent tout ce qui leur

est directement attribué, et les *patres*, pour lesquels la faveur allait jusqu'à transformer des légataires en héritiers. Quel défaut d'harmonie ne pourrait-on pas signaler dans les dispositions des lois caducaires, si le système que nous combattons était exact? S'agit-il de déchéances qui se sont réalisées *vivo testatore*, par le prédécès des appelés, peut-être par la défaillance de la condition, en un mot, par des motifs qui ont leur source dans le droit commun, ce sera, suivant l'opinion ordinaire, un profit exclusif pour les *patres*. La même préférence va se continuer quelques jours encore après la mort du testateur, tant qu'il n'y aura pas eu ouverture du testament. Dans cet intervalle, il est fort possible que les déchéances qui se produisent ne soient pas dues précisément à l'intervention de la loi Papia. L'institué, dont le décès a suivi presque aussitôt celui du testateur, n'aurait peut-être pas eu le loisir de se prononcer, de délibérer et de prendre parti pour l'adition, quand même elle eût été immédiatement autorisée. Mais tout à coup survient l'ouverture du testament. Cette mesure, qui satisfait à l'intérêt du trésor public, va avoir la puissance de changer les règles à suivre, d'effacer tous les motifs de privilège ou de rigueur. On ne distinguera plus désormais les *patres* d'avec ceux qui ne le sont point. Nous cherchons vainement quelle liaison il peut y avoir entre la cause et les effets, par quelle considération ceux qui ont bien mérité de l'Etat ne devront plus être récompensés, et ceux qui, au contraire, n'ont pas mérité seront exempts de la défaveur qu'ils avaient encourue.

Veut-on prétendre que les positions des divers ayant droit doivent être irrévocablement fixées au moment où l'hérédité est déférée; qu'elle passe dès lors à ceux qui se trouvent appelés, de manière à se répartir entre eux sur la base des anciennes règles? Mais nous ferons observer qu'il n'est pas possible, à l'époque indiquée comme fatale, de connaître le mode d'après lequel devra être faite la distribution du montant de la succession. Grâce aux tempéraments dont on usait à l'égard des nouveaux incapables, il faut attendre un espace de cent jours, avant de savoir si l'on devra admettre au partage ou dans quelle mesure les *cœlibes*, les *orbi*, les Latins Juniens. Ceux-ci peuvent se mettre en règle durant cet intervalle, en se mariant, en devenant *patres*, en acquérant la cité romaine. On sera donc forcé de

différer la liquidation de la succession. Il est bien certain que
les *patres*, au bout des cent jours, invoqueront utilement leur privilége à l'égard des dispositions faites au profit des différents intéressés qui n'auront point purgé leur incapacité. La prérogative des *patres* n'est donc pas éteinte dès l'*apertura tabularum*; et
si elle se maintient en vigueur pour des institutions ou des legs
qui ne deviendront caducs qu'après cent jours, est-il raisonnable
de lui dénier la même puissance quant à ce qui défaillera ulté-
rieurement, peut-être même plus tôt, sous le prétexte qu'à partir
de l'ouverture du testament il est trop tard pour pouvoir *caducum vindicare?* Enfin, par quelle bizarrerie la déchéance de la
condition, à quelque époque qu'elle arrive, fera-t-elle revivre,
suivant la décision qui prévaut, le privilége des *patres*, s'il était
épuisé depuis longtemps ?

Toutes ces contradictions disparaissent, quand on décide, avec
la définition d'Ulpien, que les *caduca* embrassent tout ce qui,
ayant été *ab initio* valablement laissé, vient ensuite à défaillir
pour quelque cause que ce soit, « *aliqua ex causa non ceperit.* »
Ces expressions sont aussi larges que possible; et il nous paraît
souverainement arbitraire de sous-entendre, avec M. Rudorff [1],
qu'il doit s'agir d'une cause de déchéance non reconnue par
l'ancien droit. Il est vrai que dans les exemples donnés par le jurisconsulte les anciennes causes de déchéance ne se rencontrent
pas. Mais il ne faut pas perdre de vue que l'intention d'Ulpien
n'était pas de présenter une énumération complète, puisqu'il
ouvre sa liste par ces expressions : *verbi gratia.* On est bien obligé
de reconnaître que certaines hypothèses de déchéances nouvelles
sont omises ici, ainsi que nous l'avons fait observer plus haut.
Il y a silence, en effet, quant à la moitié qui doit être enlevée
comme caduque à l'*orbus*, de même que sur la réduction que
subira le conjoint vis-à-vis lequel la quotité disponible aurait été
dépassée. Nos adversaires attachent une importance particulière
à ce qui est dit de la caducité, qui pour l'héritier ou le légataire
aurait lieu par suite de son décès antérieurement à l'ouverture du
testament, « *aut si ex parte heres scriptus vel legatarius ante apertas tabulas decesserit;* » d'où ils concluent *à contrario* que le dé-

---

[1] Cet auteur, dans l'édition qu'il a donnée du troisième volume du *Cursus
der Institutionen* de Puchta, paraphrase comme il suit les mots d'Ulpien :
« *Einem nicht schon in alten Civilrecht anerkannten Grund der Unfähigkeit.* »

cès survenu postérieurement n'entraînerait pas caducité. Nous
répondrons qu'il suffit, pour l'exactitude de la proposition énoncée, qu'elle fût vraie quant au décès *ante apertas tabulas*, sans
qu'il y ait rien à en induire pour un cas qui n'est pas prévu. Il
n'est pas nécessaire, croyons-nous, de rapporter exclusivement,
ainsi que l'a proposé Schneider, ces mots : *ante apertas tabulas*
à l'hypothèse du légataire qui précède immédiatement, et pour
lequel, en effet, son décès après cette formalité n'empêchait pas
la transmission, tandis qu'à l'égard de l'héritier un acte d'adition
de son vivant était en outre exigé. Probablement Ulpien, parlant
à la fois de la caducité de l'institution et de celle du legs, a mentionné la circonstance de l'*apertura tabularum* afin de donner
une solution qui fût commune aux deux cas. Mais comme ailleurs le même jurisconsulte est formel pour faire rentrer sous
l'idée de caducité la non-adition de la part d'un institué, nous
sommes fondé à dire qu'il a pris soin de démentir les conséquences que l'on cherche à tirer de la manière en apparence restric-
tive dont il s'est exprimé au titre XVII.

Le texte d'Ulpien auquel nous faisons allusion est le paragraphe 21, tit. I, de ses *Regulæ*, que nous avons déjà cité, et qui décide
fort nettement que depuis la loi Papia la circonstance qu'il
y a répudiation de la part de l'un des institués donne ouverture
à la *caducité* : « *Sed post legem Papiam Poppæam, quæ partem
non adeuntis caducam facit.* » Nous ne reviendrons pas sur ce que
nous avons déjà fait observer, savoir : qu'il n'y a de répudiation
efficace qu'après la délation de l'hérédité, c'est-à-dire après
l'*apertura tabularum*. Nous ajouterons seulement que, dans l'espèce prévue par Ulpien, il y a absence de tout héritier *pater*
pouvant invoquer le *jus caduca vindicandi*. Aussi l'exercice de
cette prérogative se trouve-t-il dévolu aux *legatarii patres*, qui,
nous le savons, primaient l'*ærarium* : « *Loco non adeuntis legatarii patres heredes fiunt.* » Or, depuis la loi Papia, le droit des
légataires ne prenait naissance qu'après l'ouverture du testament, puisque le *dies cedens* ne se plaçait qu'à cette époque. Il
suit donc de là que les *patres*, qui figuraient dans le testament
en qualité de légataires, pouvaient tirer parti des avantages attachés à la paternité, même à l'occasion de déchéances qui se
réalisaient postérieurement à l'*apertura tabularum*. Mais, s'il
en était ainsi à l'égard des *legatarii patres* qui n'obtenaient

qu'un rang secondaire quant au droit de revendiquer les parts caduques, à plus forte raison ce privilège devait-il appartenir aux *patres* institués, qui étaient préférés aux *patres* légataires.

Un fragment des Pandectes, que nous avons précédemment invoqué sur un autre point, la loi 28, *De legat.* 2°, prévoit l'hypothèse où il y a répudiation d'un héritier qui se trouvait être un patron institué *ex parte debita* par son affranchi, mais qui, en outre, avait été grevé de fidéicommis. Les expressions dont se sert Marcellus pour désigner ceux qui bénéficieront de la répudiation sont exclusives de l'idée de l'accroissement qui devrait profiter indistinctement à tous les héritiers. Le jurisconsulte avait assurément en vue certains privilégiés, qu'il indique par ces mots : « *qui eam partem vindicant,* » ce qui, comme nous l'avons fait remarquer, s'applique uniquement aux *patres,* dont le droit était vulgairement connu sous cette dénomination : « *jus caduca vindicandi.* » Sans doute, à l'époque de Justinien, on ne doit plus donner au texte de Marcellus la portée restreinte qu'il avait dans la pensée de son auteur. C'est un vestige de l'ancienne législation qui a échappé aux compilateurs, malgré la recommandation qui leur avait été faite à cet égard par l'empereur. Si l'on ne rencontre pas au Digeste d'autres fragments positifs sur la question qui nous occupe, il ne faut pas s'en étonner, puisque les commissaires de Justinien avaient ordre de les négliger ou de les réformer.

En ce qui concerne la caducité relativement aux legs, le système que nous soutenons trouve un appui bien fort dans des textes qui n'ont subi aucune interpolation de la part de Tribonien et de ses collaborateurs. Ulpien, dans ses *Regulæ,* tit. XXIV, § 12, commence par exposer l'ancien droit d'accroissement entre les colégataires *per vindicationem.* Cet accroissement opérait incontestablement, quelle que fût la cause pour laquelle l'un des légataires faisait défaut, ou l'époque à laquelle se produisait cette défaillance. Aussi Ulpien se sert-il des expressions les plus larges : « *Non concurrente altero pars ejus alteri adcrescebat.* » Or, c'est précisément dans les mêmes hypothèses où avant la loi Papia l'accroissement était mis en jeu que désormais fonctionnera le *jus caduca vindicandi,* qui lui est substitué et qui a généralement[1] le même domaine. Le jurisconsulte continue en énonçant la règle nouvelle en vigueur de son temps : « *Sed post legem Papiam Poppœam non capientis pars caduca fit.* » De même, dans le paragraphe suivant, à l'occasion du legs *per damnationem*, il nous apprend que les principes de la *caducorum vindicatio* font aujourd'hui obstacle à ce que l'émolument du colégataire *per. damnationem* défaillant profite à l'héritier qui était grevé. La prérogative des *patres* est venue remplacer les effets du *jus civile*. Il suffit, pour qu'elle s'exerce, que l'un des légataires ne recueille pas : « *Nunc autem caduca fit.* » Ces décisions d'Ulpien font voir bien clairement qu'il y aurait erreur à raisonner *à contrario* de ce que le même auteur a écrit au titre XVII, où il déclare *caduque* la part du légataire défaillant *ante apertas tabulas*, pour en conclure qu'il en devait être autrement, si la défaillance était postérieure à cette circonstance.

Le témoignage d'Ulpien est maintenant confirmé par les Commentaires de Gaïus, où l'on trouve exactement la même doctrine, c'est-à-dire la substitution générale du *jus caduca vindicandi* au *jus adcrescendi*. Gaïus aussi détermine d'abord, au paragraphe 199, la portée du *jus adcrescendi*, qui suppose que tous les appelés ne viennent pas recueillir leur legs : « *Si omnes non veniant ad legatum ;* » et il qualifie de *deficiens* la part de celui qui ne veut ou ne peut concourir. Un peu plus loin, au paragraphe 206, il fait observer que la *portio deficiens*, autrefois gouvernée par le *jus adcrescendi*, n'est plus sous l'empire de ses règles, et qu'on doit, depuis la loi Papia, appliquer les principes de la *caducorum vindicatio*. On peut également, quant au legs *per damnationem* fait à plusieurs personnes, constater l'accord de Gaïus avec Ulpien, au point de vue de la dévolution de la part défaillante, en rapprochant les paragraphes 205 et 206, d'où il ressort qu'au lieu de profiter à l'héritier grevé, le bénéfice de cette déchéance est attribué à ceux qui *in eo testamento liberos habent*. Il serait vraiment inexplicable que les deux jurisconsultes eussent mentionné

---

[1] Nous disons *généralement* parce qu'il n'y avait pas identité absolue. D'une part, en effet, les dispositions réputées non écrites échappaient au *jus caduca vindicandi* pour continuer à rester soumises à l'accroissement ; d'autre part, la *caducorum vindicatio* avait plus de portée que le *jus adcrescendi*, car elle n'exigeait pas la *conjunctio* qui servait de base à l'accroissement.

d'une manière aussi absolue le droit des *patres*, s'il avait été soumis à la restriction si importante que lui assignent nos adversaires.

C'est en conformité avec la doctrine que nous ont conservée ses Commentaires que Gaïus, interprétant les lois Julia et Papia, décide la question suivante, dans un fragment qui forme la loi 55, pr. *De legat.* 2°. La même chose a été léguée à deux personnes ; l'un des légataires après le *dies cedens* vient à mourir laissant pour héritier son colégataire. Ce dernier, qui réunit ainsi un double droit sur sa tête, répudie soit son propre legs, soit celui que lui a transmis son auteur. Suivant Gaïus, la part répudiée est *deficiens*, ce qui, pour lui, nous le savons, est synonyme de *caduca*. « *Magis placere video partem defecisse.* » La même solution est donnée à l'occasion des mêmes faits, dans la loi 12, pr. *De legat.* 1°, par Pomponius, qui invoque sur ce point l'autorité de Labéon et de Proculus, et qui n'admet l'acquisition du legs intégral qu'autant que l'ayant droit acceptera tant de son propre chef que du chef de son auteur. Il n'y a pas contradiction entre ces textes et la loi 59, *De legat.* 2°. Ici Teréntius Clemens, qui traitait aussi des lois caducaires, prévoit une hypothèse analogue. Le même objet a été légué au maître et à son esclave, mais sous condition pour celui-ci. Le jurisconsulte commence, en effet, par dire que la répudiation faite par le maître de son legs pur et simple rend sa part *deficiens*, c'est-à-dire la soumet au *jus caduca vindicandi*, et que plus tard l'arrivée de la condition du vivant de l'esclave n'autorisera pas le maître à recueillir tout le legs. Cette décision est donnée d'une manière fort affirmative : « *Partem legati deficere responsum est.*» Il est vrai que la fin du texte contient une rétractation de ce qui précède, et que la solution inverse est présentée comme étant plus équitable. Mais, à notre avis, il ne faut voir autre chose dans ces derniers termes que la main des compilateurs qui substituent maladroitement les règles du droit d'accroissement aux règles du *jus caduca vindicandi*, sans prendre la peine d'effacer complétement la mention de l'ancienne décision [1].

---

[1] On peut sauver la contradiction d'une autre manière, en faisant observer que l'espèce de la loi 59 diffère de celle dont s'occupent les lois 12 et 55. Dans le cas de ces dernières lois, il s'agit de deux legs originairement distincts, qui viennent subséquemment se réunir dans la même main, tandis

Schneider, dans son *Traité du droit d'accroissement*, publié en 1837, a eu le mérite de rompre avec les anciennes idées, et d'en démontrer le peu de fondement. Il admet ces deux propositions : 1° Pour constituer un *caducum*, il est indifférent qu'abstraction faite des lois Julia et Papia la disposition pût ou non *jure antiquo* être recueillie par le gratifié[1]. 2° L'*apertura tabularum* ne met point nécessairement un terme à la caducité ; par suite, la répudiation d'un héritier ou sa mort avant adition, bien que ces deux faits soient postérieurs à l'ouverture du testament, donnent ouverture à la *caducorum vindicatio*[2]. Toutefois, au lieu de substituer à la théorie erronée qu'il repoussait le système simple et facile que nous avons fait ressortir des textes de Gaïus et d'Ulpien, ainsi que de la constitution de Justinien, Schneider a imaginé un nouveau système, qui nous semble tout au moins aussi critiquable que la doctrine antérieure.

Suivant cet auteur, les dispositions testamentaires n'auraient été soumises aux règles de la caducité qu'autant qu'elles seraient tombées en défaillance, sans avoir été à un instant quelconque susceptibles de produire aucun effet[3]. En partant de là, il décide, quant aux legs conditionnels, que leur caducité dépend du point de savoir si la condition fera défaut avant ou après l'ou-

que dans l'autre cas il n'y a jamais eu pluralité de légataires, en ce sens que le legs n'a jamais été, quant à ses effets, attribué à plusieurs personnes, le maître acquérant immédiatement par son esclave. Aux yeux de certains jurisconsultes, il fallait alors traiter les choses comme s'il n'y avait eu qu'un légataire unique, auquel il est interdit de ne prendre qu'une portion de son legs. Telle était notamment la doctrine de Javolenus, dont le sentiment est rapporté dans la loi 40, *De legat.* 2°. Nous ne pouvons admettre avec Cujas, sur la loi 12, *De legat.* 1° (t. VII, c. 983), qu'il y eût dissentiment entre les deux écoles ; Gaïus, en effet, qui de son aveu est un disciple Sabinien, se trouve d'accord avec Proculus.—Dans tous les cas, la controverse n'aurait porté que sur le point de savoir si le legs était divisible ou non. Dans l'esprit de ceux qui excluaient la division, il est évident qu'il ne pouvait y avoir de *part* vacante. Ce qu'il nous suffit de relever, c'est que, pour les jurisconsultes qui admettaient une répudiation pour *partie*, la *répudiation* ne donnait pas ouverture à l'accroissement. Pomponius exige, en effet, une double acceptation pour l'acquisition du legs entier, ce qui serait inutile s'il y avait accroissement, puisque l'acquisition *jure adcrescendi* de la part vacante avait lieu *ipso jure*.

[1] Page 98.
[2] Page 99.
[3] Page 111.

16

verture du testament. Dès que l'ouverture a eu lieu, le legs conditionnel acquiert, dit-il, une certaine force, le légataire ayant droit à la *cautio legatorum*, et pouvant faire impartir à l'héritier un délai dans lequel il devra se prononcer. Pour les institutions conditionnelles, le *jus patrum* n'aurait pas pu s'exercer dès l'instant où l'héritier institué sous une condition négative potestative aurait accepté en fournissant la caution Mucienne, ou bien quand il aurait demandé la *bonorum possessio secundum tabulas*, si la condition était d'une autre nature. — En ce qui concerne les conséquences de la répudiation, il faudrait distinguer entre les legs et les institutions. La caducité devrait être écartée en cas de répudiation d'un légataire, parce que la répudiation ne s'appliquerait qu'à un droit déjà formé, qui a produit des effets à compter de l'*apertura tabularum*. Au contraire, la répudiation d'une institution, même après l'*apertura*, laisserait place à la caducité, parce qu'alors la disposition disparaîtrait entièrement, sans jamais avoir pu produire aucun effet. Enfin, toujours fidèle à cette idée que la caducité ne peut atteindre les dispositions testamentaires susceptibles d'amener quelque résultat, Schneider refuse aux *patres* la moitié qui échappe à l'*orbus* de même que la portion dont est privé le conjoint auquel il a été laissé au delà de la quotité disponible à son profit ; et il attribue directement à l'*ærarium* le bénéfice de ces déchéances. La raison en est qu'en pareil cas il s'agit de dispositions qui, loin de ne pouvoir produire aucun effet, se trouvent maintenues en partie.

Si l'on envisage au point de vue rationnel la distinction qui sert de base à Schneider pour asseoir l'idée de la caducité, il est difficile que l'esprit en soit satisfait. Quand une disposition tombe à néant, qu'importe qu'elle ait été susceptible de produire quelques effets? Ceux-ci s'évanouissent dès que le droit échappe à son titulaire ; et ce qui lui a été laissé restant désormais vacant, il y a tout autant de raison pour attribuer le bénéfice de la déchéance à ceux qui méritent la faveur de la loi que si le dépouillé n'avait jamais été à même de faire un acte quelconque en vertu de sa vocation. Aussi cherche-t-on vainement les motifs qui ont pu autoriser Schneider à introduire dans les éléments du *caducum* le caractère qu'il déclare lui être essentiel. Ulpien n'en dit pas un mot ; il se contente de cette circonstance

que, pour une disposition valable *ab initio*, le gratifié ne l'ait pas
recueillie (*aliqua ex causa non ceperit*), sans se demander s'il
aurait pu en attendant recourir à certaine mesure provisionnelle,
se comporter ou non sur quelque point comme héritier ou légataire.

Nous ne trouvons d'ailleurs rien de bien précis dans la doctrine de Schneider. Suffit-il qu'il y ait eu *possibilité* pour le
gratifié de faire produire quelque effet à son droit, ou faut-il en
outre que cette faculté ait été exercée, qu'elle se soit réalisée ?
En posant la règle dont il fait son critérium, l'auteur semble
s'en tenir à une simple *possibilité*, quand même elle n'aurait pas
été utilisée. C'est ainsi que l'ouverture du testament mettrait
immédiatement obstacle à la caducité pour les legs conditionnels, à raison de ce que le légataire aurait pu dès lors faire fixer
un délai à l'héritier pour se prononcer. Quant aux institutions
conditionnelles, Schneider ne repousse au contraire le droit des
patres qu'autant que l'héritier sous condition négative potestative aurait de fait accepté moyennant la caution Mucienne, ou
que l'héritier sous une autre condition aurait usé du droit de
demander intérimairement la *bonorum possessio secundùm tabulas*. — Comment se rendre compte de la différence qui existerait
entre les effets de la répudiation suivant qu'il s'agit d'une institution ou d'un legs ? Dans le premier cas, dit Schneider, la répudiation fait disparaître entièrement la disposition avant qu'elle
n'ait pu produire aucun effet. Il est bien vrai que l'institué a pu
obtenir un délai pour délibérer, et pourvoir dans l'intervalle à
tout ce qui est urgent dans l'intérêt de la succession, au point
même de réaliser dans ce but des aliénations. Mais l'auteur ne
veut point voir là un mode de se conduire dépendant du titre
d'héritier, et il répond fort imparfaitement à cette objection qu'il
se propose, en prétendant que l'autorisation du magistrat explique seule ce qui a été fait dans l'*interim*. Vienne ensuite la
répudiation, il ne restera plus rien de l'institution, bien que
l'appelé ait conservé plus ou moins longtemps la faculté d'accepter. Au contraire, la répudiation d'un legs resterait sans effet,
parce qu'elle anéantirait un droit déjà formé. Rien n'est plus
opposé aux idées des jurisconsultes romains que cette façon d'apprécier la répudiation. A leurs yeux, le droit du légataire était *in
suspenso* jusqu'à l'acceptation ou la répudiation. S'il prenait ce

dernier parti, il était censé n'avoir jamais été légataire, et son droit s'évanouissait rétroactivement comme s'il n'eût point existé. Il faut donc appliquer à la répudiation d'un legs ce que Schneider n'admet que pour la répudiation de l'hérédité.

Relativement à l'attribution que notre auteur fait directement à l'Etat de la moitié dont est privé l'*orbus* et de ce qui dépasse la quotité disponible au profit du conjoint, il serait bien surprenant que le législateur eût donné ici le premier rang à l'*œrarium*, qui, en général, ne prenait les *caduca* qu'à défaut de tout *pater*. L'appel de l'*œrarium* en dernière ligne n'était que l'application de la règle introduite par la loi Julia, et suivant laquelle l'Etat recueillait les biens *vacants*, c'est-à-dire ceux à l'égard desquels tout successeur manquait. Quand il ne se rencontrait parmi les élus du testateur aucun individu *qui liberos haberet*, la portion pour laquelle étaient exclus l'*orbus* ou le conjoint se trouvait sans successeur. Dès lors, le droit de l'Etat était ouvert, mais seulement dans ce cas : « *Ut si à privilegiis parentum cessaretur, velut parens omnium populus vacantia teneret.* » Il est indifférent que la déchéance n'atteigne la disposition que pour partie. On doit, *à fortiori*, appliquer aux déchéances partielles les règles de dévolution qui gouvernent les déchéances absolues. Le maintien de la disposition dans une certaine quotité n'a, en saine logique, rien d'incompatible avec la caducité. Le bon sens dit en effet que, pour tout ce qui dépasse ce qu'un gratifié peut recevoir, la libéralité doit être traitée comme elle le serait pour le tout, si elle s'adressait à une personne complétement incapable.

Schneider a fait de grands efforts, soit pour écarter les textes qui, suivant nous, font allusion aux règles de la caducité quant à la portion dont l'*orbus* est dépouillé, soit pour trouver d'autres textes sur lesquels il pût appuyer sa doctrine. Nous ne nous arrêterons pas à réfuter ses raisonnements, parce qu'ils n'ont pas fait fortune, et que nous ne connaissons aucun auteur qui s'en soit déclaré partisan. Les lois 72, *De her. instit.*, 55, § 1, *De legat.*, 2°, 43, § 2, *De cond. et dem.*, sont claires et faciles à entendre pour qui admet que la moitié ravie à l'*orbus* est soumise au *jus caduca vindicandi*, tandis que sous la plume de Schneider elles deviennent forcées et embrouillées. Le passage de Tacite, que nous avons cité tout à l'heure, devrait, suivant

Schneider, dans ces mots : « *Ut si à privilegiis parentum cessaretur,* » se rapporter à des dispositions faites au profit d'individus dépourvus d'enfants, ce qui donne à ces expressions un sens évidemment peu naturel. Enfin, le paragraphe 286, *Comment.* II de Gaïus, nous paraît très-formel en faveur du système que nous soutenons. L'explication de Schneider, d'après lequel cette portion du texte : « *Aut si nullos liberos habebunt,* » signifierait : S'il s'agit de fidéicommis laissés à des *orbi,* et non pas : S'il y a défaut de *patres* parmi les appelés, a été généralement repoussée [1].

Bornons-nous à faire honneur à Schneider d'avoir abandonné l'ancienne théorie, mais gardons-nous d'adopter celle qu'il a proposée pour la remplacer. Du reste, en Allemagne, cette nouvelle théorie n'a point trouvé faveur ; elle a été presque aussitôt attaquée par M. Huschke, qui, nous l'avons dit, a publié, en 1838, dans le recueil intitulé *Richters Jarbücher,* un article fort substantiel consacré à l'examen du livre de Schneider. C'est avec raison que ce critique a pu dire que l'auteur s'était fait une idée extrêmement compliquée et certainement fausse des *caduca,* et ajouter que de tous les cas de caducité il n'en avait saisi exactement presque aucun [2]. Suivant M. Huschke, il n'y a point de restriction à apporter au domaine de la caducité, qui embrasse toutes les défaillances postérieures au décès. L'*apertura tabularum* n'a d'autre influence que de donner aux institués la faculté de faire adition et d'assurer la transmission héréditaire des legs purs et simples ; mais elle ne fait pas obstacle à ce que la répudiation d'un héritier ou d'un légataire, de même que le décès d'un institué qui n'aurait pas accepté, ne profitent aux *patres* en créant de nouveaux *caduca.* Il faut en dire autant quand il y a défaillance de la condition, à quelque époque qu'elle survienne, proposition qui nous a paru contestable, et enfin appliquer la même règle aux legs révoqués, ce que nous ne croyons pas devoir admettre.

M. Holtius, dans ses *Lineamenta historiæ juris romani,* qui ont paru à Utrecht en 1840, s'est rangé à la même opinion. Voici comment il caractérise les *caduca,* au numéro 594 : « *Quod au-*

[1] Voyez les Institutes de Gaïus, traduites par M. Pellat. M. Lachmann propose de lire : « *Aut si nullus liberos habebit.* »
[2] Voyez p. 314 et 316.

*tem propter has leges non capitur, id caducum fit, id est, in œra-
rium populi cadit, ET IN EADEM CAUSA EST QUOD JURE COMMUNI
NON CAPITUR, utrumque tamen si non sit jus antiquum in caducis,
neque patres qui caduca vindicare possint* [1]. »

M. Walter [2] enseigne également que la caducité n'est nullement arrêtée par l'*apertura tabularum*, et qu'elle s'applique aux
déchéances provenant de causes reconnues par l'ancien droit
tout aussi bien qu'à celles qui ont leur source dans les lois Julia
et Papia. « Est caduc d'abord, dit l'auteur, ce que le gratifié ne
peut recueillir en qualité de *cœlebs* ou d'*orbus*, ou comme conjoint du testateur. Il y avait en outre caducité, quand le gratifié
répudiait, de même quand l'institué venait à mourir sans avoir
fait l'*adition* qui n'était pas possible avant l'ouverture du testament, ou bien quand le légataire mourait ou subissait une grande
capitis minutio avant le *dies cedens*. »

On voit qu'en repoussant la doctrine qui prévalait autrefois,
et en adoptant le système que nous avons développé, nous ne
pouvons être taxé de proposer une innovation. Les graves autorités que nous avons citées, et auxquelles sans doute il serait
possible d'en ajouter d'autres, nous enhardissent à nous écarter
des idées traditionnelles accréditées en cette matière par l'ancienne jurisprudence, et encore suivies généralement de nos
jours par nos commentateurs les plus estimés. Il nous reste,
pour achever notre démonstration, à répondre aux objections
tirées des différents textes des jurisconsultes romains qui mentionnent le droit d'accroissement comme étant toujours en vigueur nonobstant les lois caducaires. Ne faut-il pas, dira-t-on,
lui faire une part? et comment expliquer la persistance du *jus
adcrescendi*, si l'on n'admet l'extension que nous croyons devoir
donner au *jus caduca vindicandi?*

Avant d'aborder en détail les textes assez nombreux allégués
à cet égard par les anciens auteurs, nous présenterons quelques
observations destinées à faciliter la solution de cette difficulté.

En premier lieu, nous ferons remarquer, en répétant ce que
nous avons eu occasion de dire, qu'à l'époque de la compilation
des Pandectes les règles de la caducité étaient déjà abolies, bien

[1] Voir aussi le numéro 701.
[2] Deuxième édition de son *Histoire du droit romain*, t. II, n° 649, p. 297.

que la constitution par laquelle Justinien régla à nouveau le droit d'accroissement soit postérieure à la confection des Pandectes. Ce point a, il est vrai, été contesté, et Mayer notamment[1] a fait de grands efforts pour établir que le droit introduit par les lois Julia et Papia avait subsisté, sauf les modifications apportées par les empereurs précédents, jusqu'à la promulgation de la constitution *De caducis tollendis*. Mais cette opinion nous paraît avoir été péremptoirement réfutée par Schneider[2], qui s'appuie justement sur le propre témoignage que nous fournit à cet égard Justinien, au paragraphe 6 de la constitution : *Dedit nobis...* Ce témoignage est formel pour nous apprendre que, dès ce moment, il était dans les intentions de l'empereur de tenir pour abrogés tous les principes de dévolution dérivant des lois caducaires, comme l'indiquent bien clairement ces expressions qu'on y rencontre : « *De quondam caducis.* » Sans doute, les rédacteurs de Justinien ont laissé passer dans leur œuvre plus d'un fragment qui ne peut recevoir d'explication satisfaisante qu'en se référant à la législation Papienne. Mais qui ne sait qu'un semblable reproche d'inadvertance pourrait être adressé à Tribonien et à ses collègues sur d'autres matières ? Ce qui n'est pas douteux, c'est que, dans divers passages extraits d'auteurs qui avaient entendu présenter des applications des lois caducaires, les compilateurs ont eu soin d'effacer l'indication textuelle de ces lois, qui devait se trouver dans l'original. M. Rudorff a relevé des fragments qui portent la trace d'une pareille interpolation, particulièrement la loi 5, *De vulg. et pupil.*, et la loi 29, *De liber. leg.* Nous voyons de même dans les Pandectes le moment du décès indiqué comme celui de la délation de l'hérédité ou du *dies cedens* des legs purs et simples[3]. Cependant la réforme du droit antérieur sur ces deux points semblerait devoir être datée seulement de la constitution *De cad. toll.*, si on la prend à la lettre. Ici encore, il serait facile de signaler des passages des Pandectes qui supposent en vigueur la législation pratiquée à l'époque où écrivaient les auteurs de ces fragments[4].

---

[1] *Das Recht der Anwachsung*, p. 186-204.

[2] § 6, p. 236. Voyez dans le même sens M. Huschke, p. 327, et M. de Vangerow, t. II, § 496, p. 332.

[3] L. 49, § 1, *De her. instit.*; l. 5, § 1, *Quando dies legat.*

[4] En ce qui concerne la nécessité de l'*apertura tabularum* pour la délation

S'il est vrai, comme nous le pensons, que l'abrogation des lois caducaires était déjà consommée lors de la rédaction des Pandectes, il ne faut point s'étonner de ce que cet ouvrage, quand il est question du droit d'accroissement, le mentionne d'une manière générale, et sans indiquer aucune restriction. On comprend, en effet, que, pour se conformer à la mission qu'ils avaient reçue, les compilateurs devaient effacer toutes les traces qui, dans les textes originaux, se référaient aux anciennes limites du *jus adcrescendi* et aux conditions sous lesquelles il était autrefois applicable.

D'un autre côté, le droit d'accroissement, bien qu'il eût perdu une grande partie de son domaine depuis la législation caducaire, était loin de n'avoir plus aucune importance pratique. Dès lors les jurisconsultes devaient s'en occuper encore et signaler les effets qu'il pouvait produire. L'utilité conservée pour le *jus adcrescendi* se présentait sous deux points de vue : d'abord, comme un bénéfice dont la faveur était applicable suivant les causes qui rendaient la disposition vacante, ou les priviléges réservés à certains gratifiés, ou bien enfin les prérogatives dont jouissaient certains testateurs ; ensuite comme une nécessité de droit, comme une règle indispensable, dont il était impossible de supprimer le jeu afin d'arriver à la répartition de l'ensemble de la succession.

Au premier point de vue, il nous suffira de rappeler ce que nous avons exposé sur la manière dont étaient traitées les dispositions qualifiées *pro non scriptis*, à l'égard desquelles, suivant l'opinion commune, le droit d'accroissement continua à fonctionner au profit de quiconque était valablement appelé à une part héréditaire ou à un legs[1]. Quant aux personnes ayant le *jus antiquum*, comme les *liberi* et les *parentes*, ce *jus antiquum* n'était, nous l'avons dit, autre chose que la persistance en leur

de l'hérédité, consultez ce que nous avons dit plus haut, p. 174, et joignez aux textes cités en cet endroit les lois 3, § 4, *De her. instit.*, 24, *De liber. leg.*, 13, § 7, *De jur. fisc.* Relativement au *dies cedens* des legs, voyez les lois 31, *De cond. et dem.*, 44, *De mort. caus. donat.*

[1] On s'explique ainsi comment Ulpien, écrivant sous l'empire des lois caducaires, attribue néanmoins, dans la loi 34, §§ 11 et 12, *De legat.* 1º, au colégataire de l'héritier qui a reçu un legs *per præceptionem* la part assignée à l'héritier. Cette part, en effet, devait être considérée *pro non scripto*, suivant la règle : *Heredi à semetipso inutiliter legatur.*

faveur du *jus adcrescendi*, lequel était l'expression des anciens principes sur la dévolution des portions en défaillance. Nous avons vu également que les priviléges accordés aux militaires mettaient en général au-dessus des incapacités légales tous ceux qui étaient gratifiés de leur part, et que, leur volonté étant le seul guide à suivre pour distribuer leur succession, on devait, à l'occasion des testaments militaires, se gouverner toujours d'après les règles du droit d'accroissement [1].

Pour comprendre le second point de vue il faut faire attention au caractère suivant, qui forme, d'après nous, l'un des traits du *jus caduca vindicandi*. Comme il s'agissait d'une faveur, d'une véritable récompense, l'attribution des *caduca* ne constituait qu'une simple faculté, dont les *patres* étaient libres de répudier l'exercice. La substitution dont la loi les dotait pouvant quelquefois être onéreuse au lieu de profiter, il y avait intérêt pour eux à ne pas invoquer la prérogative qui leur appartenait. Or, quand toutes les personnes qui auraient pu user de la *vindicatio caducorum* s'accordaient pour la repousser, force était bien de recourir au *jus adcrescendi*, puisqu'on ne pouvait laisser le défunt partie *testat*, partie *intestat*. L'accroissement subsista donc nécessairement, sinon à titre de faveur, du moins à titre de charge. C'était une conséquence inévitable de la manière dont les Romains entendaient la qualité d'héritier.

La proposition que nous soutenons sur la nature facultative du *jus caduca vindicandi* n'est pas cependant sans contradicteurs. M. Rudorff a prétendu, en s'appuyant sur la loi 53, § 1, *De acq. vel omitt. hér.*, que les *caduca* étaient imposés aux *pa-*

---

[1] Cette particularité rend compte de la décision que donne Marcellus dans la loi 31, *De test. mil.*, où l'on trouve une application du droit d'accroissement entre deux légataires dont l'un répudie. Les compilateurs ont conservé dans ce texte la mention de la qualité de *miles* chez le testateur, circonstance qui n'était pas indifférente aux yeux du jurisconsulte. Au contraire, dans les lois 34, 35 et 36, pr. *Ad leg. Aquil.*, la même solution est reproduite comme règle générale pour tout testament, abstraction faite de la condition du défunt. Ces derniers textes, invoqués unanimement par les auteurs qui veulent restreindre le *jus caduca vindicandi*, mais dont la véritable portée originaire est expliquée par la loi 31, *De test. mil.*, nous montrent avec quelle circonspection il faut prendre les autres fragments, où le *jus adcrescendi* semblerait présenté par les anciens jurisconsultes comme formant le droit commun.

tres. Mais cette opinion a été justement combattue par Schneider[1], dont les arguments nous semblent décisifs. Comment penser, fait observer cet auteur, que ce qui était une faveur pour les *patres* pût leur préjudicier, ce qui serait arrivé si la succession étant mauvaise les *patres* qui avaient accepté leur part n'avaient pu échapper à la *caducorum vindicatio*. Supposez, ajoute-t-il, que le défunt a institué un *capax* et deux *incapaces :* le *capax* et l'un des *incapaces* acceptent, tandis que l'autre répudie ou ne vient pas à la succession pour quelque autre motif. Dans le système de M. Rudorff, le *capax* se trouvera seul grevé, et le *cœlebs* évitera une perte. Il y aura, au contraire, égalité de position, si l'on fait fonctionner le droit d'accroissement au lieu du *jus caduca vindicandi*, que le *pater* se gardera bien d'invoquer dans l'espèce. Ne savons-nous pas que pour une hérédité insolvable il n'existe pas d'incapacités; *Legi locus non est*, dit la loi 72, *De her. instit.* Il serait, en effet, singulier de parler de *priviléges* quand il s'agit d'un dommage à faire subir à quelqu'un, et de *déchéances* quand il s'agit d'une perte à éviter. Schneider invoque encore avec raison le paragraphe 3 du fragment *De jure fisci*, qui présente évidemment l'exercice de la *caducorum vindicatio* comme une simple faculté. Le motif tiré de l'intitulé de la loi 53 disparaît en présence de ces raisons ; et cet exemple prouve, suivant la remarque de Schneider, que, s'il est souvent légitime d'argumenter de l'inscription des fragments, il ne faut pas cependant en abuser, parce que les jurisconsultes décident quelquefois des questions qui n'ont que de l'analogie avec la matière par eux traitée. — Le fragment dont nous nous occupons est un de ceux qui ont été allégués pour autoriser les restrictions apportées au *jus caduca vindicandi*. On voit qu'il peut s'expliquer sans qu'il soit besoin d'admettre aucune interpolation. Gaïus n'entendait pas parler de la *caducorum vindicatio*, puisqu'il s'exprime ainsi : « *Invitus excipit.* » C'était là, au contraire, le caractère du droit d'accroissement dont le nom est, du reste, formellement énoncé dans le texte. L'accroissement était en effet inévitable ; et il fallait bien qu'il en fût ainsi pour régler l'attribution des parts héréditaires défaillantes, quand la *caducorum vindicatio* n'était pas mise en jeu ; ce qui

[1] Page 173.

devait arriver toutes les fois qu'elle eût occasionné un préjudice.
Dans ce cas, il n'y avait plus, comme nous l'avons dit, des capables
et des incapables. Tous ceux qui avaient accepté, *patres* ou
cœlibes, voyaient leur part se grossir suivant les règles du *jus
adcrescendi*, inhérent à leur qualité d'héritier.

Les réflexions que nous venons de présenter au sujet des parts
héréditaires doivent être étendues aux legs pour lesquels il existerait plusieurs appelés. Un legs était susceptible, en effet, de
s'accompagner de charges qui ne fussent point particulières à
tel légataire ; et ces charges pouvant épuiser le montant du legs,
elles laissaient sans intérêt la *caducorum vindicatio*, à défaut de
laquelle le *jus adcrescendi* concentrait le legs entier sur la tête
de l'autre légataire qui n'était pas admis à diviser la disposition.

A l'aide des observations qui précèdent, nous pourrons écarter
les objections puisées dans les fragments sur lesquels l'ancienne
jurisprudence avait assis la théorie qui condamnait à l'inaction
le *jus caduca vindicandi*, dès qu'il y avait eu ouverture du testament. Les différents textes que nous avons à apprécier sont invoqués par Cujas, Ramos, Heineccius, Pothier.

La base principale du système que nous combattons a été prise
dans la loi 53, § 1, *De adq. vel omitt. hered.*, alléguée sans exception par tous les auteurs que nous avons cités. Or, nous
avons indiqué tout à l'heure le sens dans lequel elle doit être
entendue. Cette loi établit sans doute que l'accroissement entre
les héritiers testamentaires n'avait pas été supprimé depuis les
lois caducaires. Mais nous savons qu'il en devait être ainsi, parce
que c'était là une institution nécessaire pour opérer le règlement
des successions. Seulement elle n'avait qu'un rôle subsidiaire ;
primée par le *jus caduca vindicandi*, elle devait fonctionner in-
dispensablement, si la prérogative des *patres*, qui était purement
facultative, ne se mettait pas en mouvement [1].

---

[1] Heineccius, en particulier, liv. III, ch. IX, p. 435, se fonde sur la loi 26,
§ 1, *De cond. et dem.*, qui lui a paru contenir un argument en faveur
de son système propre, la durée du *jus caduca vindicandi* jusqu'à ce
qu'il y ait adition faite par l'un des institués. L'accroissement dont parle
ce texte, à l'occasion d'une institution conditionnelle, peut, nous le
croyons, être admis comme règle à l'égard des dispositions de cette
nature, suivant ce que nous avons dit plus haut, p. 193 et suiv. En
supposant même que la défaillance de la condition dût donner ou-

Une explication analogue nous rendra compte des diverses décisions qui font application de l'accroissement entre les ayant droit à la *bonorum possessio*. — Voyez à ce sujet les lois 3, § 9, l. 4, l. 5, *De bon. poss.*, et l. 2, § 8, *De bon. poss. sec. tab.* — La *bonorum possessio* était l'image de l'hérédité, et il n'est pas douteux que les règles qui, d'après les lois Julia et Papia, déterminaient les priviléges ou les incapacités quant à l'hérédité ne s'étendissent à la *bonorum possessio.* C'est en ce sens que Paul, dans son livre IV *Ad legem Juliam et Papiam*, l. 138, *De verb. sign.*, s'exprime ainsi : « *Hereditatis appellatione bonorum quoque possessio continetur.* » De même, Ulpien, l. 12, § 1, *De bon. poss.*, pose le principe suivant : « *Ubicunque lex, vel senatus, vel constitutio capere hereditatem prohibet, et bonorum possessio cessat.* » La *bonorum possessio*, comme l'hérédité, pouvait se présenter *ab intestat* ou à la suite d'un testament. Dans la première hypothèse, il n'y a pas difficulté d'admettre que l'accroissement fonctionnât sans aucune distinction, puisque les anciennes règles avaient été conservées à l'égard des successions *ab intestat ;* et peut-être est-ce le seul cas qu'avaient en vue les auteurs des premières lois que nous avons citées. Quand il s'agissait au contraire de *bonorum possessio* en vertu d'un testament, ce qui est notamment l'espèce prévue par la loi 2, § 8, il ne devait y avoir place à l'accroissement qu'autant qu'il n'était pas empêché par l'exercice du droit privilégié des *patres.* Les jurisconsultes, en parlant de l'accroissement, n'avaient pas besoin de mentionner des restrictions qui étaient bien connues, ou bien

verture au droit des *patres*, il faudrait sous-entendre dans la pensée du jurisconsulte que cette prérogative n'est pas exercée. L'intention de Julien était de faire observer que l'accroissement, *dans les hypothèses où il était possible*, n'opérait pas seulement vis-à-vis de l'institué de son vivant, mais qu'il était également applicable après son décès vis-à-vis de ses représentants. Quant à ces derniers mots : « *Si tamen hereditas ejus adita fuerit*, » qu'Heineccius présente comme une consécration de son système, et que M. d'Hauthuille entend de la même façon, il est clair pour nous que ces auteurs se sont trompés sur l'interprétation que ces mots doivent recevoir. Il ne s'agit pas de l'adition de l'hérédité laissée par celui qui a fait l'institution conditionnelle, mais bien de celle laissée par l'héritier institué purement et simplement. Le jurisconsulte veut dire qu'un héritier ne peut prendre *jure adcrescendi* la part que son auteur aurait recueillie lui-même, s'il était encore vivant, qu'autant qu'il a commencé par accepter la succession de son auteur.

les compilateurs ont effacé la mention de ces restrictions qui n'avaient plus d'application. On peut d'ailleurs conjecturer que la loi 2, § 8, a trait à une succession suspecte, puisque le co-institué et son substitué s'accordent à répudier. Il faudra bien, en pareil cas, que celui qui a réclamé seul la *bonorum possessio* prenne la succession entière, faute de tout concurrent.

Cette utilité de l'accroissement, comme ressource extrême à l'occasion des hérédités suspectes, se laisse encore pressentir dans la loi 52, § 1, *Ad senat.-cons. Trebel.*, qui a été également alléguée à l'appui de la thèse d'après laquelle les parts répudiées seraient immédiatement soumises au *jus adcrescendi*. Papinien suppose d'abord que des deux institués ni l'un ni l'autre ne se soucie de faire adition, ce qui donne à entendre que l'adition offre des dangers. Dans ce cas, le fidéicommis de l'hérédité restera inexécuté. Mais si l'héritier chargé de l'affranchissement, ajoute le jurisconsulte, prend parti et se prononce pour la répudiation, de façon que sa part soit dévolue à l'autre héritier grevé du fidéicommis de l'hérédité (*cum portio ejus ad alterum pervenerit*), celui-ci pourra être contraint à faire adition; peu importe de quelle manière la dette de la liberté et celle de l'hérédité se trouvent ramenées à la charge de la même personne. — Il serait certainement téméraire de vouloir induire de ce texte une règle générale sur les conséquences de la répudiation. Elle peut sans doute avoir pour effet d'attribuer la totalité au cohéritier qui ne serait point *pater*; mais ce n'est pas là un résultat qui doive se produire infailliblement. Papinien met sur la même ligne la répudiation et la défaillance de la condition. Nos adversaires cependant reconnaissent que cette dernière hypothèse devait donner ouverture à la caducité. Dans leur opinion, Papinien doit supposer l'absence de toute personne qui exerce la *caducorum vindicatio*. Pourquoi ne ferions-nous pas la même supposition pour le cas de répudiation?

Tout fragment, dans lequel on a trouvé énoncée la réunion de deux parts héréditaires dans les mêmes mains à la suite d'une répudiation, a paru bon pour démontrer que la caducité n'atteignait point les parts répudiées. Cet argument serait fondé, si la question traitée dans le texte était de savoir ce que deviendrait la part non acceptée. Mais, quand le point à résoudre est tout différent; il n'y a rien à induire de ce fait que les deux parts sont prises par l'autre institué, puisqu'il peut les réunir, soit comme *pater*, soit comme jouissant du *jus antiquum*. Ainsi, la loi 61, *De legat.*, 2°, dont on a voulu tirer parti, a pour but d'établir que, quand le testateur a entendu grever d'un legs une part héréditaire, abstraction faite de l'individualité de celui qui la recueillerait (*quisquis heres esset*), c'est une charge qui doit incomber à quiconque prendra cette part si l'institué originaire ne fait pas adition. Tel est le fond de ce texte ; et il est indifférent que celui qui profite de la répudiation soit précisément le cohéritier, ce qui devait arriver souvent, parce que ordinairement ce sera un *pater* excluant à titre d'héritier le *jus caduca vindicandi* des légataires ou de l'*ærarium*.

C'est bien à tort, suivant nous, que, pour étayer leur doctrine sur le maintien du droit d'accroissement postérieurement à l'*apertura tabularum* à l'exclusion du *jus caduca vindicandi*, les auteurs ont invoqué les décisions relatives à la réunion de plusieurs parts qui pouvaient, pour des motifs différents, se trouver dévolues à la même personne. C'est ce qui arrivait, soit que le même titulaire eût été appelé à diverses parts, mais pour l'une purement et simplement, pour l'autre conditionnellement, soit qu'à côté d'une institution qui s'adressait à lui directement il s'en rencontrât une autre au profit d'une personne placée sous sa puissance. La règle qui paraît avoir prévalu, tant à l'occasion des institutions que des legs, paraît être qu'il y avait impossibilité de diviser, comme s'il s'agissait d'une disposition unique ; mais cette règle cependant n'aurait pas été admise, pour tous les cas du moins, sans contradiction. Sans doute, quelques fragments, tels que les lois 35, pr., et 67, *De acq. vel omit. hered.*, emploient l'expression *adcrescere* pour indiquer la réunion nécessaire des différentes parts. Mais il est à peine besoin de faire observer qu'il s'agit ici de tout autre chose que du *jus adcrescendi* proprement dit, qui pourrait être invoqué par tous les autres appelés, s'il y avait effectivement une part vacante. L'accroissement ne s'opère en pareil cas qu'à l'égard d'un seul, par suite de cette idée que les libéralités testamentaires sont indivisibles, et qu'elles doivent être prises ou répudiées pour le tout.

L'hypothèse la plus simple est celle où le même individu se trouve institué pour des parts distinctes. Paul, dans la loi 80, pr., *De acq. vel omitt. hered.*, exprime très-nettement cette proposition que l'institué n'est pas libre d'omettre une part, soit qu'il ait des cohéritiers ou non, soit qu'il existe ou non des substitués pour certaines parts. Un seul acte d'adition, dit le jurisconsulte, suffit pour faire acquérir toutes les parts, pourvu qu'elles soient *déférées, « si tamen delatœ sunt. »* En supposant donc qu'une part eût été laissée sous condition, et que la condition fût encore pendante, ce qui empêcherait la délation, l'adition resterait inefficace quant à cette part. L'institué vient-il à mourir avant l'arrivée de la condition, il ne transmettra point à ses héritiers un droit exclusif à cette part qui ne lui a jamais été déférée [1], sauf l'application du *jus adcrescendi*, qui, d'après nous, devrait s'appliquer aux institutions conditionnelles en défaillance, ainsi que le prouve la loi 59, § 6, *De her. inst.*, que nous avons déjà citée.

Nous pensons qu'il faut traiter de la même manière le cas où un institué purement et simplement pour partie serait appelé conditionnellement à une autre part en vertu d'une substitution.

[1] Cette décision n'est pas contrariée par la loi 53, pr., *De acq. vel omit. hered.*, qui, au premier abord, semble admettre d'une façon absolue la transmission aux héritiers de l'institué de la part pour laquelle leur auteur était institué conditionnellement, quand celui-ci de son vivant a fait adition d'une autre part à lui laissée sans condition. Nous admettons l'opinion la plus commune, suivant laquelle ce texte doit se restreindre au cas où il n'y aurait pas d'autre institué, et ne serait que la répétition de la doctrine enseignée par Marcellus dans le fragment qui précède immédiatement, l. 52, § 1. Nous ne sommes pas touché de l'objection soulevée contre cette interprétation par Mühlenbruch, t. XLIII, § 1496, p. 151, et tirée de ce que Gaïus ferait dépendre l'acquisition de l'accomplissement de la condition. Le jurisconsulte veut dire seulement qu'il est indifférent que la condition ne se réalise qu'*après* le décès de l'institué, « *posteaque conditio extiterit.* » Nous rejetons, avec Mühlenbruch, l'opinion qui voit dans ce texte une application du principe de la *caducorum vindicatio*, d'après laquelle les héritiers du *pater* auraient pu exercer la *vindicatio* même quand la défaillance ne se serait produite qu'après son décès. Quant à la solution donnée par Mühlenbruch, qui essaye de justifier la transmission en imaginant une espèce particulière, l'hypothèse à laquelle il s'arrête n'enlève pas à la part en question le caractère conditionnel; et dès lors la transmission est inconciliable avec les règles constantes sur les effets des institutions conditionnelles. Voyez dans le même sens la loi 81, *De acq. vel omit. hered.*

L'assimilation est faite formellement par Paul dans la loi 1, § 13, *Ad leg. Falcid.*; et par conséquent, s'il est impossible de séparer deux parts laissées au premier degré, l'une purement, l'autre sous condition, il faut en dire autant pour deux parts laissées à des degrés différents. Nous ne saurions, dès lors, admettre une opinion assez répandue, d'après laquelle l'un des points qui distingueraient la substitution réciproque de l'accroissement consisterait dans la faculté accordée à l'héritier qui a fait adition de l'institution au premier degré de profiter ou non de la substitution, tandis que l'accroissement serait inévitable. Cette distinction nous paraît absolument condamnée par les lois 35, pr., et 76, pr., *De acq. vel omitt. hered.*, de même que par la loi 6 C., *De impub. et al.* La loi 76, pr., dit fort clairement qu'un seul acte d'adition suffit, et que peu importe qu'il s'applique à l'une ou à l'autre part. Néanmoins, la même loi 76, § 1, est ordinairement invoquée pour justifier la possibilité d'une division; et, suivant M. de Vangerow, t. II, § 451, note 3, il en serait effectivement ainsi, mais seulement alors que la substitution ne concerne qu'un seul des héritiers. Il nous est difficile d'apercevoir un motif de différence entre les deux hypothèses. Remarquons que ce dernier texte appartient à Javolenus, le même qui vient de dire : « *Cum ab utraque causa una aditio sufficiat.* » Le sens de la réponse du jurisconsulte nous paraît être celui-ci : quand les choses sont encore entières, quand l'héritier ne s'est prononcé ni sur l'institution, ni sur la substitution, « *si prima institutione adeundo heres esse possum,* » il peut prendre parti à son gré soit pour l'une, soit pour l'autre part, sans qu'il y ait un ordre à observer. Il acceptera ou répudiera la part qu'il voudra ; mais sa décision quant à l'une fera la règle relativement à l'autre.

Dans l'hypothèse où les deux parts n'étaient pas directement attribuées à une seule personne, mais venaient en définitive converger dans les mêmes mains, à raison d'un droit de puissance existant au profit de l'un des appelés sur l'autre, la question de savoir s'il y avait séparation possible exigerait des distinctions dont le développement nous mènerait trop loin. Ainsi, quand un maître et son esclave étaient co-institués, le maître, en donnant ordre à son esclave de faire adition, acquérait en même temps sa propre part, suivant la loi 26, *De acq. vel omit. hered.*, tandis qu'en faisant adition pour son compte, il n'acquérait point la part laissée à l'esclave, l. 36, *éod. tit.* — Si le maître avait fait faire adition à son esclave d'une part laissée purement et simplement, et qu'une autre part laissée conditionnellement vînt ensuite à être déférée quand le lien de puissance avait cessé, une nouvelle adition était nécessaire, l. 35, pr., l. 80, §§ 2 et 3, *De acq. vel omit. hered.* Mühlenbruch, t. XXXVIII, § 1437, p. 216, va même jusqu'à soutenir que les deux parts doivent appartenir à l'affranchi. — C'est un esclave commun à plusieurs qui a été institué. Si un seul des maîtres donne ordre de faire adition, tandis que les autres s'y refusent, le premier recueillera seul le bénéfice total de l'institution, l. 67, *De acq. vel omit. hered.* Javolenus admettait la même décision à l'occasion d'un legs fait à un esclave commun, comme on le voit dans la loi 40, *De legat.* 2°, tandis que Celse, se conformant à l'avis de Proculus, était d'une opinion contraire, ainsi que l'atteste la loi 20, *eod. tit.* L'existence de débats à cet égard entre les jurisconsultes est confirmée par le paragraphe 75 des *Vat. Fragm.* Mais, en empruntant à Ulpien la remarque qu'il fait dans ce passage, nous dirons que l'accroissement est tout à fait ici hors de cause. La question qui s'agitait était de savoir s'il fallait distinguer diverses dispositions ou s'il n'en fallait voir qu'une seule [1]; et l'on conçoit que la controverse qui régnait sur ce point ne peut être d'aucune importance pour la théorie que nous discutons.

Pour écarter la *caducorum vindicatio* à l'occasion des legs qui défaillaient après l'*apertura tabularum*, notamment s'il y avait répudiation, les anciens auteurs s'appuient sur les textes que nous avons précédemment indiqués, p. 225, note 1, savoir les lois 17, §§ 1, 34, 35, 36, pr., *Ad leg. Aquil.*, ainsi que sur les lois 15, *De reb. dub.*, 2, *De manum.*, 3, *De manum. vind.* Tous ces textes s'accordent à déclarer que la répudiation de la part du légataire *conjunctus* assure le legs entier à son colégataire, qui sera censé avoir toujours été seul propriétaire; et qu'en cas de répudiation de la part d'un légataire unique, c'est l'héritier qui bénéficie de la répudiation par suite de laquelle il est considéré comme ayant été, dès l'adition, propriétaire de l'objet lé-

---

[1] Voyez ce que nous avons dit plus haut, p. 216, note 1.

gué. Ces deux propositions qui ne sont, dit-on, que l'application
du *jus antiquum*, ne permettent pas de penser qu'il y eût place
à la prérogative des *patres*. A ces arguments, Schneider, que
nous avons ici pour adversaire, en a ajouté de nouveaux, qu'il
puise dans les paragraphes 77 et 84 des *Vat. Fragm.*

Le premier de ces paragraphes n'a, selon nous, aucune portée.
Il a pour but d'établir une différence qui séparait les règles de
l'accroissement, suivant qu'il s'agissait d'un legs d'usufruit ou
d'un legs de propriété. En matière d'usufruit, le colégataire survivant recueillait encore *jure adcrescendi* quand son rival venait
à mourir après avoir joui plus ou moins longtemps, tandis qu'il
en était autrement alors que le legs portait sur un *fundus*. Cette
extension donnée à l'accroissement quant à l'usufruit n'avait
pas lieu à l'égard du legs de la propriété. Mais la distinction faite
à ce point de vue entre les deux cas n'entraîne pas nécessairement l'idée que, à part cette différence, il doive toujours y avoir
lieu à l'accroissement pour les colégataires d'un *fundus* partout où
il s'exercerait pour les légataires d'un *ususfructus*. Il suffit, pour
qu'il soit permis d'établir une comparaison entre les deux hypothèses, que l'accroissement soit possible, même pour les legs de
propriété; et nous avons déjà signalé dans quelles circonstances
il s'appliquait encore postérieurement aux lois Julia et Papia.
Remarquons d'ailleurs que, sous l'empire de ces lois, la répudiation de l'un des colégataires profitait en général à son colága-
taire, sinon *jure adcrescendi*, du moins *jure caduca vindicandi*,
puisque le *pater* appelé en première ligne était précisément le
colégataire *conjunctus re et verbis*, ou même *verbis tantum*. Il
n'était donc pas inexact de dire que pour un *fundus* légué à deux
personnes, la répudiation de l'un assurerait la chose entière au
colégataire. Seulement, l'espérance de ce bénéfice se trouvait
perdue dès qu'il y avait concours réalisé; l'expectative d'un droit
de survivance était une particularité du legs d'usufruit.

Quant au paragraphe 84, il est facile d'y reconnaître la même
décision que celle qui fait l'objet de la loi 31, *De test. mil.* [1]. Or,

---

[1] Les deux passages sont indiqués comme extraits du Digeste de Marcellus. Seulement le rédacteur des *Vat. Fragm.* renvoie au livre XII, tandis
que les compilateurs des Pandectes auraient puisé dans le livre XIII. Il est
bien vraisemblable que la source est la même, et qu'il y a d'une part ou
d'autre erreur de citation.

déjà nous avons fait observer que l'auteur de la loi 31 se plaçait en
présence d'un testament militaire pour lequel, nous le savons, la
caducité était écartée. Aussi Marcellus, dans le texte original,
avait-il eu soin de faire observer qu'en pareil cas le colégataire
jouissait du *jus antiquum*, sans avoir à craindre le privilége des
patres, ce qu'il indique par ces mots : « *ubi non fit caducum*, »
mots qui ont disparu sous la plume de Tribonien. Schneider cependant interprète tout différemment la remarque de Marcellus,
et il veut y trouver une règle générale qui énonce l'exclusion de
la caducité à la suite d'une répudiation de legs. Cette interprétation est condamnée par le texte des Pandectes (1. 31, *De test.
mil.*), qui nous a conservé l'espèce prévue par le jurisconsulte,
espèce qui était celle d'un testament militaire. Supposez même
qu'il s'agisse d'un testament ordinaire. Ne sera-t-il pas vrai, habituellement, que la répudiation du légataire *conjunctus* profitera à son colégataire? Ce dernier, en effet, s'il était *pater*, primait les héritiers; et, par suite, la décision d'Ulpien, dans la
loi 17, § 1, *Ad leg. Aquil.*, ne contient rien qui ne fût applicable
sous les lois caducaires.

Il ne faut pas non plus s'étonner de voir les anciens jurisconsultes dire que les héritiers recueilleront le profit de la répudiation émanée de la part d'un légataire unique, comme
l'indiquent les lois 15, *De reb. dub.*, 2, *De manum.*, etc.
Quand tout légataire conjoint faisait défaut, c'étaient les héritiers qui étaient d'abord appelés (Gaïus, II, 207) s'ils étaient
pâtres, ou s'ils avaient le *jus antiquum*, de sorte qu'en fait les
héritiers devaient le plus souvent, de même que sous les anciens
principes, bénéficier de la répudiation du légataire. L'attention
des jurisconsultes se porte uniquement sur l'effet rétroactif de
cette répudiation, qui sera de faire considérer la propriété de la
chose léguée comme ayant appartenu dès l'origine à celui, quel
qu'il soit, qui prend la place de légataire. Ce profit revenant
habituellement à l'héritier, c'était naturellement par rapport à
lui qu'il était convenable d'exprimer les conséquences de la répudiation. Quelquefois sans doute il en pouvait être autrement;
mais nous répétons que les rédacteurs de Justinien ont effacé
toutes les restrictions qui n'avaient plus de valeur à leur époque,
et qui peut-être étaient mentionnées dans les écrits qu'ils com-
pilaient. Aussi, quand on se reporte aux ouvrages originaux qui

nous sont restés de Gaïus et d'Ulpien, et qui présentent la caducité comme ayant remplacé généralement le *jus adcrescendi*, on
reste convaincu qu'il n'y a aucune objection sérieuse à tirer des
divers passages des Pandectes, où les traces du *jus caduca vindicandi* ont dû disparaître pour mettre les anciens auteurs en harmonie avec le droit du sixième siècle.

Résumons la théorie que nous avons établie, en supposant un
testament qui donne lieu à l'application des diverses règles introduites par les lois Julia et Papia. Un citoyen meurt, ayant
institué pour diverses parties : 1° Primus, son fils, qui a le *jus
antiquum*, quoique non marié et sans enfants ; 2° Secundus, qui
est *pater*, et qui jouit du *jus caduca vindicandi* ; 3° Tertius, son
cognat, qui, bien que célibataire, a la *solidi capacitas* ; 4° Quartus, qui est *orbus*, et qui ne peut recueillir que moitié ; 5° Quinta,
sa femme, de laquelle il n'a pas d'enfants, et qui, n'en ayant
pas eu d'un précédent mariage, n'a droit qu'à une seule *decima* ;
6° Sextus, qui est *cœlebs non exceptus*, et qui dès lors ne peut
rien prendre, s'il ne purge son incapacité ; 7° Septimus, qui
était *peregrinus* lors de la confection du testament, et dont l'institution doit être tenue *pro non scripta* ; 8° Octavus, qui, capable
d'ailleurs, vient à mourir avant le testateur ; 9° enfin, Nonus,
qui est institué sous une condition qui défaillera soit du vivant
du testateur, soit après son décès. Sur ces neuf institutions, il
y en a deux qui sont réductibles, celle de l'*orbus*, qui ne doit
prendre que moitié de ce qui lui est laissé, et celle du conjoint,
dans le cas où elle dépasserait le dixième de la succession. Il y
en a quatre qui se trouvent en défaillance complète, celle du
cœlebs non excepté, celle du *peregrinus*, celle de l'institué qui a
prédécédé le testateur, et celle de l'héritier institué sous une
condition qui viendra à manquer. Enfin, trois institutions restent
intactes, celle du fils, celle du *pater*, et celle du cognat excepté.

Le profit des diverses réductions ou défaillances ne doit pas absolument être réglé de la même manière. Quant à la part du
peregrinus, réputée non écrite, elle sera distribuée *pro partibus
hereditariis* entre tous les héritiers institués utilement ; le cognat
cœlebs y participera dans la mesure totale de son institution,
l'*orbus* n'y concourra que pour la moitié de la sienne [1]. Le fils

---

[1] Le conjoint lui-même serait appelé, s'il restait quelque chose de libre

du testateur et l'héritier *pater* figureront dans la répartition non-seulement d'après l'importance de leur institution directe, mais encore à raison de l'accroissement qu'elle éprouve par suite de l'attribution qui leur est faite des parts caduques ou *in causa caduci* [1]. On peut soutenir qu'il en devait être de même pour la part laissée conditionnellement, si l'on admet que cette hypothèse rentre dans les dispositions tenues pour non écrites ; si on la traite, au contraire, comme *caduque*, on devra appliquer les mêmes règles qu'à l'égard de l'institution du *cœlebs non exceptus* et de celle de l'héritier qui a prédécédé le testateur. Pour ces deux parts qui constituent des *caduca* ou *quasi caduca*, le *solidi capax* et l'*orbus* seront entièrement écartés ; le concours ne s'établira qu'entre le fils, qui a conservé le *jus antiquum*, et l'héritier *pater* doté de la *caducorum vindicatio*. C'est au profit des mêmes personnes exclusivement que s'opérera le retranchement auquel sont soumis l'*orbus* pour moitié, le conjoint pour ce qui excède le dixième. Rappelons-nous qu'Ulpien, en qualifiant ce *jus antiquum*, l'applique précisément aux *caduca*, et qu'il embrasse, nous a-t-il dit, tout ce qui n'est pas pris par les appelés (*quod quis ex eo testamento non capit*). Le conflit que nous admettons entre le *jus antiquum* et le *jus caduca vindicandi* n'est qu'une conséquence de la portée générale que nous donnons à la caducité. Celle-ci s'étend, à nos yeux, à toutes les dispositions valables *ab initio*, mais perdant ensuite leur force pour une cause quelconque. D'un autre côté, les anciens principes, le *jus antiquum*, autorisaient les héritiers capables à profiter de l'exclusion de tous les incapables, de sorte que ceux qui ont conservé cette position ont dû en user plus largement à mesure que les incapacités se sont multipliées. Les deux priviléges doivent donc se rencontrer en lutte l'un avec l'autre, puisqu'ils ont le même domaine.

Le résultat de cette lutte sera d'amener entre les deux privilégiés une division *pro partibus hereditariis*. Toutefois, le *jus antiquum*, qui n'est que le *jus adcrescendi*, sera forcé, tandis que la *caducorum vindicatio* reste facultative. En cas de refus du *pater* institué, les *legatarii patres*, s'il en existe, prendront sa place, et

sur la quotité disponible à son profit, parce que son institution serait inférieure à un dixième.

[1] Voyez l. 5, *De vulg. et pupil. subst.*

à leur défaut viendra l'*ærarium*, plus tard le *fiscus*[1]. D'un autre
côté, le droit du fils, même après sa mort, passera à ses héritiers,
suivant la règle : « *Portio portioni adcrescit.* ». Quant à la prérogative du *pater*, la même extension peut être révoquée en doute,
dans le cas où il ne survit point aux défaillances qui produisent
des *caduca*. Les textes à notre connaissance sont muets à cet
égard ; mais si l'on admet, comme nous l'avons fait, que la *caducorum vindicatio* consiste en une substitution légale, tout droit
de survivance au profit des héritiers devra être écarté. Enfin,
le *jus antiquum* a joui jusqu'au temps de Sévère et d'Ulpien
d'une exemption des *onera*, qui se transmettaient au contraire
à celui qui *caduca vindicabat*. L'égalité de position entre le descendant qui avait retenu le *jus antiquum*, et le *pater* doté du *jus
caduca vindicandi*, pourra être rompue, si l'un d'eux se trouvait
conjunctus avec le défaillant. La préférence qu'assure la *conjunctio* nous a paru soumise aux mêmes règles, qu'il s'agisse de
l'un ou de l'autre des priviléges. A défaut de *conjunctio*, on pourrait être tenté de donner le pas au *pater*, en alléguant qu'il est
substitué légalement pour tout ce qui est caduc, tandis que le
descendant ne peut invoquer le *jus adcrescendi* qu'autant qu'il y
a une part vacante, de manière à empêcher que le défunt ne
meure partie *testat*, partie *intestat*. La vacance, dira-t-on, n'existe
pas, grâce à la substitution qui est écrite dans la loi en faveur
du *pater* ; mais cette manière de raisonner serait en contradiction avec la portée que nous avons assignée au *jus antiquum*,
qui s'exerce précisément sur les *caduca* et qui balance le privilége des *patres*. Nous estimons, par conséquent, qu'il faut mettre
sur la même ligne, quant au droit de recueillir les parts héréditaires laissées à des institués non conjoints, les deux prérogatives reconnues par les lois Julia et Papia : celle du *jus antiquum* et celle de la *caducorum vindicatio*[2].

Si dans le même testament il se rencontrait des legs pour lesquels le titulaire venait à défaillir, il fallait encore distinguer la

[1] Si l'hérédité était insolvable, l'accroissement serait une charge qui in-
comberait soit au *solidi capax*, soit au *cœlebs non exceptus*, soit à l'*orbus*.
L. 72, *De her. inst.*

[2] Nous abandonnons, après mûr examen, l'opinion contraire que nous
avions précédemment énoncée.

cause pour laquelle la disposition manquait son effet. Se trou-
vait-on dans l'un des cas où l'on disait que le legs était *pro non
scripto*, toute idée de privilége était écartée. La dévolution se
faisait d'après les anciennes règles, c'est-à-dire que le bénéfice
de la défaillance profitait au colégataire conjoint, s'il en existait,
suivant les principes du droit d'accroissement; sinon, l'héritier
grevé de la prestation en était déchargé, sans distinguer s'il avait
le *jus antiquum*, s'il était *pater*, ou simplement *solidi capax*. Le
legs était-il, au contraire, *in causa caduci* ou *caducum*, il y avait
lieu d'en attribuer le montant en première ligne aux *collegatarii
conjuncti* qui jouissaient du *jus patrum*, puisque ceux-ci, comme
nous l'a appris Gaïus, II, § 207, primaient les héritiers. Il faut
seulement se rappeler de quelle manière était entendue la *conjunctio* entre légataires quant à l'application des lois caducaires.
A défaut de *collegatarii patres*, la caducité opérait, nous l'avons
vu, en faveur des héritiers *qui liberos habebant*, avant qu'il ne
fût fait appel aux légataires *patres* non conjoints. Sur ce point,
la prérogative de l'héritier *pater* ne nous paraît pas devoir être
restreinte par la présence d'un héritier ayant le *jus antiquum*,
en ce sens du moins que ce dernier ne saurait prétendre participer d'une manière générale à cet avantage. Tout au plus le *jus
antiquum* peut-il faire obstacle à la *caducorum vindicatio* quant
à la portion du legs qui serait à la charge de l'héritier ayant le
jus antiquum. Ce dégrèvement, en effet, était la règle naturelle
suivie dans l'ancienne législation. Mais, en dehors de ce dégrèvement, et pour tout ce qui est étranger à la part héréditaire du
cohéritier doué du *jus antiquum*, les héritiers *patres* pourront
exercer la *caducorum vindicatio* sans avoir à craindre la rivalité
des ascendants ou descendants du testateur qui auraient été
institués.

En suivant l'idée d'une substitution légale dont nous avons
plusieurs fois parlé, on doit dire que celui qui recueillait un legs
caduc, prenant la place du titulaire auquel la disposition échappait, n'avait d'autres actions que celui-ci, et dès lors qu'il ne
pouvait recourir à une action réelle, à une *vindicatio* proprement dite, qu'autant que celui auquel il se trouvait substitué
eût pu le faire lui-même. Telle est l'opinion exprimée par M. Rudorff, p. 408. Suivant Schneider, p. 136, au contraire, il y aurait

toujours lieu à une *vindicatio*, si l'objet du legs, bien entendu,
s'y prêtait ; et cela alors même que le legs n'aurait été laissé que
per damnationem. L'auteur invoque en faveur de ce système les
expressions usitées : *caducorum vindicatio*. Nous croyons que
c'est là prendre trop à la lettre une locution qui servait à désigner d'une manière générale une prérogative dont le résultat
était souvent de procurer une action réelle, mais seulement
quand il avait été dans la pensée du testateur d'autoriser une
pareille action. Il est vrai qu'aux yeux de Schneider, celui *qui
caducum vindicat* ne succède pas à l'appelé direct, mais bien au
testateur lui-même dont il aurait tous les droits. Ce point de vue
nous paraît forcé, et en contradiction d'ailleurs avec la nécessité
de subir les *onera* qui accompagnait l'exercice de la *caducorum
vindicatio*. Aussi approuvons-nous la critique contenue à cet
égard dans le travail de M. Huschke, p. 317. Nous dirons aussi
que, s'il s'agissait de la caducité d'une part héréditaire pour laquelle l'appelé n'aurait droit qu'à une *bonorum possessio*, le *pater*
qui la recueillerait devrait être réduit aux voies du droit prétorien, tandis que Schneider va jusqu'à lui accorder la pétition
d'hérédité civile.

Particularités du legs d'usufruit. — Nous avons déjà eu occasion de dire que les legs portant sur un usufruit restèrent, même
après les lois caducaires, soumis aux règles de l'accroissement.
Cette singularité n'avait pas échappé aux anciens auteurs; Ramos
del Manzano et Heineccius s'accordent à la signaler. Seulement,
le premier voit là une dérogation au principe de la caducité, due
à l'interprétation des Prudents, tandis qu'Heineccius fait entrer
cette exception dans les termes formels des lois Julia et Papia
en son chapitre LV.

Pour rendre compte de l'exclusion en cette matière du *jus
caduca vindicandi*, Ramos [1] se borne à reproduire l'explication
donnée à diverses reprises par Cujas, et qui consiste à dire que
le fisc ne peut recueillir un usufruit, parce que, à raison de son
existence perpétuelle, il absorberait la propriété même. Cujas
restait fidèle, on le voit, à l'idée qu'il s'était faite des lois caducaires, dont le but, suivant lui, était d'enrichir directement l'État.

[1] Liv. II, ch. XVI, nᵒ 3, p. 174.

En laissant de côté ce motif, qui souvent n'aurait pas été applicable, le fisc n'arrivant qu'en dernière ligne à défaut de tout *pater*, il suffit de faire observer que la nature de l'usufruit, comme droit essentiellement attaché à la personne, ne se prêtait pas à une substitution au profit de tout autre individu. Il n'y aurait pas eu effectivement simple transmission de l'émolument laissé par le testateur; c'eût été altérer et transformer radicalement l'objet du legs. C'est ce qui avait paru impossible soit au législateur même, soit aux jurisprudents. De là le maintien de l'accroissement en cette partie, ce qui explique, suivant la remarque d'Heineccius, comment les Pandectes contiennent un titre particulier (liv. VII, tit. II), sous la rubrique : *De usuf. adcresc.*, tandis que les compilateurs n'ont consacré aucun titre à l'accroissement entre colégataires en dehors de la matière de l'usufruit [1].

Ce serait néanmoins une erreur, à notre sens, que d'imaginer qu'on ne dût tenir aucun compte des lois Julia et Papia, toutes les fois qu'il s'agissait d'un legs d'usufruit. Nous ne saurions admettre qu'il existât pour cette sorte de legs une dispense des incapacités introduites par la nouvelle législation, et qu'il fût permis à un testateur d'éluder ces prohibitions, de manière à disposer efficacement en faveur d'un *cœlebs* ou d'un *orbus*, pourvu qu'il donnât à sa libéralité la forme de l'usufruit. Il n'y avait aucune

---

[1] Les raisons, qui ont fait subsister l'accroissement relativement à l'usufruit peuvent être étendues aux legs des autres servitudes personnelles, par exemple, de l'usage ; et il est permis de conjecturer qu'il y avait également accroissement entre les colégataires d'un pareil droit, nonobstant le silence des textes à cet égard. — Il nous semble que la force des choses exigeait aussi que l'on écartât l'application du privilége des *patres*, à l'égard du legs d'une servitude prédiale. Il y avait, en effet, impossibilité de transférer l'émolument du legs à toute autre personne, le propriétaire du fonds dominant étant le seul à qui le legs pût être utile. Si le légataire se trouvait incapable, s'il était *cœlebs*, le résultat de cette incapacité devait profiter directement à l'héritier. La servitude avait-elle été léguée à deux copropriétaires, il suffisait que l'un fût capable pour assurer l'effet du legs, qui, à raison de l'indivisibilité du droit, profitait, en même temps, au colégataire incapable. C'est ainsi que le legs de libération portant sur une créance, dans laquelle figuraient comme débiteurs deux *correi* dont l'un ne pouvait *capere*, entraînait cependant la libération des deux obligés, quand il y avait société entre eux, suivant la décision contenue dans la loi 29, *De liber. leg.*

raison pour ne pas faire subir à l'un la perte totale de son droit, pour ne pas réduire l'autre à ne prendre que moitié : c'était seulement au point de vue de la dévolution de ce qui défaillait, soit par l'effet des lois caducaires, soit pour toute autre cause, qu'il y avait dérogation à la règle ordinaire. Les anciens principes conservèrent à cet égard leur empire, ce qui entraînait l'application de l'accroissement, quand il existait des co-légataires en mesure de pouvoir invoquer ce bénéfice.

On conçoit, dès lors, que les jurisconsultes romains aient dû s'occuper d'établir la doctrine suivant laquelle fonctionnait le *jus adcrescendi*, maintenu en vigueur pour cette espèce de legs. Aussi, dans les extraits de leurs ouvrages qui ont servi à la compilation du titre *De usuf. adcresc.*, est-il possible de retrouver les règles de l'ancienne théorie générale de l'accroissement entre colégataires; surtout si on rapproche des Pandectes une source plus pure, mais malheureusement incomplète et mutilée, les paragraphes 75 et suivants des *Vaticana Fragmenta*, qui ont évidemment la même origine que le titre II du livre VII du Digeste.

Il en résulte que le droit d'accroissement avait pour base cette idée, que nous avons prise pour point de départ au commencement de notre travail, savoir : que plusieurs ayant été appelés à la même chose, ils ne devaient subir de réduction qu'à raison de leur concours. C'est, en effet, la règle que pose Ulpien, l. 3, pr., en reproduisant, comme nous l'avons déjà fait observer, les expressions de Celse : « *Totiens jus adcrescendi esse, quotiens in duobus, qui in solidum habuerunt, concursu divisus est.* »

Cette unité de chose léguée se rencontrait dans le legs *per vindicationem*, tandis qu'elle faisait défaut dans le legs *per damnationem*. Les rédacteurs de Justinien ont omis à dessein cette distinction qui n'existait plus de leur temps; mais il n'est pas douteux qu'Ulpien n'exigeât, pour autoriser l'accroissement, la forme du legs *per vindicationem*, ainsi que l'indiquent les expressions *do lego*, qui figurent dans ce qui nous est parvenu du paragraphe 75 des *Vat. Fragm.* La doctrine d'Ulpien est confirmée par Paul, *Sent.*, liv. III, tit. VI, *De legatis*, § 26 : « *Cum conjunctim duobus usumfructum* DO LEGO, *legatum altero mortuo ad alterum in solidum pertinebit.* » D'un autre côté, le paragraphe 85 des *Vaticana Fragmenta* est formel pour exclure l'accroissement en ce qui concerne le legs fait *per damnationem*,

d'après le motif qu'il y avait alors diversité de choses léguées.
« *Si tamen per damnationem ususfructus legetur, jus adcrescendi
cessat : non immerito, quoniam damnatio partes facit.* » Les décisions contenues dans ce paragraphe ont été naturellement
laissées de côté par Tribonien, parce qu'elles se référaient à un
état de droit qui avait cessé d'être en vigueur[1].

Quant à l'unité de phrase ou de formule, c'est-à-dire quant à
la *conjunctio verbis*, elle était indifférente pour fonder l'accroissement. Telle est la remarque formelle d'Ulpien, au paragraphe
77 des *Vaticana Fragmenta*, qui a passé presque intégralement
dans la loi 1, § 3, *De usuf. adcresc.* « *Interdum tamen, et si non
sint conjuncti, tamen ususfructus legatus alteri adcrescit : ut puta,
si mihi fundi ususfructus separatim totius, et tibi similiter fuerit
ususfructus relictus.* » Les *Vaticana Fragmenta* nous apprennent cependant que certains esprits avaient voulu limiter le bénéfice de l'accroissement aux légataires *conjuncti*, ce qui signi-

---

[1] Il est à remarquer que déjà, à l'époque des jurisconsultes, on s'était
écarté de la ligne de démarcation si profondément tranchée autrefois entre
les deux formes de legs. Cette déviation fut une suite du sénatusconsulte
Néronien, qui marque véritablement le premier pas fait par la législation
romaine dans la voie de la fusion des legs, fusion définitivement accomplie
par Justinien. D'après ce sénatusconsulte, quand un legs avait été énoncé
dans des termes qui ne lui convenaient pas, il devait être considéré comme
fait *per damnationem*, Gaïus, II, 197; Ulp., *Reg.*, tit. XXIV, § 11. Ainsi,
un testateur a légué *per vindicationem* l'usufruit de la chose d'autrui; le
legs sera validé, en le supposant fait *per damnationem*. Dans ce cas, si les
légataires concouraient effectivement, il n'y avait pas place au droit d'accroissement qui, en matière d'usufruit, pouvait, on le sait, se produire
encore après une jouissance divisée, lors du décès de l'un des usufruitiers.
Toutefois, l'accroissement n'était exclu qu'autant que le colégataire venait
à manquer postérieurement à la constitution de l'usufruit. Si, au contraire,
il faisait défaut auparavant, l'autre légataire avait droit à la totalité. Cette
solution nous est attestée par le paragraphe 85 des *Vaticana Fragmenta*,
qui, après le passage cité dans le texte, ajoute ce qui suit : « *Proinde, si rei
alienæ ususfructus legetur, et ex Neroniano confirmetur legatum, sine dubio di-
cendum est jus adcrescendi cessare, si modo post constitutum usumfructum fuerit amissus. Quod si antea socius amittat, erit danda totius petitio.* » — Que
faut-il entendre par ces mots : *post constitutum usumfructum* ? Le jurisconsulte fait sans doute allusion à la prestation réelle de l'usufruit, qui, concédé
une fois pour moitié à chaque légataire, les laissait désormais sans lien
entre eux. Mais, tant qu'il n'y avait pas eu exécution du legs, on tenait
compte de la volonté du testateur, qui, en employant la formule *per vindicationem*, avait entendu laisser à chacun la totalité à défaut de concurrent.

fiait pour eux : gratifiés par une seule et même disposition. Mais Julien, dont le sentiment est appuyé par Ulpien, avait repoussé cette opinion. « *Vindius tamen, dum consulit Julianum, in ea opinione est, ut putet non alias jus adcrescendi esse, quam in conjunctis; qui responso ait : nihil refert, conjunctim an separatim relinquatur.* » Rappelons-nous seulement ici que la qualification de *conjuncti* entre colégataires a été abusivement, suivant nous, considérée comme devant être attachée à la forme du langage, et non à l'identité de la chose léguée, ce qui a entraîné, ainsi que nous avons eu occasion de le faire observer, l'exclusion du *jus caduca vindicandi* par rapport aux colégataires *disjuncti verbis* bien que *conjuncti re*.

Avant de quitter ce sujet, nous nous arrêterons à examiner une autre singularité, déjà indiquée, dans les règles de l'accroissement par rapport à l'usufruit, et qui consistait en ce que, même après le concours réalisé de divers ayant droit, l'accroissement s'opérait encore au profit du survivant, bien qu'il eût peut-être perdu sa propre part. L'existence de cette singularité dans la législation romaine ne peut faire l'objet d'un doute: Elle est relevée en ces termes par Ulpien, § 77, *Vat. Fragm.* : « *Sed in usufructu hoc plus est... quod et constitutus nihilominus amissus jus adcrescendi admittit.* » Cette doctrine a été conservée par Justinien, qui a reproduit dans la loi 1, § 3, *De usuf. adcresc.*, la décision d'Ulpien. Seulement, la manière dont les jurisconsultes justifiaient uniformément[1] ce droit de survivance a paru à bon droit susceptible de critique. L'usufruit, disaient-ils, à la différence de la propriété, se constitue jour par jour; le legs, en pareil cas, se répète quotidiennement : « *Ususfructus quotidie constituitur et legatur.* » De là ils tiraient cette conclusion que, du moment où l'un des usufruitiers ne rencontrait plus de rival pour la jouissance future, il devait l'absorber en entier à lui seul. « *Cum primum itaque non inveniet alterum qui sibi concurrat, solus utetur totum.* » Mais précisément ce point de vue d'une répétition quotidienne du droit était repoussé à d'autres égards par la jurisprudence romaine, qui ne voyait dans le legs d'usufruit qu'un legs unique, dont le *dies cedit* avait lieu à un

---

[1] Cette uniformité est attestée par Ulpien, qui s'exprime ainsi : « *Omnes enim auctores apud Plautium de hoc consenserunt.* »

seul instant, une fois pour toutes. Si te testateur voulait diviser le legs, et le faire ouvrir à diverses reprises, il fallait qu'il
prît la précaution de léguer itérativement, à telles ou telles périodes, *in dies, vel menses, vel annos singulos*, ce qui donnait à
sa disposition le caractère d'un legs multiple, ou plutôt d'une
série de legs, dont le premier était pur et simple, tandis que
les autres étaient conditionnels, l. 4, *De ann. leg.*

N'est-il pas permis de reprocher aux jurisconsultes d'être
tombés en contradiction en admettant ces deux idées : d'une
part, la survivance quant à l'accroissement fondée sur la répétition journalière de l'usufruit ; d'autre part, l'unité du *dies cedit*
pour le legs ordinaire d'usufruit ? Cette contradiction semble en
quelque sorte accusée par Ulpien, qui, dans la loi *unic.*, pr.,
Quando dies legat., proclame l'unité du *dies cedens*, bien que
l'usufruit, dit-il, se compose de faits successifs de jouissance.
Ce caractère successif, attribué à l'usufruit, paraîtrait devoir
entraîner la reconnaissance d'une pluralité de droits, dont chacun s'ouvrirait à son tour. Dès lors, ne devrait-il pas y avoir
un *dies cedens* particulier pour chacun d'eux ? Comment, d'ailleurs, l'usufruit se perd-il pour l'avenir par le non-usage, si on
peut dire de lui, comme on le fait en matière d'accroissement :
« *Quotidie constituitur ?* » Peut-on perdre par le non-usage un
droit qui n'existe pas encore, qui ne se constituera qu'ultérieu-
rement ? Aussi disait-on, quant à l'*habitatio*, qu'elle échappait
à l'extinction par le non-usage, parce qu'on y voyait un avantage quotidiennement répété, et que, par suite, on lui donnait la
nature d'un fait plutôt que celle d'un droit. « *In facto potius
quam in jure consistit.* » L. 10, *De cap. min.*

Nous ne nous étonnons point sans doute que cette dernière
appréciation ait été écartée pour l'usufruit. L'esprit le conçoit
très-bien comme un droit unique, prenant son assiette à un
seul instant, bien qu'il ait pour résultat d'autoriser une suite
de faits, qui doivent se produire par intervalles. C'est l'exercice du droit seulement qui est répété ; mais tous les actes
d'exercice, bien que séparés par le temps, ont leur source dans
le droit lui-même, qui se constitue à un moment donné, une fois
pour toutes. La propriété elle-même se résume en définitive en des
actes d'exercice multipliés, sauf que leur continuation n'est pas
précaire comme elle l'est quant à l'usufruit. Il est donc possible

de se rendre compte de l'unité du *dies cedit* pour un legs d'usufruit tout aussi bien que pour un legs de propriété. Mais alors il faut renoncer à dire de l'usufruit : « *Quotidie constituitur et legatur.* »

Tout en faisant justice du motif allégué par les jurisconsultes romains, des auteurs modernes approuvent néanmoins leur décision, mais en l'appuyant sur une autre raison, en lui donnant pour base l'interprétation de la volonté du défunt, qui, de notre aveu, est le véritable fondement du droit d'accroissement. Quand il y a legs de propriété, disent-ils, l'accroissement ne peut être admis en faveur du survivant, parce qu'il s'agit d'un droit perpétuel de sa nature, et que le disposant a entendu laisser passer la chose aux héritiers de chacun des titulaires qui aura recueilli. Mais, en matière d'usufruit, la transmission héréditaire n'étant pas possible, c'est se conformer à l'intention du testateur que de concentrer les effets du legs sur la seule tête qui soit apte à en jouir désormais, tant que l'un des appelés existe encore, puisque chacun d'eux a été préféré par le défunt à ses héritiers. En partant de là, ils admettent que la règle de la jurisprudence romaine doit être appliquée de nos jours, comme le faisait autrefois Pothier, qui, du reste, se borne à peu près à reproduire l'explication qu'il avait trouvée dans les Pandectes[1].

Nous ne saurions, pour notre compte, souscrire à cette doctrine, qui, suivant nous, a été justement repoussée par notre savant collègue M. Bugnet, dans ses notes sur Pothier[2]. Toute idée de caducité, comme le fait remarquer judicieusement cet auteur, doit être mise de côté, et, par suite, toute application de l'accroissement, lorsque les divers légataires ont recueilli. En vain dit-on que le défunt a préféré pour l'usufruit chacun des légataires à ses héritiers. Cette observation n'est exacte qu'autant que le droit n'appartient qu'à un seul. En cas de concours, le défunt a voulu deux usufruits; car il a voulu un partage avec ses conséquences; et l'effet de ce partage est de créer deux usufruits indépendants l'un de l'autre. Il est vrai que le sort de la nue propriété réservée aux héritiers variera suivant qu'il y aura concours ou non. Mais ce n'est pas la seule hypothèse où l'on puisse appliquer cet adage : « *Ex facto*

---

[1] *Traité des donations testamentaires*, ch. VI, sect. V, § 111, n° 346.
[2] Voir t. VIII, p. 825, note 1.

jus oritur. » Cette influence des événements quant à la position des héritiers était reconnue sur ce point par les jurisconsultes romains eux-mêmes. Nous avons vu que, depuis le sénatus-consulte Néronien, le legs d'usufruit laissé *per vindicationem* sur la chose d'autrui était validé comme s'il eût été fait *per damnationem*. Dans ce cas, s'il ne se présentait qu'un seul légataire, on lui accordait bien l'usufruit de la totalité ; mais, si les héritiers étaient obligés de constituer un usufruit pour moitié au profit de chaque légataire, les deux usufruits restaient distincts, et la mort du premier usufruitier amenait un retour partiel de l'usufruit à la propriété.

Extension des lois caducaires aux donations à cause de mort et aux fidéicommis. — Les prescriptions des lois Julia et Papia, quant à l'interdiction du *capere posse*, ne s'appliquaient taxativement qu'aux institutions d'héritier et aux legs. Par suite, les incapacités qui avaient été imaginées purent d'abord être éludées d'une double façon, soit par la voie d'une donation à cause de mort, soit par celle d'un fidéicommis. L'un et l'autre de ces expédients ne tardèrent pas à être proscrits, et du temps des jurisconsultes la caducité atteignait ces diverses dispositions de dernière volonté. Le développement des règles nouvelles à cet égard fut opéré par la forme de législation la plus usitée à cette époque, c'est-à-dire au moyen de sénatus-consultes.

En ce qui touche les donations à cause de mort, la date de l'innovation nous est inconnue ; mais nous savons qu'elle émana du sénat, par un fragment de Paul, extrait de ses commentaires sur les lois Julia et Papia, la loi 35, pr., *De mort. caus. donat.* « *Senatus censuit, placere mortis causa donationes factas in eos, quos lex prohibet capere, in eadem causa haberi, in qua essent quæ testamento his legata essent, quibus capere per legem non liceret.* » Dès lors, on dut traiter les donataires à cause de mort de la même manière que s'il se fût agi de legs. C'est à ce point de vue qu'il faut se placer pour comprendre ce que dit Africain, l. 22, *eod. tit.* « *In mortis causa donationibus non tempus donationis, sed mortis intuendum est, an quis capere possit.* »

Les Latins Juniens, qui, à l'instar des *cœlibes*, étaient privés absolument du *jus capiendi hereditates vel legata*, furent également ment déclarés incapables de recueillir une donation à cause de mort. L'assimilation entre les legs et les donations qui nous occupent est faite dans les termes les plus généraux par Paul, dans la loi 9. « *Omnibus mortis causa capere permittitur, qui scilicet et legata accipere possunt.* » Aujourd'hui, les *Vaticana Fragmenta*, § 259, nous ont fait connaître une réponse de Paul [1], qui prouve, à raison du soin que prend le jurisconsulte d'écarter l'hypothèse d'une donation à cause de mort, que la solution aurait dû être inverse, si la libéralité avait été faite à ce dernier titre. « *Mulier sine tutoris auctoritate prædium stipendiarium instructum non mortis causa Latino donaverat : perfectam in prædio cæterisque rebus nec mancipi donationem esse apparuit ; servos autem et pecora quæ collo vel dorso domarentur, usu non capta. Si tamen voluntatem mulier non mutasset, Latino quoque doli profuturam duplicationem respondi : non enim mortis causa capitur quod alteri donatum est, quoniam morte Cinciar e movetur* [2]. » Cette interdiction pour les Latins Juniens de la

---

[1] Suivant la plupart des éditeurs. MM. de Buchholtz et Vangerow s'accordent au contraire pour attribuer cette décision à Papinien.

[2] Dans l'espèce prévue, la donation des *res nec mancipi* est validée comme donation entre vifs. La tradition suffisait, même depuis la loi Cincia, pour parfaire à l'égard de toute personne la donation d'un fonds provincial, § 293, *Vat. Fragm.* Quant aux choses mobilières, il faut supposer que le donataire avait une possession dont la durée l'eût fait triompher sur l'interdit *utrubi* à l'encontre de la donatrice. Il en est autrement quant aux *res mancipi*, qui n'avaient pas été mancipées, et pour lesquelles l'usucapion n'avait pas été accomplie. Le temps avait manqué au donataire ; car, si Gaïus, II, 80, nous dit qu'une femme ne pouvait aliéner une *res mancipi* sans l'*auctoritas tutoris*, cela n'empêchait point la femme d'aliéner la possession, § 1, *Vat. Fragm.*, et de constituer un tiers *in causa usucapiendi*. L'interdiction d'usucapion, qui protégeait les *res mancipi* des femmes en tutelle, ne s'appliquait, suivant Gaïus, II, 47, qu'à celles qui étaient *in tutela adgnatorum* ; et cette tutelle avait été depuis longtemps supprimée par la loi Claudia, Gaïus, I, 171. En fait, la donatrice, de son vivant, aurait pu revendiquer les *res mancipi*, en repoussant l'exception *rei donatæ et traditæ* au moyen de la réplique *legis Cinciæ*. Le même droit n'appartient pas à ses héritiers, d'après la règle qui prévalut « *morte Cincia removetur*, » laquelle autorisait le donataire à paralyser la réplique *legis Cinciæ* dans la main des héritiers par la voie de la *duplicatio doli* dont il est question dans le texte. On ne peut pas, fait observer le jurisconsulte, appliquer à l'acte la qualification de donation à cause de mort, en argumentant de cette circonstance que c'est la mort de la donatrice qui met le donataire à l'abri d'une revendication, et qui rend ainsi la donation parfaite. Il est impossible de considérer comme étant (pris *mortis causa* ce qui a été donné (sous-entendu

faculté de recevoir des donations à cause de mort mérite d'être signalée, parce que, à l'occasion des fidéicommis, nous aurons à constater qu'on leur reconnut la capacité d'être gratifiés de la sorte, bien qu'elle eût été enlevée aux célibataires.

L'extension aux donations à cause de mort de la nécessité du *jus capiendi* présente d'autant plus d'importance que, aux yeux des Romains, si la faculté de révoquer *ad nutum* était sous-entendue dans cette sorte de donation, elle ne lui était pas essentielle. Le donateur pouvait s'interdire le *jus pœnitendi* ; il suffisait, pour qu'il y eût donation à cause de mort, qu'elle fût subordonnée au prédécès du donateur. Sans doute une libéra-lité, dont le maintien ne dépend pas du libre arbitre du dona-teur, qu'il n'a l'espoir de reprendre qu'autant qu'il survivra, devrait plutôt, dans une bonne législation, avoir le caractère d'une donation entre vifs. Aussi serait-elle autorisée sous notre Code, qui, tout en excluant la donation à cause de mort, permet néanmoins de stipuler dans une donation le retour en cas de prédécès du donataire, art. 951 C. Nap. Mais, malgré les efforts qui ont été faits par divers auteurs pour introduire comme élé-ment essentiel à la donation à cause de mort des Romains la révocabilité arbitraire de la part du donateur, cette doctrine est trop nettement condamnée par les lois 13, § 1, et 35, § 4, *De mort. caus. donat.*, pour que nous puissions l'adopter. On peut joindre à ces textes un fragment bien connu, la loi 42, pr., *eod. tit.*, dans laquelle Papinien, à l'occasion d'une donation que nous qualifierions aujourd'hui de donation entre vifs résoluble par la survie du donateur, décide comme un point incontestable (*denegari non potest*) qu'il y a eu donation *mortis causa*. Enfin, Justinien, dans la novelle 87, reconnaît d'une manière générale la possibilité d'insérer dans une donation *mortis causa* la clause de renonciation au droit de révoquer *ad nutum*, bien que la force des choses l'oblige à défendre de pareilles donations de la part des *curiales*, auxquels il était interdit de faire des dona-tions entre vifs immobilières, parce qu'il voit dans une donation

---

entre vifs et d'une manière absolue) ; l'irrévocabilité de la donation grâce au décès de la donatrice n'est ici qu'un accident. Cette irrévocabilité se serait produite, même de son vivant, par l'accomplissement de l'usu-capion.

à cause de mort ainsi modifiée un moyen d'éluder l'interdiction [1].

Nous sommes loin de méconnaître la valeur des objections qui peuvent être élevées contre ce système. Il est assurément difficile de comprendre qu'à l'égard d'une donation révocable seulement en cas de prédécès du donataire, les créanciers du donateur aient le droit de la faire tomber, sans avoir besoin de prouver la fraude du débiteur, et que, sous ce rapport, il y ait assimilation avec les legs, ainsi que l'établissent les lois 66, § 1, *Ad leg. Falcid.*, et 17, *De mort: caus. donat.* La faculté de se donner *mortis causa*, laissée aux époux, à côté de l'exclusion des donations entre vifs, ne se conçoit pas d'un autre côté, si elle peut être exercée de cette façon. Aussi regarderions-nous l'abdication du droit arbitraire de révocation comme devant être écartée ici. La règle posée par le sénatus-consulte de Sévère et Caracalla était, en effet, que le conjoint donateur devait toujours être libre de se repentir (*fas esse, eum quidem, qui donavit pœnitere*, l. 32, § 2, *De donat. int. vir*). Il ne faut pas oublier que la révocabilité *ad nutum* était de la nature de la donation *mortis causa*; et c'est en la prenant avec ses éléments ordinaires qu'elle était permise entre époux [2]. Mais, quand il s'agissait de la portée des lois caducaires, l'incapacité de recueillir atteignait même la donation dans laquelle le donateur s'était dépouillé de la libre

---

[1] Le texte principal sur lequel s'appuient nos adversaires, la loi 27, *De mort. caus. donat.*, doit s'entendre d'une donation dans laquelle toute chance de révocation serait écartée, même advenant le prédécès du donataire. Pour qu'il y ait donation entre vifs, il faut que l'on donne *absolute*, comme le dit Papinien, l. 42, § 1, en abdiquant tout espoir de reprise, *spe retinendi perempta*. Peu importe, du reste, que le disposant ne se décide à donner qu'alors qu'il sent la mort prochaine, *in extremis vitæ constitutus.*

[2] C'est uniquement aussi à la donation ordinaire *mortis causa* que l'on peut appliquer cette phrase d'un jurisconsulte romain, qui résume si heureusement la différence de cette donation d'avec la donation entre vifs : « *Mortis causa donatio est, cum quis habere se vult, quam eum cui donat, magisque eum cui donat quam heredem suum.* » l. 1, pr., *De mort. caus. donat.* La pensée égoïste, qui préside habituellement à la donation à cause de mort, cesse d'être vraie, du moment où l'on retranche le *jus pœnitendi*; en vain supposera-t-on que le donateur a différé jusqu'à sa mort la transmission de la propriété, ou qu'il s'est réservé l'usufruit, comme dans l'exemple de la loi 42. Il n'en a pas moins perdu dès à présent la libre faculté de disposer des biens donnés.

faculté de révoquer, en ne se réservant d'autre chance de reprise que celle du prédécès du donataire. Remarquons que c'est à l'occasion des lois Julia et Papia que Paul caractérise de donation à cause de mort celle dont nous nous occupons. Après avoir indiqué dans le *principium* de la loi 35 la décision du sénat, il ajoute qu'elle donne lieu à de nombreuses questions dont il examinera quelques-unes. C'est en développant les diverses applications du sénatus-consulte qu'il arrive à déclarer dans le paragraphe 4 qu'il y a encore donation *mortis causa*, bien que le donateur se soit interdit le droit de reprendre à son gré ce qu'il avait donné [1].

Quant au sort des donations à cause de mort dont les titulaires ne pouvaient *capere*, la règle est énoncée par Paul, qui nous apprend qu'elles doivent être traitées comme le seraient des legs faits aux mêmes individus. Ce seront donc en première ligne les *patres* institués par le donateur qui devront profiter de la caducité; à leur défaut, viendront les *legatarii patres*; et enfin, si ceux-là manquent, l'émolument des donations se trouvera dévolu à l'*ærarium*, plus tard au *fiscus*. — Prenons garde toutefois que des legs supposent nécessairement un testament, tandis que des donations *mortis causa* sont possibles de la part de celui qui est décédé intestat. Dans ce dernier cas, comme il y aura absence de tout *pater, qui in testamento liberos habeat*, l'État seul sera-t-il fondé à bénéficier de la caducité ? Y aura-t-il lieu de dire avec Tacite : « *Ut si a privilegiis parentum cessaretur…* » ou bien devra-t-on faire abstraction des règles de la caducité pour abandonner le profit de ces déchéances aux héritiers légitimes ? C'est une question qui sera examinée quand nous nous occuperons du sort des fidéicommis laissés *ab intestat* à des personnes destituées du *jus capiendi*.

[1] Les Romains étendaient, en général, l'incapacité de recevoir par disposition de dernière volonté à tout ce qui était pris *mortis causa*, sans constituer une donation proprement dite. De là la distinction de la *donatio mortis causa*, et de la *mortis causa capio*, que fait notamment Marcellus dans la loi 38, *De mort. caus. donat.* Nous savons par Gaïus, II, 225 et 226, que les prohibitions des lois Furia et Voconia étaient ainsi conçues : « *Legatorum nomine mortisve causa capere.* » L'incapacité des lois Julia et Papia devait-elle s'entendre de la même manière ? Ulpien, l. 36, *De mort. caus. donat.*, admet en principe l'affirmative, bien qu'il fasse ensuite des distinctions dans l'examen desquelles nous n'entrerons pas.

L'examen de la matière des fidéicommis, dans ses rapports avec les lois Julia et Papia, nous présente d'abord le spectacle d'une tolérance dont on a peine à s'expliquer les motifs et la durée. Mais cette longanimité est suivie d'une réaction, sous l'influence de laquelle on punit avec rigueur les fraudes tentées par ce moyen, et on recherche scrupuleusement les indices de ces fraudes.

Chacun sait que, dans la législation romaine, les fidéicommis durent leur origine au désir d'éluder certaines incapacités, et aux efforts qui furent faits pour gratifier des personnes en faveur desquelles une disposition directe eût été impossible. L'exposé historique, contenu au paragraphe 1er, tit. XXIII, liv. II, Instit., *De fideic. hered.*, ne laisse aucun doute à cet égard. Le récit de Justinien est d'ailleurs confirmé par les commentaires de Gaïus, qui nous donnent même un renseignement précis sur le but primitif de cette institution. Il s'agissait surtout, dans le principe, pour les testateurs, de faire parvenir leurs libéralités de dernière volonté à des *peregrini*. Jusqu'au règne d'Hadrien, nous dit Gaïus, II, 285, « ... *peregrini poterant fideicommissa capere, et fere hæc fuit origo fideicommissorum.* »

Il est à remarquer que la voie des fidéicommis était employée bien avant l'époque à laquelle les incapacités dérivant des lois caducaires furent introduites dans le droit romain. Les écrits de Cicéron [1] nous apprennent que c'était un usage déjà pratiqué dès la jeunesse de cet orateur, qui assista, étant encore *adolescens*, à un conseil d'amis réunis par Sextilius, afin de les consulter sur le point de savoir s'il devait exécuter un fidéicommis dont il avait été chargé. Du temps d'Auguste, cet usage des fidéicommis n'avait fait que s'accroître ; et ils avaient pris dans les mœurs romaines une place si considérable, que cet empereur dut ordonner aux magistrats d'intervenir, pour apprécier s'il y avait lieu de contraindre le fiduciaire à respecter la volonté du défunt.

Dans cet état de choses, on devrait, ce semble, s'attendre à ce qu'Auguste, qui avait éprouvé une grande résistance pour faire passer ses lois Julia et Papia, et qui ne pouvait ignorer les répugnances qu'elles soulèveraient, aurait prévu, comme il était

[1] *De fin. bon.*, II, 17 et 18.

facile de le faire, que ces lois fourniraient un nouvel aliment aux fidéicommis, et qu'en conséquence il aurait pris des mesures pour fermer cette voie toute tracée à ceux qui ne manqueraient pas d'y avoir recours. Il n'en fut rien cependant ; et c'est un point maintenant bien constaté par le témoignage de Gaïus, II, 286, que, pendant plus de soixante ans après la promulgation de la loi Papia [1], et jusqu'à l'émission du sénatus-consulte Pégasien, les *cœlibes* et les *orbi* furent considérés comme étant aptes à recueillir des fidéicommis.

On ne saurait douter que, antérieurement à ce sénatus-consulte, les fidéicommis ne fussent usités pour gratifier des *cœlibes* ou des *orbi*, puisque le sénat dut s'occuper d'étendre à cette matière l'application des lois caducaires. Si Auguste n'avait pas enveloppé les fidéicommis dans ses prescriptions, il y fut peut-être contraint par la nécessité de ménager une institution qui jouissait, de son temps, d'une grande popularité (*justum videbatur et populare erat*, § 1, Instit., *De fid. hered.*). Il pensait d'ailleurs que, la force obligatoire des fidéicommis dépendant de la sanction que leur donneraient les magistrats, il n'était pas à craindre que les lois nouvelles pussent recevoir de la sorte un échec sérieux.

Nous ne pouvons admettre, en effet, que le consul ou le préteur, chargé de connaître de l'exécution des fidéicommis, dût prêter la main à des dispositions qui tendaient à enfreindre les lois Julia et Papia, de manière à forcer en pareil cas la résistance d'un fiduciaire peu scrupuleux. C'eût été de la part du magistrat accorder une dispense des lois caducaires ; et nous savons que cette exemption devait émaner d'abord du sénat, plus tard de l'autorité impériale. Le *cœlebs* ou l'*orbus* était, il est vrai, apte à recueillir en vertu d'un fidéicommis. Cela signifie que le profit d'une semblable disposition ne lui était pas enlevé pour être attribué à ceux qui avaient le *jus caduca vindicandi*. La législation ne s'opposait pas à l'exécution de ces libéralités ; mais elle ne pouvait les protéger, et donner pour de tels fidéicommis des moyens de coercition. Le *cœlebs* et l'*orbus* n'avaient donc d'autre position que celle qui appartenait jadis à tous les

[1] La loi Papia Poppæa est de l'an 762 de la fondation de Rome. Le sénatus-consulte Pégasien, dont la date ne peut être fixée bien précisément, a dû être porté de 823 à 833, 70-80 après J.-C.

fidéicommissaires. Ils étaient à la discrétion du grevé, et n'avaient d'autre garantie que sa loyauté et sa délicatesse (*tantum pudore eorum, qui rogabantur, continebantur*).

Sans doute, après l'innovation importante d'Auguste, qui donna aux fidéicommis une place parmi les institutions reconnues en droit, il n'y eut pas déviation complète du but primitif; et si les fidéicommis se maintinrent en vigueur principalement pour d'autres motifs, ils ne cessèrent pas absolument de servir à conjurer toutes les incapacités. Ainsi Gaïus, II, 274, nous dit qu'il était permis, grâce aux fidéicommis, de soustraire les femmes aux prescriptions de la loi Voconia. De même, suivant cet auteur, II, 275, les Latins Juniens, auxquels échappaient les hérédités et les legs laissés directement, continuèrent à pouvoir les recueillir par la voie des fidéicommis. L'assertion de Gaïus sur ce point est corroborée par Ulpien, *Reg.*, tit. XXV, § 7, qui ne mentionne plus les prohibitions de la loi Voconia, tombée sans doute définitivement en désuétude à son époque. On conçoit bien que les magistrats, obéissant à l'influence des mœurs et au sentiment national, dussent mettre de côté les dispositions haineuses de cette loi. Ils pouvaient aussi accorder le secours de leur intervention aux Latins Juniens, que la déchéance progressive de l'ancienne constitution tendait à rapprocher chaque jour de plus en plus de la condition des citoyens, et contre lesquels, ainsi que le fait remarquer M. de Savigny [1], ne militait point la raison politique qui exigeait que l'on traitât avec rigueur les *cœlibes* et les *orbi*. Mais, à moins de défaire d'une main ce que l'on avait fait de l'autre, à moins de consacrer l'inanité des lois Julia et Papia, il n'était pas possible de laisser prévaloir sur l'intérêt public le respect pour les volontés des mourants, alors que ces volontés se mettaient en hostilité avec des dispositions législatives considérées comme nécessaires au salut de l'État. C'était bien assez que l'on fermât les yeux sur ces tentatives de fraude, et que l'on ne s'interposât point pour en empêcher l'exécution spontanée, sans venir donner raison à ceux qui avaient désobéi aux lois, quand ils rencontraient des héritiers qui refusaient de condescendre aux prières du défunt [2].

[1] *Traité de droit romain*, t. IV, § 178, note *a*.
[2] Remarquons toutefois que l'*orbus*, n'encourant que la perte de la moi-

Cette inertie du pouvoir à l'égard des fidéicommis contraires aux lois Julia et Papia ne dura, comme nous l'avons dit, que jusqu'au sénatus-consulte Pégasien. L'espérance d'obtenir de la conscience scrupuleuse des héritiers l'observation exacte des fidéicommis fut dès lors perdue pour les *cœlibes* et les *orbi*. Non-seulement il y eut désormais un *veto* législatif imposé à la bonne volonté du fiduciaire ; mais encore l'État s'empara de l'émolument de ces fidéicommis pour en disposer au profit de ceux *qui in testamento liberos habebant*, et, à leur défaut, au profit du *populus* [1], de la même manière que s'il se fût agi d'hérédités ou de legs laissés directement.

L'ordre suivant lequel étaient déférés les fidéicommis caducs nous est indiqué par Gaïus. Le sénat appliqua à cette matière les règles déjà tracées par les lois Julia et Papia relativement aux dispositions directes : « *Sicuti juris est in legatis et in hereditatibus.* » Le fidéicommis portait-il sur une part héréditaire, les institués dotés du *jus patrum*, parmi ceux qui recueillaient, devaient en première ligne bénéficier de la caducité. On pourrait se demander si, dans le cas où la charge de restituer aurait concerné plusieurs personnes dont l'une aurait eu des *liberi*, celle-ci était admise à profiter de la défaillance de ses conjoints. Mais rien ne nous autorise à penser que le *jus caduca vindicandi* ait été étendu aux *patres* qui n'étaient honorés que d'un fidéicommis ; et, dans cette matière exorbitante, il faut se garder de reconnaître d'autres ayant droit que ceux en faveur desquels il existe un texte formel [2]. L'absence de tout *pater* parmi les institués ouvrait la place aux *legatarii patres*, après lesquels venait l'*ærarium*, remplacé plus tard par le *fiscus*.

tié de ce qui lui était laissé, était fondé à recourir aux magistrats pour exiger la délivrance de la moitié de ce qui devait lui être restitué, puisque, dans cette mesure, il avait un droit digne de protection.

[1] Il est bon de faire observer que, au temps de Vespasien, les prérogatives de l'*ærarium* étaient encore maintenues. Nous voyons, au contraire, par Gaïus, II, 285, que, sous Hadrien, les fidéicommis adressés à des *peregrini* sont dévolus au *fiscus*. Cependant, le même Hadrien, au rapport de Gaïus, II, 287, laisse les fidéicommis faits en faveur de *personæ incertæ* suivre le sort que les lois caducaires avaient réglé pour les hérédités et les legs.

[2] C'est la doctrine émise sur ce point par Huschke, p. 323.

Quand les fidéicommis atteints par la caducité ne comprenaient que des objets particuliers, le profit de cette caducité était encore, en général, réglé comme s'il eût été question de legs. L'assimilation n'existait toutefois qu'autant qu'il s'agissait de fidéicommis imposés aux héritiers. Mais il ne faut pas oublier que, à la différence du legs, les fidéicommis pouvaient être mis à la charge non-seulement des héritiers institués, mais encore de quiconque était gratifié par le testament, par exemple, d'un légataire ou d'un fidéicommissaire. Dans ces derniers cas, le sénatus-consulte s'écarta, paraît-il, des principes de dévolution établis par les lois Julia et Papia, pour consacrer une préférence en faveur du grevé, ce qui était assurément un hommage rendu aux volontés du défunt. Cette dérogation est attestée, comme nous l'avons déjà remarqué, par la loi 60, *De legat.* 2°, qui suppose un légataire grevé d'un fidéicommis conditionnel. Ulpien, à cette occasion, rapporte, en l'approuvant tacitement, la décision de Julien, d'après laquelle la défaillance du fidéicommis par suite du décès du titulaire avant l'accomplissement de la condition [1] doit profiter au grevé plutôt qu'à l'héritier, qui dans l'espèce était le fils du testateur, jouissant par conséquent du *jus antiquum*, dont les effets, nous l'avons vu, étaient aussi énergiques que ceux du *jus caduca vindicandi.* Le jurisconsulte invoque à cet égard la disposition expresse d'un sénatus-consulte, sans doute le sénatus-consulte Pégasien. « *Julianus ait : si à filio herede legatum sit Seio, fideique ejus commissum fuerit sub conditione, ut Titio daret, et Titius pendente conditione decesserit, fideicommissum deficiens apud Seium manet, non ad filium heredem pertinet; quia,* IN FIDEICOMMISSIS POTIOREM CAUSAM HABERE EUM, CUJUS FIDES ELECTA SIT, SENATUS VOLUIT. » Cette solution est confirmée par la loi 17, pr., *De legat.* 2°, de Marcellus, par les lois 28, 66, *De legat.* 3°, de Scævola, et par la loi 10, § 1, *De his quæ ut indign.*, de Gaïus.

En revenant sur ce point, qui n'a été indiqué plus haut que sommairement, nous ferons observer qu'il est impossible d'en-

---

[1] Nous ne devons pas omettre de mentionner, en passant, l'argument que l'on peut tirer de ce texte en faveur de l'opinion qui soumet aux principes de la caducité les dispositions faites sous une condition qui vient à défaillir.

tendre d'une manière générale la règle constatée par la loi 60, c'est-à-dire la préférence accordée au fiduciaire. Ce système serait inconciliable avec les documents fournis par Gaïus, qui répète deux fois que, quant à la dévolution des fidéicommis caducs, il faudra se comporter comme, à l'égard des legs. Or, il est bien certain que les legs caducs ne profitaient pas à celui qui en était chargé, mais qu'ils étaient l'apanage des *patres*, à prendre d'abord parmi les institués, puis parmi les légataires, et que finalement ils tombaient dans le Trésor public. Aussi, pour mettre d'accord les différentes sources, nous croyons qu'il faut adopter la distinction que nous avons déjà présentée, et dire avec M. de Vangerow que, si c'est un héritier qui est grevé, on suivra le droit commun, tandis que si le grevé est un autre qu'un héritier, il faudra attribuer à ce dernier l'émolument de la caducité.

C'est à l'aide de cette distinction que M. de Vangerow rend compte des derniers termes de la loi 11, *De legat.* 1°. Papinien, dans l'ensemble de ce texte, a pour but de séparer les conséquences du fidéicommis imposé au père dont le fils est institué héritier ou gratifié d'un legs, selon que la restitution doit être faite à un étranger ou au fils lui-même. Dans le premier cas seulement, dit le jurisconsulte, le père est tenu en qualité d'*heres* ; dans l'autre, il est tenu, *non ut heres, sed ut pater*. Par suite, Papinien décide que si le père est obligé de faire après sa mort la restitution à l'égard de son fils, il aura le droit de conserver entièrement (*omni modo*) l'émolument du fidéicommis, dans l'hypothèse où son fils viendrait à prédécéder. Il y aura lieu d'appliquer le sénatus-consulte Pégasien et la règle : *Potiorem causam habere eum, cujus fides electa sit*. Si le fidéicommis, au contraire, s'adresse à un *extraneus*, le père se trouvera obligé en qualité d'*heres* ; et comme, pour ce cas, les principes ordinaires de dévolution des *caduca* restaient applicables, on ne peut pas dire que le père aura un droit exclusif à bénéficier de la caducité.[1]

---

[1] Le fond de cette explication, suivant la remarque de M. de Vangerow, appartient à Cujas, qui a interprété la loi 11, en la rapportant aux lois caducaires. Voyez observ., liv. X, ch. XXXVIII (t. III, c. 393), et liv. IX, *Quæst. Papin.* (t. IV, c. 220). Notre grand jurisconsulte, en s'occupant de ce texte autour duquel, dit-il, *doctores multum pulverem movent*, saisit cette occasion

Les fidéicommis, par opposition aux institutions et aux legs, offraient cette particularité qu'ils étaient possibles indépendamment d'un testament. Gaïus, II, 270. Instit., § 10, *De fideic. hered.* De là naît la question de savoir si, le défunt qui décède intestat ayant chargé par codicilles ses héritiers légitimes de fidéicommis au profit de *cœlibes,* il faudra soumettre ces dispositions à la *caducorum vindicatio,* et en régler la dévolution conformément aux principes de cette matière. C'est, on le voit, la même difficulté que celle qui pouvait se présenter à l'occasion de donations *mortis causa* émanées d'un individu qui n'aurait pas laissé de testament.

Schneider, p. 98, repousse en pareil cas l'application des lois caducaires; et nous croyons que c'est la doctrine à laquelle il faut s'arrêter. L'exercice du *jus caduca vindicandi* suppose, en effet, qu'il s'agit d'une succession testamentaire, qui précisément fait défaut dans l'espèce. Quand le défunt laisse suivre à son patrimoine la voie légale, on ne s'inquiète point de rechercher si ceux qui le recueillent ont ou non des *liberi;* pour faire aux *patres* une position privilégiée. Remarquons que, en étendant à cette hypothèse la *caducorum vindicatio,* comme il n'existerait ni institué ni légataire *qui in testamento liberos*

pour recommander l'utilité des études historiques à ceux qui veulent pénétrer le véritable sens des lois du Digeste. C'est une erreur, ajoute-t-il, de supposer que dans ce recueil Justinien n'a laissé subsister aucune trace du droit ancien qui avait cessé d'être en vigueur. Ces traces sont sans nombre, assure Cujas; et il prédit à ceux qui négligeront la ressource de l'histoire, qu'ils ne feront (qu'on nous pardonne cette expression triviale qui nous paraît bien traduire la pensée de Cujas) que *patauger.* « *Nec existiment nihil ex jure antiquo residere in Pandectis : resident enim innumera, quæ si nolis agnoscere, necesse est hæreas semper in luto.* » Cujas, du reste, est dans l'erreur, quand il prend pour point de départ cette idée que les lois caducaires n'atteignaient que les *héritiers;* il est incontestable, en effet, que la caducité allait plus loin, et qu'elle n'épargnait pas les légataires. En conséquence de ce faux point de vue, il enseigne qu'il n'y a lieu à tenir compte de la distinction faite par Papinien, qu'autant que la restitution a trait à une hérédité, et non quand elle se borne à des objets particuliers. C'est tronquer la décision de Papinien, qui ne s'occupe pas de la portée du fidéicommis. En général, il est vrai, le fiduciaire sera tenu comme *heres* quand il s'agira de la restitution d'une hérédité. Le contraire peut cependant arriver, alors que le père, acquérant l'hérédité par son fils, sera obligé à restitution vis-à-vis de celui-ci, comme dans le cas prévu par Papinien.

habeat, il faudrait de prime abord descendre au *fiscus.* Or, il est possible que les héritiers légitimes soient des *patres;* et serait-il juste de les dépouiller, puisque l'absence d'un testament doit être interprétée, suivant la remarque de Paul (l. 8, § 2, *De jur. codic.*), comme équivalant à une institution en leur faveur ? Il nous paraît plus simple d'écarter ici complétement le *jus caduca vindicandi,* dont la condition première, l'existence d'un testament, ne se rencontre point. Cette solution est en harmonie avec la définition du *caducum* donnée par Ulpien : *« Quod quis sibi* TESTAMENTO *relictum. »*

Il va sans dire que les héritiers *ab intestat* ne seront point tenus d'exécuter les fidéicommis contraires aux lois Julia et Papia. Ils devront même s'être abstenus de prendre à cet égard aucun engagement secret avec le défunt ; car alors ils encourraient les peines qui frappaient les héritiers institués, dans le cas où ils avaient lié leur foi envers leur auteur pour l'aider à frauder la loi au moyen de ce qu'on appelait des fidéicommis *tacites.* Ce serait alors le fisc qui viendrait prendre ces biens, mais par application des règles de l'indignité, et non par l'effet du *jus caduca vindicandi.*

Cette observation nous conduit à parler des précautions qui furent prises afin de fermer définitivement cette voie des fidéicommis, qui trop longtemps était restée ouverte à l'égard des nouveaux incapables, et qui, malgré le caractère purement précaire qu'elle avait conservé dans cette occurrence, rencontrait sans doute un appui dans l'opinion publique défavorable aux lois caducaires. Ce n'était pas assez d'avoir déclaré caducs les fidéicommis adressés à des *cœlibes* ou à des *orbi,* pour augmenter ainsi le domaine du *jus patrum.* Le législateur devait prévoir que les testateurs seraient tentés de réaliser d'une manière cachée ce qu'ils ne pouvaient plus demander ostensiblement. Il faudrait maintenant recourir au mystère, et exiger des héritiers que l'on choisirait la promesse secrète de restituer. En un mot, les fidéicommis en faveur de ceux qui ne pouvaient plus *capere per fideicommissum* devaient cesser d'être patents pour devenir *tacites.* On se tairait dans le testament qui devait être public, mais on se serait arrangé d'avance avec ceux que l'on instituait, en leur imposant une obligation, qui seulement n'apparaîtrait pas, et resterait une convention occulte entre le défunt et son héritier.

Pour obvier à cette fraude, il fut décidé que l'héritier, convaincu de s'être prêté à de pareils arrangements, serait traité comme indigne, à l'égard de ce qu'il n'acquérait que pour en faire un usage probibé. Quand même le fidéicommis dissimulé aurait embrassé tout le patrimoine, le fiduciaire, conformément aux règles de l'indignité, n'en demeurait pas moins héritier; mais la succession lui était enlevée au profit du fisc, qui prenait les biens à titre d'*ereptitia* ou *ereptoria*. Cela n'empêchait pas de maintenir certaines conséquences de l'adition préjudiciables pour l'indigne ; car, s'il était déchargé des dettes, il ne recouvrait pas ses droits de créance contre le défunt ou ses droits de servitude sur les fonds héréditaires, ces droits restant irrévocablement éteints par la confusion qui s'était opérée. L'application de ces idées est faite par la loi 18, § 1, *De his quæ ut indign.*, dans une espèce où le fidéicommis tacite portait sur tous les biens, et où le fisc en conséquence s'était emparé de toute la succession.

Divers textes du même titre se réfèrent à ce cas d'indignité. Gaïus, I. 10, pr., nous dit que la preuve d'un fidéicommis tacite peut résulter non-seulement d'un écrit privé, *chirographum* [1], ce qui était le mode le plus usité, mais encore d'une promesse verbale, *nuda pollicitatio* [2]. Suivant la loi 3, § 3, *De jur. fisc.*, la fraude sera en général constatée par la production d'un *chirographum*; mais le jurisconsulte ajoute qu'une preuve écrite n'est pas indispensable, et que le fidéicommis peut être justifié

---

[1] Callistrate, l. 3, pr., *De jur. fisc.*, emploie l'expression : *domestica cautio*, à côté de celle de : *chirographum*.

[2] La loi 3, pr., *De jur. fisc.*, nous apprend que l'on s'arrêta à la règle suivante, savoir : qu'il n'y aurait pas fraude à la loi toutes les fois que le fidéicommis était patent, et exprimé soit dans le testament, soit dans des codicilles. Il suffisait même que le défunt eût recommandé ouvertement à ses héritiers par son testament l'exécution des intentions qu'il leur avait fait connaître, bien qu'il n'indiquât pas en quoi elles consistaient. Dès lors, est-il possible d'admettre que les héritiers *ab intestat* fussent dépouillés par le fisc des biens laissés à des *incapaces* au moyen de codicilles ; et ne trouve-t-on pas dans cette décision qui exclut le fisc en présence de codicilles patents la confirmation de la doctrine que nous avons adoptée plus haut, à l'occasion du sort réservé aux fidéicommis *ab intestat*, quand ils avaient pour objet de gratifier des *cœlibes?*

d'une autre manière, pourvu que ce soit « *ex aliis probationibus manifestissimis.* » Les présomptions paraissent ne pas avoir été exclues en cette matière [1] ; cependant, on ne se contentait point des rapports étroits qui liaient l'institué avec l'*incapax*, pour en conclure qu'il n'était qu'un intermédiaire chargé de restituer. C'est ainsi que Papinien, l. 25, pr., *De his quæ ut indign.*, décide que l'institution du beau-père par son gendre ne suffit pas pour faire admettre un fidéicommis tacite. « *Si gener socerum heredem reliquerit, taciti fideicommissi suspicionem sola ratio paternæ affectionis non admittit.* » La fraude, qui pouvait être soupçonnée, aurait eu pour but, dans l'espèce de ce texte, d'éluder les loi caducaires, au point de vue des *Decimæ*, qui limitaient la quotité disponible entre époux. De là il est permis d'induire que les prohibitions des lois Julia et Papia en cette partie ne pouvaient pas plus être évitées par la voie des fidéicommis que les prescriptions relatives aux *cœlibes* ou aux *orbi*.

Nous avons vu que l'hérédité, en cas de fidéicommis tacite auquel l'institué avait adhéré, passait au fisc dans la mesure de l'engagement frauduleusement contracté. Cependant l'indignité, à raison de laquelle était dépouillé le fiduciaire, ne devait pas nuire aux dispositions testamentaires régulières, aux legs ou aux fidéicommis autorisés. Ces derniers recevaient leur exécution, mais en restant soumis, s'il y avait lieu, à la réduction de la quarte Falcidie, sauf que cette réduction ne profitait pas à l'héritier, mais au fisc substitué dans les droits de celui-ci. Modestin, l. 59, § 1, *Ad legem Falcid.*, mentionne un sénatus-consulte Plancien comme ayant enlevé dans ce cas à l'indigne le bénéfice de la loi Falcidie, et il ajoute qu'un rescrit d'Antonin le Pieux avait décidé que cet émolument reviendrait au fisc [2]. Papinien, l. 11, *De his quæ ut indign.*, rapporte également à un sénatus-consulte la privation de la quarte pour le fiduciaire.

[1] Scævola, dans la loi 27, *De probat.*, nous fournit un exemple de présomption de fraude, par le moyen d'une supposition de créance au profit d'un incapable. Seulement, ici, l'héritier n'est pas complice de la fraude imaginée par le défunt ; et il ne doit y avoir d'autre sanction que la déchéance de la libéralité présumée.

[2] Ce rescrit est sans doute celui dont la teneur nous a été conservée par Paul, dans la loi 49, *De jur. fisc.*, extraite d'un ouvrage de ce jurisconsulte sous le titre : *Liber singularis de tacitis fideicommissis.*

Toutefois, ce jurisconsulte fait observer que, si l'héritier s'était chargé d'une restitution tacite pour une partie seulement de son institution, il conserverait le droit à la quarte pour tout l'excédant [1].

Les rédacteurs des Pandectes ont recueilli ces diverses décisions relatives aux conséquences des fidéicommis tacites, qui du temps de Justinien n'étaient plus applicables aux incapacités en vue desquelles ces textes avaient été écrits, mais qui pouvaient encore s'adapter au cas où, par la même voie, les testateurs auraient cherché à éluder quelques-unes des incapacités reconnues dans le dernier état du droit. Ils ont dû naturellement, au contraire, passer sous silence une autre peine encourue autrefois par l'héritier qui s'était rendu complice des tentatives faites par le défunt pour éluder les prohibitions des lois Julia et Papia. Celui qui avait ainsi prêté les mains à une infraction de ces lois ne méritait plus les faveurs qu'elles dispensaient aux *patres*. Aussi se trouvait-il déchu du *jus caduca vindicandi*, auquel il eût été appelé en sa qualité de *pater*, par rapport à toutes les dispositions testamentaires qui pouvaient être soumises à cette condition. C'est ce que nous apprend Ulpien, au paragraphe 17 du titre XXV de ses *Regulæ* : « *Si quis in fraudem tacitam fidem accommodaverit, ut non capienti fideicommissum restituat, nec quadran-*

---

[1] La fraude commise par le fiduciaire, qui avait consenti à se faire l'exécuteur des volontés illégales du testateur, ne faisait pas obstacle à ce que cet héritier profitât pleinement du bénéfice d'une institution secondaire qu'il devait au même testateur, dans le cas où il aurait été substitué pupillairement. Paul, dans la loi 49, § 3, *De vulg. et pupill.*, suppose qu'un père a donné pour substitués à son fils ses propres héritiers : « *quisquis sibi heres esset.* » L'un d'eux avait accepté un fidéicommis tacite pour une partie de son institution principale; et il avait été, en conséquence, dépouillé par le fisc jusqu'à concurrence de cette part. La question était de savoir si, la substitution pupillaire étant ouverte, le fiduciaire ne viendrait au partage que dans la mesure de ce qu'il avait effectivement recueilli dans la succession du père. On décide que l'indigne, restant héritier pour la totalité de son institution malgré la perte qu'il a subie, aura droit aux biens du fils en proportion de la quotité pour laquelle il avait été institué quant au patrimoine du père. « *Respondi : qui in fraudem legum fidem accommodat, adeundo heres efficitur; nec desinet heres esse, licet res, quæ relictæ sunt, auferuntur. Unde et ex secundis tabulis, in tantum heres esse potest, in quantum scriptus esset : satis enim punitus est in eo, in quo fecit contra leges.* »

tem eum deducere senatus censuit , nec caducum vindicare ex eo testamento, si liberos habeat [1]. »

L'exposé historique que nous venons de tracer sur la matière des fidéicommis, duquel il résulte que ce n'est qu'après coup qu'ils furent enveloppés dans le système de la caducité, fait ressortir l'erreur qu'ont commise Godefroy, Ramos et Heineccius. En essayant de restituer le texte des lois Julia et Papia, chacun de ces auteurs a fait entrer au nombre de leurs prescriptions un chapitre [2] ayant pour effet d'attribuer au fisc les fidéicommis tacites. Il est bien clair aujourd'hui que l'auteur des lois Julia et Papia avait oublié de sévir contre les dispositions qui seraient faites par voie de fidéicommis au profit de ceux qu'il privait de la faculté de recueillir les hérédités ou les legs. Nous savons, en effet, par Gaïus que de semblables dispositions restèrent longtemps tolérées, alors même qu'elles n'étaient pas dissimulées. Jusqu'au sénatus-consulte Pégasien, il fut reçu que les *cœlibes* ou les *orbi* étaient aptes à *capere per fideicommissum*. Il n'était donc pas besoin pour les testateurs de recourir à des moyens cachés, puisqu'ils pouvaient se fier ouvertement à la foi de leurs héritiers ; et l'on ne conçoit pas que, sous ce régime, des peines eussent été nécessaires pour détourner les institués d'une fraude qu'il était inutile de commettre, grâce au silence que les lois Julia et Papia avaient gardé au sujet des fidéicommis.

S'il avait négligé de parer à l'inconvénient des fidéicommis, Auguste n'avait pas omis de prévoir que ses innovations rencon-

---

[1] On peut, à notre avis, conjecturer qu'Ulpien avait exprimé la même idée, la déchéance du *jus caduca vindicandi*, dans un fragment de son livre XVIII : *Ad legem Juliam et Papiam*, qui est devenu au Digeste la loi 83, *De adq. vel omitt. hered.* Elle est ainsi conçue : « *Si totam an (Cujas lit : eam) partem, ex qua quis heres institutus est, tacite rogatus sit restituere, apparet nihil ei debere adcrescere ; quia rem non videtur habere.* » Il est bien peu probable que le jurisconsulte, en traitant des lois caducaires, ait songé à mentionner la perte du *jus adcrescendi*, qui occupait si peu de place de son temps. C'était sans doute le *jus caduca vindicandi* qu'il avait indiqué ; mais ces expressions ont disparu sous la plume des compilateurs, qui leur substituent le *jus adcrescendi*.

[2] Tel aurait été l'objet du chapitre XXXV suivant Godefroy, du chapitre XLIII suivant Ramos, enfin, du chapitre LVII suivant Heineccius,

treraient peu de sympathies, et que souvent la délicatesse des
parties intéressées se refuserait à provoquer l'application des
rigueurs que la législation venait d'introduire. L'Etat, à la vérité, était appelé à recueillir l'aubaine de la caducité, dans le
cas où ceux qui le primaient répugneraient à s'armer de leur
droit de préférence ; et sur ce point du moins les scrupules n'é-
taient pas craindre. Mais il y aurait peu d'empressement sans
doute à venir au secours du Trésor obéré, et à l'informer des
déchéances acquises en sa faveur, si l'on ne comptait que sur
l'amour du bien public, sur le zèle bénévole des citoyens, afin
d'ouvrir les yeux des agents de l'*ærarium*. Pour assurer l'efficacité des mesures destinées à relever la pénurie des finances,
il fallut faire appel aux passions mauvaises, se donner pour
auxiliaires la cupidité sordide, la soif du gain par tous les
moyens, au risque d'encourager l'industrie la plus dangereuse
et la plus misérable. Triste nécessité du législateur, qui veut
faire violence aux mœurs, et donner quelque vitalité à des
institutions tyranniques, en opposition avec les sentiments de la
nation ! On a vu ces procédés se renouveler aux mauvais jours
de notre histoire. La délation fut érigée en vertu civique ; on
offrit des récompenses aux dénonciateurs.

Le résultat de ce système, qui remonte aux lois d'Auguste,
fut d'organiser une compression étroite, d'imposer à chaque
citoyen des surveillants. « *Acriora ex eo vincula, inditi custodes.* »
C'est ainsi que Tacite, *Ann.*, III, 28, apprécie les conséquences
de l'émission de la loi Papia. Le père commun dut partager
son émolument avec ceux de ses enfants qui contribuaient à
l'enrichir : « *A lege Papia præmiis inducti*, ajoute Tacite, *ut si
a privilegiis parentum cessaretur, velut parens omnium, populus
vacantia tenetur.* »

Nous ignorons quel est l'appât qui fut d'abord jugé nécessaire
pour stimuler les dénonciateurs. On avait sans doute pensé qu'il
fallait, afin d'obtenir cette coopération, leur faire la part considérable. L'avenir prouva bientôt qu'on pouvait sans danger
rabattre le salaire de ces services. Suétone [1] nous apprend, en
effet, que, sous Néron, les récompenses furent réduites au
quart. « *Præmia delatorum Papiæ legis ad quartas redegit.* »

[1] *Néron*, ch. x.

Cette race d'hommes, desquels Tacite a dit [1] qu'ils avaient été inventés pour la ruine publique, et qu'on ne saurait jamais trop les punir, avait été prompte à se développer sous l'influence des *præmia* qui leur étaient abandonnés. Déjà, sous Tibère, le nombre des victimes s'était accru de manière à exiger des adoucissements à la loi Papia, qu'il fallut songer à modérer. « *Relatum est deinde de moderanda Papia Poppæa* [2]. » La cause du mal était dans l'ardeur déployée par les délateurs. « *Cæterum multitudo periclitantium gliscebat, cum omnis domus delatorum interpretationibus subverteretur* [3]. »

Cette plaie de la délation n'a pas arraché seulement des plaintes à Tacite ; elle nous apparaît par des témoignages réitérés comme un des fléaux les plus déplorables des premiers temps de l'empire. Suétone, dans la *Vie de Titus*, ch. VIII, signale comme un des malheurs de l'époque l'existence des délateurs et de ceux qui les faisaient agir ; abus déjà ancien, fait-il observer. « *Inter adversa temporum, et delatores mandatoresque erant, ex licentia veteri.* » Il ajoute que l'empereur usa des mesures les plus extrêmes contre les dénonciateurs calomnieux. Un peu plus tard, Domitien, suivant le même auteur [4], est encore obligé de recourir à des peines sévères pour réprimer les *fiscales calumniæ.* Ce prince reconnaissait la nécessité de ne pas ménager cette classe éhontée ; notre historien lui attribue ce mot au sujet des délateurs : « *Princeps, qui delatores non castigat, irritat.* » Malgré la rigueur avec laquelle ils étaient traités, l'appât du gain l'emporta sur la crainte des châtiments. Sous Trajan, Pline [5] atteste encore en termes énergiques l'audace qu'avaient montrée les délateurs, et il félicite l'empereur d'avoir réussi à extirper le mal. Il y avait, hélas ! pour accroître ce mal, une cause qui n'a pas échappé à Pline. « *Auxerat hoc malum,* nous

---

[1] *Ann.*, IV, 30.

[2] Tacit., *Ann.*, III, 25.

[3] Tacit., *ibid.* L'avidité des délateurs ne s'arrêtait pas à rechercher les biens auxquels le fisc pouvait prétendre en qualité de *vacantia*, de *caduca* ou d'*ereptitia.* Elle ne reculait pas devant le rôle d'accusateur pour les plus grands crimes, souvent pour le crime de lèse-majesté. La confiscation était au bout du triomphe, et l'accusateur avait part aux dépouilles du condamné.

[4] *Domit.*, ch. X.

[5] *Panegyr.*, ch. XXXV.

dit cet auteur, *principum avaritia* [1]. » Aussi proclame-t-il comme le plus grand titre de gloire de Trajan d'avoir permis que sous lui le fisc fût souvent vaincu. « *Quæ præcipue tua gloria est, sæpius vincitur fiscus, cujus mala causa nunquam est, nisi sub bono principe.* »

Un édit du même Trajan, dont la teneur est rapportée l. 13, pr., *De jur. fisc.*, imagina la mesure la plus sage et la plus morale pour couper court aux délations. Elle consista à intéresser les incapables eux-mêmes à dévoiler la fraude ; et, à cette condition, ils purent conserver la moitié du profit illicite que le testateur avait voulu leur procurer. Cette faculté de déclarer sa propre incapacité fut naturellement ouverte à tout le monde, même aux femmes et aux pupilles (l. 16, *dict. tit.*), tandis que la délation envers autrui leur était interdite, ainsi qu'à certaines autres personnes (l. 18, *ibid.*), parmi lesquelles figurent les *veterani* et les *milites* : « *propter honorem et merita militiæ.* » Seulement, il fallait se presser, de peur d'être prévenu par un tiers ; car les anciennes primes accordées à la délation ne furent pas abolies. Les jurisconsultes du Digeste s'occupent encore de la condition qui est faite aux délateurs, et des obligations qui leur sont imposées. Il ne leur suffisait pas de faire une simple révélation ; ils devaient poursuivre l'affaire, et établir judiciairement le droit de l'Etat, en fournissant à cet égard des fidéjusseurs, l. 3, § 2, *De jur. fisc.* Exposés à l'infamie s'ils succombaient, il ne leur était pas permis de se désister, sous peine de

---

[1] La tendance du fisc à étendre ses droits est malheureusement prouvée par des textes, qui nous montrent avec quelle facilité étaient prononcées des déchéances qui devaient lui profiter. Ainsi, au mépris de cette règle que, pour rompre un précédent testament, il faut un nouveau testament régulier, le sénat déclare que, si le second testament est fait au profit de personnes destituées de la *testamenti factio*, les héritiers institués par le premier seront considérés comme indignes. De même, si le testateur a détruit son œuvre de sa propre main en effaçant le nom de l'institué, on ne songera pas à faire revenir les biens aux héritiers légitimes. Marc-Aurèle jugea, en pareil cas, que la succession appartenait à l'Etat. Ces deux décisions rapportées par Papinien, lib. XVI, *Quæstionum*, ont été acceptées par Justinien, l. 12, *De his quæ ut indign.* Quand on voit un empereur du renom de Marc-Aurèle, qui mérita le titre de philosophe, aussi enclin à prononcer en faveur de l'Etat, que penser de la condition des citoyens romains qui étaient en conflit avec le fisc, alors qu'on ne se trouvait pas, suivant les expressions de Pline, *sub bono principe* ?

tenir compte au fisc de ce que celui-ci aurait eu en cas de suc-
cès, l. 15, § 4. La délation était même admise de la part du
fiduciaire assez indélicat pour manquer à la foi promise, en
vue d'obtenir la récompense de sa déloyauté. Nous voyons
toutefois, par la loi 13, § 7, *De jur. fisc.*, que, si le fiduciaire
tacite s'est hâté de dénoncer la fraude avant l'ouverture du
testament, et que le fidéicommissaire ait fait sa déclaration immédiatement après l'ouverture, c'est à ce dernier que la préférence appartient, « *Cum autem ante apertum testamentum,
tacitum fideicommissum nuntiatum esset ab his, qui fidem tacitam
susceperant, deinde post apertas a fideicommissario delatum esset,
Divus Antoninus recipi professionem ejus jussit ; neque enim di-
gnam esse praemio tam praecipitem festinationem prioris ; et cum
quis se nuntiet non capere, potius confiteri de suo jure, quam
aliud deferre videtur.* »

§ 3. — Modifications subies par les lois caducaires. — Leur abrogation complète. — Système de Justinien.

Nous avons exposé précédemment l'ensemble des prescriptions
qui avaient été imaginées, depuis le règne d'Auguste, pour le
règlement du sort des dispositions de dernière volonté. On a vu
combien les règles de l'ancien droit avaient été profondément
bouleversées par l'esprit politique du fondateur de l'empire,
cherchant à corriger la dissolution des mœurs par le puissant
mobile de l'intérêt, s'efforçant de ramener par l'appât du gain
les Romains à l'observation de la loi naturelle du mariage, et
surtout de stimuler la fécondité des époux en faisant de la paternité une source de bénéfices. Il ne faut pas oublier que le législateur avait en même temps un autre but, et que les innovations
consacrées par les lois Julia et Papia étaient aussi une mesure
financière, un moyen d'alimenter le trésor public.

Quelque important que fût ce dernier intérêt, et bien qu'il
doive servir à expliquer sans doute la longue durée des lois
caducaires, nous n'avons pas cru devoir admettre que, dès l'é-
poque de Caracalla, la prépondérance des idées fiscales eût entraîné le sacrifice des priviléges concédés aux *patres*. Le système

de faveur créé à leur profit subsistait encore au temps des jurisconsultes; et nous avons dit comment le domaine primitif de
la caducité avait été élargi de manière à embrasser les donations
à cause de mort, ainsi que les fidéicommis. Du reste, si, sous
ce point de vue, la législation d'Auguste avait été corroborée,
il faut reconnaître que déjà, sous son successeur immédiat, on
avait senti la nécessité d'apporter quelque relâchement aux
dispositions premières contenues dans les lois Julia et Papia.
Tacite [1] nous apprend que Tibère nomma à cet effet une com-
mission composée d'anciens Consuls ou Préteurs et de Sénateurs,
et que, par suite du travail de réformation émané de cette com-
mission, la sévérité des dispositions originaires fut adoucie sur
beaucoup de points. « *Exsoluti plerique legis nexus,* » dit l'historien [2]. D'après ce témoignage, le système créé par Auguste
aurait été encore plus dur que celui que nous connaissons.
De quelle manière aurait-il été mitigé, et quelles étaient dans le
principe les rigueurs formulées dans la loi, nous l'ignorons
complétement; et sur ce point, il n'est permis de hasarder aucune conjecture en l'absence de tout document [3]. Les textes des
jurisconsultes se réfèrent uniquement à la loi, telle qu'elle aurait
été amendée sous Tibère et qu'elle fonctionna désormais. Il importe peu d'ailleurs d'être fixé sur la date précise de chacune des
dispositions, dont l'ensemble a contribué à former la législation
dite *caducaire.* L'objet de notre étude était de tracer le plan de
cette législation, qui a joué un si grand rôle au temps du bel âge
de la jurisprudence romaine. C'est là seulement le problème
que nous nous sommes posé, et que nous avons tâché de résoudre.

[1] *Annales,* III-XXVIII.

[2] On ne renonça point à appliquer, quoique avec plus de modération
(*modicum levamentum*), le remède imaginé par Auguste, bien qu'il fût
resté inefficace, au dire de Tacite, qui s'exprime ainsi un peu plus haut,
ch. XXV : « *Nec ideo conjugia et educationes liberorum frequentabantur,
prævalida orbitate.* »

[3] On pourrait être tenté de supposer que Tibère se borna à des mesures
transitoires, à la concession d'une *vacatio* ou dispense pendant tel ou tel
délai, opinion qui semblerait favorisée par cette appréciation de Tacite :
« *Modicum* IN PRÆSENS *levamentum.* » Mais ces autres expressions déjà
citées : « *Exsoluti plerique legis nexus,* » indiquent trop péremptoirement
quelque chose de définitif.

Il nous faut maintenant, avant d'arriver à Justinien, qui fit disparaître les derniers vestiges des lois caducaires, assister à la démolition progressive de l'œuvre que nous avons essayé de réédifier, et voir comment, bien avant qu'il ne fût émis une constitution radicale : *De caducis tollendis*, les principales dispositions qui avaient servi de base aux lois d'Auguste avaient été renversées par des décisions impériales, ou avaient cessé d'être appliquées comme contraires à l'opinion publique qui avait entraîné leur désuétude. Tel devait être infailliblement le sort d'une législation tyrannique, faisant violence aux mœurs de la nation, et qui, désapprouvée par les esprits les plus sages (*prudentissimis viris displicuit*), avait suscité des expédients nombreux servant à la frauder (*multas invenientibus vias, per quas caducum non fieret*). Aussi Justinien n'avait-il plus en quelque sorte qu'à déblayer des ruines, lorsqu'il entreprit d'asseoir sur de nouvelles règles les rapports entre cohéritiers et colégataires relativement à l'attribution des parts défaillantes.

On sait que le fond principal des lois Julia et Papia, quant à la caducité, consistait à avoir établi deux catégories opposées ; d'une part, des incapables, soit d'une manière radicale (les *cœlibes*), soit dans une certaine mesure (les *orbi*) ; d'autre part, des privilégiés (les *patres*). Chacune de ces catégories appelait l'autre naturellement. Les *prœmia* dévolus aux privilégiés s'alimentaient principalement, sinon exclusivement, grâce aux déchéances dont étaient frappés les incapables. L'économie du nouveau système dut par conséquent être singulièrement ébranlée, quand les causes qui dépouillaient du *jus capiendi* cessèrent de fournir son contingent le plus considérable à la *caducorum vindicatio*. C'est ce qui arriva, dès que le célibat et l'*orbitas* ne furent plus considérés comme devant être l'objet d'une répression légale. L'impunité une fois reconquise pour ces deux conditions, les lois Julia et Papia étaient, on peut le dire, condamnées en réalité ; et l'on a le droit de s'étonner qu'il se soit écoulé encore deux siècles avant que leur abrogation définitive ait été officiellement écrite dans la législation de l'empire.

Or, quand le christianisme fut devenu triomphant, il n'était plus possible de laisser subsister des peines contre le célibat et l'*orbitas*. C'eût été une contradiction avec les idées nouvelles, qui érigeaient la chasteté, la continence, en vertus éclatantes, qui honoraient particulièrement la prononciation des vœux religieux, et voyaient dans l'état qui en résultait la perfection suprême sur cette terre pour la créature humaine. Aussi faut-il faire remonter au premier empereur chrétien, à Constantin le Grand, l'abolition des peines qui atteignaient jadis les *cœlibes* et les *orbi*. Si le Code de Justinien, liv. VIII, tit. LVIII, l. 1, attribue aux enfants de Constantin la constitution *De infirmandis pœnis cœlibatus et orbitatis*, qui ne serait ainsi que de l'an 339, d'un autre côté, on trouve dans le Code Théodosien, liv. VIII, tit. XVI, l. 1., la même constitution, dans les mêmes termes, sous le nom de Constantin, publiée à Rome en 320. Le savant Godefroy, dans son commentaire du Code Théodosien, n'hésite pas à reporter à Constantin le mérite de cette constitution, en s'appuyant sur le témoignage de l'auteur de la Vie de cet empereur et sur celui de Sozomène, qui s'accordent pour louer Constantin au sujet de cette innovation. Le système de Godefroy a été suivi, liv. II, ch. XXI, par Heineccius, qui reproduit les mêmes arguments, et qui, pour justifier Tribonien, suppose que les fils de Constantin auraient renouvelé la constitution émise par leur père.

La manière dont les Codes de Théodose et de Justinien énoncent la réforme nous montre qu'elle portait sur trois points différents. D'abord l'état de célibat est autorisé, et mis à l'abri des rigueurs législatives. « *Qui jure veteri cœlibes habebantur, imminentibus legum terroribus liberentur, atque ita vivant, ac si numero maritorum matrimonii fœdere fulcirentur.* » Désormais, plus d'obstacle à la capacité des célibataires; ils pourront recueillir tout ce qui leur sera laissé. « *Sitque omnibus œqua conditio capessendi quod quisque mereatur*[1]. » — En second lieu, la condition d'*orbus*, au point de vue de la restriction à la capacité, est également supprimée. « *Nec vero quisquam orbus habeatur;* » nul ne devra à l'avenir subir les peines jadis infligées à ce titre, « *et proposita huic nomini damna non noceant.* » — Enfin, l'auteur de la constitution s'occupe particulièrement d'assurer aux femmes les mêmes avantages. « *Quam rem et circa fœminas existimamus.* »

[1] Cette égalité de condition ne doit s'entendre qu'eu égard à l'infériorité de droit qui pesait auparavant sur les *célibataires* en cette qualité. Il est par trop évident que le but du législateur n'était pas de supprimer d'une façon absolue toutes les causes quelconques d'incapacité.

Les dispositions rigoureuses qui les concernaient se trouvent effacées. « *Earumque cervicibus imposita juris imperia, velut quædam juga, solvimus promiscue omnibus.* »

Cette mention spéciale, pour restituer aux femmes la pleine capacité, confirme la distinction que nous avons établie plus haut quant à la différence de position qui existait entre les deux sexes. Il ne suffisait pas, en effet, à la femme, pour être apte à recueillir intégralement ce qui lui était laissé, de s'être mariée et d'être devenue mère ; il fallait qu'elle eût mis au jour trois ou quatre enfants, qu'elle eût ainsi acquis le *jus liberorum*, nécessaire pour lui conférer la *solidi capacitas*. L'empereur Constantin avait par conséquent plus à faire à l'égard des femmes qu'à l'égard des mâles. Ce n'était pas assez pour les premières d'avoir déclaré le célibat et l'*orbitas* inoffensifs ; il fallait habiliter la femme à profiter d'une institution ou d'un legs, bien qu'elle ne fût pas *ter quaterve enixa*.

Mais prenons garde que les conséquences de la constitution que nous analysons n'ont pas été d'anéantir complétement les différentes catégories créées par les lois Julia et Papia, ni de mettre sur la même ligne tous les gratifiés, sans distinction du point de savoir s'ils avaient ou non des enfants. La rubrique est formelle pour préciser le but de l'innovation. Il ne s'agit que de supprimer les *peines* contre les célibataires ou les *orbi*, et aussi d'effacer l'infériorité de condition particulière aux femmes. Là s'arrête la portée de la constitution ; il ne paraît pas qu'il ait été en outre dérogé au droit des privilégiés, aux *præmia* des *patres*, en un mot, à la faveur dont ceux-ci jouissaient pour exercer la *caducorum vindicatio*. Sans doute, il y eut désormais une diminution sensible dans les bénéfices possibles en vertu de cette *vindicatio*, puisqu'on avait supprimé les causes principales qui entraînaient des déchéances. Toutefois, bien que restreint dans son domaine, et trouvant moins d'occasions de s'appliquer, la *caducorum vindicatio* continua de fonctionner au profit exclusif de ceux qui y avaient droit, d'après les principes de la législation d'Auguste. Le maintien de cette partie des lois Julia et Papia a surtout de l'importance, si l'on admet l'extension que nous avons assignée aux sources de la caducité, et si l'on fait attention à cette règle que le droit d'accroissement ne pouvait être invoqué par ceux qui, d'ailleurs capables d'être gratifiés, étaient destitués du *jus patrum*, par lequel était tenu en échec le *jus adcrescendi*.

En d'autres termes, la réforme que nous examinons n'a pas eu pour effet de passer le niveau de l'égalité sur tous les appelés à une succession. Elle n'a pas, nous le répétons, détruit entièrement les cinq catégories que nous avons distinguées précédemment; elle s'est bornée à en réduire le nombre. Au-dessous des *solidi capaces* figuraient, dans l'échelle de progression descendante, les *orbi* et les *cœlibes*. Ces deux classes disparaissent désormais, de sorte que le premier degré sera maintenant la *solidi capacitas*, appartenant à tout le monde [1], au *cœlebs* ou à l'*orbus*, cognat ou non, allié ou non du défunt. Le *jus capiendi*, refusé autrefois aux gens non mariés, ou accordé seulement pour moitié à ceux qui n'avaient pas d'enfants, est devenu dorénavant la règle commune. Mais, au-dessus de ce *jus solidum capiendi* généralisé, il y aura toujours le *jus antiquum* des *liberi* et des *parentes*, de même que le *jus patrum*, avec ses conséquences, limité à ceux *qui in testamento liberos habent*.

Il n'y a rien dans les termes de la constitution qui répugne à cette interprétation. On y trouve à la vérité cette phrase, dont la généralité au premier abord paraît contrarier notre explication : « *Sitque omnibus æqua conditio capessendi quod quisque mereatur.* » Mais l'objection s'évanouit, quand on considère qu'elle signifie simplement que le *jus capiendi*, sans restriction, la *solidi capacitas*, sera la règle ordinaire à l'avenir. Les effets de cette *solidi*

---

[1] On trouvera peut-être trop large cette manière de s'exprimer, en rappelant qu'à côté du *cœlebs* existait le Latin Junien, privé comme lui en totalité du *jus capiendi*, et dont la condition est passée sous silence dans la constitution de Constantin. Mais n'est-il pas permis de conjecturer que la rigueur avec laquelle était traité dans les premiers temps de l'empire le Latin Junien avait fini par être mise de côté au quatrième siècle ; et ne serait-ce pas là un des points auxquels il faudrait appliquer ce que nous dit Justinien de la désuétude qui aurait atteint plusieurs des dispositions se rattachant à la caducité? Nous savons que déjà longtemps auparavant, à l'époque du sénatus-consulte Pégasien, les Latins Juniens avaient été maintenus dans la capacité de recevoir des fidéicommis. Le régime exceptionnel auquel ils avaient été soumis paraît s'être effacé bien avant Justinien, qui nous dit, dans le pr. de la constitution *De lat. lib. toll.* (liv. VII, tit. VI), que les nombreuses difficultés soulevées par l'état des Latins Juniens avaient perdu tout intérêt pratique (*non autem in rebus fuerat experimentum*).

capacitas étaient fixés ; elle resta ce qu'elle était, sauf le nombre
de ceux qui pouvaient y prétendre. Il faudrait, au contraire,
s'étonner que, s'il eût été dans la pensée de Constantin de dépouiller les *patres* des avantages qui leur appartenaient, il eût
gardé un silence complet sur une aussi grave innovation, en
s'abstenant de s'en attribuer le mérite. Une pareille concision
eût été assurément bien peu en harmonie avec les habitudes du
style de la chancellerie de cette époque.

Dira-t-on que la logique exigeait, comme corollaire de l'impunité assurée au célibat et à l'*orbitas*, l'abolition des priviléges
concédés à la paternité ? Rien n'est moins légitime que cette
conclusion ; et l'on conçoit parfaitement un système qui, tout en
évitant de sévir contre les citoyens sans enfants, réserve cependant des faveurs à ceux qui sont chargés de famille [1]. Rappelons-
nous d'ailleurs que la *caducorum vindicatio* était une source de
revenus pour le Trésor. Peut-être eût-elle succombé beaucoup
plus tôt, si elle ne se fût recommandée que par la pensée d'encourager la procréation des enfants. Mais l'intérêt public trouvait
son compte au maintien des *caduca*, bien que le fisc ne vînt qu'en
dernière ligne. C'est Justinien qui le premier a eu la générosité
de renoncer à cette aubaine, ainsi qu'il nous le dit au paragraphe 14 de la constitution *De cad. toll.*, en tenant ce langage
qu'on ne saurait trop louer dans la bouche d'un souverain :
« *Tantum enim nobis superest clementiæ, quod scientes etiam fiscum
nostrum ultimum ad caducorum vindicationem vocari, tamen nec
illi pepercimus, nec Augustum privilegium exercemus ; sed quod
communiter omnibus prodest, hoc privatæ nostræ utilitati præ-
ferendum esse censemus, nostrum esse proprium subjectorum commodum imperialiter existimantes.* »

[1] Sans doute, la théorie de la *caducorum vindicatio*, en déniant le bénéfice de l'accroissement aux *solidi capaces*, ne faisait pas la part assez large
à ceux qui n'étaient jugés dignes d'aucune rigueur ; et il y avait là une
peine véritable, parce qu'il y avait privation de l'un des émoluments découlant naturellement de la portée que le défunt avait voulu donner à sa libéralité. On comprend aisément que les auteurs des lois Julia et Papia ne se
soient pas fait scrupule de laisser exactement au *solidi capax* tout ce qui
devait lui revenir équitablement. Quand le célibat eut perdu, au quatrième siècle, la défaveur qu'il avait encourue aux yeux du législateur
précédent, on ne songea pas, en maintenant la *caducorum vindicatio*, à retrancher de son domaine ce qu'il avait pris au détriment de la *solidi capacitas* sainement entendue.

Nous sommes heureux de constater que l'on rencontre d'une manière très-explicite, dans le commentaire de Godefroy, l'interprétation que nous venons de développer. L'auteur reproche à Sozomène d'avoir entendu trop largement la constitution de Constantin, en ne distinguant pas l'immunité des peines et l'attribution des *præmia*[1]. Schneider, p. 233, se range également à cet avis, et admet, postérieurement à notre constitution, la persistance du *jus patrum* et de la *caducorum vindicatio* à leur profit.

S'il n'avait pas subsisté, au-dessus de la *solidi capacitas*, une position privilégiée pour ceux qui avaient des enfants, on ne comprendrait pas qu'il eût continué à être nécessaire de solliciter l'obtention du droit dont nous avons parlé plus haut, connu sous le nom de *jus liberorum*, droit qui, par l'effet d'une concession impériale, procurait à l'impétrant, en général, les mêmes avantages que s'il avait eu en réalité des enfants. Les témoignages sont bien formels pour nous montrer la survivance de cet usage. Ainsi, en 396, les empereurs Arcadius et Honorius[2] publient une constitution, dont le but est de laisser désormais toute latitude pour réclamer le *jus liberorum*, sans astreindre les postulants à avoir dépassé un âge avant lequel jadis on ne pouvait prétendre à cette faveur.

Nous devons toutefois, à l'occasion de ce *jus liberorum*, traiter une difficulté assez grave que présente l'histoire de notre matière. On trouve, en effet, vers le commencement du cinquième siècle, une constitution des empereurs Honorius et Théodose le Jeune, de l'an 410, d'après laquelle il semblerait être dès lors devenu inutile de s'adresser à l'empereur pour en obtenir le *jus liberorum*, ce droit ayant été généralement concédé à tous, suivant les expressions du texte[3]. Le résultat de cette décision n'a-t-il

---

[1] *Diffuse nimis*, dit Godefroy, en parlant de Sozomène, *ad præmia quoque hanc legem extendit.* Il ajoute à ce sujet une observation, qui n'a pas cessé d'être vraie depuis lui. Il se plaint de ce que les historiens, étrangers à la science du droit, citent incomplétement et souvent faussement les documents législatifs.

[2] C. Théod., liv. VIII, tit. xvi, l. 1.

[3] C'est la loi 3, C. Théod., liv. VIII, tit. xvii. Elle a passé dans le Code de Justinien, où elle forme la loi 1, *De jur. lib.*, liv. VIII, tit. lix. Elle est ainsi conçue : « *Nemo posthac a nobis jus liberorum petat : quod simul hac lege omnibus concedimus.* » Ajoutons que Justinien, nov. LXXVIII, ch. v,

ENTRE LES HÉRITIERS TESTAMENTAIRES, ETC.   275

pas été d'anéantir les priviléges réservés jusque-là aux *patres*,
en un mot, de faire de la *caducorum vindicatio* le droit commun,
puisque chacun devait être traité comme s'il avait eu des enfants? Tel est effectivement le système adopté par Schneider,
p. 234.

Mais, d'un autre côté, ce n'est que par une constitution de
Justinien, datée de l'an 528, l. 2, C. *De jur liber.*, que la mère a
fini par être admise pleinement à la succession de ses enfants,
sans s'occuper du nombre d'enfants qu'elle avait mis au monde.
Or, nous avons vu que le sénatus-consulte Tertullien, en ac-
cordant à la mère le droit de succéder, avait fait dépendre la
successibilité de la mère de sa fécondité, en exigeant régulièrement la condition du *ter quaterve peperisse*. A défaut du nombre
d'enfants voulu, la mère devenait apte à succéder, pourvu qu'elle
eût obtenu du prince le *jus liberorum*, ainsi que l'atteste Paul,
Sent., liv. IV, tit. IX, § 9. Sans doute, dans le Bas-Empire, le
droit de la mère fut modifié par différentes constitutions qui en-
levèrent de son importance au *jus liberorum*, mais sans le détruire ; et ce fut seulement sous Justinien que la vocation de la
mère à l'hérédité de ses enfants se trouva définitivement admise,
abstraction faite du nombre d'enfants. Que venait donc faire la
constitution de Justinien, si déjà depuis plus d'un siècle le *jus
liberorum* compétait à toute personne de la même manière que
s'il eût été concédé formellement?

L'explication la plus satisfaisante de cette difficulté est, nous
le croyons, celle qui a été fournie par Cujas [1] et Godefroy [2], et
qui, de nos jours, a été suivie par Schrader [3]. Suivant ces auteurs,
la concession du *jus liberorum*, contenue dans la loi de Théodose,
n'aurait été relative, malgré son apparente généralité, qu'au
droit particulier par lequel était régie, depuis Auguste, la capacité
de disposer entre époux l'un par rapport à l'autre. Nous avons
fait observer qu'à cet égard il existait des règles spéciales. Voyons
d'abord quel fut le sort éprouvé par ces règles, au point de vue
desquelles on appelait *decimariæ leges* les lois Julia et Papia.

est formel pour rapporter à Théodose jeune la concession à tous les sujets
de l'empire du *jus filiorum*.

[1] *Schol. in Inst. Justin.*, liv. III, tit. III, § 4 ; t. VIII, c. 1034.
[2] C. Théod., liv. VIII, tit. XVII, l. 3.
[3] *Inst.*, liv. III, tit. III, § 4.

On se rappelle que, pour constituer la capacité *inter conjuges*, l'auteur de la législation Papienne n'avait pas tenu compte d'une manière absolue de la procréation d'enfants. Un conjoint n'était, en général, autorisé à *solidum capere* vis-à-vis son conjoint qu'autant qu'il y avait un enfant *commun*. L'existence d'enfants d'un autre lit n'ajoutait à la quotité disponible, restreinte en principe à un dixième, qu'un dixième de plus par chaque tête d'enfant. Cependant l'époux pouvait ici, de même que pour la capacité ordinaire, suppléer au défaut d'enfants *communs* par la concession impériale du *jus liberorum*, suivant le témoignage d'Ulpien, *Reg.*, tit. XVI, § 1. Il y avait dès lors, en cette matière, un *jus liberorum* d'une nature particulière, nécessaire même au conjoint qui aurait eu des enfants non communs. C'est ce qui avait fait donner à ce droit, dans son application *inter conjuges*, le nom de *jus communium liberorum*, qui se rencontre dans certains textes du Code Théodosien [1].

Quand l'empereur Constantin, obéissant à l'influence des idées du christianisme, supprima les peines portées contre le célibat et l'*orbitas*, il ne jugea pas à propos de déroger aux règles qui limitaient la capacité entre époux. Sans doute, s'il les conserva, ce n'était pas dans l'intention de traiter plus rigoureusement, en haine de la stérilité, les époux dont l'union était restée inféconde. L'empereur se préoccupa d'une autre considération. A ses yeux, les libéralités entre époux étaient suspectes de captation [2]; et, comme il les tenait pour dangereuses à ce titre, il déclara formellement qu'il entendait laisser subsister à cet égard les prohibitions des lois Julia et Papia, sans songer que le maintien des anciens principes ne suffisait pas à écarter le mal qu'il redoutait, puisque la captation ne devient pas impossible à raison de l'existence d'enfants communs.

Les lois Julia et Papia, en tant que *decimariæ leges*, continuèrent donc à rester en vigueur après la constitution de Constantin. La condition d'avoir un enfant *commun* demeura requise

---

[1] Voir liv. VIII, tit. xvii, l. 4; liv. XV, tit. xiv, l. 9.

[2] Voici les termes de la dernière partie de la constitution de Constantin partie qui n'a point passé dans le Code de Justinien : « *Verum hujus beneficii maritis et uxoribus inter se usurpatio non patebit, quorum fallaces plerumque blanditiæ vix etiam opposito juris rigore cohibentur : sed maneat inter istas personas legum prisca auctoritas.* »

pour autoriser la *solidi capacitas* entre les époux, sauf le tempérament d'une dispense que la faveur impériale pouvait toujours accorder. Il s'écoula encore près d'un siècle jusqu'à l'abolition de cette partie de la législation caducaire. Elle ne fut opérée qu'en l'an 410, par une constitution des empereurs Honorius et Théodose le Jeune qui figure au Code Théodosien, liv. VIII, tit. XVII, l. 2, et qui a été transportée dans le Code de Justinien, liv. VIII, tit. LVIII, l. 2.

La constitution qui décrète cette abrogation est immédiatement suivie, au Code Théodosien, de celle qui semble avoir pour but de concéder d'une manière générale à tous les sujets de l'empire le *jus liberorum*. Cette dernière est adressée au même magistrat, et porte exactement la même date que la précédente. Aussi, malgré la division des deux décisions, que les auteurs du Code Théodosien ont séparées, comme l'ont fait ensuite les compilateurs de Justinien, Cujas et Godefroy s'accordent-ils pour penser qu'elles ne forment ensemble qu'une seule constitution. Après avoir supprimé les *leges decimariæ*, restrictives de la capacité entre époux, les empereurs se seraient bornés, disent ces auteurs, à tirer la conséquence de cette abrogation, en déclarant désormais inutile la concession du *jus liberorum*; mais ils n'auraient eu en vue que le *jus liberorum*, tel qu'il était entendu sous ce rapport, c'est-à-dire le *jus communium liberorum*. Les termes de la loi 3 du Code Théodosien se prêtent assez bien à l'interprétation qui n'en fait qu'un appendice de la loi précédente. Dès qu'il n'existait plus de lois décimaires, le *jus communium liberorum* devenait indifférent. L'époux sans enfant commun n'est désormais sous le coup d'aucune incapacité relativement à son conjoint. Il n'a plus besoin par conséquent d'obtenir une faveur qui résulte pour tous du texte de la loi même, de sorte que les empereurs on pu dire de ce droit : « *Quod simul hac lege detulimus* [1]. »

---

[1] La conjecture de Cujas et de Godefroy est merveilleusement servie par le sens limité que donnait au *jus liberorum* un écrivain du septième siècle, Isidore de Séville, suivant lequel il ne s'appliquait qu'à la capacité entre époux. Certes, Heineccius a eu tort, ainsi que nous l'avons dit, d'accepter cette signification étroite comme ayant toujours appartenu au *jus liberorum*. Mais, si l'on songe qu'Isidore faisait sans doute allusion à la constitution de Théodose, et qu'il parlait conformément à la portée donnée à cette

D'après cette interprétation, qui nous paraît fort acceptable, la constitution de Théodose n'aurait pas eu pour effet d'anéantir complétement les avantages appartenant à ceux qui avaient des enfants, puisqu'elle n'aurait pas communiqué à tous le *jus liberorum* dans son sens général, et placé ainsi sur la même ligne que les *patres* les *cœlibes* et les *orbi*. Aussi voyons-nous que, pour l'application du sénatus-consulte Tertullien, une constitution postérieure, la loi 7, *De leg. her.*, C. Théod., liv. V, tit. I, parle encore de la mère, *quœ liberorum jure subnixa est*. On comprend par la même raison que Justinien ait rendu, en 528, une constitution ayant pour objet d'accorder à la mère le droit de succéder indépendamment de la nécessité d'un certain nombre d'enfantements.

En résumé, la position privilégiée faite à ceux qui avaient des enfants, la *caducorum vindicatio* paraît s'être maintenue, tout en subissant des échecs considérables, jusqu'à l'époque de Justinien. Nous voyons en effet cet empereur, dans le pr. de la loi *unic, De cad. toll.*, se glorifier de suivre la voie dans laquelle étaient entrés ses prédécesseurs, et, en complétant la destruction déjà bien avancée des lois Julia et Papia, revendiquer pour son compte le mérite d'avoir supprimé ce qu'il appelle la *caducorum observatio*. « *Et quemadmodum in multis capitulis lex Papia ab anterioribus principibus emendata fuit, et per desuetudinem abolita, ita et à* NOBIS CIRCA CADUCORUM OBSERVATIONEM *invidiosum suum amittat vigorem*. » S'il a renoncé, d'ailleurs, ainsi qu'il l'assure, à retirer pour son fisc un profit des *caduca*, il fallait bien que cet avantage subsistât encore ; et, en outre, comme le fisc n'avait que le dernier rang, il devait être primé par d'autres, qui ne pouvaient être assurément que les *patres* [1]. N'oublions pas toutefois que l'abolition des *ca-*

constitution par les interprètes du Code Théodosien, source ordinaire du droit romain en Occident du temps d'Isidore, on se convaincra qu'il y a dans cette circonstance un argument très-puissant en faveur du système de Cujas.

[1] S'il n'en était ainsi, il faudrait dire que Justinien se fait illusion, quand il affirme, à la fin du pr. de sa constitution, que c'est lui qui a accordé à tous ses sujets le *jus antiquum*, réservé jusque-là aux *liberi* et aux *parentes*. Puisque les descendants ou ascendants étaient restés les seuls qui fussent aptes à invoquer l'accroissement, il s'ensuit que le droit commun était toujours l'exclusion de l'accroissement, à défaut duquel il faut bien trouver certaines personnes qui profitaient des défaillances avant d'arriver au fisc, dont la vocation n'était que subsidiaire.

duca était consommée antérieurement à l'émission de la constitution du Code, laquelle ne date que de 534. Justinien avait recommandé, nous le savons, aux compilateurs des Pandectes de ne laisser figurer dans leurs œuvres aucune trace des dispositions caducaires; il fallait éviter, dit-il[1], « *ne luctuosum monumentum læta secula inumbrare concedatur.* » Seulement l'abrogation définitive de la théorie qui, depuis Auguste, gouvernait la dévolution des parts défaillantes, devait-elle avoir pour conséquence de faire revivre les principes du vieux droit civil sur le *jus adcrescendi?* N'y avait-il pas des modifications à apporter à ces anciennes règles? Telle est la question qui attira l'attention de Justinien, et qui motiva la constitution *De caducis tollendis*, par l'examen de laquelle nous devons terminer notre travail.

Le premier point dont s'occupe Justinien est relatif à la faculté de faire adition, faculté qui, depuis la loi Papia, avait été retardée jusqu'après l'ouverture des tablettes du testament, à l'égard des héritiers institués seulement pour une partie de la succession[2]. La conséquence de ce retard apporté à la délation de l'hérédité testamentaire avait été de différer également jusqu'à la même époque l'ouverture du droit, le *dies cedens* par rapport aux legs purs et simples ou à terme fixe, tandis qu'auparavant ce *dies* était contemporain de la mort du testateur[3]. L'empereur rétablit sur ce point l'ancienne règle; il veut que tout héritier puisse faire adition dès le décès, et fixe à la même époque le *dies cedens* des legs ou fidéicommis, soit purs et simples, soit *in*

---

[1] Const., *Tanta*, § 7.
[2] Voir plus haut, p. 174 et 208.
[3] Justinien est formel pour attribuer ce changement à un sénatus-consulte. Si le jurisconsulte Ulpien, par la manière dont il s'exprime, *Reg.*, tit. XXIV, § 31, semble en désaccord avec Justinien, en indiquant comme source la loi Papia, cette contradiction apparente est facile à expliquer. Sans doute, la loi n'avait statué qu'en ce qui concernait l'adition des parts héréditaires. Mais, bientôt après, un sénatus-consulte vint placer le sort des légataires, à l'instar de celui des héritiers, sous la dépendance de l'*apertura tabularum*. Seulement, comme ce n'était là qu'une suite naturelle de la condition faite aux héritiers par la loi Papia, on comprend qu'Ulpien ait pu rattacher la règle nouvelle quant aux legs à la loi Papia qui en était la source véritable. Le sénatus-consulte en question était, comme le dit Justinien, l'un de ceux qui intervinrent pour développer la loi Papia. « *Senatus-consulta, quæ circa legem Papiam introducta sunt.* »

diem certum. « *Primum hoc corrigentes, et antiquum statum re-*
novantes, sancimus, omnes habere licentiam a morte testatoris adire
hereditatem : similique modo legatorum, vel fideicommissorum
pure vel in diem certum relictorum diem a morte testatoris
cedere. »

Ici, du reste, ainsi que nous l'avons déjà remarqué [1], la réformation de la loi Papia était un fait accompli, lors de la promulgation de la constitution, puisqu'on trouve aux Pandectes des
textes que nous avons indiqués, et qui font à cette matière l'application du droit ancien. Il y a mieux : déjà avant Justinien, la
règle, qui interdisait l'adition jusqu'à l'*apertura tabularum*, avait
subi une exception mentionnée un peu plus loin par Justinien,
au paragraphe 5, quand il parle d'une loi de Théodose, qui aurait
dérogé, en faveur des *liberi*, au principe de l'intransmissibilité
d'une succession en dehors d'une adition de la part de celui qui
était appelé à la recueillir. Cette mention contient une allusion
à la constitution des empereurs Théodose et Valentinien, qui
forme la loi *unic. De his qui ante apert. tab.* Liv. VI, tit. LII.

L'innovation introduite par la loi Papia n'atteignait pas les *li-*
beri in potestate, qui, institués par le *parens*, acquéraient la succession sans avoir besoin de faire adition. C'est en ce sens qu'il
faut entendre, suivant la remarque de Cujas [2], la loi 14, D., *De*
suis et legit., tirée du livre XIII de Gaïus, *Ad legem Juliam et Pa-*
piam. On trouve, d'ailleurs, une application formelle de cette
idée dans un rescrit de Gordien (l. 3, C., *De jur. delib.*), où il
est décidé qu'un fils en puissance, institué pour partie, est devenu héritier de son père, bien qu'il fût décédé avant l'ouverture du testament [3]. Mais la sucession d'un ascendant pouvait

---

[1] Voir plus haut, p. 223.

[2] *Comment. in tit. LI*, lib. VI, C., t. IX, c. 888.

[3] Bachhofen, *Ausg. Lehr.*, Abhandl. X, p. 374, n'admet pas en cette partie
l'assimilation des esclaves, héritiers nécessaires, avec les *liberi*, héritiers
siens et nécessaires, quoique l'adition fût inutile à l'égard des uns et des
autres. L'esclave institué par son maître n'acquérait, dit-il, l'hérédité
qu'après l'ouverture du testament. Il invoque à l'appui de ce système la
loi 42, D., *De her. instit.*, et fait remarquer que cette différence est analogue à celle observée relativement à l'*usucapio pro herede*, laquelle n'était
pas empêchée par l'existence d'un héritier nécessaire (Gaïus, II, § 58), tandis qu'il en était autrement pour le cas d'un héritier sien (l. 2, C., *De usuc.*
pro her.).

être attribuée par testament à un descendant qui n'était pas sous la puissance du testateur, ce qui, par exemple, arrivait toujours pour la succession de la mère ou de l'aïeule. En pareil cas, bien que les *liberi* jusqu'au troisième degré eussent été, disait-on, maintenus en possession du *jus antiquum*, cependant ils ne restèrent point, paraît-il, à l'abri de l'application des rigueurs de la loi Papia sur ce point. Par conséquent, s'ils venaient à mourir antérieurement à l'ouverture du testament, ils étaient incapables de transmettre la part d'hérédité à laquelle ils avaient été appelés par leur ascendant.

Cet état de choses amenait une iniquité choquante, quand le prédécès du descendant, *ante apertas tabulas*, dépouillait de la succession la propre postérité de ce descendant. Il ne pouvait être question ici de la représentation, qui n'était admise que dans la succession *ab intestat*. Il n'y avait place également à la *querela inofficiosi testamenti*, puisque le légitimaire avait été institué, et que la *querela* était d'ailleurs intransmissible aux héritiers. C'est pour corriger cet inconvénient que les empereurs Théodose et Valentinien jugèrent convenable d'écarter l'application de la loi Papia dans l'hypothèse que nous venons de signaler. Ils décidèrent, en 450, que, toutes les fois qu'un ascendant aurait institué son descendant, ce dernier transmettrait à sa postérité la portion d'hérédité à laquelle il était appelé, quand bien même il serait décédé avant l'ouverture du testament. Il y avait là assurément une brèche assez étroite faite au principe qui interdisait la transmission à défaut d'une adition impossible tant que le testament restait clos [1]; mais ceci nous prouve qu'à une époque assez rapprochée de Justinien, et longtemps après l'abolition des peines contre le célibat et l'*orbitas*, la législation Papienne était encore observée, du moins en règle générale.

La même dérogation au droit commun fut étendue, par la constitution de Théodose et Valentinien, au cas où les descendants,

---

[1] Justinien, par la loi 19, C., *De jur. delib.*, a introduit une exception bien plus large à la vieille règle : « *Hereditas non adita non transmittitur.* » Mais, comme la faculté de transmettre, autorisée par cette constitution, ne se rattache point à l'*apertura tabularum*, formalité dont l'importance a d'ailleurs été supprimée par Justinien, de même que toutes les dispositions des lois caducaires, nous n'avons pas à nous occuper de cette constitution, ni à examiner les difficultés qu'a soulevées son interprétation.

au lieu d'être institués héritiers, auraient été gratifiés d'un legs ou d'un fidéicommis. Le décès de ce légataire ou de ce fidéicommissaire, avant l'*apertura tabularum*, ne fut plus désormais un obstacle à ce que sa postérité recueillît le bénéfice de ces dispositions, contrairement aux règles ordinaires du *dies cedit* [1].

Nous arrivons à la partie la plus importante de la constitution de Justinien, à celle qui a pour objet de régler la dévolution des parts défaillantes. Ici deux questions étaient à résoudre. La première consistait à déterminer quel serait le bénéficiaire de la défaillance; la seconde à décider ce qui adviendrait des charges imposées au défaillant. Enfin ces deux questions se présentaient, soit que la vacance atteignît une part héréditaire, soit qu'elle n'eût trait qu'à un legs. Quel est le véritable système consacré sur ces différents points par la constitution *De caducis tollendis?* Les auteurs sont loin d'être d'accord à cet égard. La controverse a été fort vive parmi les anciens commentateurs, chez lesquels la divergence peut s'expliquer par les difficultés provenant de la confusion alors à peu près générale entre les règles de la *caducorum vindicatio* et celles du *jus adcrescendi*. Mais elle n'a pas cessé depuis que la lumière s'est faite sur cette matière; et les jurisconsultes modernes sont tout aussi divisés que l'étaient ceux des siècles précédents.

Défaillance d'une part d'hérédité. — La première question,

[1] Il est à remarquer que la constitution se tait sur le sort des donations à cause de mort. On pourrait croire que ce silence tient à l'assimilation générale établie dès le temps des jurisconsultes entre les legs et les donations à cause de mort, qui, pour l'application des lois caducaires, avaient été mises sur la même ligne. Mais nous croyons plus exact de dire qu'une mention particulière était inutile à l'égard des donations à cause de mort, en raison de ce que leur sort n'était point lié à l'adition d'hérédité. Il suffisait, pour leur validité, que le donataire eût survécu au donateur, sans qu'il dût également survivre à l'adition d'hérédité, indifférente quant au maintien des donations à cause de mort. Aussi voyons-nous, dans la loi 44, D., *De mort. caus. don.*, que si un esclave donataire à cause de mort est affranchi après le décès du donateur, il laissera à son ancien maître le profit de la donation, bien que l'affranchissement soit postérieur à l'*apertura tabularum*. Il en eût été autrement si la libéralité avait consisté en un legs. Le *dies cedens* se trouvant postérieur à la manumission, l'affranchi aurait dû bénéficier du legs. C'est l'observation que fait Cujas, tract. II *ad Afric.*, sur la loi 28, *De mort. caus. don.*, t. I, c. 1276.

comme nous l'avons fait observer, est de savoir à qui sera attribuée la part héréditaire qui reste vacante.

On sait que, sous l'empire des lois caducaires, les principes de dévolution variaient selon que l'institution devait être tenue *pro non scripto*, ou qu'elle se trouvait soit *in causa caduci*, soit caduque à proprement parler. Pour le premier cas, le droit d'accroissement avait continué à fonctionner, tandis que, dans les deux autres cas, il y avait place à l'exercice de la *caducorum vindicatio*, privilége exclusif des *patres*, sauf le concours des *liberi* et des *parentes*, qui avaient conservé le *jus antiquum*. Justinien, qui rappelle cette triple division, et qui en indique la démarcation dans le paragraphe 2, a évidemment l'intention d'abolir les anciennes distinctions reposant sur les causes et sur l'époque de la défaillance. Il ne veut plus qu'il en soit tenu compte, au moins relativement à la dévolution de ce qui est vacant, et il vient introduire sur ce point un système unique et général. La règle, fort rationnelle, qu'il entend faire prévaloir, est, à notre avis, qu'il faut traiter les choses de la même manière que si le testateur n'avait point disposé au profit de celui qui fait défaut. Nous admettons, par conséquent, comme le principe supérieur par lequel sera gouvernée entre cohéritiers l'attribution des parts vacantes, l'idée que l'on doit faire abstraction de la mention portée au testament à l'égard de l'institué, qui, pour quelque motif que ce soit, ne répond pas à la vocation du défunt. Cette observation, que nous empruntons à M. de Vangerow[1], nous paraît répondre complétement à l'intention probable du disposant, intention dans laquelle nous plaçons la véritable base du droit d'accroissement. Il est naturel, en effet, de supposer que, si le testateur avait pu prévoir la défaillance qui se produit, il aurait grossi de tout ce qu'il a employé à gratifier le défaillant la part de celui ou de ceux qu'il n'a réduits que pour former le contingent assigné à celui qui manque.

Le principe que nous tenons pour fondamental nous semble indiqué d'une manière assez certaine dans la constitution de Justinien, et n'être que la traduction de la formule dont il use constamment pour énoncer la règle par lui adoptée. On peut, il est vrai, critiquer cette formule, assez mal choisie en effet, pour ce

[1] T. II, § 495, obs. 3.

qui concerne les parts héréditaires. Seulement, si les expressions
ne sont pas heureuses, le fond de la pensée n'est nullement
obscur. On peut aussi, avec plus de raison, critiquer la préten-
due exception qu'apporterait, suivant lui, à la règle la présence
d'un conjoint, puisque la préférence accordée à ce dernier, loin
d'être un écart de la règle, n'en est, au contraire, que l'exacte
application. C'est précisément la complication résultant de la
circonstance d'une *conjunctio* qui a occasionné en cette matière
tant de débats, et donné lieu à d'interminables discussions, faute
de s'entendre sur le mot *conjunctus*, qui malheureusement est
susceptible de deux sens. Justinien, qui a la prétention de traiter à
fond ce point et de l'éclaircir[1], aurait mieux fait sans doute de n'en
point parler. La position assurée au *conjunctus* n'était, comme
nous le verrons, qu'une déduction de la règle générale, que son
développement naturel. Cette règle, bien comprise, suffit à tout.
Elle sert à fixer la position des *conjuncti* comme celle des *disjuncti*. Les droits des uns et des autres rentrent également sous
l'idée mère que nous avons précitée. Nous ne croyons pas que
Justinien s'en soit écarté ; mais peut-être n'a-t-il pas saisi combien cette idée était féconde. Dans tous les cas, il a eu tort de
présenter, comme une dérogation au principe qu'il prenait pour
point de départ, la décision qu'il a consacrée relativement au
conjunctus ; et on peut lui imputer d'avoir induit en erreur par
cette fausse apparence les commentateurs, qui ont cru suivre sa
pensée, en abandonnant quant à la *conjunctio* la règle véritable,
seule boussole, qu'on nous permette cette expression, à l'aide de
laquelle on puisse se guider à travers les difficultés de ce sujet.

Constatons d'abord que l'intention de Justinien est bien de rendre hommage au principe supérieur que nous avons mis en relief. L'empereur commence par s'occuper, au paragraphe 3, du
sort des dispositions dites *pro non scriptis ;* et à cet égard, il se
borne à confirmer purement et simplement l'ancienne législation. Or, il avait toujours été admis que les dispositions de cette
nature devaient profiter à ceux dont les droits eussent été di-
minués, s'il avait fallu exécuter ce qui était *pro non scripto.*
« *Statutum fuerat ut ea omnia bona manerent apud eos, a qui-*

[1] « *Necessarium esse duximus omnem inspectionem hujus articuli latius, et
cum subtiliori tractatu dirimere, ut sit omnibus et hoc apertissime constitutum.* » § 10.

bus fuerant derelicta. » C'est la solution que Justinien trouve à
juste titre fort raisonnable, et qu'il sanctionne pour l'avenir, en
lui promettant une durée éternelle. « *Quod et nostra Majestas,
quasi antiquæ benevolentiæ consentaneum, et naturali ratione sub-
nixum, intactum atque illibatum præcepit custodiri in omne œvum
valiturum.* »

Nous reconnaissons bien que ce n'est pas s'exprimer d'une façon très-correcte que de dire, à l'occasion d'une part héréditaire
vacante, qu'elle restera à ceux à *la charge* desquels elle avait été
laissée. Il n'y a point, en effet, de *grevé* pour une part d'hérédité.
Les institués viennent en première ligne, et sans aucun intermédiaire, recueillir la succession qu'ils tiennent du défunt même [1].
Toutefois, à part le blâme que peut mériter l'impropriété du
langage, la règle posée par Justinien est transparente et fort
saisissable. Les parts héréditaires tenues *pro non scriptis* resteront aux héritiers, qui en auraient subi la perte, si elles avaient
pu être réclamées. Ce n'est là autre chose que le *jus adcrescendi.*
Rappelons-nous que, au point de vue de ce qui était *pro non
scripto,* le droit d'accroissement avait subsisté sous les lois caducaires, et que Justinien déclare ne vouloir faire aucune innovation. Or, l'accroissement produit justement le résultat que Justinien exprime en disant : « *Manere a quo derelictum est.* » Il y
a dégagement de la possibilité d'un concours ; et c'est en réalité
comme si, l'institué ayant été chargé de remettre à un tiers partie de ce qui lui avait été laissé, il se trouvait débarrassé de cette
obligation.

S'il est certain que, pour les dispositions dites *pro non scriptis,*
Justinien, fidèle à tout le passé de la jurisprudence romaine,
maintient l'accroissement, tel qu'il avait été toujours en vigueur
sur ce point, nous sommes fixés également sur le sort qu'il réserve aux institutions appelées *in causa caduci,* dont la défaillance est survenue *vivo testatore.* L'empereur, en écartant ici les
prescriptions des lois Julia et Papia, revient à l'uniformité de

---

[1] Sans doute, une part d'hérédité peut, au moyen d'un fidéicommis,
être fournie à son destinataire par l'intermédiaire d'un héritier institué.
Mais il est évident que Justinien ne songeait pas à cette hypothèse. Ce
qu'il a entendu régler, c'est bien le sort d'une part héréditaire proprement dite, attribuée directement par le testateur.

droit, et soumet au même régime que les dispositions *pro non scriptis*, en d'autres termes, au régime de l'accroissement, les dispositions *in causa caduci*. C'est, nous l'avons dit, par la répétition de la même formule qu'il exprime sa décision, sauf qu'en cette partie il abolit le droit antérieur. Nous lisons ce qui suit, au commencement du paragraphe 4 : « *Pro secundo vero ordine, in quo ea vertuntur, quæ in causa caduci fieri contingebant, vetus jus corrigentes, sancimus ea, quæ ita evenerint, simili quidem modo manere apud eos a quibus sunt derelicta.* »

Enfin, relativement aux institutions qui, autrefois, étaient qualifiées proprement *caduques*[1], à celles dont la défaillance est postérieure au décès du testateur, il est certain que l'intention de Justinien est encore d'appliquer la même règle. Sans doute, sur ce point, la décision n'est pas donnée de prime abord, ni même ailleurs d'une manière générale. Justinien revient, pour en faire justice une seconde fois, aux prescriptions des lois caducaires, qui retardaient l'adition d'hérédité, et par suite le *dies cedens* des legs ou des fidéicommis. Cependant, au paragraphe 7, à l'occasion des dispositions conditionnelles, pour lesquelles la condition ne viendrait à défaillir qu'après le décès du testateur, hypothèse qu'il range dans les *caduca* proprement dits, Justinien reproduit la règle que nous avons rencontrée pour les deux premières classes de dispositions : « *Quod si in medio is, qui ex testamento lucrum sortitus est, decedat, vel eo superstite conditio defecerit, hoc, quod ideo non prævaluit, manere disponimus simili modo apud eos, a quibus relictum est.* » En définitive, l'empereur se rattache constamment au principe de l'accroissement ; et nous pouvons dire que désormais, quand une part héréditaire défaille, quel que soit le motif et l'époque de la défaillance, il faudra appeler à prendre la part vacante ceux dont les droits auraient subi une réduction, dans le cas où cette institution eût produit ses effets.

---

[1] Remarquons que Justinien ne s'occupe que de ces trois catégories : 1° pro non scriptis ; 2° in causa caduci ; 3° caduca. Dans notre système, elles embrassaient toutes les causes de défaillance, de sorte qu'en les réglant on ne laissait en dehors aucune hypothèse. Pour ceux qui admettent, au contraire, que la caducité n'atteignait pas les défaillances provenant d'un motif reconnu par l'ancien droit, Justinien, ce qui n'est point supposable, aurait passé sous silence une partie importante de son sujet.

Ce premier point établi, nous abordons l'hypothèse qui constitue le véritable nœud de la difficulté, et à propos de laquelle des divergences ont toujours existé et existent encore entre les auteurs fort nombreux qui ont écrit sur ce sujet. Nous voulons parler du cas où à côté du défaillant se rencontrerait un *conjunctus*. Justinien n'a de même ici qu'une façon de s'exprimer. Toutes les fois que dans sa constitution il énonce la règle générale : « *Manere a quibus derelictum est,* » il accompagne cette règle de la réserve suivante, qui paraît apporter une dérogation au principe fondamental de la dévolution : « *Nisi vacuatis vel substitutus suppositus, vel conjunctus fuerat aggregatus.* » § 3. Cette mention se retrouve, toujours sous forme d'exception, au paragraphe 4 : « *Nisi et in hunc casum vel substitutus, vel conjunctus eos antecedat.* » De même, au paragraphe 7, pour les *caduca*, on lit ces expressions, restrictives en apparence de la décision principale : « *Nisi et hic vel substitutus relictum accipiat, vel conjunctus, sive heres, sive legatarius hoc sibi adquirat.* » Nous laisserons de côté ce qui concerne la présence d'un substitué. Quand il y a une substitution, l'accroissement est en effet écarté ; car il suppose une part *vacante*, et le résultat de la substitution est précisément de faire obstacle à la *vacance*, en mettant le substitué à la place de celui qui le primait, de sorte qu'elle ne reste pas vide. Nous n'avons à nous occuper que de la circonstance où il y a un *conjunctus.*

Avant d'examiner si, quant au *conjunctus*, l'exception existe en réalité, il est essentiel de se fixer sur la portée qu'a cette expression dans la bouche de Justinien. Nous savons que l'idée de *conjunctio* se prête à deux significations. Elle peut exister quant à la chose uniquement (*conjunctio re*) ; elle peut exister seulement quant au langage (*conjunctio verbis*) ; double *conjunctio*, qui entraîne avec elle la possibilité d'une troisième et dernière *conjunctio*, laquelle n'est que la réunion des deux autres (*conjunctio re et verbis*). Dès lors, quand on parle d'héritiers *disjuncti*, cela peut s'entendre soit d'une séparation au point de vue de ce qui est laissé à plusieurs, bien que par la même phrase (*disjuncti re*), soit d'une séparation qui n'a trait qu'aux formules d'institution, la part laissée étant la même (*disjuncti verbis*), soit enfin d'une séparation sous ces deux rapports entre deux institués, pour chacun desquels le testateur s'est servi d'une phrase distincte, en appelant aussi chacun d'eux à une fraction héréditaire différente (*disjuncti re et verbis*).

Or, quand Justinien établit une exception au profit du *conjunctus*, de manière à lui assurer un droit de préférence quant à l'attribution de ce qui est vacant, dans quel sens prend-il cette expression ambiguë : *conjunctus?* A-t-il en vue la *conjunctio re* ou la *conjunctio verbis?* Nous croyons qu'il ne fait allusion qu'à cette dernière. C'est ce qui nous paraît ressortir de l'explication qu'il fournit lui-même au paragraphe 10. Pour distinguer les *conjuncti* des *disjuncti*, il faut s'attacher, dit-il, à la rédaction employée par le testateur, à la manière dont les dispositions sont conçues. « *Non enim tantum conjunctivo modo quædam relinquuntur sed etiam disjunctivo.* » Le *modus conjunctivus* ou *disjunctivus* est évidemment appliqué par Justinien à l'unité ou à la diversité de phrases à laquelle a eu recours le testateur. Un peu plus loin, en effet, la constitution, pour rendre compte de la distinction admise entre les deux sortes de *modi*, s'appuie sur ce motif que les *conjuncti* ne forment qu'une seule personne à raison de l'*unitas sermonis*. « *Hoc ita tam varie, quia conjuncti quidem* PROPTER UNITATEM SERMONIS, *quasi in unum corpus redacti sunt.* » Au contraire, les *disjuncti* reçoivent cette qualification parce que le testateur a parlé d'eux séparément. « *Disjuncti vero ab ipso testatoris* SERMONE *apertissime sunt discreti.* » Nous ne pouvons, par conséquent, douter un seul instant que la *conjunctio* quant aux *verba* ne soit dans la pensée de Justinien, alors qu'il distingue des *conjuncti* et des *disjuncti*.

Toutefois, nous nous garderons bien de conclure de là que la *conjunctio verbis tantum* suffise pour donner un droit de préférence, à l'imitation du système peu rationnel consacré, du moins entre légataires, par la loi Papia. Nous estimons, en effet (c'est là une observation essentielle qu'il ne faut pas perdre de vue), que la condition première et indispensable, pour avoir le droit de recueillir une part vacante, c'est qu'il y ait toujours chez celui qui veut la prendre une *conjunctio re* avec le défaillant. Justinien sous-entend cette *conjunctio* comme une chose allant de soi, et nécessaire *à priori* pour fonder l'accroissement, ainsi qu'elle l'était, nous l'avons vu, sous l'empire des principes du *jus vetus adcrescendi*. N'oublions pas que, quant aux dispositions *non écrites*, Justinien entend maintenir la vieille tradition du droit romain, qui n'admettait entre cohéritiers l'accroissement privilégié qu'autant que la même part d'hérédité avait été laissée *in solidum* à diverses personnes. En sanctionnant de nouveau sur ce point la règle qui de tout temps avait été invariablement observée, il n'a pas assurément fait abstraction de la base première de l'accroissement, que les jurisconsultes exprimaient de la sorte : « *Totum singulis datum, concursu partes fieri.* »

Cette condition *sine qua non*, la *conjunctio re*, est d'ailleurs, sinon explicitement, du moins virtuellement renfermée dans la formule employée par Justinien pour déterminer les personnes ayant droit à l'attribution d'une part vacante. Celle-ci doit rester, nous dit-il, à ceux qui en étaient grevés : « *Manere a quibus derelictum fuerat.* » Or, quand il s'agit d'un institué, qui n'avait d'autre rapport avec le défaillant que celui d'être compris dans la même formule d'institution, mais qui avait été circonscrit dans une fraction distincte de celle de son co-institué, il y a entre les deux absence d'une *conjunctio re*. On ne peut pas dire que, l'un d'eux faisant défaut, l'autre soit dispensé de fournir une part de ce qui lui avait été laissé. Ni l'un ni l'autre ne se trouve réduit dans son droit par la présence de son conjoint. Supposez qu'ils viennent tous les deux à la succession, chacun prend exactement la totalité de son institution.

Le texte de la constitution *De caducis tollendis* n'est pas du reste la seule source qui nous apprenne que Justinien, en distinguant le *conjunctus* du *disjunctus*, et en faisant porter cette distinction sur les *verba* ou le *sermo*, sous-entendait toujours, ainsi que nous l'avons fait observer, l'existence d'une *conjunctio re*. Dans le paragraphe 8 du titre *De legatis*, aux Institutes, nous voyons bien aussi qu'à ses yeux, pour les légataires comme pour les héritiers, la qualité de *conjunctus* ou de *disjunctus* dépend de l'unité ou de la diversité des formules. Mais, en même temps, nous apercevons nettement que pour les uns et les autres il doit y avoir également une *conjunctio re*, puisque Justinien suppose que c'est une seule et même chose qui a été léguée (*eadem res*). Cette unité n'existe pas alors que dans l'objet légué des parts ont été faites. On peut dire ici des légataires, suivant l'expression de Paul : « *Semper partes habent.* » Peu importe que les parts se réfèrent au même objet. La moitié d'un fonds est aussi bien distincte de l'autre moitié qu'un fonds pris dans son entier est distinct d'un autre fonds. Il en résulte seulement une indivision, et, par suite, la nécessité d'un partage, c'est-à-dire un règlement propre à rendre la jouissance plus facile, mais qui, s'il est fait exactement, ne change rien à la somme du droit de propriété.

En résumé, la doctrine de Justinien se ramène aux deux propositions suivantes : première proposition, principale, « la défaillance profite à celui qui eût été grevé (*manere a quibus derelictum est*); » deuxième proposition, présentée comme une exception à la précédente, « néanmoins, le *conjunctus* a la préférence sur le grevé (*nisi conjunctus antecedat*). » Cette doctrine peut, suivant nous, être formulée ainsi en d'autres termes : « Quand une part héréditaire défaille, elle appartient aux *conjuncti re*; toutefois, si, parmi les *conjuncti re*, il en est qui soient en même temps *conjuncti verbis* avec le défaillant, ceux-ci doivent être préférés. » Nous allons voir qu'au fond de ces deux décisions il n'y a qu'une seule idée, savoir celle-ci : « La défaillance d'un cohéritier profite à ceux auxquels l'institution en défaillance aurait nui, si l'institué qui ne répond pas à la vocation du défunt était venu concourir. »

Prenons un exemple, dans lequel se trouvent réunies les différentes manières dont plusieurs héritiers peuvent être appelés à recueillir une succession, de telle sorte que nous ayons en présence les *conjuncti* ou les *disjuncti* de divers genres qu'il importe de distinguer. Un testament est ainsi conçu : « *Primus ex parte dimidia heres esto; Secundus ex parte dimidia heres esto; ex parte, qua Secundum institui, Tertius heres esto; ex eadem parte, Quartus et Quintus heredes sunto; ex eadem parte, Sextus et Septimus æquis ex partibus heredes sunto.* » Dans cette espèce, le testateur a fait d'abord une première division de son hérédité en deux parts égales, savoir : une moitié pour Primus à lui seul puis une autre moitié, à laquelle sont appelés six concurrents, dont les droits doivent se concentrer sur la même quote-part. Nous dirons que Primus est *disjunctus re et verbis* par rapport à tous; qu'il n'y a entre lui et qui que ce soit des autres institués ni *conjunctio re*, ni *conjunctio verbis*. Au contraire, les six derniers héritiers sont *conjuncti re*; mais, à côté de cette *conjunctio*, qui est le trait commun, ils se trouvent dans des positions différentes au point de vue de la *conjunctio verbis*.

Sans doute, il y a dans le testament cinq formules d'institution, dont chacune porte sur une part de même grandeur, une moitié de l'hérédité. Toutefois, il ne s'ensuit pas qu'il faille diviser l'hérédité en cinq fractions égales, ainsi qu'on devrait le faire, si le testateur n'eût établi aucun rapport d'*identité* quant à l'objet de certaines institutions. Mais comme, après avoir assigné une moitié à Primus, et une moitié à Secundus, il a eu le soin, en ajoutant de nouvelles institutions, de confondre leur objet avec celui d'une institution précédente, celle de Secundus, la conclusion à tirer de cette confusion opérée par le défunt est que son intention a été de réserver une moitié entière à Primus, et de ne lui donner absolument aucun rival[1]. Primus est par conséquent appelé à une *res* distincte de celle déférée à l'ensemble des autres institués : il est donc *disjunctus re*. Quant à la *disjunctio verbis*, elle est évidente. — Par opposition à Primus, les autres institués sont réduits, malgré leur nombre, à ne prendre à eux tous qu'une même part, une seule et unique moitié. Ils sont dès lors *conjuncti re*. Pour les *verba*, il y a entre eux tantôt *disjunctio*, tantôt *conjunctio*. Ainsi, Secundus et Tertius sont *disjuncti verbis* par rapport à tous leurs collègues. Quartus et Quintus sont *conjuncti verbis* entre eux, mais *disjuncti* relativement aux autres. Enfin, Sextus et Septimus sont *conjuncti verbis* uniquement l'un vis-à-vis de l'autre. Quant à la *res*, ils sont *conjuncti* avec Secundus, Tertius, Quartus et Quintus. Dans leurs rapports respectifs,

---

[1] Nous devons faire observer que l'interprétation ci-dessus ne fut pas admise sans contestation. Ulpien (l. 15, pr., *De her. instit.*), Paul (l. 142, *De verb. sign.*), nous attestent que Julien avait élevé des doutes sur ce point, mais que ces doutes n'avaient pas prévalu. Nous nous sommes servi de la formule même que l'on rencontre dans les textes : « *Ex qua parte* ILLUM *institui, ex eadem parte* HIC *heres esto.* » Les jurisconsultes que nous avons cités se bornent, il est vrai, à supposer une seule répétition pour l'institution *ex eadem parte*. Mais la règle une fois admise qu'une seconde institution *ex eadem parte* ne crée pas une nouvelle fraction de l'hérédité, on peut en dire autant à l'égard d'une troisième, d'une quatrième, et cela indéfiniment, tant qu'il plaira au testateur de faire porter sur la *eadem pars* les institutions qu'il multipliera à son gré. Sans doute, en fait, un testateur usera rarement à diverses reprises de cette faculté; mais, pour le besoin de le discussion, nous avons reproduit plusieurs fois l'institution *ex eadem parte*, en variant la formule de chaque institution nouvelle, de manière à mettre en conflit sur la même part les différentes espèces de *conjuncti*.

ils sont *disjuncti re*, si le concours ne s'établit qu'entre eux; mais ils seront au contraire *conjuncti*, tant qu'ils rencontreront des concurrents sur leurs parts héréditaires.

Parmi ces propositions, la dernière seule présente quelque difficulté, et a besoin d'explications. Nous allons y revenir, après avoir examiné le résultat qu'amènera le concours effectif de tous les appelés. Si nul ne fait défaut, il est clair, suivant ce que nous avons établi, que Primus absorbera une moitié de la succession. Quant à l'autre moitié, elle doit se diviser, non pas selon le nombre des participants, mais selon la mesure de leurs droits. Or, la règle admise par les jurisconsultes romains, quand il y a vocation à la même chose par des formules diverses d'institution, est que chaque formule constitue une tête, sauf une subdivision entre les membres compris dans la même formule[1]. Par suite, il y aura dans cette moitié d'abord quatre parts à faire, ce qui nous donnera quatre huitièmes. Secundus obtiendra un huitième, Tertius également un huitième. Quartus et Quintus n'auront à eux deux qu'un huitième qu'ils partageront, et se trouveront ainsi réduits à un seizième chacun. Enfin, il en sera de même pour Sextus et Septimus.

Quartus et Quintus paraissent ainsi placés sur la même ligne que Sextus et Septimus; et, effectivement, il y aura parité de droits pour les uns et les autres, en cas de concours général, un seizième formant la part de chacun. Cependant, cette similitude est loin d'exister complétement; et, suivant les circonstances, une différence sensible peut se manifester dans leur position. Cette différence tient à ce que Quartus et Quintus sont *conjuncti re* en même temps que *conjuncti verbis*. Chacun des deux se trouve en effet appelé éventuellement à une moitié entière, s'il se trouve seul pour recueillir la seconde *dimidia pars*. Que tous les concurrents sur cette *pars* disparaissent, hormis Quartus ou Quintus; l'un ou l'autre, demeuré *seul*, aura droit à la moitié de la succession, en vertu de son institution, qui ne

---

[1] Cette règle nous est fournie par Ulpien, dans la loi 59, § 2, *De her. instit.* Le testament porte ce qui suit : « *Titius heres esto : Seius et Mævius heredes sunto. Verum est, quod Proculo placet, duos semisses esse, quorum alter conjunctim duobus datur.* » Dans l'espèce, Seius et Mævius, réunis dans la même formule, ne font qu'une part. Javolénus, l. 11, *De her. instit.*, adhère, comme Ulpien, à cette décision de Proculus.

dépassera pas ainsi le *maximum* qu'elle peut atteindre, dégagée de toute prétention rivale qui la gêne. Au contraire, Sextus et Septimus ne sont fondés à prendre la moitié de l'hérédité qu'autant qu'on *additionne* leurs deux institutions. La moitié, qui leur est assignée, ayant été divisée *æquis ex partibus* par le testateur, cette institution se décompose en deux institutions, chacune d'un quart. C'est là leur limite ; c'est le plus grand développement que puisse obtenir l'une ou l'autre, en l'absence de tout droit parallèle. Sextus et Septimus, dès l'instant qu'ils ont un quart chacun, par suite de la défaillance de tous les autres appelés à la *eadem pars dimidia*, ont épuisé la totalité de ce qui leur a été laissé directement. Mais allons plus loin ; que l'un des deux encore vienne à manquer ; que Sextus, par exemple, se trouve seul à recueillir la succession en concours avec Primus, titulaire de l'autre *dimidia pars*. Dans cette hypothèse, le quart attribué par le testateur à Septimus n'appartiendra pas exclusivement à Sextus en vertu du droit d'accroissement privilégié. Ce droit ne peut être invoqué que par le *conjunctus re*. Or, telle n'est pas la position de Sextus par rapport à Septimus, en l'absence de tous rivaux sur leurs parts. Chacun d'eux n'étant en somme institué que pour un quart, l'objet de leur institution diffère. Sans doute, la part de Septimus ne restera pas vacante : elle ira bien grossir celle de Sextus ; mais ce ne sera point par l'application du droit d'accroissement proprement dit, qui n'est que l'exécution de la volonté du défunt. Cet effet se produira uniquement grâce à la règle : « *Nemo partim testatus...* » Seulement l'accroissement fondé sur cette maxime se fera *pro partibus hereditariis* au profit de tous les héritiers appelés à d'autres parts, au profit des *disjuncti re*. Sextus trouvera donc dans la personne de Primus un concurrent qui, ayant un droit double du sien, prendra les deux tiers du quart de Septimus, et réduira Sextus à n'avoir qu'un tiers de ce qui est vacant.

La solution que nous venons d'énoncer, en ce qui concerne les *conjuncti verbis tantum*, constitue le point de notre doctrine qui a rencontré le plus de résistance, et suscité les controverses les plus vives. Pour effacer la division de l'objet de l'institution, résultant de cette circonstance que le testateur a établi des parts, les commentateurs ont imaginé de prétendre que la division ne portait pas sur la *disposition* même, mais seulement sur son *exécution*; qu'elle n'était que conditionnelle et subordonnée au concours des *conjuncti verbis*, et que Doneau[1] exprime en disant qu'au moyen de cette assignation de parts, les *conjuncti* deviennent bien *disjuncti inter se*, sans l'être d'une manière absolue, de telle sorte que la totalité serait attribuée à chacun au défaut de l'autre. Qu'une pareille interprétation ne fût pas celle des jurisconsultes romains, c'est ce qui ressort incontestablement, ainsi que nous l'avons vu précédemment[2], de la loi 66, *De hered. instit.* Ce texte est la condamnation formelle de la théorie qui étend aux *conjuncti verbis tantum* la prérogative de l'accroissement. Justinien, en faisant entrer cette décision dans les Pandectes, a entendu ainsi maintenir l'ancienne jurisprudence, d'après laquelle une détermination de parts dans l'institution avait pour résultat d'en restreindre la portée d'une façon radicale. En effet, quand le testateur a dit qu'un tel devait être *ex parte heres*, c'est aller au delà de sa volonté que de le considérer comme institué pour le tout. Nous savons aussi qu'en matière de legs une assignation de parts ne permettait en aucun cas au légataire de se prétendre appelé au tout par le testateur[3]. En partant de cette manière d'apprécier l'institution *æquis ex partibus*, on voit qu'en réalité elle n'est faite à l'égard de chacun que pour la moitié du montant de l'institution, qu'il y a dès lors deux objets distincts, et que, chaque institué étant circonscrit dans un domaine différent, on est fondé à dire qu'il y a entre eux absence de *conjunctio re*.

Toutefois, s'il est vrai, dans notre exemple, que Sextus et Septimus sont *disjuncti re*, cela n'est exact qu'autant qu'il ne se trouve aucun rival pour recueillir avec eux ce qui leur a été laissé *æquis ex partibus*. La présence d'autres héritiers, institués par des formules différentes pour la même moitié, place effectivement Sextus et Septimus vis-à-vis ces héritiers dans un rapport de *conjunctio re*, qui, par la force des choses, entraîne aussi un même rapport de *conjunctio* entre Sextus et Septimus. Seu-

---

[1] *De jur. civ.*, liv. VII, ch. XIII, § 21.

[2] Voir ch. 1er, § 1er.

[3] Sous l'empire des lois caducaires, si le colégataire *conjunctus verbis tantum* pouvait prendre la totalité, il n'y avait là qu'un bénéfice attribué directement par la *loi*, indépendamment de la volonté du testateur.

lement ce dernier rapport n'étant qu'une suite de l'existence de
co-appelés, il s'effacera dès que cette circonstance sera supprimée.
Une telle situation paraît, au premier abord, difficile à saisir,
et impliquer en quelque sorte contradiction. Il importe donc de
s'en rendre bien compte.

Nous avons vu que l'institution de Sextus et de Septimus pour
une moitié, mais en même temps *æquis ex partibus*, s'analysait
en définitive en deux institutions pour un quart chacune comme
maximum. Mais une moitié ne contient au plus que deux quarts.
Or, Secundus, étant institué pour la même moitié, soit pour les
deux mêmes quarts, il est *conjunctus* quant à l'objet de son institution, dans la proportion d'un quart avec Sextus, et d'un quart
avec Septimus. De là résulte nécessairement entre Sextus et
Septimus eux-mêmes une *conjunctio re*, qui a sa source uniquement dans le concours de Secundus. Supposons que pour la
dimidia pars il y ait seulement conflit entre Secundus d'un côté,
et Sextus et Septimus de l'autre. Un partage entre ces trois prétendants ferait que Secundus prendrait un quart, et Sextus et
Septimus chacun un huitième. Le quart, auquel l'un et l'autre
de ces derniers sont appelés comme *maximum*, se diminue donc
de moitié ; mais il ne descend à ce chiffre que par le concours
réuni de tous les prétendants. La présence de Secundus seul ne
ferait perdre à Sextus, par exemple, que le tiers de son quart, si
Septimus défaillait. C'est la présence concomitante de Septimus
qui élève la perte du tiers à la moitié. Dès lors, on est autorisé
à soutenir, quand Sextus est réduit de moitié, que les deux tiers
de cette moitié lui sont enlevés par Secundus, et l'autre tiers par
Septimus. Cela revient à dire que Sextus est *conjunctus re* avec
l'un et l'autre, sauf que la *conjunctio* qui existe entre lui et Secundus est en proportion double de celle qui le lie à Septimus.

En opérant sur des chiffres, il sera facile de mettre en saillie
ce résultat. La moitié de la succession à l'occasion de laquelle
Secundus est institué sans restriction, tandis que Sextus et Septimus l'ont été *æquis ex partibus*, représente une valeur de 60.
S'ils viennent tous à partage, Secundus prendra 30, Sextus et
Septimus chacun 15. Le concours des divers prétendants fait
perdre à Sextus 15, la moitié de son institution. Mais, dans ce
préjudice, un tiers est imputable à Septimus. S'il n'était pas là,
les 60 se diviseraient de façon que Secundus, institué pour moi-

tié, ayant un droit double de celui de Sextus, institué pour un quart, aurait deux portions, c'est-à-dire 40, tandis que Sextus aurait une portion, c'est-à-dire 20. En réalité, pour fournir les 15 de Septimus, quand il y a trois parts à faire, Sextus contribue jusqu'à concurrence de 5, et Secundus ne contribue que pour 10. Il y a donc, en cas de concours général, *conjunctio re* entre Sextus et Septimus. Mais cette *conjunctio*, nous le répétons, n'est due qu'à la présence de Secundus. Ce rival disparaissant, Sextus et Septimus obtiennent chacun 30, et arrivent ainsi à la totalité de ce que le testateur leur a assigné[1].

Dans l'espèce que nous avons prise, Tertius se trouve vis-à-vis Sextus et Septimus dans les mêmes rapports absolument que ceux qui existent pour ces derniers relativement à Secundus. Par conséquent, la présence de Tertius amène encore un rapport de *conjunctio* entre Sextus et Septimus. Enfin, une observation analogue doit être faite quand on compare l'institution de Quartus et de Quintus avec celle de Sextus et de Septimus; on y découvre également une influence de *conjunctio re* exercée par l'une sur l'autre.

Après avoir déterminé la portée des différentes institutions sur la *dimidia pars* que nous avons à distribuer, et les rapports qui existent entre elles, il nous reste, en appliquant notre principe, à voir de quelle manière la défaillance de chacun devra profiter à ses collègues.

Secundus fait défaut. Il était institué pour une moitié; mais dans cette moitié il avait pour rivaux d'abord Tertius, *disjunctus verbis*, appelé seul à la même quotité, puis Quartus et Quintus, institués *conjunctim re et verbis* pour la même part, puis enfin Sextus et Septimus, institués encore pour cette moitié, *œquis ex partibus*, ayant ensemble les mêmes droits que les titulaires isolés des précédentes institutions. Un concours complet eût réduit les représentants des différentes institutions à se contenter d'un huitième, et eût fait perdre à chaque institution

---

[1] Nous rencontrons ici, en matière d'institution d'héritier, un résultat analogue à celui que consacre en présence des mêmes circonstances le jurisconsulte Javolénus (l. 41, pr., *De legat.* 1°), qui admet effectivement l'accroissement entre légataires appelés à des parts distinctes. Voir ce que nous avons dit sur ce texte, dans notre chapitre Ier, § 3.

les trois quarts de ce qui y était compris. En faisant abstraction
de Secundus, il ne reste plus que trois têtes. La moitié à partager
se divisera par tiers, dans l'espèce, en sixièmes au lieu de huitièmes. Tertius, d'une part, Quartus et Quintus de l'autre, enfin,
Sextus et Septimus auront un sixième, c'est-à-dire 4/24, tandis qu'au cas du concours de Secundus, ils n'auraient eu que
3/24. La fraction recueillie par chacun s'accroît d'un quart;
en d'autres termes, chacun gagne ce qui lui eût manqué, si le
défaillant avait profité de sa vocation. C'est l'application de la
première règle principale : « *Manere a quibus derelictum est.* »

En supposant que Tertius défaille au lieu de Secundus, celui-
ci prendra la place qu'occupait Tertius dans la première hypothèse. Les parts seront absolument les mêmes, et nous aurons
identiquement les résultats que nous venons de signaler. Secundus et Tertius, en effet, sont exactement sur la même ligne.

Il n'en est plus ainsi, quand la défaillance atteint Quartus
seul, ou Quintus seul. En pareil cas, l'institution de Quartus et
Quintus, qui pour les deux ne forme qu'une tête, ne s'amoindrit
en aucune façon par l'absence de l'un. Si Quartus et Quintus,
venant ensemble, n'ont droit qu'à une part, leur *simultanéité*
au partage n'est pas nécessaire afin de constituer une tête.
Chacun suffit à la représenter en totalité. L'unité de personne,
existant entre Quartus et Quintus, n'a pour effet que de les restreindre l'un par rapport à l'autre. Quartus, par exemple, *isolément*, est appelé à la moitié vis-à-vis des autres institués, sans
avoir besoin d'être aidé par son *conjunctus*. C'est la conséquence
de ce que le testateur n'a pas assigné de part à Quartus, qui
dès lors ne doit subir de réduction qu'en faveur de Quintus.
Pourvu que celui-ci disparaisse, l'institution de Quartus a la
même étendue que celle de Secundus ou de Tertius. Dès lors,
la défaillance de Quintus ne doit conférer aucun bénéfice à tous
les institués autres que Quartus. Supposez que le défunt n'eût
pas mentionné Quintus à côté de Quartus, la position du reste des
héritiers n'eût été en rien changée. Elle ne doit pas s'améliorer, puisqu'elle n'éprouvait pas de préjudice à raison du concours
de Quintus. Celui que ce concours gênait exclusivement, c'était
Quartus, réduit de la sorte à un seizième au lieu d'un huitième.
C'est donc celui-là seul qui peut invoquer le droit d'accroissement. — Mais au lieu de constituer une exception à la règle

21

générale : « *Manere a quibus derelictum est*, » ainsi que Justinien l'indique, à tort, cette décision n'est qu'une application logique de cette maxime. Les autres *conjuncti re*, pour lesquels la présence réunie de Quartus et Quintus, ou la présence d'un seul, est indifférente, ne commencent à pouvoir prétendre à l'accroissement qu'autant que tous les deux feraient à la fois défaut. Il y aurait alors une tête de moins, et la défaillance simultanée de Quartus et Quintus produirait le même effet que la défaillance soit de Secundus, soit de Tertius isolément.

Enfin, que Sextus ou Septimus, l'un des deux séparément, vienne à faire défaut, l'accroissement ne devra pas s'opérer exclusivement au profit de l'autre. Sans doute, à l'égal de Quartus et Quintus, Sextus et Septimus réunis constituent une tête; mais, par suite de l'assignation de parts, chacun d'eux, même l'autre manquant, continue à ne former qu'une demi-tête. Si Septimus répudie, Sextus ne peut pas se substituer à Septimus, à l'instar de ce qui a lieu entre Quartus et Quintus. Cependant, si nous refusons à Sextus le privilége d'un accroissement exclusif, nous ne le laisserons pas entièrement étranger au bénéfice de l'accroissement. Rappelons-nous que la présence des *conjuncti re* établit aussi entre Sextus et Septimus une *conjunctio re*, qui seulement est moitié moindre que la *conjunctio* à l'égard des autres têtes, ce qui doit être, puisque Sextus ne forme, avons-nous dit, qu'une demi-tête. Par conséquent, Sextus, ne se trouvant *conjunctus* avec le défaillant que pour moitié, par opposition aux représentants des autres institutions, il ne participera à l'accroissement que pour la moitié de ce que prennent ceux-ci dans la part vacante. Si nous supposons que la fraction qui reviendrait à Septimus serait de 14, ces 14 se diviseront en quatre parts, dont les trois premières, s'élevant à 4 chacune, appartiendront, l'une à Secundus, la deuxième à Tertius, la dernière à Quartus et Quintus. Quant à l'autre part, qui n'est que de 2, elle constitue le contingent dévolu à Sextus dans le bénéfice de la défaillance. Ces chiffres expriment, en effet, celui de la contribution que les divers institués auraient dû fournir, pour faire la part de Septimus, si celui-ci avait concouru. La moitié de la succession vaut 112; personne ne faisant défaut, il y aurait eu 28 pour Secundus, 28 pour Tertius, 28 pour Quartus et Quintus, enfin, 28 pour Sextus et Septimus, dont 14 pour chacun de ces derniers. La manière dont nous répartissons la part de Septimus vacante n'est donc encore que l'application de la règle : « *Manere a quibus derelictum est.* »

La constitution de Justinien n'offre rien qui ne soit en harmonie avec la doctrine que nous venons d'exposer, doctrine qui n'est, en définitive, que la reproduction des principes de l'ancien *jus adcrescendi*. On trouve prévues dans cette constitution les trois hypothèses suivantes : 1° tous les héritiers sont *conjuncti*; 2° tous les héritiers sont *disjuncti*; 3° il y a à la fois des héritiers *conjuncti* et des héritiers *disjuncti*.

Les hypothèses n° 1 et 2 sont résolues de la même manière. Qu'il y ait défaillance de l'un de divers institués conjoints, ou de l'un de divers institués disjoints, l'accroissement doit se faire au profit des autres, en raison de l'importance de leur institution. « *In his itaque, si quidem coheredes sunt omnes conjunctim, vel omnes disjunctim, et vel instituti, vel substituti, hoc, quod fuerit quoquo modo evacuatum, si in parte hereditatis vel partibus consistat, aliis coheredibus... pro hereditaria parte... acquiratur.* » § 10.

En premier lieu, tous les héritiers sont conjoints, ce qui, nous le savons, signifie pour Justinien : sont compris dans la même formule. Peu importe, du reste, que l'unité de formule, d'où l'empereur fait dériver la *conjunctio*, ait pour objet l'hérédité entière, ou une quote-part de l'hérédité; que le testateur ait dit, par exemple : « *Primus, Secundus, Tertius, Quartus heredes sunto,* » ou qu'il ait dit : « *Primus, Secundus, Tertius, Quartus, ex parte dimidia, heredes sunto.* » Seulement, suivant les cas, la *conjunctio re*, qui, au fond, est toujours indispensable pour l'accroissement, portera tantôt sur toute l'hérédité, tantôt uniquement sur une fraction envisagée à elle seule comme un tout. Que l'un des quatre institués vienne à faire défaut, l'hérédité entière, ou la moitié, qui se serait divisée en quatre parties, s'il y avait eu concours de tous, se partagera seulement en tiers, c'est-à-dire que chacun conservera ce dont il eût été privé par la présence effective du défaillant. C'est donc la règle générale : « *Manere a quibus derelictum est.* » — La dévolution de ce qui est vacant, ajoute Justinien, doit se faire au *prorata* des parts héréditaires. Ces parts ne sont pas toujours nécessairement égales, comme elles le sont dans l'exemple que nous venons de prendre.

Supposons que le testateur se soit exprimé de la sorte : « *Primus, Secundus, Tertius et Quartus, illi duo, æquis ex partibus heredes sunto.* » Ici, la même formule d'institution donne le tout à Primus, le tout à Secundus, mais à Tertius ou à Quartus une moitié seulement. Les parts héréditaires manquent d'égalité; celles de Primus et de Secundus sont doubles de celles de Tertius et de Quartus. Cela n'empêche pas, nous l'avons vu, Tertius et Quartus d'être *conjuncti re* avec Primus et Secundus. En cas de défaillance de Primus, sa part, qui, dans l'espèce, serait d'un tiers ou de quatre douzièmes, devant appartenir *pro partibus hereditariis* à tous les institués compris dans la même formule, Primus prendra le double de ce que prendra Tertius ou de ce que prendra Quartus. Si c'est, au contraire, Tertius qui fait défaut, Quartus, qui a une part héréditaire moitié moindre que celle de Primus ou de Secundus, ne retirera de l'accroissement qu'un bénéfice moitié moindre que celui qui sera recueilli par Primus ou par Secundus. La répartition sur ces bases donnera satisfaction à notre principe dominant. Les calculs que nous avons établis précédemment démontrent, en effet, que chacun des *conjuncti, æquis ex partibus* n'enlève aux autres *conjuncti* que la moitié de ce qui lui est enlevé par un *conjunctus sine parte*.

En substituant à un ensemble d'héritiers *conjuncti* des héritiers qui soient, au contraire, institués *disjunctim*, c'est-à-dire par des formules diverses, l'accroissement en faveur de tous indistinctement, dans la mesure de leurs parts héréditaires, comme le veut Justinien, ne sera encore que l'exonération de la perte qu'eût fait subir à chacun le concours du défaillant, suivant la règle : « *Manere a quibus derelictum est.* » Le testateur, nous l'admettons d'abord, n'a pas fait de parts, ce qui donne à chaque institué des droits égaux. Il a dit : « *Primus heres esto, Secundus heres esto, Tertius heres esto.* » La défaillance de Primus assure une moitié à Secundus, une moitié à Tertius. Chacun d'eux prend trois sixièmes au lieu de deux sixièmes; en d'autres termes, chacun garde ce qu'il eût été obligé de fournir afin de composer la part de Primus. — Le testateur a-t-il assigné des parts; a-t-il dit, par exemple : « *Primus ex semisse heres esto, Secundus ex quadrante heres esto, Tertius ex quadrante heres esto?* » Si Secundus fait défaut, son quart reviendra à Primus et à Tertius, institués *disjunctim*, comme le défaillant. Mais Primus est institué pour une *pars hereditaria* double de celle de Tertius. Il aura, par conséquent, les deux tiers de la part vacante, soit, sur les trois douzièmes de Secundus, deux douzièmes, le dernier douzième revenant seul à Tertius. En effet, si le testateur n'eût pas institué Secundus, il y aurait eu dans l'*as* un quart non distribué, qui se serait réparti entre les institués *pro partibus hereditariis* (Instit., liv. II, tit. XII, § 7). Le concours de Secundus aurait lésé Primus jusqu'à concurrence de deux douzièmes, et Tertius pour un douzième seulement. Ils les retiennent, à défaut de Secundus[1].

Reste la dernière hypothèse, la plus embarrassante, celle où le testateur a appelé à la même hérédité ou à la même quote-part différents héritiers, les uns par la même formule (*conjunctim*), les autres par des formules diverses (*disjunctim*). Ici Justinien établit une distinction, suivant que la défaillance atteindra l'un des *conjuncti* ou l'un des *disjuncti*. Pour le premier cas, quand il y a défaillance d'un *conjunctus*, la constitution décide qu'il n'y aura accroissement qu'au profit des *conjuncti*, à l'exclusion des *disjuncti*. « *Sin vero quidam ex heredibus institutis permixti sunt, et alii conjunctim, alii disjunctim nuncupati : tunc, si quidem ex conjunctis aliquis deficiat, hoc omnimodo ad solos conjunctos cum suo veniat onere, id est, pro parte hereditatis, quæ ad eos pervenit.* » § 10. Cette décision ne souffre aucune difficulté, en ce qui concerne les *conjuncti re et verbis*, Quartus et Quintus, dans l'exemple général que nous avons choisi[2]. La réserve en faveur du *conjunctus* de cette espèce, d'un droit de préférence quant à l'accroissement, n'est, ainsi que nous l'avons fait observer, qu'une saine déduction de la règle : « *Manere a*

---

[1] On pourrait croire que, dans ce dernier cas, la base essentielle du droit d'accroissement, la *conjunctio re*, fait défaut, puisque les héritiers sont institués pour des parts différentes. Mais il faut se rappeler que, si la volonté directe du testateur manque pour créer une *conjunctio re*, elle dérive ici de cette règle générale de l'hérédité testamentaire, en vertu de laquelle tout héritier, quelque minime que soit sa part, est institué pour le tout au cas où les autres ne profiteraient pas de leur vocation, d'après la maxime : « *Nemo partim testatus...* » Cette nécessité de droit établit en réalité une véritable *conjunctio re* entre les héritiers institués pour des parts différentes.

[2] Voir p. 290.

quibus derelictum est. » — Mais ne faut-il pas aller plus loin; et quand on considère la manière dont Justinien, à notre gré du reste, entend la *conjunctio*, ne faut-il pas admettre que celui qui est institué conjointement avec un autre, c'est-à-dire dans la même formule, bien que ce soit *æquis ex partibus*, que celui-là aussi est fondé à prétendre qu'il doit recueillir exclusivement la part de son co-institué? Telle serait, dans notre exemple, la position de Sextus vis-à-vis Septimus; et *vice versa*. On conçoit aisément que cette opinion ait toujours obtenu assez de crédit, parce qu'elle semble s'imposer nécessairement comme une suite du sens dans lequel Justinien prend la *conjunctio* et la *disjunctio*. Cependant, en y regardant de près, on arrive à se convaincre que Justinien n'a eu en vue que les *conjuncti re et verbis*, et que sa pensée ne s'est point portée sur les *conjuncti verbis tantum*. Nous voyons, en effet, que l'empereur, pour justifier sa solution, fait ressortir l'unité de personne qui existe entre les *conjuncti*. « *Hoc ita tam varie, quia conjuncti quidem propter unitatem sermonis quasi in unum corpus redacti sunt.* » Il ajoute que le *conjunctus* ne fait que retenir par préférence une part qui est déjà sienne : « *Et partem conjunctorum sibi heredum quasi suam præoccupant.* » Il est évident que cette façon de s'exprimer ne peut s'appliquer à ceux qui sont institués *conjunctim æquis ex partibus*. On ne peut pas dire à leur égard que la part de l'un des institués est celle de l'autre, puisqu'il y a des parts distinctes. La barrière entre les *disjuncti re*, résultant de l'assignation de parts, malgré l'*unitas sermonis*, était bien reconnue par Justinien, qui a consacré formellement l'ancienne doctrine enseignée par Pomponius, dans la loi 66, *De her. inst.* N'oublions pas que Justinien tenait pour abrogées, dès la compilation des Pandectes, les règles de la *caducorum vindicatio*, ce qui entraînait la nécessité de faire déjà, d'après d'autres principes, la dévolution des parts vacantes. En sanctionnant, par son insertion aux Pandectes, la décision de Pomponius, qui, pour des héritiers institués ensemble *æquis ex partibus*, dénie la *conjunctio re*, et en conclut que l'accroissement ne profitera pas exclusivement au *conjunctus verbis*, l'empereur avait pris parti sur ce point; et il serait tombé en contradiction avec lui-même, s'il avait entendu, par sa constitution *De cad. toll.*, faire prévaloir un autre système. Tout se concilie, au contraire, parfaitement, si l'on admet que

Justinien n'a point songé à cette hypothèse, comme l'indiquent
assez les termes de la constitution. C'est un cas qui n'a pas été
prévu expressément dans cette constitution, et qui devra, par
conséquent, se gouverner par le principe général : « *Manere a
quibus derelictum est.* »

Enfin, parmi des héritiers appelés à la même part, les uns
disjunctim, les autres *conjunctim*, c'est l'un des *disjuncti* qui fait
défaut, Secundus ou Tertius, dans notre exemple. Justinien
décide que la part vacante ne profitera pas exclusivement aux
autres *disjuncti*, mais qu'elle se répartira indistinctement entre
les *disjuncti* et les *conjuncti, pro portione hereditatis.* « *Sin autem
ex his, qui disjunctim scripti sunt, aliquis evanescat : hoc non
ad solos disjunctos, sed ad omnes tam conjunctos, quam etiam
disjunctos similiter cum suo onere pro portione hereditatis perve-
niat.* » § 10. Cette solution est tout à fait conforme au système
que nous avons exposé. Les *conjuncti* forment ensemble une
tête tout aussi bien que les *disjuncti*, et dès lors, quand Secundus
manque, les droits sont les mêmes quant à Quartus et Quintus
que quant à Tertius. Nous ferons seulement observer que Justinien, en parlant de la défaillance d'un *disjunctus*, ne se préoccupe que de ceux qui se trouvent isolés de tous autres dans une
formule d'institution, ce qui devait être, puisqu'il fait consister
la *disjunctio* dans la diversité des *verba*. Il ne s'est pas expliqué
sur l'héritier qui, étant réuni à un autre quant au *sermo*, se
trouve en même temps *disjunctus* quant à la *res*, parce que la
détermination de parts fait que l'objet de l'institution de chacun
est différent. S'il a oublié ce cas, comme nous le pensons, en
réglant les conséquences de la défaillance du *conjunctus*, il est
clair qu'il faut en dire autant au point de vue de la défaillance
du *disjunctus*. Nous devrons donc encore régler cette hypothèse
omise, en conformité du principe dominant : « *Manere a quibus
derelictum est.* »

L'interprétation que nous avons donnée à la constitution de
Justinien est loin, avons-nous dit, d'être universellement admise. En laissant de côté les anciens commentateurs, égarés en
général par la confusion des règles du *jus vaduca vindicandi*
avec celles du *jus adcrescendi*, on trouve encore chez beaucoup
d'auteurs modernes une tendance à traiter avec défaveur la

conjunctio re, et à donner la prépondérance à la *conjunctio verbis*. C'est une doctrine qui compte aujourd'hui nombre de partisans, que la *conjunctio re*, si elle n'est soutenue de la *conjunctio verbis*, est impuissante à fonder le droit d'accroissement. M. de Vangerow, t. II, § 496, obs. 3, cite comme défenseurs de cette doctrine Thibault, Brann, Rosshirt, Seuffert, etc. La préférence qu'on devrait accorder quant à l'accroissement au *conjunctus verbis*, nonobstant l'assignation de parts, est également une thèse qui ne manque pas d'adhérents parmi les écrivains récents. Cette prérogative lui est accordée, suivant M. de Vangerow, *loc. cit.*, par Baumeister, Hunger, etc. Nous n'entreprendrons point d'attaquer chacune de ces opinions; la conclusion de notre travail, s'il est exact, doit être de les faire tenir pour erronées. On en trouvera d'ailleurs la réfutation dans l'ouvrage de M. de Vangerow, dont la théorie, si nous l'avons bien comprise, ne s'éloigne pas de celle que nous avons admise. Nous nous contenterons de faire remarquer combien peut devenir puissante une idée qui a fait une fois son chemin à l'aide d'une méprise, et combien elle est difficile à déraciner. La faveur octroyée à la *conjunctio verbis*, sous l'empire des lois caducaires, a passé pendant des siècles pour être l'expression du droit romain en matière d'accroissement. Les auteurs se sont imbus de cette proposition, qui n'était qu'une fausse apparence dans les écrits des jurisconsultes romains. Grâce à ce passe-port mensonger, et, il faut le reconnaître aussi, grâce à la constitution de Justinien, qui paraît faire résider uniquement la *conjunctio* dans les *verba*, on s'est écarté de la base rationnelle et légitime du droit d'accroissement, la *conjunctio re*; et ce système inexact a fini par passer dans les articles de notre Code.

Beaucoup d'esprits se sont laissés aller à cette conjecture que la *conjunctio verbis*, mise en honneur par les lois caducaires, et si longtemps favorisée, n'avait pu être abandonnée par Justinien. C'est assurément tenir peu de compte de la réprobation dont l'empereur avait frappé ces lois, qu'il se fait un mérite d'extirper radicalement. Il ne pouvait être dans sa pensée de sauver quelque débris de cette législation, uniquement à cause de son origine. Certes, l'influence donnée à la *conjunctio verbis tantum* n'avait aucun titre qui en raison justifiât son maintien. C'était, au contraire, la *conjunctio re*, sur laquelle les anciens jurisconsultes avaient construit le droit d'accroissement, qui se recommandait logiquement au suffrage du législateur. Cette base véritable de l'accroissement n'a pas échappé à Justinien, qui l'adopte en effet, en prenant pour règle de la dévolution des parts vacantes le principe : « *Manere a quibus derelictum est.* » C'est là, sous une autre forme, l'ancien fondement du droit d'accroissement, qu'on exprimait en disant : « *Totum dari, concursu partes fieri.* » L'accroissement, en définitive, si l'on excepte l'hypothèse où s'applique la maxime : « *Nemo partim testatus...,* » n'a pour but que d'éviter une perte au cohéritier, mais non de lui attribuer plus qu'il ne lui a été laissé ; et on l'a bien caractérisé, quant à son essence, en proposant de le qualifier : *jus non decrescendi.*

Il est un second point, sur lequel Justinien emprunte encore sa décision aux principes du droit d'accroissement, en s'écartant des règles du *jus caduca vindicandi.* Nous avons vu que ce dernier droit constituait une faveur, une récompense, et que par suite son exercice était facultatif, tandis qu'il en était autrement de l'accroissement. La constitution de Justinien reproduit l'ancienne règle et impose à l'héritier qui a une fois accepté, l'obligation de prendre la part vacante. Peu importe également, quant à la réunion des parts, que l'héritier, après avoir accepté, ait survécu ou non à l'ouverture de l'accroissement. « *Aliis coheredibus... etiam si jam defuncti sunt, acquiratur : et nolentibus ipso jure adcrescat, si suas portiones jam agnoverint.* » §10.

On se rappelle enfin une autre différence qui existait entre le *jus caduca vindicandi* et le *jus adcrescendi,* au point de vue des charges grevant la part défaillante. La *caducorum vindicatio* emportait obligation de subir ces charges : « *Caduca cum suo onere fiunt.* » Le *jus adcrescendi* repoussait au contraire pour le bénéficiaire de l'accroissement, la nécessité de supporter les charges, du moins quand elles pesaient spécialement sur le défaillant. Examinons comment Justinien a opté entre les deux règles, et de quelle manière il a résolu ce que nous appellerons la question des *onera.*

Transmission des ONERA, *quant à la part héréditaire vacante.* — Sur ce point, Justinien n'a pas établi une règle uniforme ; pour

savoir si le bénéfice de l'accroissement entraînera l'obligation de
supporter les charges imposées au cohéritier défaillant, il faudra
distinguer s'il s'agit d'une institution qui doive être tenue *pro
non scripto*, ou si, au contraire, elle rentre au nombre de celles
qui étaient dites *in causa caduci*, ou qui appartenaient aux *caduca*. Dans le premier cas, la dispense des *onera* sera la règle,
sauf des exceptions très-limitées ; dans le second cas, le droit
commun sera la transmission des *onera*, qui cependant devra
quelquefois être écartée [1].

A l'égard de ce qui était *pro non scripto*, Justinien trouva en
vigueur le *jus adcrescendi*, qui n'avait cessé de s'y appliquer, et,
par suite, la vieille maxime de l'exemption des *onera*, quant aux
charges qui pesaient spécialement sur l'institution réputée *non
écrite*. Il n'y avait de dérogation à cette faveur que dans des hypothèses fort rares. L'empereur respecte cet ancien usage, et
déclare formellement maintenir la tradition constante du droit
romain : « *Nullo gravamine, nisi perraro* [2] *in hoc pro non scripto
superveniente..., intactum atque illibatum præcepit custodiri*, § 3. »
Ainsi, l'héritier, que le testateur avait grevé particulièrement
d'un legs ou d'un fidéicommis, était déjà mort lors de la confection du testament, ce que le disposant ignorait sans doute : les
cohéritiers, appelés, suivant l'ordre que nous avons indiqué, à
recueillir cette part, la prendront sans souffrir aucune diminution. Ils auront l'émolument de cette part, sans en subir les
charges. Mais si l'institué a survécu, ne fût-ce qu'un instant, à
la confection du testament, l'institution passe *in causa caduci*, et
la dévolution ne se fera que sous la réserve des *onera*.

Il est assurément difficile d'apercevoir une bonne raison de

---

[1] Il suit de là, comme nous l'avons déjà fait remarquer plus haut,
p. 193, que, sous Justinien encore, il n'est pas sans intérêt de déterminer
ce qui doit être qualifié *non scriptum*.

[2] Voir ce que nous avons dit sur cette expression : *perraro*, p. 176.
Nous nous en tenons à l'assertion de Cujas, qui affirme n'avoir rencontré que deux exceptions. Justinien nous apprend, à la fin du paragraphe 9, qu'il a eu le soin d'énumérer ces exceptions dans la compilation
des Pandectes : « *Quæ nos in novi juris compositione specialiter enumerari jus-
simus.* » Nous n'avons pas connaissance qu'on ait découvert un troisième cas.
Il n'existerait même, suivant M. Huschke, comme nous l'avons vu, qu'une
exception unique ; mais l'opinion de cet auteur nous a paru erronée.

différence entre les deux espèces. Qu'importe que l'institution
soit nulle *ab initio*, ou qu'elle ne vienne à défaillir qu'un peu
plus tard? Le testateur, en écrivant l'une et l'autre de ces institutions, supposait également qu'elles devraient sortir à effet.
S'il a mis tel ou tel legs à la charge exclusive d'un héritier désigné, il entendait sans doute que les autres héritiers ne contri-
bueraient pas à son payement, mais seulement en tant qu'ils ne
toucheraient pas à la part sur laquelle il fait porter uniquement
le legs. Dès que la part du grevé arrive à un autre qu'à celui
auquel elle était destinée en première ligne, l'équité dit que
l'héritier qui ne vient que subsidiairement ne doit pas être
mieux traité que l'héritier préféré par le testateur. Le maintien
des *onera* était d'autant plus légitime que le bénéficiaire de
l'accroissement, dans le cas où les charges auraient été exces-
sives, et n'auraient pas laissé à l'institué le quart qui lui était
réservé vis-à-vis les légataires, aurait eu la faculté d'invoquer,
comme celui qu'il remplaçait, la loi Falcidie, qui lui assurait
ainsi un bénéfice certain. On peut donc regretter que Justinien
se soit laissé imposer par l'ancienneté, en cette partie, de la
règle : « *Portio adcrescens sine onere adcrescit,* » règle qui peut
à bon droit être critiquée; mais au moins devrons-nous dire que,
si la part originaire de l'héritier qui profite de l'accroissement
était surchargée de legs à lui personnels, comme il est censé institué pour les deux parts qu'il réunit désormais, c'est d'après la
somme de ces deux parts qu'il faudra calculer la Falcidie au
point de vue des légataires qui lui sont assignés. La ruine
totale de certains légataires sera donc avantageuse à d'autres légataires, ce qui n'est pas, sans doute, le parti le plus raisonnable,
mais ce qui du moins donne plus de marge pour l'exécution de
quelques-unes des volontés du défunt.

Quand il s'agit d'une institution valable *ab initio*, qui vient
à défaillir du vivant du testateur, d'une institution *in causa caduci*, Justinien fait prévaloir la règle qui avait été appliquée à
la *vindicatio caducorum*, pour lesquels on disait : «*Caduca cum
suo onere fiunt.*» L'accroissement, qui d'ailleurs est forcé, entraînera donc avec lui l'obligation d'exécuter les charges spécialement imposées à l'héritier défaillant. Le paragraphe 4 de la
constitution exprime en ces termes la doctrine de la transmis-

sion des *onera* : « *Sed omnes personas, quibus lucrum per hunc
ordinem defertur, eas etiam gravamen, quod ab initio fuerat am-
plexum, omnimodo sentire : sive in dando sit constitutum, sive in
quibusdam faciendis, vel in modo, vel conditionis implendæ gratia,
vel alia quacumque via excogitatum.* » Pour motiver cette décision fort raisonnable, et tout à fait en harmonie avec les intentions du défunt, la constitution ajoute : « *Neque enim ferendus
est is, qui lucrum quidem amplectitur, onus autem ei annexum
contemnit.* »

Malgré le silence gardé à ce sujet par Justinien, nous regardons comme indubitable que le bénéficiaire de l'accroissement
ne doit pas subir les charges au delà de ce qui en aurait été supporté par l'héritier défaillant. Ce dernier, en supposant que sa
part eût été trop grevée, aurait pu, s'il avait usé de sa vocation,
soumettre ses légataires à une réduction. Le même droit appartiendra à l'héritier qui lui succède, qui n'est, comme on le
disait, qu'une sorte de substitué, et qui, prenant la place devenue vacante, doit l'occuper telle qu'elle était, c'est-à-dire
avec ses avantages comme avec ses inconvénients. Il est indifférent que la part laissée directement à cet héritier soit libre de
legs ou du moins peu grevée, ce qui permettrait, en faisant une
masse des deux parts, de désintéresser complétement tous les
légataires, sans faire descendre l'institué au-dessous du quart
de cette masse. Cette réunion admise, comme nous l'avons vu [1],
par Cassius, avait été justement repoussée par la plupart des
jurisconsultes romains. L'intention du défunt, en effet, quand
il a évité de grever de legs considérables la part qu'il destinait
à cet héritier, a été de lui assurer cette part telle qu'il l'a composée. Le bénéfice résultant de cette modération de charges ne
peut pas être perdu par cet héritier, à raison de ce qu'il vient
accidentellement remplacer un autre héritier moins favorisé : ce
serait lui faire payer la nécessité qu'on lui impose d'occuper
la place vide. Justinien a fait insérer aux Pandectes le fragment
de Gaïus (l. 78, *Ad leg. Falcid.*), qui consacre la décision équitable d'où les commentateurs ont tiré la maxime : « *Portione
gravata adcrescente portioni non gravatæ, quarta deducitur;* » on
ne peut donc supposer qu'il ait entendu déroger tacitement à un
système aussi logique.

[1] Voir p. 150.

Le même fragment arrive à une solution inverse, pour le cas où ce serait, au contraire, un héritier dont la part était surchargée qui recueillerait une part libre. La réunion des deux parts qu'enseigne Gaïus dans cette hypothèse, et que Justinien sanctionne également par l'insertion du fragment aux Pandectes, ne présente alors rien de choquant. L'héritier bénéficiaire de l'accroissement devait, dans la pensée du testateur, être primé par les légataires jusqu'à concurrence d'une somme qu'il eût fallu réduire, en cas de concours des deux héritiers, par honneur pour la loi Falcidie. Du moment où il devient possible, grâce à l'adjonction d'une part libre, d'exécuter plus complétement les volontés du défunt à l'encontre des légataires, tout en laissant un quart à l'institué pour lequel il s'est montré moins bienveillant, il faut s'empresser de donner aux legs une portée qu'ils peuvent désormais atteindre, sans qu'il y ait violation de la loi Falcidie. Nous croyons, par conséquent, que la distinction rationnelle, contenue dans la loi 78, doit recevoir son application postérieurement à la constitution de Justinien, qui se tait sur ce point. Rien de plus régulier que de combler cette lacune, au moyen de la décision de Gaïus, qui, sans doute, avait été écrite par son auteur au point de vue de la *caducorum vindicatio*, mais qui, dans l'esprit des compilateurs, devait concerner l'accroissement, déjà remis en vigueur à cette époque, puisqu'on devait dès ce moment écarter toute application des lois caducaires.

Enfin, quant à l'institution qui ne défaille qu'après la mort du testateur, quant à l'institution proprement dite caduque, les mêmes principes sont adoptés relativement à la transmission des *onera.* Justinien entend assimiler sous ce rapport, comme on le faisait sous l'empire de la législation Papienne, ce qui est *in causa caduci*, et ce qui est *caducum*. Après avoir indiqué dans le paragraphe 9 une exception à la transmission des *onera*, exception dont nous parlerons tout à l'heure, la constitution établit ainsi l'identité de droit quant aux deux sortes de dispositions : « *Hoc videlicet in omnibus obtinente, ut pro simili parte et lucrum sentiant, et gravamen, ubi hoc possit procedere, subeant, et hoc locum habente omni quidem modo in his, quæ in causa caduci, vel caduca, secundum quod supra scriptum est, fiebant.* »

C'est donc, en définitive, la règle de la transmission des *onera* empruntée à la théorie de la *caducorum vindicatio*, qui triomphe généralement, abstraction faite de la particularité relative au *pro non scripto*. Nous ne pouvons qu'applaudir Justinien d'avoir repoussé la règle inverse, la dispense des *onera*, appliquée autrefois au *jus adcrescendi*. Vainement dira-t-on que l'héritier, qui recueille par accroissement, se borne à user de son droit, avec l'extension qu'autorise son titre d'héritier, quand il y a absence d'un rival. Tout rival, en effet, ne disparaît pas avec le cohéritier. Ce dernier n'était pas seul appelé à profiter de la part qu'il ne vient pas prendre; il devait en partager le bénéfice avec les légataires qui lui étaient assignés. Or, ceux-ci restent parfaitement capables, et sont aptes à recueillir les libéralités qui leur sont adressées par le testateur. Il est vrai qu'en droit romain les legs ne se soutiennent qu'en s'appuyant sur une institution, et qu'ici l'institution qui servait de base aux legs en question a disparu. Mais il reste l'institution du cohéritier, qui s'étend désormais à la part devenue vacante ; et pour asseoir sur cette institution les legs imposés au défaillant, il suffit de les considérer comme tacitement répétés à l'égard du cohéritier qui prend *jure adcrescendi*, ainsi qu'on le disait à l'égard du substitué. Cette supposition n'a rien que de conforme à la volonté du testateur, qui s'en fût expliqué, s'il avait pu prévoir la défaillance de l'un des institués. Les légataires, qu'on y prenne bien garde, sont en réalité préférables aux héritiers, jusqu'à concurrence des trois quarts de la succession. Dans cette mesure, les institués jouent en quelque sorte le rôle d'exécuteurs testamentaires. Peu importe que celui qui était chargé directement du payement de telles ou telles libéralités fasse défaut. La part grevée de ces libéralités doit raisonnablement passer *cum sua causa*. L'héritier auquel est dévolue, *jure adcrescendi*, la portion libre, ne venait, en effet, pour cette fraction de l'hérédité qu'en seconde ligne dans la pensée du défunt ; et puisque le cohéritier qui le primait devait lui-même, s'il eût recueilli, subir une perte au profit des légataires, on ne voit pas pourquoi cette perte serait évitée par un institué qui, dans les affections du disposant, n'occupait, quant à la part vacante, qu'une place subsidiaire.

Du reste, la jurisprudence romaine avait fini, ce que nous

ayons essayé de démontrer plus haut [1], par s'écarter, en matière d'accroissement, du point de vue d'après lequel s'expliquait la dispense des *onera*. Postérieurement au rescrit de Sévère, qui étendait tacitement au substitué les charges imposées à l'institué, la même décision fut appliquée à l'héritier qui profitait de l'accroissement. Il fut considéré également comme un substitué ; on l'envisagea lui aussi comme venant prendre la place de son cohéritier, ce qui était justement le contraire de l'idée ancienne, par laquelle se justifiait l'accroissement *sine onere*. Conséquemment, bien avant Justinien, l'uniformité s'était établie en droit romain, quant à la transmission des *onera*, soit qu'il y eût exercice de la *caducorum vindicatio*, soit que, par l'effet d'une substitution ou de l'accroissement proprement dit, deux parts héréditaires se trouvassent réunies dans les mêmes mains. Justinien n'avait donc pas réellement une option à faire entre les deux règles, dont l'une, depuis plus de deux siècles, l'avait emporté sur l'autre. Il n'eut qu'à confirmer ce qui était depuis longtemps pratiqué ; et il se montra si religieux observateur du droit antérieur, qu'il ne songea même pas à enlever à l'ancien principe du *jus adcrescendi sine onere* le terrain assez étroit qui lui était demeuré, pour le cas où il y avait vacance d'une part héréditaire à la suite d'une institution dite *pro non scripto*.

Cependant, si la transmission des *onera* avait prévalu, ce qui était un hommage rendu aux volontés du défunt, l'ancienne jurisprudence avait déjà sagement limité cette règle, en tenant compte du motif même qui l'avait fait établir. Effectivement, les *onera* ne devaient point passer à l'héritier qui prenait la place de l'institué grevé, toutes les fois que le testateur avait disposé ces *onera* de manière à les imposer exclusivement au titulaire direct de l'institution. C'est l'observation que fait Ulpien, dans la loi 74, *De legat.*, 1°, à l'occasion du rescrit des empereurs Sévère et Antonin. Ainsi, il n'y aura pas lieu, dit ce jurisconsulte, à faire supporter au substitué le legs que l'institué devait payer à tel légataire, alors que ce dernier aura été gratifié d'un legs différent, pour le cas où la substitution produirait son effet. Cette solution nous paraît toujours applicable sous Justinien,

[1] Voir p. 153.

quand le défunt aura réglé les legs diversement, suivant que le grevé direct viendrait à la succession, ou que sa part serait recueillie par un autre, *jure adcrescendi*. Ici encore la volonté probable du testateur est ce qui doit servir de guide, et l'on ne peut guère présumer qu'il ait entendu cumuler le bénéfice d'un double legs. Bien que la constitution *De cad. toll.* soit muette sur ce point, il n'y a pas de raison pour s'écarter de la décision d'Ulpien.

Justinien ne s'occupe de confirmer expressément la doctrine d'Ulpien que sur un autre point. Ce jurisconsulte enseignait encore, dans la loi 74, que le substitué n'aurait pas à subir les *onera*, quand le testateur avait eu, pour les imposer à l'institué, des motifs qui n'existaient pas à l'égard du substitué. « *Vel quid si certa causa fuit, cur ab instituto reliquerat, quæ in substituto cessaret.* » C'est au développement de cette idée que s'attache l'empereur, dans le paragraphe 9. Sans doute, en principe, la transmission de l'*onus* s'applique à l'obligation de *faire*, tout aussi bien qu'à l'obligation de *donner*, comme le porte le paragraphe 4, et comme le répète le paragraphe 9. Néanmoins, quand il s'agit d'un *fait* à accomplir, il faut distinguer s'il est de telle nature que, dans la pensée du testateur, il ne dût être exécuté que par l'héritier directement grevé. Ainsi, pour citer les exemples rapportés dans la constitution, le défunt a ordonné à l'héritier de demeurer dans tel lieu, de faire telles études, de construire tel ou tel ouvrage de ses propres mains, de se marier. Dans toutes ces circonstances, et dans d'autres qui seraient analogues, il est évident que le testateur n'a eu en vue que l'institué même auquel il a imposé l'accomplissement de ces divers faits. Mais il ne faut pas oublier que la *personnalité* des charges constitue une exception, qui ne devra être admise qu'en conformité d'une volonté semblable de la part du disposant, et qu'en règle générale, les charges doivent, au contraire, être tenues pour *réelles*, c'est-à-dire comme grevant la part héréditaire sur laquelle elles sont imposées, soit qu'elle reste aux mains de son titulaire originaire, soit qu'elle passe en d'autres mains, par l'effet du droit d'accroissement.

Défaillance d'un legs ou d'un fidéicommis. — La défaillance, au lieu de porter sur une part de l'hérédité, peut n'affecter qu'une disposition à titre particulier, un legs ou un fidéicommis. Cette hypothèse donne lieu aux deux questions que nous avons examinées quant aux parts héréditaires. Il faut se demander d'abord qui profitera de la défaillance ; en second lieu, si le bénéficiaire de la défaillance sera astreint à l'acquittement des charges.

Sur le premier point, en ce qui concerne l'ordre de dévolution, la règle est la même que pour l'attribution des parts héréditaires vacantes. Ici encore le principe général est que la disparition de tel ou tel légataire ou fidéicommissaire doit améliorer la position de celui ou de ceux qui auraient eu à souffrir de sa présence, si le gratifié avait répondu à la vocation du testateur. Peu importe que la disposition qui ne sort point à effet soit *pro non scripto*, qu'elle se trouve *in causa caduci*, ou enfin qu'elle soit caduque. Justinien, pour tous ces cas, dans les paragraphes 3, 4, 7, se sert toujours des mêmes expressions : « *manere apud eos a quibus sunt derelicta.* » Les grevés, en cette matière, peuvent être non-seulement des héritiers, mais aussi des légataires, des fidéicommissaires, des donataires à cause de mort. « *Heredes forte, vel legatarios, vel alios, qui fideicommisso gravari possunt.* »

Le profit de la défaillance doit se répartir entre les grevés, dans la proportion de la charge qu'ils étaient menacés de subir. C'est ce que décide clairement le paragraphe 8, alors que les grevés seraient des héritiers. Ils retiendront, est-il dit, le legs, *pro parte hereditaria*, parce qu'ils auraient dû l'acquitter dans cette proportion. Si les grevés étaient des légataires, des fidéicommissaires, ou des donataires à cause de mort, la constitution ajoute que le bénéfice se partagera par tête, *pro virili omnimodo portione, id est, pro numero personarum*. Sans doute, Justinien suppose que le défunt ne s'est pas expliqué sur le montant de la charge à distribuer entre les grevés, silence qui doit s'interpréter en ce sens que chacun, abstraction faite de l'importance de ce qu'il a reçu, est grevé pour une part égale. Si le défunt, en effet, avait imposé à plusieurs légataires, dans une mesure différente, l'exécution de la libéralité en défaillance, il nous paraît certain qu'on devrait suivre pour la répartition du bénéfice la proportion réglée par le testateur, pour le cas où il aurait fallu exécuter le legs.

22

Cette dévolution du profit de la défaillance, en faveur des grevés est toutefois écartée, à raison de la présence d'un substitué ou d'un conjoint du défaillant. « *Nisi vacuatis vel substitutus suppositus, vel conjunctus fuerat aggregatus* [1]. » Les grevés se trouvent alors exclus par les substitués ou par les conjoints. Il n'y a pas de difficulté relativement au substitué, dont la vocation ouverte par le défaut du premier appelé empêche la vacance du legs. Les choses, au contraire, sont loin d'être aussi simples, au moins dans l'opinion des commentateurs, quand il existe un légataire *conjunctus*.

Quel est, sous Justinien, le caractère exigé dans la *conjunctio* entre légataires pour fonder le droit d'accroissement ? Ne doit-on pas le faire résider dans l'unité de l'objet du legs, dans la solidarité de vocation, en un mot, dans cette circonstance qu'il y a *eadem res legata ?* Par suite, ne doit-on pas dire que, si la *conjunctio* n'existe que quant aux *verba*, si des parts distinctes ont été assignées à chaque légataire, l'accroissement sera repoussé, puisque aucun légataire ne peut prétendre que le tout lui ait été laissé ? Nous avons établi que telle était autrefois la base fort rationnelle du *jus adcrescendi*, refusé dès lors aux légataires *conjuncti verbis tantum*, pour lesquels on disait : « *semper partes habent.* » Sans doute, au point de vue de la *caducorum vindicatio*, ce système avait été abandonné. On avait considéré comme *collegatarius conjunctus* celui-là même qui n'était légataire que pour partie, ainsi que l'atteste le paragraphe 208, Comm. II de Gaïus, dont la doctrine a été reproduite par Paul dans la fameuse loi 89, *De legat.*, 3°. Il n'est pas surprenant que beaucoup d'anciens commentateurs, Doneau, par exemple, trompés par l'autorité de ce texte, qu'ils rapportaient au *jus adcrescendi*, aient accordé la prérogative de l'accroissement au colégataire *conjunctus verbis tantum.* Mais depuis que la lumière s'est faite sur le véritable sens de cette loi 89, il ne manque pas de jurisconsultes qui se croient encore obligés de rendre hommage au texte de Paul, et de maintenir, malgré l'abrogation des lois caducaires, pour la transférer au droit d'accroissement, une décision qui avait été

---

[1]. Cette disposition, écrite au paragraphe 3, à l'occasion du legs *pro non scripto*, est répétée au paragraphe 4, quant au legs *in causa caduci*, et au paragraphe 7, pour le legs caduc.

écrite dans un tout autre but. MM. Holtius[1], Rudorff[2], Huschke[3], Mühlenbruch[4], etc., s'accordent pour admettre au bénéfice de l'accroissement, dans le droit de Justinien, le légataire qui n'est *conjunctus* que *verbis*.

Nous ne saurions, on doit le pressentir, nous ranger à cette doctrine. Nous trouvons dans le texte même de Paul la condamnation formelle de l'extension donnée au droit d'accroissement. Elle se trouve écrite dans ces expressions : « *Quoniam semper partes habent legatarii.* » Que Paul ne s'arrêtât pas à cette barrière d'une assignation de parts, on le conçoit aisément, puisqu'il s'agissait uniquement pour lui de régler l'attribution d'une part caduque, et que, pour cette attribution, la préférence attachée à la qualité de *collegatarius conjunctus* avait été appliquée à tous ceux qui se trouvaient compris dans une même formule de legs, sans distinguer si le legs était *per vindicationem* ou *per damnationem*. Mais, du moment que le privilége découlant des lois Julia et Papia a été supprimé, sur quel fondement peut-on asseoir l'empiétement d'un légataire à l'égard d'une part autre que celle qui lui a été laissée ? Nous ne regardons pas comme nécessaire de donner absolument dans le droit de Justinien une vérité d'application à tous les fragments découpés dans les ouvrages des anciens jurisconsultes ; et, à nos yeux, le texte de Paul n'est autre chose qu'un document historique. Il y a là une interprétation, qui était bonne sous l'empire des lois Julia et Papia, mais qui reste dépourvue de toute valeur pratique, depuis qu'elles ont été abrogées[5].

Il est facile de reconnaître que, dans la pensée de Justinien,

[1] *Thémis*, t. IX, p. 560 et 561.
[2] *Gesch. Zeitsch.*, t. VI, p. 426.
[3] *Richters Jarb.*, 1838, p. 307.
[4] *Doctr. Pandect.*, § 790.
[5] Pothier (*Pandect.*, *De legat.*, n° 428), en s'inspirant d'une distinction proposée un peu obscurément par Cujas (*Recit. ad Tit., De verb. signif.*, l. 142, t. VIII, c. 593), explique la décision de Paul, avec ce sous-entendu que les légataires *conjuncti verbis tantum* doivent être admis à l'accroissement, *pourvu qu'il soit constant que telle était la volonté du testateur*. — Nous ne faisons aucune difficulté d'adhérer à cette solution. Mais, où puisera-t-on les motifs d'une pareille intention, quand le testament se borne à cette disposition : legs d'un objet à plusieurs, pour une *part* à chacun ? La présomption est précisément que le défunt a entendu restreindre chaque gratifié à n'avoir tout au plus qu'une fraction.

l'unité de chose léguée devait être, comme anciennement, la
base de l'accroissement. Lors de la compilation des Pandectes,
à une époque où déjà, nous l'avons dit, les lois Julia et Papia
étaient condamnées, les rédacteurs rencontrèrent les textes des
jurisconsultes qui avaient exposé les règles de l'accroissement à
l'occasion de l'usufruit, matière pour laquelle, on le sait, le *jus
adcrescendi* avait continué à fonctionner. Or, il résulte de divers
fragments du titre *De usuf. adcr.*, notamment des lois 1, *pr.*, 3,
pr., et 11, que, toutes les fois que les légataires sont réduits à une
part d'usufruit sur la même chose, ils sont exclus du droit d'accroissement. L'insertion de ces textes dans les Pandectes prouve
que Justinien s'était déjà rattaché aux vieilles règles du droit d'accroissement [1]. La même idée se reproduit au paragraphe 8,
De legat., Instit., où Justinien exige positivement, pour qu'il y
ait lieu à accroissement, que le legs porte sur la *eadem res*;
aussi passe-t-il complètement sous silence les légataires *conjuncti verbis tantum*.

Comment supposer qu'il ait abandonné, en écrivant la constitution *De cad. toll.*, le système qu'il avait consacré deux fois ?
Des auteurs modernes ont bien prétendu qu'il aurait dans cette
constitution accordé le *jus adcrescendi* aux *conjuncti verbis tantum*; mais ils ne sont pas parvenus à le démontrer.

Voici à quoi se réduisent les dispositions de la constitution
sur la dévolution au profit des colégataires du legs en défaillance. Le légataire *conjunctus* est toujours préféré au grevé
(§§ 3, 4 et 7). Cette préférence est énoncée comme appartenant à
quiconque est *conjunctus*, sans qu'il y ait d'explication sur le sens
de la *conjunctio*. Toutefois nous voyons, au paragraphe 11, que
l'énergie de l'accroissement et ses conséquences varient suivant
que les *conjuncti* sont compris dans une même formule ou
gratifiés par des phrases différentes. Mais, comme la défaillance
du colégataire doit profiter même à celui qui est *disjunctus
verbis*, il est évident que Justinien fait rentrer ce dernier sous la
dénomination de *conjunctus*. Or, l'unité de formule quant au
legs faisant ici défaut, pour justifier le rapport de *conjunctio* à

---

[1] Les motifs donnés par les jurisconsultes pour exclure l'accroissement,
quand il y a assignation de parts, et répétés par les compilateurs, n'ont
rien assurément qui soit particulier à l'usufruit, et qui ne soit vrai également pour un legs de propriété.

l'égard du *disjunctus verbis*, on est bien forcé d'admettre que l'empereur se référait à la *conjunctio* quant à la *res*. Malgré la tendance qu'il avait à faire porter la *conjunctio* sur les *verba*, Justinien revient donc à la définition qu'avait donnée Celse du *conjunctim legari*, définition qu'il a approuvée du reste, en la faisant passer dans les Pandectes : « *conjunctim legari, hoc est, tota legata singulis data esse.* » Nous pouvons donc dire, pour l'accroissement entre colégataires, comme nous l'avons dit pour l'accroissement entre cohéritiers, que la *conjunctio re* était toujours sous-entendue par Justinien comme une condition indispensable. Cette nécessité de l'unité dans la chose léguée est tacitement énoncée dans les premiers termes du paragraphe 11, où on lit : « *Ubi autem legatarii, vel fideicommissarii, duo forte, vel plures sunt, quibus aliquid relictum sit.* » L'expression *aliquid* nous paraît indiquer, quoique d'une manière moins claire, la condition que les Instituts désignent par les mots : *eadem res*.

Tout en faisant revivre le fond de l'ancienne théorie du *jus adcrescendi*, Justinien a modifié sensiblement les règles qui avaient été fixées autrefois par les jurisconsultes quant à l'application de ce droit. On sait qu'il dépendait de la formule employée par le testateur, en ce sens qu'il était admis entre légataires *per vindicationem*, et exclu entre légataires *per damnationem*. Ces derniers, quand le legs était fait *conjunctim*, par une seule phrase, étaient moins bien traités que les premiers. Chacun d'eux, en effet, se trouvait réduit à une part, même en cas de défaillance de l'autre légataire ; et cela, quoiqu'il n'y eût pas assignation expresse de parts, d'après la maxime : « *damnatio partes facit.* » Mais, en revanche, ils étaient mieux traités que les légataires *per vindicationem*, alors que les legs étaient laissés *disjunctim*, par des phrases diverses. Chaque légataire avait droit à la totalité, même en cas de concours de l'autre, tandis que les légataires *per vindicationem* étaient obligés d'en venir à un partage.

Cette distinction des formules, déjà ébranlée depuis longtemps par le sénatusconsulte Néronien, n'a plus aucune valeur sous Justinien. Sans doute, il ne faut pas faire descendre jusqu'à cet empereur l'affranchissement de l'observation des *certa verba*, opéré en 339 par les enfants de Constantin (1. 6, C. *De legat.*);

mais, malgré cette réforme, on n'en devait pas moins rechercher toujours, en consultant les termes, quels qu'ils fussent, dont s'était servi le testateur, s'il avait entendu transférer la propriété aux légataires, ou constituer seulement un droit de créance à leur profit. Justinien est allé plus loin dans sa constitution 1re, *Comm. de legat.*, dont la substance se retrouve au paragraphe 2 des Institutes, *De legat.*; il n'y a plus désormais à tenir compte de la pensée du testateur, à examiner la manière dont il s'est exprimé. Les legs, de quelque façon qu'ils aient été conçus, auront toujours la même portée; ils donneront aux légataires le plus de droits possible, et par conséquent l'action réelle, toutes les fois que le testateur aurait pu la leur conférer. Seulement la répétition de plusieurs legs pour la même chose, fût-ce dans la forme *per damnationem*, ne produira plus, comme jadis, autant de droits à la totalité de cette chose qu'il y aura de légataires *disjuncti* non défaillants. Le partage en cas de concours, l'attribution du tout à celui qui seul répond à la vocation du défunt, constitueront maintenant la règle commune, abstraction faite de la forme du langage.

Il ne saurait y avoir doute sur ce point que Justinien a supprimé la faveur, exagérée à ses yeux, d'une multiplication de legs, quand il y a divers légataires *disjuncti per damnationem*. La constitution avertit les légataires qu'ils ne doivent pas se flatter d'une pareille prétention, qui est qualifiée d'*avaritia* [1], à moins, est-il ajouté, que le testateur ne l'ait autorisé très-clairement, et d'une manière expresse : « *nisi testator apertissime et expressim disposuerit ut...* » Mais nous regardons aussi comme certain que, en cas de legs fait *conjunctim*, un légataire doit toujours pouvoir profiter de la défaillance de l'autre légataire, sans distinguer s'il y a legs *per vindicationem* ou *per damnationem*. Justinien, vers le commencement du paragraphe 11, accorde généralement le droit d'accroissement aux légataires *conjuncti* : « *si vero pars quædam ex his deficiat, sancimus eam omnibus, si habere maluerint, pro virili portione cum omni suo onere adcrescere.* » La faveur de l'accroissement ne peut plus, dans la pensée de

---

[1] « *Non sibi blandiantur, ut unus quidem rem, alii autem singuli solidam ejus rei æstimationem accipere desiderent ; cum hujusmodi legatariorum avaritiam antiquitas varia mente susceperit, in uno tantummodo genere legati eam accipiens, in aliis respuendam esse existimans,* § 11. ».

Justinien, dépendre de la forme du legs ; car il répète encore ici qu'il répète encore ici que tous les legs doivent avoir le même caractère, et qu'il a effacé toutes les anciennes différences : « *unam omnibus naturam legatis, et fideicommissis imponentes, et antiquam dissonantiam in unam trahentes concordiam.* »

Nous pensons donc que Cujas est tombé dans l'erreur, quand il a enseigné, dans son commentaire sur la constitution *De cad. toll.* [1], que, sous Justinien encore, les légataires *conjuncti per damnationem* ne peuvent pas prétendre à l'accroissement. Il est vrai que l'illustre jurisconsulte appuie cette doctrine sur plusieurs textes des Pandectes ; mais ces textes ne prouvent autre chose que l'inadvertance des compilateurs, et ne sauraient prévaloir sur les assertions réitérées de Justinien à l'égard du régime commun auquel doivent être soumis tous les legs. Si les légataires *per damnationem* peuvent perdre à ce nouveau régime, ainsi que nous l'avons indiqué, il faut au moins leur accorder les avantages qui en résultent. — Par suite de cette assimilation générale, le jeu de l'accroissement ne devra pas être limité à l'hypothèse où les legs porteraient sur des choses appartenant au testateur. Il s'exercera pareillement entre les légataires de la chose d'autrui, ou entre les légataires d'une quantité, par exemple, d'une somme d'argent, bien que, dans ces divers cas, il ne puisse être question que d'une créance. L'innovation de Justinien ne permet pas d'appliquer le principe ordinaire, suivant lequel, quand plusieurs personnes sont appelées à profiter d'une créance, il se forme diverses obligations partielles, dont le *quantum* est déterminé par le nombre de ceux qui sont appelés à être créanciers.

Le droit à l'accroissement est devenu, par conséquent, la règle générale entre légataires d'une même chose. On ne doit plus s'attacher à la formule du legs. En vain serait-il conçu en ces termes : *heres damnas esto.* La *damnatio*, par elle seule, n'a plus la vertu de créer des parts distinctes ; celles-ci n'existeront que par la volonté formellement exprimée du testateur. De même l'unité ou la diversité de phrases est indifférente pour fonder en principe le droit à l'accroissement. Les *disjuncti* comme les *conjuncti* y sont appelés. Sans doute il n'opérera pas

[1] T. IX, c. 905.

de la même manière à l'égard des uns et des autres; mais, avant d'exposer les règles différentes que Justinien a établies relativement à ces deux sortes de légataires, il faut se demander, ce qui est passé sous silence dans la constitution, comment le conflit sera vidé entre les divers prétendants, quand il se rencontrera à la fois des légataires de chaque espèce. Nous pouvons toutefois être bref sur cette question, parce qu'elle doit se résoudre par l'application de principes déjà connus, et qui ont été développés à l'occasion de l'accroissement entre cohéritiers.

Nous supposerons que le testateur a légué comme il suit le même fonds à plusieurs personnes. Il a dit : « *Fundum Cornelianum Primo et Secundo do lego ; eumdem fundum Tertio do lego; eumdem fundum Quarto et Quinto æquis ex partibus do lego.* »

Ici, Primus et Secundus sont *conjuncti re et verbis* entre eux; *disjuncti verbis,* et *conjuncti re* par rapport à Tertius, et par rapport à Quartus et Quintus.—La position de Tertius n'offre aucune difficulté. — Quartus et Quintus, *conjuncti re,* vis-à-vis les autres légataires, sont entre eux *conjuncti verbis,* mais *disjuncti re.* Cependant cette *disjunctio re* n'éclatera qu'en l'absence de tout rival ; et il y aura nécessairement *conjunctio re* entre eux, tant que l'un se trouvera en présence de quelque autre des légataires. C'est la même complication que celle qui a été expliquée au sujet des parts héréditaires. Le cas est prévu dans la loi 41 pr., *De legat.* 2°, qui, en supposant la défaillance de l'un des deux légataires de chaque moitié d'un fonds, admet que le légataire pour moitié, qui reste, viendra à partage sur la fraction vacante, en concours avec le légataire de la totalité.

Si tous les légataires se présentaient, Primus et Secundus auraient un tiers, qu'ils diviseraient également, Tertius un tiers à lui seul, Quartus et Quintus le dernier tiers à eux deux, un sixième chacun.

Que Primus vienne à manquer, sa part accroîtra à Secundus uniquement. La préférence en faveur du *conjunctus re et verbis* n'est point douteuse ; elle était admise, même quant au *jus caduca vindicandi,* ainsi que l'atteste la loi 89, *De legat.* 3°. Les textes spéciaux à la matière de l'accroissement consacrent la même préférence, comme le prouvent les lois 9, *De usuf. adcresc.*, et 26, § 1, *De usu et usuf.* (liv. XXXII, tit. II). On disait que les individus compris dans la même formule, sans assignation de parts bien entendu, ne formaient qu'une seule personne, une seule tête, laquelle subsiste toujours tant qu'il y a dans ce groupe quelqu'un pour le représenter. « *Conjuncti unius personæ potestate funguntur,* » l. 34, *pr. De legat.* 1°.

Si Tertius fait défaut, il n'y a plus, au contraire, que deux têtes. La part de Tertius, un tiers dans l'espèce, se divisera en deux sixièmes : l'un qui accroîtra à Primus et Secundus, l'autre qui accroîtra à Quartus et Quintus. Chacun des deux groupes prendra moitié, c'est-à-dire gagnera ce qu'il eût perdu par l'effet du concours du défaillant.

Enfin, de Quartus ou de Quintus l'un fait défaut. Nous n'accorderons pas pour l'accroissement une préférence à celui qui reste au détriment des autres. Son legs ne s'élève qu'à une moitié du fonds ; il ne serait pas juste qu'il eût autant que ceux qui sont légataires de la totalité. Le rapport entre le droit de Quintus, par exemple, comparé à celui de Tertius, ou de Primus et Secundus, étant celui de la moitié à l'entier, il faut diviser de telle façon que la part de Tertius, de même que celle de Primus et Secundus, soit toujours double de la part de Quintus. Ce résultat, qu'on n'obtiendrait pas en faisant bénéficier Quintus exclusivement de l'accroissement, ne serait pas atteint, d'un autre côté, si on attribuait le sixième de Quartus défaillant aux autres légataires seuls, en laissant Quintus réduit à un sixième. Ce dernier n'aurait effectivement que deux douzièmes, tandis que le groupe de Primus et Secundus aurait cinq douzièmes, et Tertius également cinq douzièmes. Pour maintenir entre les légataires la proportion désirée par le testateur, on doit admettre Quintus à profiter lui aussi de l'accroissement, mais dans une mesure moitié moindre que Tertius, ou que Primus et Secundus. Ainsi, le sixième valant 25, Tertius prendra 10, Primus et Secundus prendront également 10 ; les 5 restants reviendront à Quintus.

Cette décision, remarquons-le bien, n'implique pas contradiction avec le refus en principe du droit d'accroissement pour les légataires *conjuncti verbis tantum.* En effet, l'accroissement que nous autorisons entre les parts de Quartus et de Quintus n'a pas lieu d'une manière absolue ; il est subordonné à cette condition essentielle de la présence de rivaux, qui fasse obstacle à ce que l'un ou l'autre atteigne le *maximum* de son droit, une moitié. Si tous les légataires *disjuncti* faisaient défaut, et qu'il en fût de même de Quartus; Quintus, en prenant moitié, serait arrivé à tout ce qu'il peut avoir, et la part de Quartus resterait alors aux héritiers.

Il n'y a, nous le répétons, dans la constitution de Justinien, rien qui soit relatif à la collision des légataires *conjuncti* ou *disjuncti* se trouvant en présence. Cette hypothèse n'ayant pas été prévue et résolue formellement par l'empereur, nous avons dû la décider au moyen des règles que nous offrent les textes anciens, auxquels leur insertion dans les Pandectes a donné force législative. Notre doctrine, d'ailleurs, n'est que l'application de l'idée générale qui sert de base à l'accroissement, et que Justinien, suivant nous, a prise pour point de départ, en consacrant le principe : *manere a quibus derelictum est*. La constitution se borne à supposer qu'il n'y aura, à côté du légataire défaillant que des légataires *conjuncti* ou que des légataires *disjuncti*. Suivant qu'ils auront l'une ou l'autre de ces qualités, ils seront traités différemment, soit quant au point de savoir si l'accroissement sera nécessaire ou non, soit quant à la transmission des *onera*. La première de ces questions étant intimement liée à la seconde, nous l'examinerons en même temps que cette dernière.

Transmission des ONERA *attachés à la portion du légataire défaillant*. — Suivant la constitution de Justinien, la question de savoir si entre légataires l'accroissement a lieu *cum onere* ou *sine onere* dépend de la forme du legs, de l'unité ou de la diversité de dispositions. La même distinction doit être faite pour décider si l'accroissement sera imposé au légataire acceptant, ou s'il sera libre de le repousser.

Premier cas. — Les légataires sont *conjuncti*, c'est-à-dire gratifiés par une seule formule. Le testateur a dit : « *Primo, Secundo et Tertio fundum Cornelianum do lego.* » Mais, parmi les trois légataires, les deux premiers ne sont grevés d'aucune charge ; le dernier, Tertius, doit, d'après le testament, payer une somme de 100 à un tiers, servir telle ou telle rente, construire tel ouvrage, ériger, par exemple, un tombeau pour le défunt, *si monumentum fecerit*. Ce dernier légataire faisant défaut, Justinien admet tous les autres légataires *conjuncti* à prendre, si bon leur semble, la part vacante, mais sous l'obligation de subir la charge.

« *Si vero pars quædam ex his deficiat, sancimus eam omnibus, si habere maluerint, pro virili portione cum omni suo onere adcrescere.* » Dans le cas où ils renonceraient tous à l'accroissement, la part défaillante restera à l'héritier. « *Vel si omnes noluerint, tunc apud eos remanere a quibus derelictum est.* » Enfin, s'ils se divisent, et prennent chacun un parti différent, l'accroissement se fera exclusivement au profit de celui qui consent à recueillir ce qui est vacant, mais qui seul devra supporter l'*onus*. « *Cum verò quidam voluerint, quidam noluerint, volentibus solummodo id totum accedere[1].* »

Deuxième cas. — Les légataires sont *disjuncti*. La même chose a été léguée à deux personnes, à Primus et à Secundus, mais *separatim*, par des phrases distinctes. Un seul d'entre eux, Secundus, a été grevé de telle ou telle charge. En supposant que ce dernier fasse défaut, Primus, qui accepte, ne peut prendre seulement une moitié; il aura nécessairement la totalité : *solidâ ejus fit.* En revanche, il ne devra point se préoccuper de la charge spécialement imposée à l'autre légataire, parce qu'il se borne à recueillir ce qui lui a été laissé, et qu'il n'empiète aucunement sur le legs d'autrui.

Avant d'apprécier si cette doctrine de Justinien est à l'abri de critique, il faut d'abord rappeler quelles étaient les règles de l'ancien droit.

Nous avons établi, au commencement de cette dissertation, que l'ancienne jurisprudence, en prenant pour base de l'accroissement la solidarité de vocation (*singulis solidum datum*), ne te-

[1] L'interprétation, que nous donnons au texte du paragraphe 11, et qu'on peut appeler l'interprétation commune, n'est pas sans contradicteurs. Schneider, p. 257, soutient qu'il n'est pas permis au légataire *conjunctus* de diviser le legs, pour s'en tenir à une part, et décliner ainsi le fardeau des *onera*. Suivant cet auteur, l'option ne porterait que sur l'acceptation du legs entier avec ses charges, ou sa répudiation également en entier; c'est à tort, dit-il, que l'opinion générale rapporte les expressions : *maluerint, noluerint,* à la *pars quæ deficit*; elles ont trait à l'ensemble de ce qui a été laissé, *id quod relictum est*. Ce système, critiqué par M. Hüschke, p. 331, n'a point, à notre connaissance du moins, rencontré de partisans. Nous croyons qu'il n'est pas conforme à la pensée de Justinien, et à la manière dont il comprend le legs fait *conjunctim* à plusieurs. Nous reviendrons sur ce point, en examinant le mérite de la théorie nouvelle consacrée par la constitution, *De cad. toll.*

naît pas compte de la *conjunctio* ou de la *disjunctio* quant aux *verba*. L'accroissement était une nécessité pour tout colégataire acceptant. — Relativement aux charges, il fallait distinguer si elles grevaient le legs entier, cas auquel celui qui profitait de la défaillance devait exécuter les charges en totalité, ou si elles étaient spécialement imposées au défaillant, parce qu'alors elles s'évanouissaient, et ne passaient pas à celui qui recueillait le tout *jure adcrescendi*. Sur ces deux points l'uniformité de droit existait, soit que l'accroissement concernât des parts héréditaires, soit qu'il fût simplement question de légataires. Toutefois, il ne faut pas oublier que, dans le dernier temps des jurisconsultes, le principe, en vertu duquel l'héritier exerçant le *jus adcrescendi* était à l'abri des charges particulières au défaillant, avait fini par succomber, pour être remplacé par la règle plus équitable appliquée en matière de *caducorum vindicatio*. On imagina, en effet, de considérer l'héritier bénéficiaire de l'accroissement, non plus comme recueillant directement le tout, grâce à sa vocation, mais plutôt comme profitant d'une espèce de substitution, qui le mettait au lieu et place du défaillant pour les charges de même que pour les avantages. Il nous a paru que, pour être logique, on avait dû étendre ce point de vue au colégataire qui invoque l'accroissement; car, comme le dit Justinien, une substitution est possible pour un legs comme pour une part d'hérédité. Si cette conjecture est exacte, la constitution de Justinien n'aurait été qu'une réaction contre la réforme qui s'était opérée, et un retour aux anciens principes du *jus adcrescendi*. Seulement ce retour n'aurait pas été complet; la théorie du *jus adcrescendi* aurait été remise en vigueur au profit des légataires *disjuncti*, tandis que les légataires *conjuncti* seraient restés privés de l'avantage qui, autrefois, leur avait été commun avec les légataires *disjuncti*.

La distinction admise par Justinien, dont l'importance se manifeste en ce qui concerne la transmission des *onera*, doit-elle être acceptée d'une manière absolue, ou bien ne faut-il pas l'écarter alors que le legs qui reste sans effet se trouvera au nombre de ceux qui étaient dits *pro non scriptis*? Schneider, p. 253, pense que, dans cette dernière hypothèse, la règle posée au paragraphe 3, et qui exempte presque toujours des *onera* (*nullo grava-*

mine, nisi perraro) celui qui profite de la vacance, peut être invoquée par le légataire *conjunctus*, tout aussi bien que par l'héritier. Cette opinion est partagée par M. Huschke, p. 328, et nous inclinons aussi à l'adopter. Nous n'entendons pas assurément justifier au fond la décision de Justinien, qui nous a semblé critiquable, quand nous l'avons examinée à l'égard des héritiers; mais, bonne ou mauvaise, cette décision n'a rien qui doive la faire restreindre aux héritiers, à l'exclusion des légataires. Du moment que l'on admet que, la disposition principale étant non avenue, celles qui s'y rattachaient doivent subir le même sort, on ne voit pas pourquoi il en serait autrement des *onera*, qui étaient une dépendance d'un legs tenu *pro non scripto*[1]. Nous n'aurons donc à nous préoccuper de la distinction qu'a fait prévaloir la constitution qu'autant que le legs, qui n'est point recueilli par son titulaire, aura pu, comme on le disait, *consistere ab initio*, qu'autant qu'il se rangera dans la catégorie des legs *in causa caduci*, ou dans celle des legs caducs.

Pour justifier la diversité des règles qu'il établit, Justinien se fonde sur cette idée que, dans le cas où une chose est léguée *separatim* à quelqu'un, elle lui est attribuée en totalité : *solida ejus fit*. L'addition d'un rival gratifié de la même chose par une phrase distincte constitue seulement une chance de diminution ; mais, quand cette éventualité ne se réalise pas à défaut de concours, on ne peut pas dire qu'il y ait une part de legs vacante. Le légataire qui reste ne voit pas son droit s'accroître, il évite seulement une perte. « *Sin vero nemo alius veniat, vel venire potuerit, tunc non vacuatur pars quæ deficit, nec aliis adcrescit, ut ejus, qui primus accepit, legatum augere videatur, sed apud ipsum qui habet solida remaneat, nullius concursu deminuta.* » En un mot, pour employer le langage d'Accurse, de Cujas, langage qui, de nos jours, a trouvé faveur, il y a *jus non decrescendi*, et non pas *jus adcrescendi*. Comme conséquence de ce point de vue, Justinien déclare que l'*onus* im-

---

[1] Nous n'avons pas besoin de faire observer qu'il faudra appliquer à tout légataire profitant de l'accroissement, de même qu'à tout héritier, la dispense des *onera*, toutes les fois que les charges présenteront un caractère de *personnalité*, et que, dans la pensée du testateur, elles concernent exclusivement le légataire qui en a été grevé ; en un mot, quand on pourra dire, avec Justinien (§ 9) : « *Quæ omnia testatoris voluntas in ipsius solius persona intelligitur conclusisse, cui et suam munificentiam relinquebat.* »

posé spécialement au défaillant ne doit pas grever le légataire *disjunctus* qui accepte ; il se borne effectivement à retenir son propre legs exempt de défalcation, il ne vient rien prendre sur le legs d'un autre. « *Sin autem ad deficientis personam onus fuerit collatum, hoc non sentiat is, qui non alienum, sed suum tantum legatum imminutum habet.* »

En présence d'un legs fait *conjunctim* à plusieurs, il faudrait, au contraire, renverser les propositions qui précèdent. Chaque légataire ne devrait pas être considéré comme ayant *ab initio* la totalité. Le titre d'un appelé, pris isolément, ne lui donnerait qu'une part dans la chose léguée. Quand l'autre légataire vient à manquer, ce serait un nouveau legs qui se joindrait au premier, et on devrait dire : *legatum augetur.* Cette réunion du legs d'autrui entraînerait dès lors, avec l'avantage du profit, l'inconvénient des charges inhérentes à ce legs. Toutefois Justinien n'entend pas aggraver la position première que le testateur a voulu constituer pour le légataire à qui une part a été laissée exempte de charges ; libre à lui de répudier ou d'accepter l'accroissement, suivant qu'il le tiendra pour nuisible ou non. Cette faculté d'opter, qui, suivant nous, est accordée par Justinien, n'est que la juste déduction de la manière dont il envisage le legs fait *conjunctim* à deux personnes. Il y voit pour chacun, d'abord un legs pur et simple de la moitié, plus un legs de l'autre moitié, mais en quelque sorte sous condition, ce legs ne devant lui obvenir que par la défaillance du colégataire, dont il est pour ainsi dire le substitué. Schneider ne nous paraît avoir saisi cette décomposition, quand il dénie la possibilité de répudier le second legs. C'est à tort qu'il invoque l'ancienne doctrine, qui était conséquente parce qu'elle partait toujours de l'idée d'un legs unique. Du moment qu'il y a deux legs, rien n'empêche le légataire d'accepter l'un et de refuser l'autre.

Entre les deux systèmes que nous offre l'histoire de la législation romaine pour régler la force et les effets du *jus adcrescendi*, celui de l'ancienne jurisprudence et celui de Justinien, lequel est préférable ? Ni l'un, ni l'autre, à notre avis, ne donne satisfaction complète à tous les intérêts qu'il importe de ménager. Nous croyons que mieux eût valu un troisième système, d'après lequel l'accroissement serait toujours volontaire, sans distinction de la forme du legs, mais qui, en revanche, imposerait toujours au légataire qui se prononcerait pour l'accroissement, l'obligation d'exécuter les charges assignées au défaillant.

Le problème qu'il s'agit de résoudre est celui de concilier deux intérêts qui sont également dignes de protection. D'une part, il ne faut pas empirer la position d'un légataire au profit duquel un legs a été fait sans charges ou avec des charges modérées, en le forçant à prendre la part d'un autre légataire qui a été moins bien traité, et qui peut-être ne répudie que parce qu'il y trouve le fardeau trop lourd. Remarquons, en effet, qu'il n'y a pas d'inconvénient sérieux à laisser au légataire la faculté de rejeter le droit d'accroissement; il est bien évident qu'il ne se refusera pas à invoquer l'accroissement, toutes les fois qu'il n'y a aucun péril pour lui, et qu'il ne peut, au contraire, qu'y gagner. Nous concevons sans doute la règle posée par les jurisconsultes romains, d'après laquelle, en principe, un légataire ne peut accepter pour partie et répudier pour partie. Mais cette règle, fort raisonnable quand il est cas d'un legs identique dans toutes ses fractions, ne doit-elle pas souffrir exception, quand un legs se divise en deux moitiés, dont l'une est libre, tandis que l'autre est peut-être surchargée? Laissez au légataire, dont le collègue fait défaut, le soin de délibérer sur le parti qu'il lui convient de prendre; ne lui enlevez pas l'avantage que le testateur a entendu lui assurer. Quand il a eu soin de concentrer exclusivement telle ou telle charge sur la portion d'un seul des légataires, son intention est évidemment que la portion de l'autre ne doit pas être atteinte par l'exécution de cette volonté.

D'un autre côté, le défunt, en grevant le legs d'une charge qui doit profiter à un tiers, a voulu associer ce tiers au bénéfice de la disposition, et opérer en sa faveur une diminution sur l'émolument du legs; seulement il a fait, pourrions-nous dire, un assignat limitatif, en décidant que la part d'un seul des légataires devrait supporter cette défalcation. S'il est juste de ne pas soumettre à l'accomplissement de la charge la portion qui en a été exemptée, il serait également inique d'en purger la portion qui en est affectée. Un seul légataire, il est vrai, est taxativement grevé; mais toutes les fois que la charge n'offre rien de personnel à ce légataire, on doit dire que l'autre, s'il prend le tout, se trouvera tenu, sinon *ex sua persona*, du moins comme détenteur de la moitié du legs sur laquelle le tiers a droit de réclamer ce qui lui a été laissé. Justinien a raison de déclarer que l'*onus* suivra la part qui passe entre les mains du légataire *conjunctus*; mais pourquoi n'en sera-t-il pas de même, s'il y a deux dispositions au lieu d'une seule ?

Un testateur a dit : Je lègue le fonds Cornélien à Primus et à Secundus, mais Secundus devra payer 10,000 à Tertius. Un autre se sera exprimé de la sorte : Je lègue le fonds Cornélien à Primus; je lègue le même fonds à Secundus, qui devra payer 10,000 à Tertius. Suivant Justinien, cette double manière de parler indiquerait tantôt que Primus, s'il prend le tout, sera tenu de compter les 10,000, tantôt que la dette de 10,000 restera exclusivement propre à Secundus. La légitimité de cette interprétation nous semble très-contestable, et nous doutons fort que chacun de ces deux testateurs ait eu une pensée différente. Pas plus dans un cas que dans l'autre, le disposant n'a imposé personnellement le payement des 10,000 à Tertius, cela est certain. Nous disons, par conséquent, qu'il ne peut jamais y être contraint. Mais, pas plus dans un cas que dans l'autre, le disposant ne doit être censé avoir voulu faire dépendre le droit de Tertius de l'acceptation de Secundus. Il a raisonné dans la supposition que Secundus accepterait; c'est sa part qu'il a voulu grever uniquement. L'intermédiaire entre le testateur et Tertius disparaît; faut-il pour cela anéantir le droit de Tertius, puisque la part destinée à le désintéresser reste néanmoins, et va profiter à un autre ? C'est là ce qui nous paraît peu raisonnable; car alors on devra dire, même avec l'emploi de la forme conjonctive, que si de Primus et de Secundus aucun ne se porte légataire, Tertius ne pourra rien réclamer. Cette conséquence injuste avait été, nous l'avons vu, condamnée par un rescrit d'Antonin, rapporté par Papinien, 1. 70, *De legat.*, 2°, où il est dit que le légataire grevé d'un fidéicommis, qui n'accepte pas son legs, devra céder ses actions contre l'héritier au fidéicommissaire.

A nos yeux, l'intention du testateur, qu'il ait disposé dans la forme conjonctive ou dans la forme disjonctive, s'analyse dans les propositions qui suivent. Quant à Primus, celui-ci doit avoir la moitié du fonds, sans aucune charge, fût-il en concours avec Secundus et Tertius. Il doit avoir la totalité à défaut de

Primus et de Secundus; à défaut de Secundus seul, il doit avoir dans tous les cas une moitié libre, et l'autre moitié à son gré, s'il veut payer les 10,000 à Tertius. L'intégrité du legs pour une moitié ne doit pas dépendre de la circonstance que Secundus acceptera ou répudiera : Tertius n'a le droit de se faire payer que sur une moitié. De là nécessité de ne point imposer à Primus un accroissement qu'il peut trouver onéreux.—Quant à Secundus, en concours avec Primus et Tertius, il doit avoir la moitié du fonds, moins une somme de 10,000 à payer à Tertius. A défaut de Primus et de Tertius, il a droit à la totalité ; en concours avec Primus seul, il prendra la moitié sans charges ; en concours avec Tertius seul, il prendra le tout, sous l'obligation de payer 10,000.—Enfin, quant à Tertius, il a droit à une somme de 10,000, qu'il demandera d'abord à Secundus, si celui-ci accepte son legs, en deuxième ligne à Primus, quand ce dernier consent à recueillir la moitié grevée de cette charge, enfin à l'héritier, qui profitera de la défaillance du legs, au cas où Primus et Secundus ne prendraient, ni l'un ni l'autre, la moitié sur laquelle pèse l'obligation de payer les 10,000.

Si nous défendons le système, le plus équitable selon nous, d'après lequel le legs serait toujours divisible au choix du légataire dont la part est libre, nous pensons cependant qu'il faut admettre en principe, comme le faisait l'ancienne jurisprudence, un legs unique, et non pas deux legs, l'un pur et simple pour la part libre, l'autre conditionnel, quant à la part grevée, et qui pour son échéance serait subordonné à la défaillance du légataire auquel la charge est assignée. En allant jusqu'à dire qu'il y a un second legs conditionnel, il faudrait exiger la survivance du légataire dont la part est libre, pour qu'il pût profiter de la vacance. Ce serait l'abandon de la vieille règle en matière d'accroissement : *Portio portioni adcrescit*, qui nous semble bonne à conserver; seulement, l'accroissement pouvant être préjudiciable, à raison de l'importance des charges, nous approuvons la décision de Justinien, qui le laisse facultatif à l'égard du légataire *conjunctus*. C'est une manière de lui conserver toujours intacte la part libre qui lui a été donnée telle. Mais, d'un autre côté, nous sauvons les droits du bénéficiaire de la charge, en lui donnant action même contre le légataire *disjunctus*, qui prendrait la part grevée, tout en l'autorisant lui

23

aussi à repousser l'accroissement, ce qui mettrait le tiers à qui la charge doit profiter en rapport avec l'héritier, qui retient alors la part grevée.

On ne peut nous objecter que nous nous préoccupons inutilement de la gravité des charges imposées à un légataire, attendu qu'il serait suffisamment protégé par cette règle qu'un légataire ne saurait être obligé à payer au delà de ce qu'il a reçu. Cette règle, en effet, comme le fait observer Papinien, l. 70, § 1, *De legat.*, 2°, n'est applicable qu'autant que le montant du legs et le montant des charges consistent en quantités de même nature, de telle sorte que la comparaison des deux éléments à rapprocher rende l'excès évident. « *Hæc ita, si quantitas cum quantitate conferatur.* » Quand le légataire d'un corps certain est obligé de payer telle somme, d'accomplir tel ou tel acte, dont l'évaluation peut être incertaine, c'est au légataire à décider, à ses risques et périls, si le profit qui lui est offert suffit à la charge. Or, cette appréciation à faire peut présenter un danger, auquel un homme prudent ne s'exposera pas. Il est possible que le testateur se soit trompé de bonne foi dans l'estimation qu'il a faite; et il serait injuste de rendre victime de ce faux calcul le légataire, qui, dans la pensée du disposant, doit toujours avoir une part libre. Nous ne voyons guère d'autre considération que celle d'un risque à courir qui puisse empêcher un légataire d'user du droit d'accroissement. Il n'y a pas d'inconvénient à imposer la nécessité de l'accroissement à l'héritier, parce qu'il peut invoquer la loi Falcidie, au moyen de laquelle les prétentions des légataires seront réduites pour faire une part à l'héritier. Mais un légataire ne jouit pas d'une semblable réserve, et, par suite, il faut lui laisser la faculté de s'abstenir de l'accroissement, afin que ce qui doit être une faveur pour lui ne tourne pas à son détriment.

FIN.

TABLE ANALYTIQUE DES MATIÈRES.

CHAPITRE II. — OBSERVATIONS PRÉLIMINAIRES.

§ 1. *Incapacités et priviléges créés par les lois Julia et Papia.*

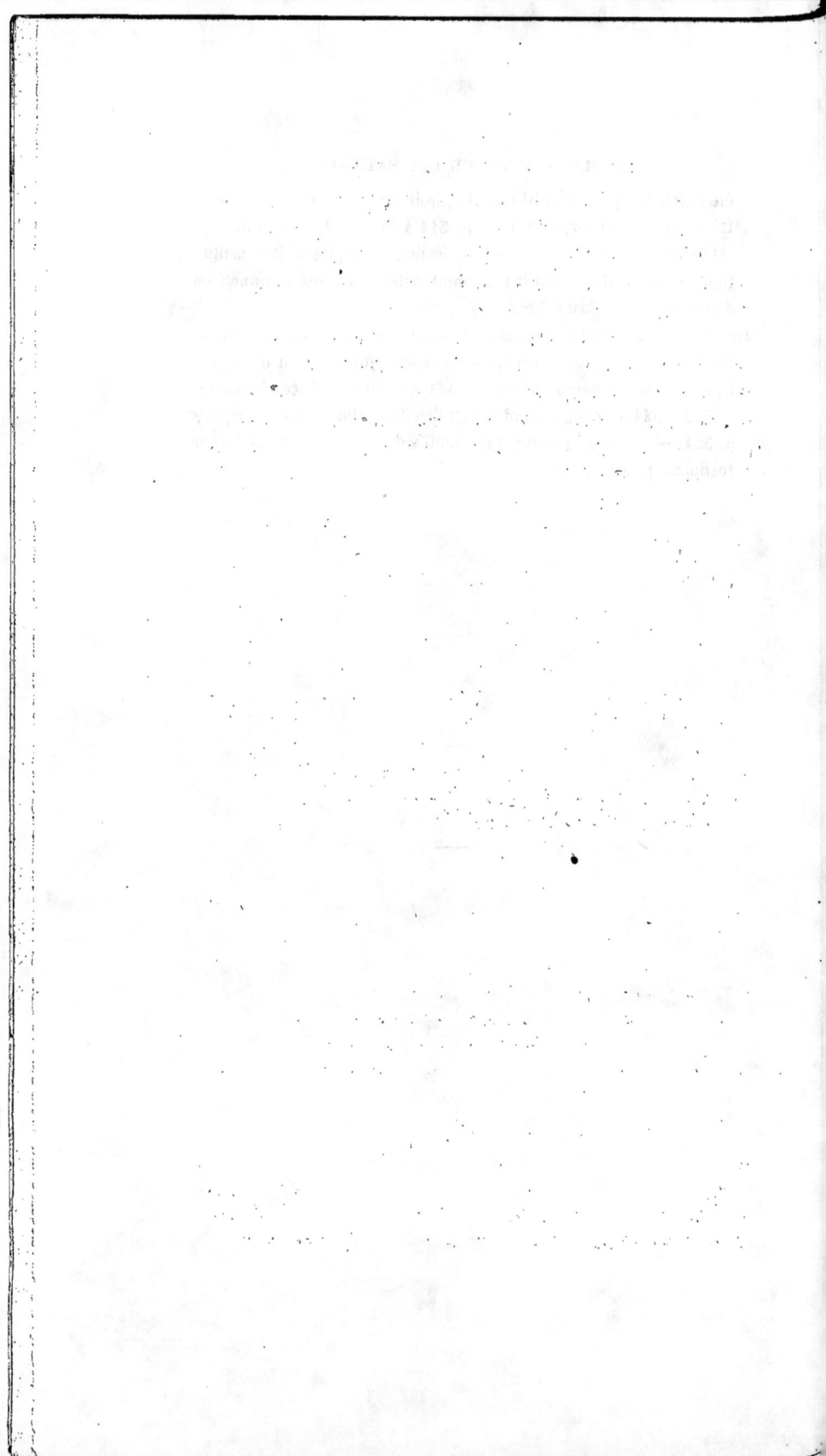

TABLE ALPHABÉTIQUE DES MATIÈRES.

A

TABLE

DES PRINCIPAUX TEXTES EXPLIQUÉS DANS L'OUVRAGE.

DROIT ANTÉJUSTINIEN.

Gaius, Instit.

Ulpianus, ex libro singulari Regularum.

PAULUS, *Sententiarum libri quinque.*

FRAGMENTUM, *De jure fisci.*

FRAGMENTA VATICANA.

CODEX THEODOSIANUS.

DROIT DE JUSTINIEN.

DIGESTA SEU PANDECTÆ.

www.ingramcontent.com/pod-product-compliance
Lightning Source LLC
Chambersburg PA
CBHW061120220326
41599CB00024B/4110